V&R

Irit Wyrobnik (Hg.)

# Wie man ein Kind stärken kann

Ein Handbuch für Kita und Familie

2. Auflage

Vandenhoeck & Ruprecht

Prof. Dr. Irit Wyrobnik lehrt an der Hochschule Koblenz,
Fachbereich Sozialwissenschaften,
Frühkindliche Bildung und ihre Didaktik.

Bibliografische Information der Deutschen Nationalbibliothek

Die Deutsche Nationalbibliothek verzeichnet diese Publikation in der
Deutschen Nationalbibliografie; detaillierte bibliografische Daten sind
im Internet über http://dnb.d-nb.de abrufbar.

ISBN 978-3-525-70134-8
ISBN 978-3-647-70134-9 (E-Book)

Umschlagabbildung: Kzenon/Shutterstock.com

© 2016, 2012, Vandenhoeck & Ruprecht GmbH & Co. KG, Göttingen /
Vandenhoeck & Ruprecht LLC, Bristol, CT, U.S.A.
www.v-r.de
Alle Rechte vorbehalten. Das Werk und seine Teile sind urheberrechtlich
geschützt. Jede Verwertung in anderen als den gesetzlich zugelassenen Fällen
bedarf der vorherigen schriftlichen Einwilligung des Verlages.
Printed in Germany.
Satz: SchwabScantechnik, Göttingen
Druck und Bindung: Books on Demand, Norderstedt

Gedruckt auf alterungsbeständigem Papier.

# Inhalt

**I   Einführung** ............................................. 7
   Vorwort .................................................... 9
   Einleitung ................................................ 13
   Was versteht man unter *Resilienz?* ....................... 19
   Präventionsarbeit zur Stärkung von Kindern ................ 29

**II  Unterschiedliche Kinder stärken** ....................... 39
   Mädchen stärken ........................................... 41
   Jungen stärken ............................................ 51
   Kinder mit Migrationshintergrund stärken .................. 59
   Kinder mit körperlichen Behinderungen stärken ............. 71
   Kinder mit geistiger Behinderung stärken .................. 83
   Hochbegabte Kinder stärken ................................ 95

**III Kinder durch gezielte Angebote stärken** ................ 105
   Kinder durch Beobachtung stärken .......................... 107
   Kinder durch Partizipation stärken ........................ 119
   Kinder durch gesunde Ernährung stärken .................... 131
   Kinder durch Bewegung stärken ............................. 141
   Kinder durch Naturerfahrung stärken ....................... 151
   Kinder durch den Umgang mit Tieren stärken ................ 159
   Kinder durch Kunst stärken ................................ 169
   Kinder durch Literatur stärken ............................ 179
   Kinder durch Musik stärken ................................ 197
   Kinder im Umgang mit Medien stärken ....................... 207
   Kinder durch Spielen stärken .............................. 217

**IV Kinder in Übergangsphasen stärken** .......................... 225
  Kinder beim Übergang Familie – Krippe stärken .................. 227
  Kinder beim Übergang Familie – Kindergarten stärken ............ 237
  Kinder beim Übergang Kita – Grundschule stärken ................ 249

**V Kinder in schwierigen Lebenslagen stärken** .................... 259
  Kinder in Scheidungs- und Trennungssituationen stärken ......... 261
  Arme Kinder stärken ............................................ 269
  Kinder beim Umgang mit dem Thema Tod stärken ................... 279

**VI Kinder gegen Gefährdungen stärken** ........................... 291
  Kinder gegen Gewalt stärken .................................... 293
  Kinder gegen sexuellen Missbrauch stärken ...................... 305
  Kinder gegen Sucht stärken ..................................... 315

**VII Anhang** ..................................................... 327
  Literaturverzeichnis ........................................... 329
  Autorenverzeichnis ............................................. 343

# I

# Einführung

# Vorwort

Warum spielt das Thema Resilienz heute eine so bedeutende Rolle, dass sich überraschend viele Disziplinen der Kindheitsforschung damit beschäftigen und vielfältigste Zugänge zur kindlichen Entwicklung gesucht werden, um Schutzfaktoren und Basiskompetenzen eines Kindes zu stärken? Weil wir erkannt haben, dass das Aufwachsen und die Entwicklung von Kindern in unserer Zeit trotz gestiegener medizinischer Absicherung und gehobener Basisversorgung gefährdet sind, da die psychosozialen Anforderungen an Kinder so hoch sind wie nie zuvor.

Diese These möchte ich begründen und damit zur Lektüre des vorliegenden Handbuchs anregen, in welchem den Leserinnen und Lesern von der Herausgeberin Irit Wyrobnik und weiteren 25 Autorinnen und Autoren eine große Vielfalt an Möglichkeiten aufgezeigt wird, »wie man ein Kind stärken kann«.

Kein Kind wird resilient geboren und es wird auch nicht durchs Älterwerden von allein resilient. Wie zu Beginn dieses Buches noch ausführlich erläutert wird, ist Resilienz kein angeborenes Persönlichkeitsmerkmal, keine genetisch verankerte und deshalb vererbbare Eigenschaft einer Person. Resilienz ist ein sich im Interaktionsgeschehen entwickelndes Beziehungskonstrukt, das Ergebnis eines Prozesses zwischen einem Kind, seinen Bezugspersonen und Pädagogen, auch zwischen ihm und seinen Geschwistern und gleichaltrigen Sozialpartnern. Sie entsteht in vielfältigen Situationen, die jeweils eine besondere Herausforderung darstellen und ein bestimmtes Bewältigungsgefühl zurücklassen.

Die persönlichen Ressourcen, die ein Kind mitbringt, brauchen zu ihrer Entfaltung und Einsatzfähigkeit einen Rahmen, der von anderen geschaffen werden muss. Alle Menschen, mit denen ein Kind lebt, mit denen es in sozialer Beziehung steht, mit denen es Situationen meistert, denen es im Alltag begegnet und mit denen es anregende Zwiegespräche führt, werden ein Teil seiner Geschichte, seiner Biografie. Sie alle nehmen Einfluss auf seinen Entwicklungsverlauf. Unter ihnen wählt das Kind diejenigen aus, die es individuell ansprechen, die ihm Entwicklungsanreize und Beantwortung bieten. Kinder erleben ihre Erziehung nicht passiv oder werden gemäß den Erwachsenenwünschen entwickelt, sie erleben und gestalten ihre Entwicklung und Erziehung aktiv mit.

Temperament- und Charaktereigenschaften, die eine effektive Bewältigung von Anforderungen und Anpassungsleistungen begünstigen, sind kindbezogene Schutzfaktoren, ebenso wie ausreichende kognitive Kompetenzen und ein früh startendes Interesse an Kommunikation. In einem stabilen Beziehungsgefüge groß zu werden, das als soziales Netz empfunden wird, und ein emotional warmes, strukturiertes Erziehungsverhalten zu erleben, wird zu den sozialen Ressourcen eines Kindes gezählt. Als ebenso wichtig schätzt die Resilienzforschung soziale Modelle als stärkende Umgebungsfaktoren ein, die zum konstruktiven Bewältigen von altersgemäßen Herausforderungen ermutigen und auffordern, also gelebte Vorbilder im Alltag sind und Zutrauen in wachsende kindliche Verantwortungsübernahme und zunehmende Bewältigung von Leistungsanforderungen signalisieren.

Unsere Kinder werden in eine sich rasant verändernde Welt hineingeboren. Sie werden heute anders als vor Tausenden von Jahren groß. Wie gewaltig diese Unterschiede im Kindheitsverlauf quer um die Erdkugel aktuell sein können, führt uns der Dokumentarfilm *Bébés* von Thomas Balmes (2010) beeindruckend vor Augen.

Die genetische Ausstattung des modernen Menschen, seine Entwicklungspotenziale und seine auf Beantwortung wartenden, hierauf abgestimmten biologisch bedingten Bedürfnisse stammen aus vorgeschichtlicher Zeit. Vor allem in Kulturen mit sogenannten ›gebildeten, industrialisierten, reichen und demokratischen Milieus‹ werden von den Kindern früh hohe physiologische und psychologische Anpassungsleistungen verlangt, während sie gleichzeitig auf bislang immer Selbstverständliches verzichten müssen. Von ihnen werden neuartige Formen von Stärke erwartet, die noch unbekannte Herausforderungen darstellen und neuartige Wege der Unterstützung nötig machen, um Schaden abzuwenden.

Manche Kinder müssen sich schon als Säugling allein unter dem Babybogen beschäftigen können, mit Schmusetier und Schnuller bei Erregung emotional allein klarkommen, vor allem, wenn noch nicht die Zeit für eine neue Flasche ist. Sie müssen im Kinderzimmer allein ein- und durchschlafen, sich bei Reizvielfalt und Überstimulation selbst regulieren, sich bei einem Überangebot lockender Nahrungsmittel zurückhalten, auf Bewegung zu bestimmten Zeiten verzichten, in Bewegungszeiten Leistung zeigen, immer neue gleichaltrige sowie wechselnde erwachsene Sozialpartner im Spielkreis, Babytreff und in der Krippe akzeptieren und nach Möglichkeit nicht mehr als 14 Tage im Jahr krank und somit ›elternbedürftig‹ sein.

Resilienz stärken verlangt unter unseren heutigen Lebensbedingungen eine hohe pädagogisch-psychologische Professionalität. Anthropologinnen wie Sarah Blaffer Hrdy arbeiten gedanklich damit, dass der Mensch – angesichts seiner langen und aufwendigen Kindheitsphase – zu den »Kollektivbrütern« zählt, was bedeutet, dass für das Überleben von Kindern schon immer ein Pflegeverbund vertrauter (verwandter) Personen wichtig war, die den Müttern bei Schutz, Betreuung und Aufzucht der Kinder helfen. So wurde jedes Kind mit dem stabilen und überschaubaren Sozialisationsumfeld seiner Kernfamilie vertraut – ohne den jederzeit möglichen Kontakt zur Hauptbezugsperson zu verlieren – und begann, zusammen mit den anderen Kindern, altersgemäß Schritt für Schritt am Alltagsleben der Gruppe zu partizipieren, Gruppenmitglied zu werden und klar definierte Aufgaben, deren Erledigung für alle wichtig war, zu übernehmen: die kleinen Geschwister betreuen, Wasser holen, Mahlzeiten vorbereiten, auf den Feldern mitarbeiten, die Tiere hüten und versorgen, aber auch an Festen beteiligt sein. Eine selbstverständliche Einbettung in die Gruppe mit klarer sozialer Verpflichtung für alle wurde erlebt.

Eine Kita versucht eine Ersatzdorfgemeinschaft zu sein, den Kleinfamilien ein erweitertes soziales Netz zu bieten, den Kindern eine Erweiterung des Erfahrungsraumes und eine größere Anzahl von Bezugspersonen an die Seite zu stellen, die sogar nach einem gelungenen Bindungsprozess zu Bindungspersonen werden können und so ergänzende, wenn nicht sogar kompensatorische Beziehungserfahrungen möglich machen. Nur geht dieser Schritt mit der zeitweiligen Trennung von und der Nichterreichbarkeit der Hauptbindungsperson einher, die vertraute Mitregulation entfällt und stressreiche Kontrollverlusterlebnisse sind zu bewältigen. Eine neue Umwelt zeigt nicht von Anfang an ihre bereichernden Momente, sondern ist fremd, vom Kind noch nicht kontrollierbar. Erst nach dem Angekommensein kann es die Vielfalt der neuen Umgebung für sich nutzen. Dann zeigt sich Neugierverhalten, Neulust, die in kognitiver und sprachlicher Hinsicht in guten Einrichtungen bald deutliche Fortschritte bemerken lässt.

Eine kind- und bezugspersonenorientierte Eingewöhnung und professionelle Begleitung in die Kindergruppe unterstützen das Kind bei dieser sozial-emotionalen Herausforderung, dennoch muss das Kind diese Anpassungsleistung allein vollbringen. Eine Eingewöhnung ist eine Phase erhöhter Vulnerabilität, in der sich Risikofaktoren bemerkbar machen können. Aber eine erfolgreiche Eingewöhnung kann auch als bewältigte Herausforderung selbst zum Schutzfaktor werden.

Es muss im Kinderleben Herausforderungen geben, aber auch eine Akzeptanz für individuelle Schwächen, seien sie nun genetisch oder biografisch bedingt. Nicht jedes Kind wird in allen Bereichen gleich erfolgreich zu stärken sein – und das muss auch nicht so sein. Resilienzstärkung bedeutet, ursprüngliche Sozialisationserfahrungen für den Entwicklungsverlauf wieder zugänglich zu machen und anregende Kraft für die Bewältigung heutiger Lebensbedingungen erfahrbar werden zu lassen.

Dazu können Familie und Kita – wie im Folgenden eindrücklich gezeigt wird – auf je eigene Weise beitragen. Das Buch wird darüber hinaus alle, die sich in Familie und Kita um Kinder kümmern, dazu anregen, über neue Zugangsmöglichkeiten zum Kind und seiner Entwicklung nachzudenken.

Kandern                                                          Gabriele Haug-Schnabel

# Einleitung

»Gib den Kindern ein gutes Schicksal, gewähre ihren Anstrengungen Hilfe, ihrem Bemühen Segen. Nicht den leichtesten Weg führe sie, sondern den schönsten.« Dies schrieb Janusz Korczak, ein bedeutender Pädagoge des 20. Jahrhunderts, in seinem *Gebet eines Erziehers* (1997, S. 68). Der schönste Weg – das wusste bereits Korczak und es gilt heute nicht minder – ist nicht immer der leichteste. Und es geht auch nicht darum, Kindern stets alle Steine und Hindernisse aus dem Weg zu räumen, sondern sie auf ihrem Weg zur Selbstständigkeit und zu einem gelungenen Leben zu unterstützen, sie zu fördern und zu begleiten. So lassen sie sich nicht gleich von den ersten Hürden demotivieren und sind bereit, sich anzustrengen, um ihre Ziele zu erreichen.

Dazu können die ersten Sozialisationsinstanzen *Familie* und *Kita* entscheidend beitragen. Sie müssen zusammenwirken, wenn es darum geht, Kinder in den ersten Jahren zu unterstützen. Denn viele Weichen für die Zukunft unserer Kinder werden in diesen ersten Lebensjahren gestellt. Auch grundlegende Erfahrungen machen Kinder in dieser wichtigen Lebensphase: Sie lernen zu sprechen und somit zu kommunizieren, sie lernen, was es bedeutet, ein Mädchen oder ein Junge zu sein, sie finden ihren Platz in der Familie, knüpfen Freundschaften zu anderen Kindern, erkunden die Welt, indem sie unterschiedliche Dinge und die Natur entdecken, und vieles mehr. Dadurch erleben sie, dass sie etwas bewirken können, und sie schöpfen neue Kraft und Vertrauen. Jedes bewältigte Problem, jede neu gemachte Erfahrung, jede überwundene Hürde ist ein Schritt zu weiterem Selbstvertrauen und eine Basis, um mit Mut an neue Herausforderungen heranzugehen.

Wie kann es gelingen, Kinder zu stärken, und worauf kommt es dabei an? Darauf antworten die Autorinnen und Autoren dieses Handbuchs in 28 Beiträgen, in denen sie sich aus unterschiedlichen Blickwinkeln mit diesen Fragen beschäftigen. Dabei tragen sie Wissen aus Praxis und Forschung zusammen.

## Was ist anders an diesem Buch?

Zugegeben, es gibt zwar mittlerweile viele Bücher zur Thematik *Kinder stark machen*, aber diese richten sich entweder nur an eine spezielle Lesergruppe, z. B. nur an Eltern, oder sie haben oft lediglich einen besonderen Schwerpunkt, z. B. Kindergesundheit, Bewegung oder Schule. Kinder kann man jedoch auf vielfältige Weise stärken. Im vorliegenden Buch werden daher verschiedene Aspekte gebündelt und es wird differenziert. Wenn in diesem Handbuch von Kindern die Rede ist, so stehen vor allem Kinder ab der Geburt bis zum Alter von ca. sechs Jahren im Mittelpunkt. Dies umfasst den Zeitraum, der in der Regel als frühe Kindheit bezeichnet wird. Darüber hinaus werden hier die unterschiedlichen Dispositionen und Entwicklungsaufgaben von Kindern, aber auch ihre individuellen Lebenslagen und Bedürfnisse berücksichtigt.

## Wie ist das Buch aufgebaut?

Wie bleiben Kinder trotz unterschiedlicher Entwicklungsrisiken stark, wie widerstehen sie Belastungen oder gehen gar gestärkt daraus hervor? Hiermit befasst sich Stephanie Krause im *ersten Teil* des Buches, und sie rückt damit *Resilienz*, die Fähigkeit schwierigste Lebenssituationen erfolgreich zu bewältigen, in den Mittelpunkt. Dabei stellt sie Pioniere der Resilienzforschung vor und präsentiert verschiedene Konzepte zur Stärkung von Kindern durch konkrete Präventionsarbeit.

Pädagogische Fachkräfte in Kindertageseinrichtungen müssen häufig mit einer großen Vielfalt umgehen und möchten wissen, wie sie den unterschiedlichen Kindern gerecht werden können. Im *zweiten Teil* geht es daher um Unterschiedlichkeit bzw. Diversität. Während Melitta Walter die Mädchen und Margarete Blank-Mathieu die Jungen in den Blick nimmt, beschäftigt sich Antje Wagner mit einem sehr aktuellen Thema, nämlich der Frage, wie Kinder mit einem Migrationshintergrund gestärkt werden können. Die Förderung und Stärkung von Kindern mit unterschiedlichen körperlichen und geistigen Behinderungen steht im Mittelpunkt der beiden Beiträge von Susanne Wachsmuth und Anke Fuchs-Dorn. Schließlich befasst sich Lisa Lanfermann mit der Förderung von hochbegabten Kindern – ein nicht weniger interessantes, häufig aber vernachlässigtes Thema. Die Autorinnen zeigen in ihren Beiträgen, dass auch innerhalb der jeweils betrachteten Gruppe große Unterschiede bestehen, und tragen so dazu bei, Vielfalt bewusst zu machen und als Herausforderung zu begreifen.

Im *dritten Teil* sind Artikel versammelt, die beschreiben, wie Kinder durch gezielte Angebote gestärkt werden können. Linda Schmidt zeigt, wie wichtig es ist, Kinder erst einmal zu beobachten, um davon ausgehend individuelle Maßnahmen zu ergreifen und ressourcenorientiert vorzugehen. Im Artikel von Irit Wyrobnik und Stephanie Krause wird der Rolle von Partizipation bei der Stärkung von Kindern nachgegangen. Der Beitrag von Gunda Backes kreist um eine gesunde Ernährung als Grundlage für eine positive Entwicklung von Kindern, und auch der Beitrag von Jonathan-Moritz Schreier hat mit Gesundheit zu tun: Er stellt die immense Bedeutung von Bewegung für kleine Kinder heraus. Während sich Juliane Giest mit der Relevanz von Naturerfahrungen in der frühen Kindheit auseinandersetzt, widmet sich Sabine Gerlach den Tieren und der Frage, welchen Beitrag diese zur Stärkung von Kindern leisten können. Auch der musisch-literarisch-künstlerische Bereich kommt nicht zu kurz: Catherine Kaiser-Hylla zeigt auf, welch vielfältige Erfahrungen Kinder durch Kunst machen können, Irit Wyrobnik konzentriert sich auf die Bedeutung der Literatur und Carolin Bruss hebt die große Rolle, die Musik bereits für kleine Kinder spielt, hervor. Viele Eltern und pädagogische Fachkräfte fragen sich, wie mit den neuen Medien umgegangen werden soll, und sind in diesem Bereich verunsichert, gerade in Bezug auf Kinder im Kindergartenalter. Norbert Neuß geht darauf ein, stellt in seinem Beitrag aber auch dar, wie Kinder aus dem Umgang mit Medien gestärkt hervorgehen können. Abschließend beschreibt Judith Teresa Klüber, wie insbesondere das freie Spielen, das Erwachsene oft als nebensächlich abtun, Kinder stark macht.

Nach diesem größeren Abschnitt geht es im *vierten Teil* um Übergangsphasen als entscheidende Entwicklungsaufgaben im Lebenslauf eines Kindes. Myrna Lovis Hennig schildert, welche Bedeutung der Übergang von der Familie in die Krippe haben kann, während Nina-Natascha Arz den Übergang von der Familie in den Kindergarten thematisiert. Schließlich beleuchtet Maik Endler einen weiteren bedeutenden Übergang: von der Kita in die Grundschule.

Kinder haben nicht nur Übergänge zu bewältigen, sie sind manchmal auch mit anderen schwierigen Lebenssituationen konfrontiert. Damit befasst sich der *fünfte Teil* des vorliegenden Handbuchs. Sehr viele Kinder sind in Deutschland von der Trennung und Scheidung ihrer Eltern betroffen. Fabienne Nolte erläutert, wie Kinder in dieser belastenden Phase unterstützt werden können. Auch Armut betrifft viele Kinder – ein Thema, mit dem sich Daniela Schmitt auseinandersetzt. Und nicht zuletzt wird ein Ereignis aufgegriffen, mit dem jeder Mensch früher oder später in Berührung kommt: der Tod. Begreifen Kinder den Tod? Wie gehen sie mit Sterbefällen in ihrem Umfeld um und wie können wir sie dabei begleiten? Antworten darauf gibt der Beitrag von Lisa Graser.

Es ist wichtig, Kinder im Hier und Jetzt zu stärken, wir können und müssen aber auch dazu beitragen, sie für die Zukunft stark zu machen. Dies gilt jedoch nicht nur für Bereiche wie Schule, Berufstätigkeit oder Teilhabe an der Gesellschaft. Kinder müssen auch lernen, Verlockungen zu widerstehen, gefährliche Situationen zu erkennen und diese einzuschätzen. Zwar können wir sie niemals hundertprozentig vor allen Gefahren schützen, aber mögliche Risiken dürfen nicht aus dem Blickfeld geraten. Daher widmet sich der *sechste Buchteil* diversen Gefährdungen, gegen die man Kinder frühzeitig stärken sollte. Den Anfang macht Kathinka Beckmann mit der Frage, wie man Kinder gegen Gewalt stärken kann. Anschließend folgt Berit Wöhls Beitrag, in dem Wege aufgezeigt werden, wie Kinder präventiv gegen sexuellen Missbrauch gestärkt werden können. Schließlich geht Sara Steinhardt auf ein Thema ein, das man in einem Handbuch mit dem Schwerpunkt frühe Kindheit vermutlich nicht erwarten würde: Sucht. Wie entsteht sie, welche Formen kann sie annehmen und wie können wir möglichst früh Suchtentwicklungen vorbeugen?

Am Ende des Buches befindet sich ein ausführliches Literaturverzeichnis, das Gelegenheit zur Vertiefung der jeweiligen Thematik bietet.

## Wie sind die Artikel aufgebaut?

Alle Artikel in den Hauptteilen des Buches sind gleich aufgebaut: Nach einer kurzen Einführung in das jeweilige Thema wird dessen Bedeutung für die frühe Kindheit erläutert; anschließend wird erörtert, wie Kinder in dem jeweiligen Bereich gestärkt werden können. Jeder Artikel besteht aus diesem beschreibenden, eher theoretisch gehaltenen Teil und einem anschließenden praktischen Teil mit konkreten Anregungen und Hinweisen. Diese praktischen Empfehlungen sollen nicht als allgemeingültige Ratschläge verstanden werden, sondern stellen vielmehr eine Auswahl an Möglichkeiten dar und müssen selbstverständlich der jeweiligen pädagogischen Situation angepasst werden. Denn kein Kind ist genau wie das andere und »kein Buch, kein Arzt [kann] den eigenen aufmerksamen Gedanken, die eigene genaue Beobachtung ersetzen« (Korczak 1999, S. 10). Dies sollten Sie stets im Hinterkopf haben, wenn in diesem Buch zuweilen von *dem* Kind oder *den* Kindern die Rede sein wird.

## An wen wendet sich dieses Buch?

Zwei Lesergruppen stehen im Fokus: Pädagogische Fachkräfte* in unterschiedlichen Kindertageseinrichtungen, wie Krippe und Kindergarten, einerseits und Eltern sowie weitere Familienangehörige, z. B. Großeltern und alle, die sich in einer Familie um Kinder kümmern, andererseits. Dies kommt vor allem in den praktischen Anregungen und Hinweisen zum Ausdruck, die sich gesondert an Familie und Kita richten. Natürlich können auch die an die jeweils andere Gruppe adressierten Anregungen gelesen werden, woraus sich vielleicht neue Impulse für das eigene Handeln und die Kooperation zwischen Familie und Kita ergeben.

Allen Autorinnen und Autoren gebührt ein herzlicher Dank für ihre Beiträge und die gute und anregende Zusammenarbeit.

Zum Schluss möchte ich ein drittes Zitat von Janusz Korczak hinzuziehen und Sie, liebe Leserinnen und Leser, dazu aufrufen, seine Worte bei Ihrer Lektüre zu beherzigen: »Immer, wenn du ein Buch aus der Hand legst und beginnst, den Faden eigener Gedanken zu spinnen, hat das Buch sein angestrebtes Ziel erreicht« (1999, S. 10).

Koblenz                                                                 Irit Wyrobnik

---

\* In diesem Buch wird für pädagogische Fachkräfte in Kindertageseinrichtungen stets die weibliche Form *Erzieherinnen* verwendet. Dies geschieht auch aus Gründen der Lesbarkeit, ist aber vor allem der Tatsache geschuldet, dass die überwiegende Mehrheit dieser Fachkräfte in Deutschland Frauen sind. Aus Gründen der Lesbarkeit wird für andere Personengruppen meist die männliche Form verwendet. Selbstverständlich sind dann beide Geschlechter gleichermaßen gemeint.

# Was versteht man unter *Resilienz*?

*Stephanie Krause*

Wenn in Fachkreisen und in Medien über eine *gesunde Entwicklung* und eine *altersgerechte Stärkung der kindlichen Kompetenzen* diskutiert wird, dann fällt immer häufiger der Begriff *Resilienz*. Die Erkenntnisse aus der sogenannten Resilienzforschung gewinnen mehr und mehr an Bedeutung für das pädagogische Handeln, weshalb die Frage geklärt werden soll, worum es sich handelt, wenn von Resilienz gesprochen wird. In diesem Beitrag sollen die theoretischen Grundlagen, die an das Resilienzkonzept geknüpft sind, dargestellt werden. Es stellen sich somit folgende Fragen: Was versteht man unter diesem Begriff und wie können die Erkenntnisse aus Forschung und Praxis uns im alltäglichen Umgang mit dem Kind helfen?

## Wie entstand der Begriff *Resilienz*?

Als Einstieg lässt sich festhalten: Forscher aus verschiedensten Fachdisziplinen widmeten sich in den 1970er Jahren der Frage, warum es Kinder gibt, die z. B. in bildungsfernen, sozial-emotional bzw. ökonomisch schwachen Familien aufwachsen und sich trotzdem zu selbstbewussten, leistungsfähigen und optimistischen Erwachsenen entwickeln. Man erklärte die sogenannten *Wunderkinder* oder *Superkids* für unverwundbar bzw. unbesiegbar (Wustmann 2004, S. 27) und ihre Widerstandsfähigkeit als angeboren und nicht beeinflussbar. Mithilfe einiger Studien, unter anderen diejenige der Amerikanerin Emmy Werner (2008) und ihrer Forschergruppe, konnte bestätigt werden, dass widrige Lebensumstände nicht zwangsweise mit einer Schädigung in der kindlichen Entwicklung einhergehen, sondern dass es Mechanismen gibt, welche dazu beitragen, den negativen Einflüssen entgegenzuwirken.

In der *Kauai-Längsschnittstudie* untersuchten und begleiteten Werner und ihre Mitarbeiter über einen Zeitraum von mehr als vierzig Jahren alle auf dieser hawaiianischen Insel geborenen Kinder des Jahrgangs 1955. Das Team begann mit den Untersuchungen bei den 698 Kindern bereits in der pränatalen Entwicklungsperiode, um den Einfluss von Entwicklungsrisiken ab dem frühestmöglichen Zeitpunkt zu verdeutlichen. Die Daten wurden kurz nach der Geburt und im Alter von 1, 2, 10, 18, 32 und 40 Jahren erfasst (Werner 2008, S. 21). Von den 698 Kindern wuchsen etwa zwei Drittel ohne besondere Auffälligkeiten auf. Im Gegensatz dazu konnte beim dritten Drittel ein hohes Entwicklungsrisiko festgestellt werden. Ursache hierfür waren z. B. Scheidung der Eltern, chronische Armut, familiäre Gewalt und geburtsbedingte Komplikationen. Zwei Drittel dieser Kinder wurden straf- und verhaltensauffällig oder litten unter psychischen Problemen im Jugendalter. Interessant für die Forschung war die genaue Betrachtung des verbleibenden Drittels; denn trotz zahlreicher ähnlicher Probleme entwickelten diese Kinder sich zu kompetenten, selbstsicheren, sozialen und leistungsorientierten Erwachsenen.

Mithilfe der Kauai-Studie konnte empirisch belegt werden, dass Kinder unterschiedlich auf Belastungen und Herausforderungen reagieren. Kritische Lebensereignisse können bei Kindern zu Entwicklungsstörungen führen; andererseits gelingt es manchen Kindern, die unter ebenso riskanten Umständen aufwachsen, sich positiv zu entwickeln. Die Forschung beschäftigt sich deshalb mit dem Phänomen der kindlichen Widerstandsfähigkeit. Aus dem Lateinischen abgeleitet (*resilire*: abprallen, zurückspringen), hat sich in diesem Zusammenhang der Begriff der Resilienz etabliert. Er beschreibt – grob formuliert – die psychische Widerstandsfähigkeit von Kindern gegenüber belastenden Lebensereignissen bzw. Risikofaktoren (Gabriel 2005, S. 207). Als Synonyme für Resilienz werden Begriffe wie *psychische Robustheit, Stressresistenz* oder auch *psychische Elastizität* verwendet (Wustmann 2004, S. 18).

Dementsprechend müssen im Kind selbst oder in seiner Umwelt schützende Faktoren existieren, die negative Einflüsse abschwächen oder sogar ganz beseitigen. Unter diesen schützenden Faktoren können sozial vermittelte und genetische Ressourcen verstanden werden, mit deren Hilfe auftretende Krisen in der Kindheit gemeistert werden (Welter-Enderlin/Hildenbrand 2006, S. 13). Froma Walsh, die amerikanische Expertin für Familienresilienz, geht bei ihrer Definition noch weiter, indem sie unter Resilienz nicht allein die Fähigkeit versteht, belastenden Herausforderungen im Leben standzuhalten, sondern darüber hinaus aus negativen Erlebnissen gestärkt hervorzugehen. Kritische Lebenslagen können demnach negative Auswirkungen auf das Kind haben, aber negative Erfahrungen sind auch grundlegend für jede Entwicklung – nach dem Motto »aus Fehlern lernt man.« Eine geläufige Definition stammt von Corina Wustmann, die Resilienz als »eine psychische Widerstandsfähigkeit von Kindern gegenüber biologischen, psychologischen und psychosozialen Entwicklungsrisiken« (Wustmann 2004, S. 18) versteht.

## Was versteht man unter Risikofaktoren und welchen Einfluss können diese auf die kindliche Entwicklung haben?

Aufgrund zunehmender Scheidungsraten, eines steigenden Anteils an alleinerziehenden Elternteilen und der wachsenden Kinderarmut muss sich unsere moderne Gesellschaft neuen Herausforderungen stellen. Kinder werden immer mehr mit Problemen belastet, die eine gesunde seelische Entwicklung negativ beeinflussen können.

Risikofaktoren sind Merkmale, die eine positive Verhaltensweise reduzieren und stattdessen die Wahrscheinlichkeit negativer Konsequenzen erhöhen können. Die Wahrscheinlichkeit, dass ein Risikofaktor die Entwicklung negativ beeinflusst, wird dann größer, wenn sich das Kind in kritischen Phasen (Rönnau-Böse/Fröhlich-Gildhoff 2010, S. 17) befindet. Darunter versteht man die mit den Entwicklungsübergängen (z. B. Pubertät) verbundenen Belastungen.

Da es unterschiedliche Herausforderungen und Belastungen gibt, erfolgt eine Abstufung der kindlichen Krisenerfahrungen. *Entwicklungsrisiken* sind die normalen Krisen, die jedes Kind durchlaufen muss, und stellen die Übergänge vom Kleinkindalter zum Vorschulalter bzw. vom Kindergartenalter zum Schulalter dar. Auch *akute Belastungskrisen* (z. B. Streit der Eltern) gehören zum Lebensalltag eines jeden Kindes. Von größerem Ausmaß sind dagegen *kritische Lebensereignisse,* die ein Kind nachhaltig und schwer belasten, wie etwa der Verlust oder die Trennung der Eltern. Schwerwiegend sind jedoch Gefährdungen durch *traumatische Krisen* (Gewalt, Missbrauch oder Kriegserfahrungen) für die kindliche Gesundheit (Jaede 2007, S. 13–18). Darüber hinaus ist die Wirkung eines Risikofaktors davon abhängig, inwieweit er als solcher wahrgenommen wird. So ist es möglich, dass die Scheidung der Eltern von manchen Kindern, im Gegensatz zu anderen, als weniger dramatisch empfunden wird. Jeder Mensch hat folglich eine individuelle Stresswahrnehmung, wodurch vorhandene Krisen auch unterschiedlich bewertet werden. Die erfolgreiche

Bewältigung einer schweren Situation hat zum einen den Vorteil, dass sie seelische Schädigungen verhindert, gleichzeitig können die daraus gewonnenen Erfahrungen auf später auftretende Belastungen ebenfalls erfolgreich angewandt werden.

Mithilfe der Erkenntnisse und Ergebnisse aus der Risikoforschung teilt man Entwicklungsgefährdungen in zwei Gruppen ein: *Vulnerabilitätsfaktoren* und *Risikofaktoren*. Unter Vulnerabilitätsfaktoren werden kindheitsbezogene Merkmale verstanden, die biologische und psychologische Defizite beschreiben. Zu den Vulnerabilitätsfaktoren können z. B. Geburtskomplikationen, niedriges Geburtsgewicht, neuropsychologische Defizite, schwierige Temperamentsmerkmale und chronische Erkrankungen gezählt werden.

Risikofaktoren werden häufig als Stressoren bezeichnet, da die Risikobedingungen in der Umwelt des Kindes zu finden sind. Risikofaktoren oder Stressoren können z. B. chronische familiäre Disharmonie, unsicheres Wohnumfeld, chronische Armut, niedriger sozioökonomischer Status, niedriges Bildungsniveau der Eltern, Migrationshintergrund, elterliche Trennung oder psychische Erkrankungen der Eltern sein (Wustmann 2004, S. 38 f.).

In der Literatur wird zwischen *diskreten* und *kontinuierlichen* Faktoren unterschieden. Während einige Risikobelastungen nur zu bestimmten Zeitpunkten und unregelmäßig auftreten, wirken sich andere Belastungen kontinuierlich auf die kindliche Entwicklung aus. Weiterhin muss grundsätzlich berücksichtigt werden, ob Belastungen direkt auf das Kind übertragen werden, wie z. B. ein defizitärer Erziehungsstil, oder ob Stress, etwa verursacht durch andauernden Streit der Eltern, das Kind indirekt erreicht.

## Wie gelingt es einigen Kindern, ihren schweren Lebensbedingungen zu trotzen und sich darüber hinaus zu starken Persönlichkeiten zu entwickeln?

Die amerikanischen Forscher stellten also fest, dass die resilienten Kinder im Gegensatz zu den nicht resilienten Kindern aus derselben Risikogruppe weniger unter chronischen Krankheiten litten und die Todes- und Scheidungsrate im Erwachsenenalter geringer ausfiel. Aus diesem Grund wollten die Forscher herausfinden, was die resilienten Kinder von den anderen unterscheidet und welche Faktoren die Risikobelastungen abpuffern können. Besondere Aufmerksamkeit schenkte Werner (2008) dabei einer Kette schützender Faktoren, die sich gegenseitig beeinflussen und zu einem positiven Zusammenspiel führen. Darunter sind einerseits Schutzfaktoren zu verstehen, die das Kind selbst mitbringt, wie z. B. überdurchschnittliche Intelligenz, Talente oder ein positives Temperament, andererseits schreibt die Autorin den protektiven Merkmalen innerhalb der Familie und des sozialen Umfelds des Kindes eine besondere Bedeutung zu (Werner 2008, S. 24; Rönnau-Böse/Fröhlich-Gildhoff 2010, S. 15). Nach Rutter sind schützende Faktoren »psychologische Merkmale oder Eigenschaften der sozialen Umwelt«, welche die Wahrscheinlichkeit psychischer Störungen senken (Wustmann 2004, S. 44).

## Die Bedeutung von Schutzfaktoren

Es müssen also schützende Faktoren im Kind selbst oder auch in seiner Umwelt auftauchen, damit schlechte Erfahrungen verarbeitet und ausgeglichen werden können. Erst mithilfe von positiven Eigenschaften bzw. einer beschützenden und aufmerksamen Umwelt kann ein Kind Mechanismen entwickeln, die ihm dabei helfen, sich gegen die negativen Einflüsse zu wehren. Prinzipiell können Schutzfaktoren Belastungen bzw. deren Auswirkungen entweder ganz verhindern oder zumindest ausgleichen und ferner eine gesunde Entwicklung unterstützen.

## Das Schutzfaktorenkonzept

In Studien haben Wissenschaftler Schutzfaktoren feststellen können, die sich in drei Ebenen einteilen lassen: *Schützende Faktoren im Kind* (positive Eigenschaften im Kind), *schützende Faktoren in der Familie* und *schützende Faktoren in der Umwelt* (Werner 2008, S. 20–25). Die beiden Letztgenannten lassen sich als *soziale Ressourcen* zusammenfassen. Unter *personalen Ressourcen* werden Schutzmechanismen wie z. B. einfache und positive Temperamentseigenschaften verstanden. Ein Kind besitzt diese dann, wenn es sich offen, aktiv, liebevoll und ausgeglichen verhält. Mithilfe dieser Eigenschaften können Entwicklungsaufgaben, Hindernisse und Krisen erfolgreich bewältigt werden. Je mehr Schutzfaktoren vorhanden sind, desto besser kann die Gesundheit eines Kindes gestärkt (Wustmann 2004, S. 46) werden. Ein Kind mit positiven Temperamentsmerkmalen hat eine größere Chance auf positive Reaktionen aus seiner Umwelt als ein Kind mit einem weniger günstigen Temperament. Die Selbstwirksamkeitsüberzeugung und das Selbstbild werden gestärkt, was wiederum den Aufbau von zwischenmenschlichen Beziehungen fördern kann. Hieraus können Freundschaften und andere soziale Kontakte entstehen oder stabilisiert und intensiviert werden.

### Schützende Faktoren im Kind

Die Untersuchungen der Kauai-Studie haben ergeben, dass die wirksamsten Faktoren beim Aufbau von Widerstandsfähigkeit im Kind selbst liegen. Bereits im Säuglingsalter wurden die Babys von ihren Erziehungs- und Betreuungspersonen als gutmütig, aktiv und liebevoll beschrieben (Werner 2008, S. 22). Im Kleinkindalter zeigten sie ein intensives Erkundungsverhalten, was die Kinder darin unterstützte, ein sicheres Bindungsverhalten zu entwickeln. Die befragten Personen berichteten, dass die resilienten Kinder sich leicht beruhigen ließen und kaum Schlafprobleme oder Schwierigkeiten mit der Nahrungsaufnahme hatten. Im Schulalter erschienen die resilienten Kinder selbstständiger, unabhängiger und selbstbewusster als die nicht resilienten Kinder. Trotz meist durchschnittlicher Begabung setzten sie ihre Talente effektiv ein. Ein weiterer und zugleich sehr entscheidender Faktor im Leben der Kinder war der Glaube an die eigenen Fähigkeiten, der ihnen half, stets den Sinn und Zweck ihrer Handlungen zu erkennen (Werner 2008, S. 23). Alle Fähigkeiten und Kompetenzen halfen den Probanden, in ihrem späteren Berufs- und Privatleben mit Problemsituationen erfolgreich umzugehen oder diese gar ganz zu bewältigen. Ebenso ist zu erwähnen, dass bei den Studien insbesondere Mädchen, im Gegensatz zu Jungen, im Kindesalter über ein höheres Maß an personalen Eigenschaften wie z. B. ein »umgängliches Temperament« (Wustmann 2004, S. 48) verfügten. Dieses verhalf ihnen dazu, Problemlösungen eigenständig zu erarbeiten.

### Schützende Faktoren in der Familie

In der Resilienzforschung wird auch der Einfluss der Familie genauer betrachtet. Sie wird als (Lebens-)Kontext bezeichnet, der entweder einen schützenden oder einen mit Risikofaktoren besetzten Rahmen bildet (Welter-Enderlin/Hildenbrand 2006, S. 21). Trotz widriger Lebensumstände gelang es den meisten resilienten Kindern, eine enge, positiv emotional stabile Beziehung zu mindestens einer Bezugsperson aufzubauen. Diese Person gewährleistete eine kompetente, liebevolle und konstante Betreuung des Kindes und ging feinfühlig auf dessen Bedürfnisse ein. In einigen Familien konnten Eltern aufgrund von Krankheiten oder anderen Einschränkungen nicht als feste Bezugsperson für die Kinder da sein, weshalb Großeltern, Tanten, aber auch Lehrkräfte und Erzieherinnen als Ersatzpersonen einsprangen. Feste Bindungen verhalfen den Kindern dazu, Vertrauen, soziale Kompetenzen und ein positives Selbstbild zu entwickeln (Werner 2008, S. 24). Zudem traten die Bezugspersonen als positive Modelle und Vermittler von Werten auf, an denen sich die Kinder orientieren konnten.

Die Ergebnisse der Kauai-Studie zeigten darüber hinaus, dass ein positives Erziehungsklima und ein wertschätzender Erziehungsstil die gesunde Entwicklung von Kindern fördern. Ein autoritativ-demokratischer Erziehungsstil trug überwiegend dazu bei, dass die Kinder ein Gefühl von Wärme, Anerkennung, bedingungsloser Akzeptanz und Schutz erfahren durften.

### Schützende Faktoren im sozialen Umfeld

Viele der resilienten Kinder orientierten sich an schützenden Faktoren in ihrem sozialen Umfeld, wenn sie innerhalb ihrer Familie keine Bezugs- oder Vertrauenspersonen vorfanden. Einerseits dienten Vertrauenspersonen wie z. B. Lehrer oder Nachbarn außerhalb der Familie als Zuhörer und Berater bei Problemen; andererseits übernahmen diese Personen Aufgaben als Vermittler von Werten und dienten als Modell für soziale Handlungsweisen und konstruktives Bewältigungsverhalten.

Im Jugendalter zeigten sich Freundschaften und Peer-Kontakte als große Unterstützung bei der Kompensation von Belastungen und Problemen. Kinder, deren Eltern unter psychischen Krankheiten litten, profitierten vom Austausch mit Gleichaltrigen und gewannen dadurch positive Lebensperspektiven. Einerseits dienten Freunde zur Ablenkung und Erholung von familiärem und schulischem Stress; andererseits lernten die Kinder in den Peer-Interaktionen soziale Kompetenzen wie Perspektivenübernahme, gleichberechtigte Kommunikation, das Teilen und Empathie.

## Wann kann ein Kind als *resilient* bezeichnet werden?

Kinder mit ›günstigen‹ Eigenschaften bzw. einem positiven Umfeld können nicht automatisch als resilient bezeichnet werden. Ein Kind gilt erst dann als resilient, wenn bestimmte Probleme bzw. Schwierigkeiten in seinem Leben auftauchen und es aufgrund dessen Bewältigungsleistungen erbringen muss. Ein widerstandsfähiges

Kind überwindet negative Erlebnisse nicht nur, sondern geht aus diesen gestärkt hervor und nutzt seine Erfahrungen für die Zukunft. Nicht widerstandsfähige Kinder, die unter gleicher bzw. ähnlicher Risikobelastung aufwachsen, scheitern an den Problemen und weisen ausgeprägte Entwicklungsbeeinträchtigungen auf. Diese Kinder haben entweder zu wenig positive Charaktereigenschaften (offen, aktiv und ausgeglichen) oder bekommen zu wenig Unterstützung von ihrer Umwelt bzw. ihrer Familie. Widerstandsfähige Kinder zeigen nicht zwangsläufig in allen Bereichen resilientes Verhalten, sondern ein solches ist meistens nur auf eine spezifische Kompetenz bezogen.

## Was können pädagogische Fachkräfte und Eltern aus der Resilienzforschung lernen?

Dank der Ergebnisse aus der Resilienzforschung ist heute bewiesen, dass es sich bei Resilienz nicht um ein *angeborenes Persönlichkeitsmerkmal* handelt, sondern um eine Kompetenz, die in der *Kind-Umwelt-Interaktion* erworben wird. Neben dem bedeutenden Einfluss der Umwelt auf das Kind verdeutlicht Wustmann die »aktive Rolle des Individuums im Resilienzprozess« (Wustmann 2004, S. 29). Wie die Resilienzforschung zeigt, ist das Kind nicht bloß ›Opfer‹ seiner Umwelt, sondern am Erhalt seines Gesundheitszustands aktiv beteiligt, indem es z. B. ab einem bestimmten Alter Entscheidungen bezüglich der Auswahl seiner Umwelt treffen kann. Resilienz beschreibt folglich keine Eigenschaft, die festgelegt ist bzw. einmal erworben wird und für immer stabil bleibt. Ferner ist sie nicht bei allen Menschen gleich, sondern vielmehr als Größe zu verstehen, die sich durch Zu- bzw. Abnahme von Risiko- oder Schutzfaktoren verändert. Ein Kind, das im Kindergartenalter als aufgeweckt, offen und interessiert gilt, kann sich im Jugendalter gegenteilig entwickeln.

Die Erkenntnisse aus der Resilienzforschung ermöglichen den Pädagogen und Eltern neue Handlungsmöglichkeiten im Umgang mit Kindern. In der Praxis soll es nicht nur darum gehen, ausschließlich gefährdete Kinder zu fördern, sondern *jedes* Kind in seiner positiven Entwicklung zu unterstützen. Das Resilienzkonzept orientiert sich in erster Linie an den Stärken und nicht an den Schwächen der Kinder. Der Fokus von Eltern und Pädagogen richtet sich in einem ressourcenorientierten Umgang auf die Fähigkeiten und Potenziale der Mädchen und Jungen und auf ihr aktives Mitgestalten des Lebens. In der pädagogischen Praxis ist es daher wichtig, die individuellen Selbstkorrekturkräfte eines jeden Kindes zu suchen und zu stärken, damit schwierige Lebenslagen überwunden werden können – ganz nach dem Motto »Hilfe zur Selbsthilfe.«

Selbstvertrauen und Mut werden daraus geschöpft, dass wir unsere Kinder bestärken, neue Dinge auszuprobieren und ihnen versichern, als Berater und Unterstützer zur Seite zu stehen. Ein emotional stabiles Kind braucht negative ebenso wie positive Erfahrungen in seinem Leben. Erst durch das Wechselspiel dieser beiden Pole macht sich das Kind ein Bild von der Welt, von sich selbst und seinen Mitmenschen. Wir müssen unsere Kinder dazu ermutigen, Dinge zu hinterfragen und nicht nur den Weg des geringsten Widerstandes zu gehen, auch wenn dieser weniger gefährlich ist. Wir müssen ihnen zeigen, dass das Leben nicht immer nur aus glücklichen Phasen und Ereignissen bestehen muss und Rückschläge ebenso zum Leben dazugehören. Darüber hinaus können wir mit unserem Verhalten selbst ein Vorbild für unsere Kinder sein, indem wir ihnen vorleben, wie negative Erlebnisse verarbeitet werden können und dass man an Herausforderungen nicht zwangsläufig scheitert. Wenn sie fallen, müssen wir ihnen beibringen, wie sie aus eigener Kraft lernen wieder aufzustehen, denn diese Fertigkeit ist die Voraussetzung für ein selbstständiges, selbstbestimmtes und letztlich auch glückliches Leben.

# Präventionsarbeit zur Stärkung von Kindern

*Stephanie Krause*

Das Leben in einer Familie gestaltet sich heutzutage in vielfacher Hinsicht anders als in vergangenen Zeiten. Aufgrund der Arbeitsmarktsituation und der in allen Lebensbereichen steigenden Preise müssen oft beide Elternteile arbeiten. Frauen sind heutzutage in Deutschland sehr gut ausgebildet und viele wollen auch nach der Geburt eines Kindes weiterarbeiten. Hinzu kommt, dass die steigenden Anforderungen in der Arbeit und der Wunsch, dem eigenen Kind gerecht zu werden, den Druck auf die Eltern erhöhen. Etliche Kinder wachsen immer freier auf. Das bedeutet, dass sie aufgrund der Berufstätigkeit der Eltern immer öfter sich selbst überlassen sind und damit ihre Freizeit meistens ohne elterliche Begleitung und Kontrolle gestalten können. Man spricht deshalb auch immer häufiger von einer veränderten Kindheit, die mit dem einst in diesem Zusammenhang genannten *Schutzraum* nichts mehr gemeinsam hat.

Darüber hinaus sind der Zugang zur Bildung und die Bedingungen für Bildung heute sehr heterogen. In Deutschland haben nicht alle Kinder die gleichen Voraussetzungen für Bildung. Erstklässler unterscheiden sich voneinander beim Eintritt in die Schule stark in ihrem psychischen, physischen und sozial-emotionalen Entwicklungsstand. Auf der einen Seite existieren in Deutschland Lebenswelten, in denen Familien mit einem hohen Bildungsniveau leben (Opp/Fingerle 2008, S. 10 f.). Im Vergleich dazu haben Studien verdeutlicht, dass der Anteil von Kindern, die unter Armutsbedingungen aufwachsen, in den letzten zwanzig Jahren gestiegen ist. In Deutschland gelten Kinder dann als arm, wenn ihre Eltern weniger als 60 % des durchschnittlichen Nettoeinkommens verdienen und zusätzlich auf staatliche Hilfen und Unterstützung angewiesen sind (ebd.). Da unter Armut nicht nur das Fehlen von Geld zu verstehen ist, reichen die Nachteile der armen Kinder – anders als bei den Kindern, deren Eltern einen hohen Bildungsgrad vorzuweisen haben und zusätzlich vermögend sind – bis in alle Lebensbereiche hinein.

Mit diesen und anderen ständig neuen Herausforderungen, denen sich Eltern und pädagogische Fachkräfte stellen müssen, werden Kinder konfrontiert. Die Aufgabe der Kitas und der Eltern muss darin bestehen, Kinder so früh wie möglich zu stärken, um sie auf das weitere Leben vorzubereiten. Auch in den Bildungsplänen der Bundesländer ist dies festgeschrieben. So wird z. B. im hessischen Bildungs- und Erziehungsplan die frühpädagogische Arbeit zu einem tragenden Bildungs- und Erziehungsziel erklärt, indem die »stärkere Betonung von Präventionsarbeit in Kindertageseinrichtungen« (Hocke 2007, S. 44) gefordert wird. Im Folgenden liegt der Fokus auf der Präventionsarbeit, die Eltern und pädagogische Fachkräfte leisten können, um Kinder in ihrer Entwicklung zu stärken.

### Was versteht man unter Präventionsarbeit?

Unter Prävention versteht man grundsätzlich die Vermeidung oder zumindest die Verminderung von Entwicklungsrisiken und deren Einflüssen, während dabei zugleich Schutzfaktoren gestärkt und aufgebaut werden sollen. Frühpädagogische Einrichtungen haben den Auftrag, mithilfe von vorbeugenden Angeboten und Programmen Kinder in ihrer Selbstständigkeit und in ihrem Verantwortungsbewusstsein zu fördern und zu unterstützen. Daraus ergibt sich ein enger Zusammenhang zwischen dem Präventionsbegriff und dem Bildungsauftrag von Kindergärten. Da, wie bereits erwähnt, eine Verbindung zwischen Armut und geringeren Bildungschancen besteht, wächst das Interesse an unterstützenden Angeboten, welche die unterschiedlichen Voraussetzungen der Kinder so gut wie möglich zu kompensieren versuchen.

Die Notwendigkeit für Präventionsprogramme ergibt sich unter anderem aus der Tatsache, dass 15–30 % aller Kinder im Alter von ein bis sechs Jahren aufgrund von körperlichen, psychischen und sozialen Beeinträchtigungen kurz- oder langfristige Folgeschäden im emotionalen, sprachlichen und sozialen Bereich aufweisen (Fried 2003, S. 64). Studien zur Hirnforschung haben verdeutlicht, wie bedeutsam die ersten Lebensjahre für die weitere Entwicklung sind. Kleinkinder, unabhängig davon, ob sie Auffälligkeiten aufweisen oder nicht, müssen so früh wie möglich Förderung erhalten, damit Schädigungen verhindert werden können. Kindergärten eignen sich besonders für präventive Förderung, da dem pädagogischen Fachpersonal im Gegensatz zu Experten, wie z. B. Logopäden, eventuelle Entwicklungsbeeinträchtigungen durch den täglichen Kontakt zu den Kindern am ehesten auffallen. Vorbeugende bzw. präventive Maßnahmen haben im Gegensatz zu therapeutischen Hilfen den Vorteil, dass sie nicht nur die Schwächen, sondern auch die Stärken und Talente der Kinder berücksichtigen. Durch eine gezielte Frühförderung können Sprach-, Lern- und Verhaltensprobleme, die später in der Schule auftreten könnten, vermindert werden.

## Die Bedeutung von Kindertageseinrichtungen für die präventive Arbeit

Heutige Kindertageseinrichtungen dienen nicht mehr nur als Betreuungsinstitutionen, sondern sind von großer Bedeutung für die Entwicklung und Bildung von Kindern. Ihnen wird eine wesentliche Rolle bei der Resilienzförderung zugeschrieben, weil Kinder dort bereits frühzeitig, langfristig, intensiv und andauernd gestärkt werden können (Wustmann 2004, S. 124). Außerdem können Krankheiten oder Auffälligkeiten bei Kindern frühzeitig erkannt, verhindert bzw. reduziert werden. Anders als in Schulen findet im Kindergarten keine Auslese statt. Hierdurch können fast alle Kinder erreicht und gefördert werden. Mithilfe eines schweizerischen Forschungsprogramms zum Thema Migration (Welter-Enderlin/Hildenbrand 2006, S. 131) konnte festgestellt werden, dass Einrichtungen der Kinderbetreuung Belastungen bei Kindern verringern und zusätzlich die soziale Integration vorantreiben können. Daraus resultiert, dass insbesondere Kinder, die bereits im frühen Alter Entwicklungsrisiken wie z. B. Armut ausgesetzt sind, vom Kindergartenbesuch profitieren. Der Kindergarten stellt für viele Kinder, die unter schwierigen Umständen heranwachsen, einen Ort der Sicherheit, der Stabilität und der Erholung dar (Wustmann 2004, S. 145). Wie das Resilienzkonzept jedoch gezeigt hat, profitieren auch eher unauffällige Kinder von Angeboten, die sie fördern und stärken. Kein Kind wächst problemlos auf und durchläuft eine perfekte Kindheit.

Im Kindergartenalltag erlernen Kinder gemeinsam mit pädagogischen Fachkräften und anderen Kindern soziale Kompetenzen, die eine Voraussetzung für Freundschaftsbeziehungen darstellen. Viele Regel- und Integrationseinrichtungen fördern die Integration von Kindern mit unterschiedlichen sozialen Hintergründen und Biografien. Die gemeinsame Erziehung kann Vorurteile abbauen, da die Kinder darin bestärkt werden, aufgeschlossen, tolerant und offen gegenüber jeder Form von Andersartigkeit zu sein. Benachteiligte Kinder werden von den Pädagogen darin unterstützt, selbst zu erkennen, in welcher Lebenssituation sie sich befinden, damit sie vorhandene oder bevorstehende Lebenskrisen weitestgehend selbstständig bewältigen können.

Neben pädagogischen Inhalten und Konzepten ist auch die Qualität der Rahmenbedingungen in Kindertagesstätten von besonderer Bedeutung. Durch kleinere Gruppengrößen, Freiräume für individuelle Lehr- bzw. Lernprozesse und größere Räume zur Bewegung bzw. Inseln für Rückzugsmöglichkeiten werden positive Entwicklungsanreize geschaffen. Über die Arbeit mit den Kindern hinaus stellt die Zusammenarbeit und Vernetzung mit anderen Institutionen und den Eltern eine wichtige Grundlage für eine erfolgreiche Präventionsarbeit dar. Kindergärten sollten vor allen Dingen mit den Eltern im ständigen Dialog stehen. Dabei ist es wichtig, sich gegenseitig zu informieren, zu beraten und gemeinsam nach Lösungen zu suchen, die im Interesse des Kindes stehen. Regelmäßige Gespräche mit den Eltern unterstützen die offene Kommunikation und den Austausch. In Krisenzeiten oder bei Fragen können sich die Kindergärten oder auch die Eltern z. B. an Erziehungsberatungsstellen oder Beratungsstellen für Frühförderung wenden und dort um Unterstützung bitten (Rönnau-Böse/Fröhlich-Gildhoff 2010, S. 82 f.). Regelmäßige Reflexionsrunden im Kindergartenteam fördern die Kommunikation und die Chance, das pädagogische Handeln der Erzieherinnen zu hinterfragen. Erst wenn die Eltern, die Leitung und die pädagogischen Fachkräfte ein gemeinsames Ziel verfolgen, können Kinder effektiv gestärkt werden.

### Resilienzförderung: Kinder stark machen durch Präventionsarbeit

Präventionsarbeit richtet sich an alle Kinder und hat zum Ziel, die allgemeine Gesundheit von Kindern zu erhalten. Schützende Faktoren, die dem Kind helfen, sich in der Welt zurechtzufinden, sollen aufgebaut werden, damit zukünftige Probleme nicht als unüberwindbares Hindernis, sondern lediglich als Hürde betrachtet werden. Frühförderung kann sich direkt auf das Kind konzentrieren, aber auch auf die Unterstützung der Eltern. Einige Befunde belegen, dass die Intelligenz- und Sprachentwicklung von etlichen Kindern durch eine allumfassende Förderung erstaunlich verbessert werden konnte (Fried 2003, S. 71). In einigen Einrichtungen wird mit Programmen gearbeitet, die vor allen Dingen die Verminderung von Risikoeinflüssen bei Kindern zum Ziel haben. Andere orientieren sich an den schützenden Faktoren im Leben eines Kindes und suchen nach den Potenzialen, die im Kind selbst oder in seiner Umgebung zu finden sind.

Alle Förderprogramme wollen die grundlegenden Kompetenzen, die für eine gesunde Entwicklung des Kindes wichtig sind, schulen, z. B. durch Elterntrainings zur Verbesserung der Erziehungs- und Bindungsqualität. An dieser Stelle soll der *ressourcenorientierte Ansatz* vorgestellt werden, bei dem in erster Linie davon ausgegangen wird, dass jedes Kind, unabhängig von seiner Lebenslage, offensichtliche und versteckte Stärken besitzt. Viel zu oft richtet man sein Augenmerk auf die schwachen Seiten und bekämpft damit nicht Ursachen. Der Medizinsoziologe Antonovsky hat in den 1970er Jahren das Konzept der *Salutogenese,* welches mit dem Resilienzkonzept verwandt ist, geprägt. Er hat die auf Stärken fokussierte Sichtweise mit einer Metapher veranschaulicht:»Menschen schwimmen in einem Fluss voller Gefahren, Strudel und Stromschnellen. In der pathogenetisch orientierten Medizin versucht der Arzt, den Ertrinkenden aus dem Strom zu reißen. In der Salutogenese geht es vielmehr darum, den Menschen zu einem guten Schwimmer auszubilden, damit er ohne ärztliche Hilfe Strudel und Stromschnellen meistert« (Wustmann 2004, S. 26). Es gibt zwei verschiedene Förderebenen für die stärkenorientierte Präventionsarbeit: Resilienzförderung direkt am Kind und/oder auf der Beziehungsebene.

## Präventionsarbeit direkt am Kind

Programme auf dieser Frühförderebene richten sich direkt an das Kind und sollen die Stärken von Kindern sowie deren Talente fördern, damit negative Einflüsse, die durch die Umwelt auf das Kind einströmen, besser verarbeitet werden können. Die wichtigsten Basis- und Lernkompetenzen sind für Kinder eine altersentsprechende Problemlösefähigkeit, positive Selbstwahrnehmung und Selbstwirksamkeit, Stressbewältigungskompetenzen sowie soziale Kompetenzen. Präventionsarbeit hat das Ziel, das Selbstwertgefühl zu stärken, da es die Grundvoraussetzung darstellt, um die eigene Persönlichkeit entwickeln zu können. Ebenso ist ein gesundes Selbstbild Voraussetzung für soziale Beziehungen und ein positives Lernverhalten. Ein Kind kann nur dann widerstandsfähig sein, wenn es seine eigenen Fähigkeiten, Eigenschaften und Einstellungen als positiv bewertet. Kinder sind auf positive Rückmeldungen aus ihrer Umwelt angewiesen, um sich selbst und andere Menschen wertschätzen zu können, denn nur ein Kind, das sich auch akzeptiert fühlt, kann auch andere annehmen, lieben und schätzen lernen. Hierzu kann man durch das Vorlesen oder Erzählen von Geschichten sowie durch Bewegungsförderung und spezifische Trainingsprogramme einiges beitragen, wie im Folgenden exemplarisch aufgezeigt wird.

**Der Beitrag von Geschichten zur Förderung des Selbstbewusstseins**
Geschichten beinhalten oft auf den zweiten Blick versteckte Botschaften, die soziale Kompetenzen bei Kindern fördern können. Ein großer Vorteil von Geschichten und Märchen besteht darin, dass sie sich gut in den Kindergartenalltag oder in den familiären Alltag integrieren lassen. Am Beispiel des Märchens *Hänsel und Gretel* wird deutlich, wie ein Protagonist durch eigene Anstrengung eine zunächst unüberwindbar scheinende Situation meistert und darüber hinaus Verantwortung für eine andere Person übernimmt. Durch dieses Beispiel können Kinder lernen, Probleme zu lösen, Verantwortung zu übernehmen und den Glauben und die Hoffnung an die eigenen Fähigkeiten nicht zu verlieren. Wenn Erzieherinnen oder Eltern im Anschluss an die Geschichten Fragen an die Kinder stellen, sollte den Kindern beim Nacherzählen die Möglichkeit geboten werden, Rollen einzunehmen und somit die Perspektive zu wechseln. Darüber hinaus bilden Geschichten und Märchen für viele Kinder eine Entlastung vom stressigen Alltag (vgl. Wustmann 2004, S. 129 ff.).

**Der Beitrag von Bewegung zur Förderung des Selbstbewusstseins**
Bewegung ist in der Regel eine wichtige Voraussetzung für die Entwicklung von Kindern und der Schlüssel für eine gesunde Persönlichkeit. Sobald Mädchen und Jungen laufen können, versuchen sie, neue Räume zu erforschen und unbekannte Gegenstände zu untersuchen. Spaziergänge mit der Familie und Waldtage im Kindergarten können dabei das Erkundungsverhalten fördern, da die Natur den Kindern die Möglichkeit bietet, zu experimentieren, Fragen zu stellen und Antworten zu finden. Neben der Wahrnehmung der Welt spielt die Wahrnehmung des eigenen Körpers eine entscheidende Rolle bei der Entwicklung eines positiven Selbstkonzepts. Kinder, die mit allen Sinnen ihre Umwelt wahrnehmen, können auch ein gesundes Verhältnis zu ihrem eigenen Körper entwickeln. Deshalb ist die Förderung der Bewegung und der Wahrnehmung ein tragendes Ziel der Frühförderung.

**Faustlos – ein Präventionsprogramm für den Kindergarten**
Es gibt mittlerweile einige wissenschaftlich fundierte Präventionsprogramme, die einzelne Bereiche wie z. B. die Förderung der sozialen Kompetenz im Fokus haben. Im Gegensatz zu den Fördermöglichkeiten im Alltag handelt es sich bei den verschiedenen Trainingsprogrammen jeweils um ein kontinuierliches, mehrwöchiges Projekt, das von einer Fachkraft abseits des Gruppengeschehens durchgeführt wird.

Die Arbeit in Kleingruppen stellt für viele Kinder ein besonderes Erlebnis und eine Abwechslung zum üblichen Kindergartenalltag dar. Das Programm *Faustlos* wurde von Manfred Cierpka und Andreas Schick für Kindergärten und Grundschulen entwickelt und bezweckt die Stärkung und Förderung der sozialen Kompetenz bei Kindern. Im Rahmen des Programms sollen aggressives und impulsives Verhalten verhindert bzw. gemindert sowie soziale und emotionale Kompetenzen gesteigert werden. Das Konzept von Faustlos versteht sich als Hilfe zur Intervention bei bereits auffälligen, aber auch als Prävention bei verhaltensunauffälligen Kindern.

Der Grundgedanke besteht darin, dass mit allen Kindern gearbeitet und dabei niemand isoliert werden soll. Das Programm ist in drei Einheiten unterteilt, in denen grundlegende alters- und entwicklungsgerechte Kenntnisse in den Bereichen »Empathie, Impulskontrolle und Umgang mit Ärger und Wut« (Schick 2006, S. 15–20) vermittelt werden. Ein weiteres formuliertes Ziel ist das Erlernen von konstruktiven Lösungsvorschlägen zur Konfliktbewältigung. Durch die Lektionen erhalten die Kindergartenkinder »Hilfe zur Selbsthilfe«, um selbstständig und unabhängig kleine Konflikte lösen zu können. Das übergeordnete Ziel besteht darin, soziale und emotionale Kompetenzen zu fördern, um physischer und psychischer Gewalt unter Kindern vorzubeugen.

## Präventionsarbeit mit allen am Erziehungsprozess beteiligten Personen

Im Gegensatz zur *Präventionsarbeit auf der individuellen Ebene* liegt bei dieser Methode der Schwerpunkt auf der Stärkung des Umfelds, in dem das Kind lebt. Bei dieser Arbeit besteht das Anliegen darin, die Erziehungs- bzw. Interaktionsqualität zwischen Erziehungsperson und Kind durch Trainings zu verbessern. Die *Erziehungskompetenz* und die Qualität der *Erziehungs- bzw. Handlungsstrategien* von Eltern und Erzieherinnen sind maßgeblich verantwortlich für die Entwicklung des Kindes (Wustmann 2004, S. 133).

Das Elternverhalten kann sowohl positive als auch negative Auswirkungen auf das Kind haben. Bereits kleine Kinder reagieren sehr sensibel auf die Handlungen von vertrauten Personen aus ihrer Umwelt. So ist es nicht verwunderlich, dass bereits Babys anfangen zu weinen, wenn Eltern sich streiten oder sich gegenseitig anschreien. Kleinen Kindern gelingt es noch nicht, Handlungen und das Verhalten von anderen Menschen infrage zu stellen, und sie sind deshalb äußeren Einflüssen schutzlos ausgeliefert. Förderprogramme auf der Beziehungsebene richten den Fokus auf die Eltern und Erzieherinnen, da deren Verhalten sich unmittelbar auf das Kind auswirkt und somit auch entscheidend mitverantwortlich für das kindliche Verhalten ist.

Die Resilienzforschung verdeutlicht, dass die Stärkung der Kinder vornehmlich durch eine positive Eltern-Kind-Beziehung erfolgt. Da es nicht allen Eltern gelingt, eine für die kindliche Entwicklung förderliche Beziehung aufzubauen, liegt eine grundlegende Aufgabe von pädagogischen Einrichtungen in der Stärkung der elterlichen Erziehungskompetenz durch entsprechende Fördermaßnahmen und Angebote. Neben der direkten Arbeit mit dem Kind müssen Kindertagesstätten einen weiteren Schwerpunkt auf die Zusammenarbeit mit den Eltern legen, denn nur so können sie als eine vertrauensvolle Beratungsinstanz, vor allem für Familien mit großen Problemen, zur Verfügung stehen. Zu diesem Zweck werden verschiedene Elternkurse angeboten. Einer davon nennt sich *Starke Eltern – Starke Kinder*®. Dieses Projekt hat die Absicht, das Selbstvertrauen der Eltern zu stärken und die elterliche Kommunikation mit den Kindern zu fördern. In acht bis zwölf Kursabenden zu jeweils zwei bis drei Stunden sollen die Eltern darin bestärkt werden, ihre eigenen Wertvorstellungen und ihr Verhalten in problematischen Situationen häufiger zu überdenken. Sie lernen, in die eigenen Erziehungsfähigkeiten zu vertrauen und wie erzieherische Grenzen mithilfe von entwicklungsfördernden Erziehungsmaßnahmen anstelle von verbaler und körperlicher Gewalt gesetzt werden können. Rönnau-Böse und Fröhlich-Gildhoff formulieren sechs Schritte, die von den pädagogischen Fachkräften eingehalten werden sollten, damit eine positive Unterstützung der Eltern gewährleistet werden kann (Rönnau-Böse/Fröhlich-Gildhoff 2010, S. 67–71):

1. Haltungsarbeit – die Haltung des Teams stellt den Schlüssel für die Zusammenarbeit mit den Eltern dar.
2. Sozial- und Bedarfsanalyse – wird benötigt, damit festgelegt werden kann, für welche Zielgruppe welche Angebote nützlich sind.
3. Netzwerkbildung – dient als Unterstützung, z. B. durch Erziehungsberatungsstellen.
4. Werbung – soll das Interesse und das Vertrauen der Eltern wecken.
5. Prozess- und Ergebnisevaluation – dient der Überprüfung von Elternarbeit.
6. Erreichbarkeit der Eltern – ist von besonderer Bedeutung; es müssen Wege gefunden werden, um *alle* Eltern, unabhängig von ihrer sozialen Herkunft, zu erreichen, z. B. sind Tür-und-Angel-Gespräche förderlich für einen regelmäßigen Austausch.

## Wie können pädagogische Fachkräfte in der Kita und Eltern konkret präventiv aktiv werden?

- *Wertschätzung:* Jedes Kind sollte bedingungslos akzeptiert und respektiert werden. Begegnen Sie dem Kind stets mit Wertschätzung und Respekt und pflegen Sie keinen autoritären Erziehungsstil.
- *Gefühle ausdrücken:* Außerdem sollte es ermutigt werden, auch negative Gefühle zu benennen und auszudrücken. Denn das Äußern und Formulieren von Problemen ist der erste und wichtigste Schritt, um Konflikte zu klären.
- *Verantwortung übergeben:* Jedes Kind sollte altersentsprechende Aufgaben wahrnehmen, wie z. B. Aufräumen nach dem Spielen. Dabei lernen die Kinder Verantwortung zu übernehmen und ihre Fähigkeiten einzuschätzen. Kleine Aufgaben stärken das Selbstvertrauen.
- *Freundschaften:* Das Kind sollte in der Familie und Kita darin bestärkt werden, soziale Beziehungen zu anderen Kindergartenkindern aufzubauen, denn Kinderfreundschaften sind wichtig für das Sozialverhalten und die eigene Persönlichkeitsentwicklung.
- *Konstruktive Kritik:* Geben Sie ein konstruktives Feedback, das heißt, begründen Sie eventuelle Kritik und gehen Sie sicher, dass das Kind Ihren Einwand verstanden hat und diesen nachvollziehen kann. Dadurch kann das Kind sein Einschätzungsvermögen verbessern.
- *Lernen aus Fehlern:* Lassen Sie das Kind auch Fehler machen, damit es selbst erkennt, wann es etwas falsch gemacht hat. Unterstützen Sie es darin, Lösungen für das Problem zu finden. Geben Sie dabei Anreize oder Vorschläge, jedoch keine konkreten Lösungswege vor. Stellen Sie an das Kind realistische und altersangemessene Erwartungen. Es muss das Gefühl bekommen, Ihren Ansprüchen genügen zu können, ansonsten besteht die Gefahr, dass es den Glauben an die eigenen Fähigkeiten verliert. Sie sollten es darin ermutigen, positiv und optimistisch zu denken. Der eigene Umgang mit Problemen stellt dabei ein Vorbild für das Kind dar.
- *Verhaltensauffällige Kinder:* Insbesondere bei bereits auffällig gewordenen Kindern neigt man dazu, sich vermehrt auf die Defizite des Kindes zu konzentrieren. Versuchen Sie Ihren Blick für die Stärken der Kinder zu schärfen; das verschafft insbesondere denjenigen Kindern Selbstvertrauen, die meistens nur auf ihre Defizite hingewiesen werden.

- *Begabungen:* Helfen Sie dem Kind verborgene Talente zu entdecken. Achten Sie im Alltag darauf, was ein Kind besonders gut kann, und bestärken Sie es durch Lob. So können Sie insbesondere das Selbstwertgefühl bei schüchternen und zurückhaltenden Kindern fördern.
- *Sicherheit und Geborgenheit*: Nicht nur Eltern stellen wichtige Bezugs- bzw. Vertrauenspersonen dar, die ihren Kindern Sicherheit und Geborgenheit schenken. Auch der Kindergartenalltag sollte durch verlässliche Strukturen gekennzeichnet sein, die für das Wohlbefinden des Kindes von großer Bedeutung sind (siehe auch Wustmann 2004, S. 134 f.).

# II

## Unterschiedliche Kinder stärken

# Mädchen stärken

*Melitta Walter*

Ganz selbstverständlich gehen viele pädagogische Fachkräfte ebenso wie Mütter und Väter davon aus, dass es den Mädchen »heute doch so viel besser geht als früher«, dass es wichtiger ist, sich um die ›schwierigen‹ Jungen als um die ›pflegeleichten‹, bildungsbereiten Mädchen zu kümmern. Die Generation der jetzt dreißigjährigen Frauen ist mit weit größeren individuellen Freiräumen aufgewachsen als die der heute sechzigjährigen. Doch noch keine dreißig Jahre ist es her, dass die Soziologin Carol Hagemann-White (1984), im Rahmen des sechsten Jugendberichts der Bundesregierung, zusammenfasste, dass es zu Beginn der Arbeit erhebliche Informations- und Forschungslücken auf allen Gebieten gab. Das genaue Hinsehen, Analysieren und Benennen feministischer Forscherinnen zeigte, dass Mädchen in ihren individuellen Entfaltungsmöglichkeiten eingeschränkt werden.

Mädchen sollen gefallen und sie wollen gefallen. Sobald sie spüren, was von ihnen erwartet wird – Freundlichkeit, Hilfsbereitschaft und Anpassung –, geben sie sich alle Mühe, den Erwartungshaltungen von Müttern, Vätern, Erzieherinnen und Lehrkräften zu entsprechen. Leider hat sich an diesem Zusammenspiel von Erwartungen von Erwachsenen und Einlösung durch die kleinen Mädchen – auch wenn die Mädchenförderung als Arbeitsbereich mit sich wandelnden Motivationen, Konzepten und Aktivitäten immer wieder neu definiert wird (Kunert-Zier 2005) – bisher nur wenig geändert. Mädchen im Krippen- und Kindergartenalter wird bisher wenig eigenständige Aufmerksamkeit zuteil. Das wirkt auf den ersten Blick unverständlich, sind es doch fast ausschließlich Erwachsene des eigenen Geschlechts, die Mädchen tagein, tagaus beim Aufwachsen begleiten.

## Wie werden kleine Mädchen wahrgenommen?

Im Rahmen einer Unterstützungstätigkeit bei der Entwicklung von praxistauglichen Aktivitäten, die Kitas in geschlechtergerechte Orte für kleine Mädchen (und Jungen) verwandeln, war (und ist) immer wieder die Beteiligungsmotivation der Frauen wichtig. Diese hängt davon ab, mit welchem ganz individuellen Mädchen- und Frauenbild sie sich selbst und dementsprechend auch die kleinen Mädchen wahrnehmen (Walter 2005). Charakteristisch für den Widerstand, den Mädchen z. B. mehr Wildheit und Unangepasstheit zu gestatten, wird die Aussage »Wir haben schon so viele wilde Jungen, wenn wir die Mädchen nun auch noch machen lassen, was sie wollen, bricht hier das totale Chaos aus!« gern als Argument formuliert. Individuell ist diese Einschätzung aus Sicht der Erzieherinnen erst einmal nicht von der Hand zu weisen, für die persönliche Entfaltung der Mädchen aber ein Handicap. Und Mütter betonen, dass sie »froh sind, eine Tochter zu haben, sie macht weniger Stress«. Anders gesagt: Töchter sind pflegeleichter. Wenn Mädchen aber wild und eigenwillig sind, ist zu hören, dass sie sich »wie Jungen aufführen«.

Mütter und Erzieherinnen begleiten diesen Entwicklungsprozess immer als geschlechtsgleiche Vorbilder. Jede Frau, ganz gleich welchen Lebensalters, wird von den kleinen Mädchen auf die vielfältigen Möglichkeiten hin beobachtet, die ihnen das Frausein in Zukunft bietet. Erst einmal wollen Mädchen sich ganz klar dem eigenen biologischen Geschlecht zuordnen. Entsprechend werden die geschlechtsbezogenen Präferenzen zunächst sehr rigide verfolgt (Trautner 2010).

## Mädchen stärken, aber weshalb und wofür?

Kleine Mädchen sind auf der Suche. Sie probieren das Leben aus, sie erfassen ihre Umwelt, sie beobachten die Erwachsenen und die Kinder um sich herum. Kleine Mädchen testen ihre Fähigkeiten und erleben die Reaktionen der Erwachsenen darauf. Und sie erfahren, erleben, dass vieles, was ihnen Spaß macht, bei Erwachsenen nicht gut ankommt. Sie lernen also, wie ein Mädchen zu sein hat. Sie spüren, wie sie sich verhalten müssen, damit sie geliebt werden.

Wenn sich die kleinen Mädchen nun so sehr an Geschlechtsstereotypen orientieren, weil sie sich erst einmal im äußeren Bild der Zugehörigkeit zum weiblichen Geschlecht einrichten – Rohrmann (2008) spricht hier vom *Bedürfnis* –, muss dann nicht jedes Bemühen zur Erweiterung des Geschlechterbildes scheitern? Ist dies vielleicht sogar kontraproduktiv?

Stärkung kann ja alles bedeuten. Konkret wünschen kleine Mädchen eine Bestätigung ihrer selbst. Sie wollen akzeptiert werden. Unterstützung brauchen sie immer dann, wenn sie verunsichert sind, wenn z. B. Ängste sie daran hindern, ungewohnte Bewegungsabläufe auszuprobieren, oder Bevormundung durch größere Kinder verhindert, dass sie ihre eigene Neugierde befriedigen können. Stärkung beinhaltet immer, die Individualität des Mädchens zu würdigen, statt es dem Druck der Konkurrenz, der Gleichmacherei auszusetzen.

Das Bilderbuch *Als Mama noch ein braves Mädchen war* (Larrondo/Desmarteau 2001) eignet sich sehr gut, um sich an die eigene Kleinmädchenzeit zu erinnern. Die dort dargestellte Mama hat immer aufgegessen, nie die Finger in die Nase gesteckt, nie mit Jungen Doktorspiele gespielt, nie ein schmutziges Wort in den Mund genommen, nie gesagt »Ich will eine Barbie!« o. Ä. – die Zeichnungen zum Text zeigen aber genau das Gegenteil. Auch Nikolaus Heidelbach zeichnet in seinem Bilderbuch *Was machen die Mädchen?* (2008) kreative Mädchen. Wenn z. B. Patricia auf ihren kleinen Bruder aufpasst, wirbelt sie ihn durch die Luft; wenn Walburga und Wilma eine Mutprobe machen, dann setzen sie sich ein Insekt auf die Nase; wenn Yvonne auf einen Fernsehfilm wartet, hat sie Messer, Beil und Hammer als Verteidigungswaffen bereitgelegt. Heidelbachs Mädchen sind kraftvoll, witzig und so gar nicht ›mädchenhaft‹.

Realität ist, dass die unterschiedlichen Lebenswelten von Mädchen und Jungen im Kindergartenalter – vor allem der Zusammenhang von pädagogischen Konzepten und frühkindlicher Entwicklung – in Forschung und Praxis lange Zeit wenig Beachtung fanden. Selbst dort, wo in den Kitas Projekte zur geschlechtergerechten Pädagogik durchgeführt werden, fehlt es meist an einer abschließenden Projektdokumentation, ganz zu schweigen von der ausbleibenden Rückkoppelung an aktuelle Forschungsergebnisse (Hagemann-White 2010).

Immerhin haben sich in den letzten Jahren die beiden konträren Lager, nämlich *hirnbiologische Grundlage* versus *Sozialisation* einander angenähert. Heute gilt nicht mehr, dass alles biologisch vorgegeben und somit unbeeinflussbar sei, sondern dass die sozial-emotionalen Rahmenbedingungen des Lehrens und Lernens (Strüber 2010) beiden Geschlechtern gleichermaßen eine Erweiterung des Erfahrungs- und Handlungsspielraumes ermöglichen oder diese verhindern. Das Gehirn beider Geschlechter ist ein Leben lang lernfähig.

## Mädchenstärkung in der Familie

Eltern erfahren gern frühzeitig, welchem Geschlecht ihr Kind angehören wird. Dann, so sagen sie, kann mit der Namensuche und der geschlechtsspezifischen Ausgestaltung des Kinderzimmers begonnen werden. Geschlechtstypisch wird dann entschieden: Mädchennamen sollen modisch sein und Attraktivität ausstrahlen (Walter 2011). Töchter werden ausgiebig vor möglichen Gefahren beschützt, damit werden sie aber auch länger in Abhängigkeit gehalten und können Ängste entwickeln.

Mädchen werden hübsch gekleidet, das Äußere wird betont und entsprechend gewürdigt: »Du hast aber ein schönes Kleid an.« War es den zweijährigen Mädchen oftmals noch ganz egal, was sie angezogen bekamen, so fordern viele als Dreijährige plötzlich – und natürlich auch von den Produkten in der Werbung sowie von Gleichaltrigen beeinflusst – die Farbe *Rosa*. Mütter schildern: »Bis meine Tochter in den Kindergarten kam, lief sie einfach mit bunten Latzhosen herum. Nun fordert sie Rosa und Glitzer. Sie besteht auf all die Kleidungsstücke, die die älteren Mädchen dort tragen. Was haben wir nur falsch gemacht?« Diese Frage ist müßig, denn das Mädchen will aussehen wie die anderen Mädchen, ganz einfach.

Wie nachhaltig wirken sich Anregung, Unterstützung von Eigeninitiative und Erweiterung des Wahrnehmungs- und Handlungsspielraumes für kleine Mädchen auf deren weitere weibliche Selbstwahrnehmung aus? Mehrfach berichten Mütter oder Väter, Jahre nachdem ihre Töchter als Vier- bis Sechsjährige über einen längeren Zeitraum wiederholt an Mädchenprojekten teilgenommen haben, dass sich die Mädchen selbst acht Jahre später noch daran erinnern und gern darüber berichten. Eine wiederkehrende Aussage der Eltern ist z. B.: »Meine Tochter ist mutiger geworden. Sie probiert mehr aus.«

Darüber hinaus schildern auch die jeweiligen Mütter und Väter, die im Vorhinein auf Elternabenden über die Inhalte der Aktivitäten informiert und später durch Fotodokumentationen wieder eingebunden wurden, wie sehr sich dies auf ihre eigene Haltung den Töchtern gegenüber ausgewirkt habe: »Ich lasse meiner Tochter jetzt viel mehr Spielraum!« Nicht nur Mütter, sondern auch Väter sind für kleine Mädchen wichtig. Väter unterstützen ihre Töchter häufig entscheidend in der Entwicklung motorischer Fähigkeiten. Sie stärken das töchterliche Selbstbewusstsein durch Bewegungsspiele oder lassen sie teilhaben an handwerklichen und naturwissenschaftlich-technischen Aktivitäten. Eltern tun also gut daran, die Unterschiedlichkeit ihrer eigenen Herangehensweise an das Leben zuzulassen, aber auch geschlechtsrollenerweiternde Aktivitäten vorzuleben. Die Mädchen profitieren davon. Wachsen sie mit Brüdern auf, ist es notwendig, darauf zu achten, dass die Mädchen nicht ausschließlich für haushaltsnahe Tätigkeiten herangezogen werden, sondern beide Geschlechter gleichermaßen in die Alltagsnotwendigkeiten eingebunden sind.

## Mädchenstärkung im Kindergarten

Nun gehen viele Kinder den Weg von der Krippe über den Kindergarten in den Hort. Das heißt, Babys, Kleinkinder, Vorschul- und Grundschulkinder werden in Orten der Bildung und Erziehung über die entscheidenden ersten Lebensjahre hinweg erzogen. Sie wachsen so mit dem eigenen und anderen Geschlecht in Gruppen auf.

Erzieherinnen gehen überwiegend davon aus, dass sie Mädchen gerecht und individuell behandeln. Doch im Gespräch werden sehr unterschiedliche Einschätzungen über Mädchen deutlich.

In Fortbildungen, Praxisbesuchen und Einzelgesprächen wurde um eine Auflistung typischer Konfliktsituationen gebeten. Die Aufschlüsselung nach Kindergarten und Hort zeigt, dass sich die Konflikte ähneln, lässt aber auch erkennen, dass den Kindern geschlechtstypische Verhaltensweisen zugeschrieben werden. Besonders die Frage »Welcher Art gestalten sich die Konflikte mit Mädchen?« bringt Aufschlussreiches hervor. Nach spontanen Aussagen der Fachkräfte werden Mädchen im Alter von drei bis sechs Jahren wie folgt beschrieben: zickig – wehleidig – schlampig – intrigant – eitel – petzend und lügend – sich kleiner machend, als sie sind – Konflikte werden mit Schreien und Heulen ausgetragen – Mädchen lassen sich von Jungen erniedrigen – Mangel an Durchsetzungsfähigkeit – berechnend usw. Im Alter zwischen sechs und zehn Jahren werden sie als störrisch – zickig – hinterlistig – schnell beleidigt – schlampig – sich gegeneinander ausspielend – sich Jungen gegenüber als hilflos und schwach ausgebend – in der Gruppe einen Jungenhass entwickelnd – immer überall dazwischenfunkend usw. bezeichnet.

Was steckt hinter den (als) konfliktreich erlebten Beschreibungen? Oftmals haben sie mehr mit dem eigenen als mit dem kindlichen Verhalten an sich zu tun. Beim Nachfragen, beim Schildern von Konfliktabläufen zeigen sich sehr individuelle Wahrnehmungen und Deutungen. Mädchen sollen nicht weinen, nicht wehklagen. Mädchen »sollen sich nicht so anstellen«, sie »sollen sich nicht so haben«, sie »sollen nicht so zimperlich sein«. Eine junge Erzieherin benennt als Konflikt mit den

Mädchen: »Sie hocken zusammen und kichern, das ist nervig.« Im Gespräch wird sichtbar, dass das Nervige an der Situation nicht das Kichern an sich, sondern der Machtverlust der Erzieherin ist. »Da habe ich keine Chance mehr. Die tun so, als gäbe es mich nicht.« Es gibt aber auch das ›Lieblingsmädchen‹ vieler Erzieherinnen. Es ist selbstbewusst, kann »Nein« sagen, ist ehrlich, nicht zickig, neugierig, kritisch, humorvoll, hat Durchhaltevermögen, klettert auf Bäume, macht sich schmutzig, hat keine Angst, beschimpft zu werden, nimmt Rücksicht auf Schwächere, sagt direkt, was sie will, verzichtet auf ›Mädchen-Getue‹.

Doch wie sieht es aus mit gleichgeschlechtlichen Vorbildern? Welche Konfliktlösungsstrategien und welche Bewegungsbegeisterung werden Mädchen vom Personal vorgelebt? Und wenn diese Mädchen dann im Hort immer noch die gleichen, ja sogar noch stärker ausgeprägte Geschlechtsrollenstereotype aufweisen (oder diese Verhaltensweisen vom Personal nur so wahrgenommen werden), stellt sich die Frage: Hat an diesem Punkt die pädagogische Arbeit versagt? Diese Idealvorstellung von einem Mädchen, das selbstbewusst und mutig den Jungen Widerpart bietet, kann von kleinen Mädchen nicht erfüllt werden. Aber auf dem Weg dorthin können wir sie unterstützen.

Was können wir Mädchen anbieten, ohne sie zu bevormunden, ständig ihre Selbstdarstellung infrage zu stellen, sie gar zu ignorieren, weil sie sich unseren eigenen, widersprüchlichen emanzipatorischen Vorstellungen von Weiblichkeit entziehen? Wenn mehrere Erzieherinnen gleichzeitig eine Mädchengruppe beobachten, gibt es sehr unterschiedliche Wahrnehmungsberichte. Denn jede sieht ein Mädchen immer ganz subjektiv. Um die oben genannten Wünsche in Bezug auf kindliches Verhalten in pädagogische Ziele umwandeln zu können, muss klar sein, welche Teilaspekte am wichtigsten sind. Jedes kleine Mädchen hat Stärken und wünscht sich, dass diese gesehen und gewürdigt werden.

Grundsätzlich geht es um ein positives Hineinwachsen in den eigenen Körper. Die kontinuierliche Ermutigung »Probier es aus, das schaffst du schon!« fördert das Zutrauen in die eigenen Fähigkeiten und schafft Selbstständigkeit. Kleine Mädchen haben alle Voraussetzungen zur Selbstständigkeit in sich. Doch auch das ›Mädchen-Getue‹ muss ausgelebt werden können.

Mädchen und Jungen leben gemeinsam in Kindergartengruppen. Ihren jeweiligen Bedürfnissen entsprechend, gehen viele von ihnen ab ca. dem dritten/vierten Lebensjahr erst einmal getrennte Wege. Mädchen wollen nicht von Erzieherinnen als Aufpasserinnen zwischen wilde Jungs gesetzt werden. Mädchen wollen sich mit den beiden besten Freundinnen zurückziehen können. Mädchen wollen kichern und schmollen, sie spielen gern Rollenspiele, in denen sie die Mutter sind. Häufig reduzieren Mädchen ihren Bewegungsradius zugunsten der Jungen, die raumgreifend die Szene beherrschen. Sinnvoll ist es, einmal genauer hinzusehen, wie viel Bodenfläche z. B. die Puppenecke einnimmt und wie viel Jungen mit dem Bauteppich besetzen. Hier brauchen Mädchen Hilfe und Unterstützung.

Wichtig ist, dass Erzieherinnen sich die Bedeutung der sensomotorischen Fähigkeiten für die Herausbildung von Ich-Stärke, Selbstbewusstsein, Neugierde und gesunde Risikobereitschaft bewusst machen – so werden sie kleine Mädchen ermutigen, sich häufiger und differenzierter zu bewegen, als sie es in vielen Kindertagesstätten tun. *Geschlechtertrennung* ist hier manchmal angesagt, denn Mädchen (und Jungen) genießen Situationen, in denen das andere Geschlecht nicht in die Spieldynamik eingreift. Mädchen ziehen sich in gemischtgeschlechtlichen Bewegungsaktivitäten sehr schnell in die Rolle der Beobachterin zurück. Sie fürchten sich vor den Rempeleien der Jungs. Selbstverständlich geht es nicht darum, dass sich Mädchen hübsch, elegant oder zierlich bewegen, sondern dass sie herumtoben, rennen, klettern, springen dürfen, wie sie wollen. Hierfür brauchen sie Erzieherinnen, die all dies selbst mit Freude tun. Der Kindergarten ist nicht der Ort, an dem die Kleidung sauber bleiben muss.

Der Kontakt zu Erde, Wasser, Holz, Metall usw. schärft die Sinne. Mädchen brauchen gezielte Angebote, um frühzeitig Interesse an naturwissenschaftlichen Phänomenen und an Technik zu entwickeln. Das Ausprobieren von Werkzeug, das Erleben der eigenen Kraft, die Erfahrung, die wiederholte Übung als beste Möglichkeit, sich sicherer zu fühlen, sind Erfahrungen, die Mädchen stärken.

Besonders auch im Zusammenhang mit dem immer aktuellen Thema der körperlichen Gewalt gegenüber Mädchen und auch Jungen wird deutlich, dass wir Mädchen Hilfestellungen zukommen lassen müssen, die ihre Körperwahrnehmung umfassend schulen. Weglaufen scheint vielen Mädchen die einzige Möglichkeit, wenn sie sich bedroht fühlen. Aber auch das Weglaufen will geübt sein. Dazu bedarf es starker Beinmuskulatur (beim Seilspringen trainiert), der Bewegungssicherheit auf Sand, Rasenflächen, ab- oder aufsteigendem Gelände. Kleine Kinder müssen auch erst einmal lernen, Hindernisse schnell zu erkennen, um ihnen geschickt ausweichen zu können. Grobmotorische Aktivitäten und abwechslungsreiche Bewegungsspiele im Kindergarten können also dazu beitragen, das Körperbewusstsein und damit auch das Selbstbewusstsein von Mädchen zu stärken.

## Mädchen brauchen mutige Frauen

Mädchen, ebenso wie Frauen, neigen dazu, sich klein zu machen, eher nachzugeben als sich durchzusetzen. Auf der Suche nach dem eigenen Ich brauchen Mädchen Schutz vor Bevormundung und Abwertung. Und sie brauchen Abenteuererfahrungen in der Natur – so nehmen etwa Aktivitäten wie mit Taschenlampen durch die Dämmerung zu laufen oder die vielen Geräusche im Wald deuten zu lernen die Ängste vor Unbekanntem. Eine Bestandsaufnahme der erlebnispädagogischen Initiativen zeigt sehr deutlich, dass diese Stärkungsangebote immer noch überwiegend von Männern für Jungen durchgeführt werden. Es fehlen Frauen, die mädchenspezifische Unternehmungen starten.

Im Rahmen der Deutschen Kinder- und Jugendstiftung werden Projektideen begleitet und finanziert, die Mädchen stärken sollen: »Es motiviert Mädchen und junge Frauen, sich durch Sport öffentliche Räume zu erobern, die meist von Jungen ›besetzt‹ sind. *MädchenStärken* wirkt gegen Benachteiligung und Passivität, stärkt das Selbstbewusstsein und macht Mut, mitzuspielen, mitzureden und selbst Initiative zu ergreifen. Auf dem Spielfeld, aber auch darüber hinaus.« (http://www.dkjs.de/)

Was immer sich auch für das weibliche Geschlecht in unserem Kulturkreis positiv entwickelt hat, Mädchenförderung kann nie als abgeschlossener Bildungsauftrag gesehen werden, denn jedes neu geborene Mädchen bedarf der individuellen Begleitung und Förderung, um das eigene Potenzial an Lebensenergien entfalten zu können.

## Praktische Anregungen und Hinweise für die Kita

- Reflektieren Sie Ihre eigene, ganz subjektive Erwartungshaltung gegenüber kleinen Mädchen.
- Versuchen Sie, männliche Kollegen ins Team zu integrieren, auch für Mädchen sind sie wichtig.
- Denken Sie über die Raumgestaltung in Ihrer Kita nach. Wie abwechslungsreich sind die Spielflächen? Beobachten Sie sich selbst: Halten Sie sich nur in der Puppenecke oder am Basteltisch auf?
- Gehen Sie selbst mit praktischer Kleidung und stabilen Schuhen mit den Mädchen nach draußen auf Bewegungstour? Die Mädchen werden Ihrem Beispiel folgen.
- Schaffen Sie Funktionsräume, beteiligen Sie die Mädchen an der Einrichtung von Experimentierecken, organisieren Sie Materialien, die Kreativität freisetzen, zum Bauen, Klettern und Bearbeiten anregen – Väter können oftmals sehr erfinderisch sein, wenn sie hierbei um Unterstützung gebeten werden.
- Planen Sie einen festen Wochentag für naturwissenschaftliche Experimentieraktivitäten nur für Mädchen ein. Lassen Sie den Mädchen Zeit, sich darauf einzulassen. Nach und nach werden sie ihr eigenes Tempo, ihre eigene Neugierde entwickeln. Probieren Sie mit den Mädchen Neues aus, Sie können mit ihnen gemeinsam lernen. Ihr Interesse wirkt ansteckend.

## Praktische Anregungen und Hinweise für die Familie

- Reflektieren Sie Ihr eigenes Geschlechtsrollenverhalten: Welche geschlechtsuntypischen Aktivitäten zeigen Sie selbst als Mutter, als Vater Ihrer Tochter?
- Beachten Sie beim Kauf von Kleidungsstücken, dass Ihre Tochter sich darin bequem bewegen kann. Schuhe sollen flache Sohlen haben und guten Halt für die Füße bieten. Kleider verhindern, dass Mädchen beim Klettern und Balancieren die eigenen Füße sehen können.
- Ermutigen Sie Ihre Tochter auch zu Aktivitäten, die als untypisch für Mädchen gelten. Skateboard fahren, Kletterwände erklimmen, Judo- oder Fußballtraining sind auch für Mädchen wunderbare Hobbys.
- Akzeptieren Sie aber auch die geschlechtstypischen Wünsche Ihrer Tochter, was

Kleidungsfarben und Spielzeug betrifft. Bleiben Sie gelassen, wenn Ihre Tochter auf der Suche nach der Geschlechtsidentität möglicherweise sehr rigide Geschlechtsvorstellungen oder Rollenbilder entwickelt. Entscheidend ist, dass Sie Ihre Tochter liebevoll und unterstützend in dieser Phase der Identitätsbildung begleiten.

# Jungen stärken

*Margarete Blank-Mathieu*

Wenn man Erzieherinnen und Lehrerinnen nach ihren Erfahrungen mit Jungengruppen befragt, werden häufig Eigenschaften wie »gewaltbereit, aggressiv und laut« genannt. Viele Erzieherinnen und Lehrerinnen sind ständig damit beschäftigt, Jungen zur Disziplin zu rufen, um mit der ganzen Gruppe von Jungen und Mädchen arbeiten zu können. Befragt man sie jedoch zu den Eigenschaften einzelner Jungen, so werden diese eher mit Adjektiven wie »sensibel, schüchtern, gesundheitlich instabil« beschrieben. Viele Jungenleben sind geprägt von diesen Widersprüchen, die sie nicht selten krank machen.

Marianne Grabrucker (1994) beschreibt in ihrem lesenswerten Buch *Typisch Mädchen* das Verhalten von Mädchen und Jungen bereits ab dem Alter von einem Jahr als geschlechtstypisch. Jungen erfahren, dass Frauen und Mädchen ihnen Platz machen, ihre Aggressionen als normal empfinden und dass sie sich als Junge durchsetzen müssen, wenn sie männlich werden wollen. Alle Kinder empfinden zunächst ihre eigene Geschlechtszugehörigkeit als die überlegene. Durch Botschaften aus dem sozialen Umfeld erfahren Kinder, dass in unserer Gesellschaft Männer oft mehr wert zu sein scheinen als Frauen. Jungen müssen sich an einem starken Männerbild orientieren, um als Junge, vor allem unter Jungen, anerkannt zu werden.

Konkurrenz ist ein Kennzeichen von Männlichkeit. Da manche Jungen klein und schwächlich sind, ist dies ein Problem, wenn sie stärkeren Jungen gegenüberstehen. Deshalb verhalten sie sich besonders auffallend, wollen wegen ihres Verhaltens, vor allem von Frauen, eher getadelt als gelobt werden, da sie das als Jungen ausweist. So kommt es, dass viele Jungen Probleme in der Familie, im Kindergarten und in der Schule provozieren, damit ihre Männlichkeit nicht infrage gestellt wird. In der Jungengruppe gelten deshalb auch große, besonders starke und durchsetzungsfähige Jungen als Leitbild. Wer wegen seines angepassten Verhaltens oder seiner guten schulischen Leistungen auffällt, gerät in der Gruppe der Jungen leicht ins Abseits.

So versuchen viele Jungen, ihre körperliche Leistungsfähigkeit zu trainieren. Auch Eltern möchten natürlich, dass ihr Kind in der Kindergruppe anerkannt wird, und unterstützen diese Bemühungen.

Dabei erfahren Jungen immer wieder eine Ambivalenz der Erwachsenen zwischen den Anforderungen nach Anpassung und kognitiver Leistungsfähigkeit und dem Wunsch, dass sich ihr Junge von Anfang an als durchsetzungsfähig und überlegen zeigt, um in der Gesellschaft anerkannt zu werden. Viele Probleme von Jungen rühren daher, dass sie sich selbst als schwach und auch eher zu Krankheiten neigend erleben, wie es in dem Buch von Dieter Schnack und Rainer Neutzling *Kleine Helden in Not* (1991) detailliert beschrieben wird. Damit wird klar, dass Jungen besondere Stärkung benötigen, um eine positive Geschlechtsidentität erlangen und leben zu können.

## Wie werden Jungen von Eltern und pädagogischen Fachkräften wahrgenommen?

Forschungen zur frühen Kindheit und zu Kindern im Schulalter zeigen, dass Jungen die Herausforderungen des Alltags weniger erfolgreich bewältigen. Sie sind häufiger krank, haben schlechtere Schulleistungen und werden eher kriminell. Auch der Kinder- und Jugendbericht von 2002 beschäftigt sich mit der Frage, welche Bedingungen Jungen vorfinden müssten, um ein positives Selbstbild mit den Vorstellungen von Männlichkeit in den Institutionen und der Gesellschaft verbinden zu können. In der Expertise des Deutschen Jugendinstituts von Bernd Bienek und Detlef Stoklossa (2007) *Gewaltpräventive Jungenarbeit in Kindertageseinrichtungen* gibt es zahlreiche Hinweise, wie die Bilder von Männlichkeit, die auch von Merkmalen der Gewalt geprägt und für Jungen nicht hilfreich sind, durch strukturelle und gesellschaftliche Veränderungen beeinflusst werden könnten.

Kinder entwickeln ihre körperliche Identität durch die Erforschung und den Umgang mit dem eigenen Körper. Das Körperbild von Jungen ist von Anfang an ein anderes als das von Mädchen. Ihren Penis können Jungen sehen und mit ihm spielen. Dabei entdecken sie sehr früh, dass das eigene Lustgefühle auslöst. Solche Körperspiele können für die Entwicklung der körperlichen Identität von höchster Bedeutung sein. Trotzdem hat unsere Gesellschaft, in der die Emotionen, die mit den Körpererfahrungen verbunden sind, durch Schamgefühle und Ängste der Erwachsenen determiniert werden, ein Problem damit.

In der Erziehung der letzten Jahrzehnte standen die Jungen dabei weniger im Blick als die Mädchen, weil im Hinblick auf Letztere mehr Ängste existierten, sie könnten durch einen freizügigen Umgang mit Nacktheit Anlass für sexuelle Gewalt geben. Dies ist auch in Bezug auf eine frühe Schwangerschaft zu verstehen, da diese für Mädchen einen entscheidenden Einschnitt in ihrem Leben darstellt. Dass Jungen von sexueller Gewalt ebenso betroffen sind, wurde u. a. durch die im Jahr 2010 veröffentlichten Missbrauchsfälle wieder deutlich.

Wie können wir Kindern die Selbsterkundung des eigenen Körpers ermöglichen und dennoch auf ihren Schutz Wert legen? Säuglinge spielen mit ihren Genitalien genauso wie mit Fingern und Zehen und erforschen dabei ihren ganzen Körper. Bezogen auf das Säuglingsalter ist dies für die meisten Erwachsenen kein Problem. Sobald die Kinder aber in den öffentlichen Erziehungsraum (Krippe und Kindergarten) überwechseln, werden Körperspiele allein und in einer Kleingruppe mit sehr ambivalenten Gefühlen verfolgt. Wie gelingt es, gerade Kleinkindern, deren Neugierverhalten sich ja zunächst auf den eigenen Körper bezieht, entwicklungsförderliche Bedingungen zu ermöglichen, damit sie ein kohärentes Selbstbild entwickeln können? Dass seelische Gesundheit eng mit der Gesundheit und der Akzeptanz des eigenen Körpers verbunden ist, stellt heute niemand mehr infrage.

Eine zweite Beobachtung im Bereich der frühen Kindheit ist die Entwicklung des Selbstbildes als Junge. Jungen benötigen für diese Entwicklung gleichgeschlechtliche Modelle. Es kann beobachtet werden, dass Jungen, sobald ein Mann oder ein männlicher Jungendlicher in ihrem Umfeld auftaucht, alles stehen und liegen lassen, um sich ihm zuzuwenden. Der Hunger von Jungen nach männlichen Bezugspersonen wird vor allem in einem frauendominierten Umfeld sehr deutlich. In einem Kindergarten wurde beobachtet, wie ein Student den Außenspielraum der Tageseinrichtung überquerte und alle Jungen, die bis dahin friedlich im Sand gespielt hatten, das bemerkten. Sie versuchten, auch auf sich aufmerksam zu machen, indem sie ihm obszöne Bemerkungen zuriefen. Sobald er aus ihrem Blickfeld verschwunden war, fanden sie wieder zu ihrem ursprünglichen Spiel zurück.

Jungen haben im Kindergarten wenig Kontakt zu Männern und können ihr eigenes Selbstbild nicht mit den Eigenschaften von unterschiedlichen männlichen Modellen abgleichen. So versuchen sie, die ursprünglichen stereotypen Vorstellungen vom Mannsein in ihre sich entwickelnde Identität zu übernehmen. Sie suchen sich überhöhte Männlichkeitsbilder in den Medien und in ihrer Umgebung. Welcher Junge wollte nicht schon einmal Feuerwehrmann werden (unerschrocken, mutig, mit Macht über andere Männer und ein Feuerwehrauto mit Blaulicht) oder

Baggerführer (eine mächtige Maschine steht für alles, was einen Mann ausmacht). Mächtige Männer in der eigenen Umgebung werden nachgeahmt, ihre tatsächlichen oder vermuteten Eigenschaften werden in das Selbstbild integriert. Dabei scheint Macht und Konkurrenz ein für Jungen wichtiges Emblem ihrer Männlichkeit zu sein.

Jungen sind häufig mit ›Waffen‹ (und seien diese auch nur kleine Stöcke) unterwegs. In der Jungengruppe müssen sie sich durch Kämpfe behaupten und immer wieder eine Rangordnung herstellen. Der körperlich stärkste Junge wird Anführer und zum Vorbild der ganzen Gruppe.

In Tageseinrichtungen und Schulen, in denen sie in der Mehrzahl von Frauen umgeben sind, haben sie das Bedürfnis, ihre Männlichkeit durch Abgrenzung deutlich zu machen. Erzieherinnen und später auch Lehrerinnen, die es nicht schaffen, Jungen durch die Einbeziehung besonderer Jungeninteressen zu fesseln, spüren häufig eine Ablehnung aller ihrer Bemühungen. Das schlägt sich in der Schule in schlechteren Schulnoten bei Jungen nieder, in negativen Verhaltensbeurteilungen und in der Entwicklung von physischen und psychischen Problemen (Schnack/Neutzling 1991).

Es gab in den letzten Jahren zunehmend Veranstaltungen zu Jungenproblemen. Jungen und Probleme werden häufig gleichgesetzt, ohne dass man dabei die Jungen, die keine Probleme verursachen, ebenfalls im Blick hätte. So werden Jungen pauschal als gewaltbereit, leistungsverweigernd und lustlos wahrgenommen. Dies hat aber auch Auswirkungen auf Jungen, die keine Schwierigkeiten haben. Eine sich selbst erfüllende Prophezeiung kommt hier zum Tragen: Ein Kind, das mit einer positiven Einschätzung versehen wird, kann dieser auch leichter entsprechen als ein Kind, das man mit negativen Vorurteilen in Verbindung bringt.

### Wie kann man Jungen stärken?

Wenn man die Risiken sieht, denen Jungen ausgesetzt sind, wird deutlich, dass es für alle Risiken auch pädagogische Ansätze geben muss, um Jungen zu unterstützen und ihre Stärken herauszufordern. Es sind zahlreiche Bücher geschrieben worden, die als Handreichung für die Arbeit mit Jungen im Schulalter oder im Jugendalter gedacht sind. Welche Probleme in solchen Ratgebern auch immer angesprochen werden, es wird deutlich, dass Jungen sich auch heute noch schwertun, eine gelingende Geschlechtsidentität zu erreichen. Projekte, die speziell für bestimmte Jungen oder Jungengruppen angeboten werden, sollen dazu dienen, für besondere Problemstellungen vorbeugende oder pädagogische Maßnahmen zu etablieren. Dies ist kein neues Unterfangen.

Schon vor der PISA-Studie war bekannt, dass Jungen Unterstützung auf dem Weg zur Männlichkeit benötigen. Es waren vor allem Psychologen, Soziologen und Sozialarbeiter, die sich mit Jungengruppen und ihren Bedürfnissen auseinandergesetzt haben. Leider begann man mit der Jungenarbeit häufig erst im Schulalter, in dem erste Probleme gesellschaftlich relevant werden. Männer haben diese Projekte häufig so gestaltet, dass Jungen dort die als männlich definierten Eigenschaften mithilfe von jungen Männern (häufig Sozialarbeitern) stärkten. Dies waren vor allem in den Anfängen der Jungenarbeit oft keine besseren Ideen, als sie im Fußballklub vor Ort ebenfalls umgesetzt wurden. Allerdings nahm man in der Jungenarbeit die Schwierigkeiten eher wahr und versuchte, pädagogisch damit umzugehen. Die Teilnehmer der Jungengruppen bestanden häufig aus Jungen, die ausgegrenzt wurden oder schon besondere Probleme entwickelt hatten. Sie stellten jedoch nicht den Durchschnitt der Jungen in der Gesellschaft dar.

Die *Jungenarbeit* hat sich inzwischen sehr gewandelt, was u. a. deutlich wird, wenn man die entsprechenden Webseiten aufruft. Es geht nicht mehr darum, die Jungengruppe als Abgrenzung gegenüber den Frauen und Mädchen zu verstehen, sondern gemeinsam danach zu suchen, was jedes Geschlecht besonders braucht und wie Jungen und Mädchen ihre Geschlechtsidentität auch durch eigene Initiativen erwerben können. Für die Arbeit in Tageseinrichtungen gibt es seit ca. 15 Jahren einige wenige Modelle, die aus Forschungsvorhaben entstanden sind, so z. B. *Jungen im Kindergarten* (Blank-Mathieu 1996) und *Jungen in Kindertagesstätten* (Rohrmann/Thoma 1998).

Zunächst wurden die Unterschiede zwischen Jungen und Mädchen thematisiert. Inzwischen wird auch hier der Blick auf die Schwierigkeiten von Jungen gerichtet. Jungen sollten jedoch nicht als das ›problembehaftete Geschlecht‹ wahrgenommen werden, sondern als Kinder, die bestimmte Bedürfnisse haben und zur Ausprägung der Geschlechtsidentität besonderer Unterstützung bedürfen. Der Defizitblickwinkel muss verlassen werden, um Jungen angemessen gerecht zu werden und sie für ihr künftiges Leben stark zu machen.

Pädagogische Ansätze für die Arbeit in Tageseinrichtungen sind vor allem in den Bildungsplänen der einzelnen Bundesländer enthalten. Dabei wird inzwischen auch der Genderaspekt als Querschnittsaufgabe beschrieben. So wurde beispielsweise im Orientierungsplan von Baden-Württemberg in der Neuauflage vom Januar

2011 dieses Thema noch einmal gesondert verankert. Auch die Diskussionen zur Inklusion, die sich über die Einbeziehung Behinderter hinaus entwickelte, haben sich mit den unterschiedlichen Lebenswelten von Kindern auseinandergesetzt und Genderperspektiven als einen wichtigen Aspekt der inklusiven Erziehung erkannt. Die UN-Kinderrechtskonvention, die am 15. Juli 2010 in ihrer ganzen Bandbreite in Deutschland in Kraft trat, ist hier ein wichtiger Meilenstein gewesen.

Unterschiede zwischen den Geschlechtern werden heute weder geleugnet noch als rein sozialisationsbedingt angesehen. Die Vielschichtigkeit der Zusammenhänge bei der Entwicklung einer Geschlechtsidentität muss immer wieder aus neuen Blickwinkeln heraus untersucht werden. Die daraus gewonnenen Erkenntnisse müssen aber auch in die tägliche pädagogische Arbeit Einzug halten.

Fortbildungen zu dem Thema *Jungenpädagogik in Tageseinrichtungen* werden von Erzieherinnen nur selten wahrgenommen. Sie sind noch wenig für dieses Thema sensibilisiert und meinen, durch eine wertschätzende Erziehung beiden Geschlechtern gerecht werden zu können – nach dem Motto »Wir erziehen alle gleich.«

Auch in der Ausbildung bleibt der Genderaspekt ein Randthema. Wenige engagierte Dozenten und Studierende sind bereit, sich mit diesem Aspekt gründlich auseinanderzusetzen. So gerät das Thema der Erziehung von Jungen erst dann in den Blick von Eltern und pädagogischen Fachkräften, wenn ein Problem auftaucht. Dies ist jedoch nicht im Sinn einer geschlechtssensiblen und geschlechtergerechten Erziehung von Mädchen und Jungen.

Jungen benötigen von Anfang an eine Erziehung, die es ihnen ermöglicht, eine gesunde und positive Einstellung zu ihrer eigenen Geschlechtszugehörigkeit zu entwickeln, um sowohl in der Kindheit und Jugend als auch im Erwachsenenalter ihre Geschlechtsidentität positiv erfahren und leben zu können.

**Praktische Anregungen und Hinweise für die Kita**

- Sie müssen besondere Bedürfnisse von Jungen und Jungengruppen durch Beobachtungen herausfinden und diese in Projekten und Alltagsangeboten berücksichtigen. Sie sollten außerdem Jungen durch spezielle Impulse auch an unbekannte und unbeliebte Themen heranführen, um ihnen ein breites Spektrum an Bildungsmöglichkeiten anzubieten.
- Körpererfahrungen sind wichtig für Kinder, besonders auch für Jungen. Hier müssen Sie im Alltag Möglichkeiten zur Ruhe, z. B. Kuschelecken oder eine Bibliotheksecke (für die Bilderbuchbetrachtung) ebenso schaffen wie solche zur Aktivität bzw. körperlichen Ertüchtigung (Klettern, Raufen, Kräftemessen).
- Hinterfragen Sie die Strukturen der Tageseinrichtung in Bezug auf die Bedürfnisse aller Kinder, aber besonders auch auf diejenigen von Jungen. Schaffen Sie Möglichkeiten für selbstbestimmte Bewegungsabläufe, wie Turnräume mit Geräten, eine Bewegungsbaustelle im Garten usw. Sorgen Sie für mehr Bewegung, z. B. durch weniger Tische und Stühle in den Räumen.
- Jungen (Mädchen übrigens auch) wollen hämmern, nageln, sägen, bohren und schleifen. Stellen Sie eine Werkstatt zur Verfügung, in der das möglich ist. Dazu müssen viele unterschiedliche Werkzeuge und Materialien bereitgestellt werden. Auch technische, naturwissenschaftliche und physikalische Experimente sind geeignet, um den Wissensdurst im Vorschulalter befriedigen zu können.
- Männliche Modelle sind vor allem für Jungen unerlässlich, um Erfahrungen zu machen, wie Männer ticken, wie sie agieren und reagieren, welche Interessen die eigenen erweitern könnten. Auch wenn in Ihrer Kita nur zeitweise Projekte mit Vätern oder einem für diesen Zweck eingeladenen Mann möglich sind, müssen alle Gelegenheiten dazu immer wieder überprüft und genutzt werden.
- Rollenbilder sind heute nicht mehr so stereotyp. Sie müssen individuell gestaltet werden. In Ihrer Kita sollte es keine speziell für Jungen oder für Mädchen eingerichteten Räume geben, wohl aber solche, die eine zeitweilige Trennung vom anderen Geschlecht ermöglichen. Alle Räume müssen von beiden Geschlechtern gleichermaßen anerkannt und bespielt werden können. Hierzu kann es dienlich sein, die Puppenecke als Aktionsecke oder Kinderwohnung zu bezeichnen und die Bauecke als Konstruktions- und Gestaltungsecke darzustellen.

### Praktische Anregungen und Hinweise für die Familie

- Jungen müssen ihren Körper vollständig wahrnehmen können. Sie müssen zusammen mit anderen Kindern und Erwachsenen toben, kuscheln und raufen dürfen – vorausgesetzt, sie wollen es. Nur so können sie ein positives Körpergefühl entwickeln.
- Männer in der Familie und im Freundeskreis dienen als gleichgeschlechtliche Modelle für Jungen. Pflegen Sie als Familie Kontakte zu vielen anderen Familien. Großväter, Verwandte, Freunde sind notwendig, um Kindern lebendige und natürlich möglichst positive Vorbilder zur Verfügung zu stellen. Gemeinsame Ausflüge und Unternehmungen können dazu dienen.
- Jungen benötigen Embleme ihrer Männlichkeit. Schildmützen, Stöcke, Spielfahrzeuge dienen dazu, dass sie sich stark fühlen und als ›männlich‹ erleben. Sie benötigen auch gleichaltrige Jungen, um im Spiel mit ihnen Erfahrungen mit Männlichkeit in kindlicher Ausprägung zu machen. Hier ist eine Jungengruppe, ein Sportverein, ein Judoklub oder eine Pfadfindergruppe hilfreich.
- Die Interessen von Jungen in der Familie müssen wahrgenommen und verstärkt werden. Bieten Sie ihnen aber auch neue Impulse für Dinge und Tätigkeiten, auf die sie von sich aus nicht zugehen. Nur so können Sie ihnen neue Erfahrungen ermöglichen. Wenn Jungen Interesse am Malen oder Musizieren haben, so sollten Sie dies ebenso beachten und fördern wie bei Jungen, die sich für Technik oder Computer interessieren. In Beobachtungen und Gesprächen mit Jungen können deren Interessen ausfindig gemacht und diskutiert werden. Jungen sollen stets erfahren, dass ihre Interessen wertgeschätzt werden.

# Kinder mit Migrationshintergrund stärken

*Antje Wagner*

Mitte der 1950er Jahre kamen die ersten Zuwanderer aus dem Ausland in die Bundesrepublik Deutschland, wodurch sich die Menschen erst vergleichsweise spät mit dem Thema Immigration beschäftigen mussten. Gastarbeiter kamen zum Teil mit ihren Familien oder holten diese nach. Somit entstand auch die Frage nach passenden Betreuungs- und Integrationsangeboten für die zugewanderten Kinder im Kindergartenalter. Zunächst war eine wohlmeinende Assimilationspädagogik – bezeichnet mit dem aus heutiger Sicht zu Recht als abwertend empfundenen Begriff *Ausländerpädagogik* – als Vorläufer interkultureller und multikultureller Konzepte verbreitet. In den pädagogischen Integrationskonzepten der 1970er und 1980er Jahre standen Anpassung, Eingliederung durch Sprachunterricht, Unterstützung und Beratung im Vordergrund. Pädagogische Maßnahmen hatten vor allem den Abbau ›sprachlicher Defizite‹ zum Ziel und wurden im Kontext einer *gelingenden Integration durch frühe Prägung* insbesondere im Kindergartenalter als ausschlaggebend eingeschätzt. Methodisch waren die Angebote zur Sprachförderung sowie zur Einschulung vor allem als vereinzelte Projekte konzipiert und außerhalb des Kindergartenalltags in homogenen Gruppen für Kinder mit einem Zuwanderungshintergrund organisiert (Diehm 2008, S. 203 ff.).

Die Bezeichnung *Migrationshintergrund* wurde erst viele Jahre später als ein Merkmal von Personen, die selbst oder innerhalb der Familie eine Zuwanderung aus dem Herkunftsland in ein anderes Land erlebt haben, gebräuchlich. Die Definition wird ebenfalls für Nachkommen, die in dem Aufnahmeland der Elterngeneration geboren wurden, verwendet; die Bezeichnung *Kinder mit Migrationshintergrund* wurde im alltäglichen Sprachgebrauch und in den Medien insbesondere durch die PISA-Studie bekannt (Konsortium Bildungsberichterstattung 2006, S. 139). Gemeint sind Kinder, die mindestens einen Elternteil mit ausländischer Herkunft haben, also deren Mutter und/oder Vater aus dem Ausland stammen (Böttcher u. a. 2010, S. 158 f.).

Von politischer Seite wird aktuell angeregt, das Phänomen *Zuwanderung* ebenso als Aufgabe wie als Chance für die deutsche Gesellschaft anzuerkennen. Dies bedeutet, es wird ein Migrationsverständnis angestrebt, welches kulturelle Vielfalt und Mehrsprachigkeit als Kompetenz sieht, jedoch die Stigmatisierungsprozesse, Diskriminierungserfahrungen und Benachteiligungen von Kindern und Jugendlichen mit Migrationshintergrund nicht ausblendet. Das ist insbesondere vor dem Hintergrund wichtig, dass Schüler mit Migrationshintergrund auch heute oft weiterführende Schulen besuchen, die nicht ihren kognitiven Fähigkeiten entsprechen. Als wesentliche Gründe hierfür gelten die im Durchschnitt geringeren sozioökonomischen Ressourcen von Migrantenfamilien sowie sprachliche Defizite der Migrantenkinder (Konsortium Bildungsberichterstattung 2006, S. 137 f.; 145 ff.).

## Die Bedeutung eines Migrationshintergrunds für Kinder

Der Diskurs um die Integration – insbesondere die Bildungsintegration – von Kindern mit Migrationshintergrund wird in Deutschland spätestens seit den international vergleichenden Schulleistungsuntersuchungen IGLU und PISA politisch und öffentlich geführt. Mit dem im Januar 2005 verabschiedeten Zuwanderungsgesetz ist die soziale Integration von Einwanderern in die Bundesrepublik als dauerhafter gesellschaftlicher Auftrag anerkannt, thematisch sind der individuelle Integrationswille und damit verbunden das Erlernen der deutschen Sprache öffentlich-medial präsente Diskussionspunkte (Diehm 2008, S. 208).

In den frühpädagogischen Fachdebatten hat die Sprachförderung bereits seit mehr als dreißig Jahren eine hohe Bedeutsamkeit. Jedoch musste die zunächst vorherrschende Meinung, die Herkunftssprache könnte einen Bildungserfolg und damit die Eingliederungschancen der zugewanderten Kinder hemmen, aufgrund aktueller Untersuchungen zur Sprachpraxis von Migrantenkindern korrigiert werden (Engin 2010).

In diesem Zusammenhang ist zunächst ein kurzer Überblick über die Entwicklung psychologischer, pädagogischer und sozialwissenschaftlicher Betrachtungsweisen von Kindheit im deutschen Forschungsraum aufschlussreich: In der Nachkriegszeit, bis in die späten 1970er Jahre, wurden Kinder entwicklungspsychologisch insbesondere als »angehende Erwachsene« betrachtet (Grunert/Krüger 2006, S. 13 f.). Vor dem Hintergrund einer systematisch verstandenen, stufenartig verlaufenden

Persönlichkeitsentwicklung standen Kinder in der Kleinkindpädagogik als Objekte von Erziehung und Betreuung im Vordergrund. Von den Kindern aus Zuwandererfamilien wurde demgemäß erwartet, sich sprachlich und kulturell an die Mehrheitsgesellschaft anzupassen (Diehm 2008, S. 204).

Eine in den 1980er Jahren beginnende Perspektivenänderung erkannte jedoch den Zeitraum der frühen Kindheit, also den Lebensabschnitt ab der Geburt bis zum Eintritt in die Schule, als besonders wichtig für die kindliche Entwicklung. Im weiteren Prozessverlauf hat der frühkindliche Lebensabschnitt heute einen deutlich veränderten Stellenwert erlangt: Laut Erkenntnissen aus Neurowissenschaft und Pädagogik werden Bildungsbiografien von Kindern bereits in den ersten Lebensjahren geprägt. Dies geht mit schnellen und komplexen Entwicklungsprozessen einher, bei denen Lernvorgänge eine entscheidende Rolle spielen. Die moderne Entwicklungspsychologie versteht dabei den Prozess der Persönlichkeitsentwicklung als beständige gegenseitige Verbindung zwischen Individuum und Umwelt, die von beiden Seiten aktiv geformt wird (Grunert/Krüger 2006, S. 21 f.).

Deutlich wird in diesem Zusammenhang, welche Kompetenzen Kinder mit einem Migrationshintergrund allein aufgrund von Mehrsprachigkeit und kultureller Heterogenität besitzen. Chancen zur gleichberechtigten Bildungsbeteiligung haben laut dem Konsortium Bildungsberichterstattung (2006, S. 149) insbesondere die Kinder, deren Integration bereits frühzeitig gelingen konnte. Da in der frühen Kindheit die Weichen für weitere Bildungsverläufe gestellt werden, profitieren also insbesondere junge Migrantenkinder bis zum zehnten Lebensjahr von einer Stärkung und Förderung in Kita und Familie.

Partizipation und soziale Chancengleichheit für alle Menschen sind wichtige Aufgaben der Politik, die in Deutschland durch die Menschenrechte und das Grundgesetz (GG) gesichert werden sollen. Artikel 3 (3) GG enthält das sogenannte Diskriminierungsverbot und legt zur ethnischen Herkunft fest: »Niemand darf wegen seines Geschlechtes, seiner Abstammung, seiner Rasse, seiner Sprache, seiner Heimat und Herkunft, seines Glaubens, seiner religiösen oder politischen Anschauungen benachteiligt oder bevorzugt werden. Niemand darf wegen seiner Behinderung benachteiligt werden.« Außerdem ist nach dem Sozialgesetzbuch die ethnische Herkunft bei der Förderung von Kindern zu berücksichtigen. In § 22 (3) SGB VIII heißt es, dass der Förderungsauftrag in Tageseinrichtungen und in der Kindertagespflege Erziehung, Bildung und Betreuung des Kindes u. a. ergänzend zur Erziehung und Bildung in der Familie sowie unter Berücksichtigung der ethnischen Herkunft umfasst.

Im Zuge der sozialpädagogischen und politischen Debatten um den Bildungsauftrag der Kindertageseinrichtungen wurden ab 2004 in allen Bundesländern Bildungspläne – auch bekannt als Rahmen- oder Orientierungspläne – für die pädagogische Arbeit entwickelt, die mehrheitlich auch auf die (inter-)kulturellen, sozialen und religiösen Hintergründe der Kinder eingehen (Diehm 2008, S. 209; Textor 2008). Demnach ist der elementare Bildungsbereich und hier besonders die Stärkung der Sprachentwicklung in der frühen Kindheit ein derzeit zentrales politisches Anliegen. Es besteht der Wunsch, dass Kindertagesstätten eine Schlüsselposition für eine individuelle und dabei die Verschiedenheit der Kinder wertschätzende Förderung einnehmen sollen.

Es ist daher eine durchaus erfreuliche Entwicklung, dass in Deutschland mittlerweile Kinder aller Bevölkerungsgruppen Kindergärten und Kindertagesstätten als Lern- und Spielorte in Anspruch nehmen. Eine Untersuchung des Statistischen Bundesamtes zur Kindertagesbetreuung ermittelte, dass von 4,2 Millionen in Deutschland lebenden Kindern unter sechs Jahren rund 2,76 Millionen Kinder Kindertageseinrichtungen besuchen. Zum Zeitpunkt der Erhebung im März 2010 hatte jedes vierte Kind in einer Tagesbetreuung einen Migrationshintergrund. Die Betreuungsquote variiert von Bundesland zu Bundesland und erhöht sich bei allen Kindern mit zunehmendem Alter (zwischen dem dritten und dem sechsten Lebensjahr) (Bock-Famulla/Lange 2011, S. 289 ff.). Bei Kindern mit Migrationshintergrund ist seit mehr als zehn Jahren eine stetig steigende Tendenz zum Besuch von Kindertageseinrichtungen zu beobachten (Konsortium Bildungsberichterstattung 2006, S. 150). Im Vergleich gehen Kinder aus bildungsfernen Elternhäusern und Kinder mit einem Zuwanderungshintergrund auch heute noch seltener und später (nach dem dritten Lebensjahr) in Tageseinrichtungen als andere Kinder. Doch bereits über 85 % der in Deutschland lebenden Migrantenkinder besuchen ab dem vierten Lebensjahr bis zum Schuleintritt den Kindergarten. Unterschiede zu Kindern ohne Migrationshintergrund sind in diesem Zeitraum sehr gering. Bei Betrachtung der Altersgruppe der null- bis zweijährigen Kinder ist jedoch noch ein deutlicher Unterschied messbar (Statistisches Bundesamt 2011).

Es ist also denkbar, dass allen Kindern das Erlernen gleichwertiger Kompetenzen und Fertigkeiten ermöglicht wird und im Rahmen der Frühpädagogik ein Fundament für einen späteren Bildungserfolg gelegt werden kann, da die Mehrheit der in Deutschland lebenden Kinder Zugang zu Elementarbildung hat.

Damit sind jedoch einmal mehr hohe Erwartungen an die Professionalität der Erzieherinnen sowie an die Zusammenarbeit im Team verbunden, was beides durch entsprechende Weiterbildungs- und Qualifikationsmaßnahmen gesichert werden muss. Um eine etwaige Bildungsbenachteiligung aufgrund sozialer Herkunft abzubauen und eine gelingende Integration bereits vor dem Eintritt in die Grundschule zu fördern, ist neben der Stärkung der Persönlichkeitsentwicklung in der Familie eine qualitativ hochwertige Kindertagesbetreuung, welche die individuellen Ressourcen und Interessen der Kinder berücksichtigt und unterstützt, von zentraler Bedeutung.

## Wie Kinder mit Migrationshintergrund gestärkt werden können

Die generelle Wertschätzung des Nebeneinanders mehrerer Kulturen und Sprachen ist ein gesellschaftlicher Entwicklungsprozess, der aktuell noch nicht abgeschlossen ist. Ein Migrationshintergrund wird heute, insbesondere vor dem Hintergrund der Globalisierung, zunächst einmal als Qualifikation angesehen. Damit dieses Potenzial genutzt werden kann, wird vonseiten der Politik und der Öffentlichkeit in erster Linie an die Bildungsinstitutionen appelliert, die Forderung nach dauerhafter Integration zu unterstützen und eine tatsächliche Gleichstellung aller Kinder innerhalb der ethnisch pluralen Gesellschaft zu ermöglichen. Für den Zeitabschnitt der frühen Kindheit sind die Kindertageseinrichtungen angehalten, für alle Kinder eine systematische und individuelle Förderung u. a. in den Bereichen Sprache, soziale Entwicklung, Technik, Musik, Bewegung, Natur und Kultur zu gewährleisten (Textor 2008). Da beispielsweise eine frühe sprachliche Förderung ein schnelleres Erlernen grammatischer Grundregeln der deutschen Sprache ermöglicht (Engin 2010), besteht für Migrantenkinder bei entsprechender Umsetzung ganz konkret die Chance, vom Besuch einer Kindertagesbetreuung durch einen guten Spracherwerb zu profitieren.

Die Erwartungen an Kindergärten als erste Stufe des Bildungssystems sind einleuchtend, in der Praxis scheint eine einheitliche Umsetzung jedoch noch nicht zu gelingen: Obwohl die Mehrheit der Migrantenkinder bereits in Deutschland geboren wird und speziell diese jüngsten Kinder bei gelungener Förderung und früher Integration Aussichten auf einen höheren Bildungsabschluss haben (Konsortium Bildungsberichterstattung 2006, S. 149), funktioniert die soziale Integration und Förderung in der frühen Kindheit nicht für alle. Migrantenkinder sind laut Gogolin (2003, S. 18) in der Schulzeit noch immer im Nachteil, obgleich ein Migrationshintergrund selbstverständlich nicht per se eine Benachteiligung oder ein schlechtes Abschneiden im deutschen Schulsystem mit sich bringt. Menschen mit einem Zuwanderungshintergrund sind »untereinander und in Hinsicht auf Nichtmigranten(kinder) mindestens ebenso unterschiedlich wie Nichtmigranten(kinder) untereinander« (Böttcher u. a. 2010, S. 159), was deutlich macht, dass Migration allein kein Kriterium für soziale, ökonomische oder kulturelle Benachteiligung oder einen erhöhten Förderbedarf sein kann.

Für die Bildungsintegration der Kinder spielen u. a. auch der Bildungsgrad der Eltern sowie Möglichkeiten, außerhalb des Elternhauses gutes Deutsch zu hören und zu sprechen, eine wichtige Rolle. Empirische Studien konnten ermitteln, dass die Wahrscheinlichkeit, das Abitur zu erreichen, wesentlich mit der familiären Integration, der Geschwisteranzahl sowie mit den Deutschkenntnissen der Eltern verbunden ist (Gogolin 2003, S. 21). Für Migrantenfamilien bedeutet das: Ein Schulerfolg der Kinder hängt zentral von der Sprachkompetenz und dem ökonomischen Kapital der gesamten Familie ab und eine frühe individuelle Förderung in einer Kita kommt besonders den Kindern zugute, deren Eltern noch nicht so gut Deutsch sprechen. Hier kann bereits zu Beginn des Bildungsweges durch kindgerechtes Lernen dafür gesorgt werden, dass Kinder und Jugendliche mit Migrationshintergrund von der Benachteiligung durch die hiesigen Bildungsstrukturen in Zukunft nicht mehr besonders stark betroffen sind.

Eine wichtige Frage lautet: Wie können Kinder mit Migrationshintergrund schon vor der Einschulung durch ihre Angehörigen und das pädagogische Fachpersonal in den Kindertagesstätten gefördert werden, damit sie die gleichen Bildungschancen wie nicht zugewanderte Kinder erhalten? Eindeutiger formuliert: Was müssen die Familie und die Kita leisten, um Kinder mit Migrationshintergrund in den ersten Lebensjahren zu stärken und ihnen einen besseren Start in das Bildungssystem zu ermöglichen? Welche Konzepte und Methoden bieten sich an, Kinder mit Zuwanderungsgeschichte schon frühzeitig in Kita und Familie zu unterstützen?

Da sie für die Persönlichkeitsentwicklung von Migrantenkindern von besonderer Bedeutung sind, werden im Folgenden die Bereiche Identität und sprachliche Bildung betrachtet. Hierbei geht es einerseits um den Sprachgebrauch von mehrsprachig aufwachsenden Kindern und darüber hinaus um Gelegenheiten der Identifikation als Individuum mit einem multikulturellen Hintergrund.

Nach neuesten Erkenntnissen zur neuronalen Sprachverarbeitung muss davon ausgegangen werden, dass das gleichzeitige Erlernen von zwei oder mehr Sprachen in der frühen Kindheit die Kinder durchaus nicht überfordert. Im Gegenteil: Es konnte sogar ermittelt werden, dass mehrere in der frühen Kindheit erlernte Sprachen wie eine einzige Sprache aufgenommen und in einem Zentrum des Gehirns gespeichert werden. Bei Kindern, die erst später, etwa in der Grundschulzeit, eine zweite Sprache erlernen, werden hingegen verschiedene Hirnzentren zur Verarbeitung angeregt. »[Je] früher mit dem Lernen einer Zweitsprache begonnen wird, desto effektiver werden weitere Sprachen gelernt«, bekräftigt die Erziehungswissenschaftlerin und Expertin für interkulturelle Pädagogik Havva Engin (2010, S. 2).

Diese Befunde werden durch Studien zur Sprachpraxis unterstützt, die zeigten, dass Migrantenkinder je nach Situation und Gesprächspartner entweder auf die Herkunftssprache oder auf die Amtssprache zugreifen können. Außerdem ergaben linguistisch-spracherwerbstheoretische Untersuchungen, dass das Erlernen der deutschen Sprache bei zweisprachigen und einsprachigen Kindern vergleichbar verläuft sowie dass Kinder, die ihre Herkunftssprache gut beherrschen, schneller über einen großen Wortschatz in der Zweitsprache Deutsch verfügen (ebd.).

Diese Erkenntnisse werden nun, vor dem Hintergrund internationaler Austauschbeziehungen, auch als wichtig für einen späteren Bildungserfolg der Migrantenkinder sowie als Arbeitsmarktvorteil diskutiert. Trotz ihrer inhaltlichen Richtigkeit üben solche Überlegungen aber einen großen Druck auf die Kinder und ihre Familien sowie auf die Institutionen der Frühpädagogik aus. Kleine Kinder sind in der Tat besonders lernfähig, aufgeweckt und an Neuem interessiert, jedoch sollten die Effekte von Angeboten für Kleinkinder nicht ausschließlich auf wirtschaftliche Zwecke bezogen werden. Im Idealfall regt das Lernen in der frühen Kindheit bei den Kindern Lernprozesse an, die laut Krumm (2009, S. 234) »nur eingebettet in den Lebenskontext der Kinder« funktionieren. Es geht also keinesfalls um ein strukturiertes Lernen wie in der Schule, sondern um die grundlegende Verankerung von Fähigkeiten und die Unterstützung zur persönlichen Identitätsfindung.

In enger Verknüpfung mit den jeweiligen Lebenshintergründen spielt insbesondere die Sprache für die Entwicklung der Kinder auf persönlicher, sozialer und kultureller Ebene eine wichtige Rolle. Besonders erfolgreich und für die Kinder förderlich sind Angebote zur Integration also dann, wenn die Familie und das pädagogische Fachpersonal Angebote zur Frühförderung, zur Sprachentwicklung sowie interkulturelle Aktivitäten gemeinsam unterstützen. Ebenfalls ist von Bedeutung, welchen Stellenwert die Herkunftskultur und -sprache in Familie und Kita hat und wie wertschätzend mit dem Migrationshintergrund umgegangen wird. Da die Herkunftssprache von den Kindern unabhängig von der Sprachkompetenz als wichtiges Merkmal der eigenen Persönlichkeit wahrgenommen wird, kann die Einbeziehung der Familiensprache im pädagogischen Alltag mit der Stärkung des

Selbstbildes der Kinder auch eine wichtige psychosoziale Funktion erfüllen (Krumm 2009, S. 238 ff.). Beispielsweise kann die Familiensprache eines zwei- oder mehrsprachig aufwachsenden Kindergartenkindes in das pädagogische Gruppenangebot integriert werden, indem unter Anleitung des Kindes gemeinsam ein Lied in der Herkunftssprache erlernt wird. Das Kind kann so die mehrsprachige Kompetenz zeigen und eine besondere Rolle einnehmen. Darüber hinaus können Kooperationen mit Familienangehörigen stattfinden, bei denen mit Eltern, Geschwistern, Großeltern oder Freunden von Migrantenkindern in der Herkunftssprache gelesen, gesungen oder ein sonstiges Angebot (Theater, Workshop, Fest usw.) realisiert wird.

Der Elementarbereich hat einen immensen Einfluss auf den weiteren Verlauf der kindlichen Bildung und besitzt damit eine besondere Verantwortung, wenn es darum geht, Kinder auf das schulische Lernen vorzubereiten. Da fast alle der in Deutschland lebenden Kinder mindestens das Vorschuljahr in einer Kindertagesstätte verbringen, kann im Rahmen einer wertschätzenden und qualifizierten interkulturellen Erziehung in den Kitas einiges bewegt werden. Sprache und Mehrsprachigkeit haben für Migranten im Rahmen der Familienbindung und der Identitätsbestimmung eine zentrale Bedeutung (ebd., S. 245). Die Entwicklung der Persönlichkeit vor einem mehrsprachigen Hintergrund sollte in der frühen Kindheit unterstützt werden, jedoch ohne schulische Lernstrukturen zu übernehmen. Als Orte des Zusammenfindens und der Entstehung sozialer Netzwerke spielen Kindertagesstätten darüber hinaus für die Kinder, aber auch für ihre Familien eine wichtige Rolle.

## Praktische Anregungen und Hinweise für die Kita

- Generell gilt: Kinder aus allen sozialen Schichten profitieren von einer professionellen frühpädagogischen Betreuung. Einen besonderen Gewinn haben Kinder mit besonderen Bedürfnissen (z. B. durch individuelle Sprachentwicklung bei mehrsprachigen Kindern, andere kulturelle und/oder religiöse Hintergründe usw.), wenn sie frühzeitig und konstant eine qualifizierte Einrichtung zur Kindertagesbetreuung besuchen und eine gute Erzieherin-Kind-Interaktion besteht.
- Pflegen Sie im Team einen reflektierten Umgang mit Herkunftsunterschieden, um mögliche Defizitorientierungen und Diskriminierungen zu minimieren, und setzen Sie sich für eine Wahrnehmung vom Migrationshintergrund als Ressource ein.
- Machen Sie sich für eine wertschätzende, konfliktfähige und empathische Grundhaltung des Teams stark.
- Sehen Sie Elternarbeit als selbstverständlich an. Zeigen Sie die Bereitschaft, Netzwerke (z. B. zu Migrantenvereinen) herzustellen, und bleiben Sie selbst offen für Neues.
- Präsentieren Sie die Interkulturalität Ihrer Einrichtung durch Poster und mehrsprachige Ankündigungen (Elternbriefe) im Eingangsbereich.
- Legen Sie ein Fundament zur Fähigkeit und Bereitschaft, miteinander und voneinander zu lernen: Bieten Sie regelmäßig Aktivitäten an, in denen die unterschiedlichen Sprachen und Kulturen eine Rolle spielen, um die Kinder für Gemeinsamkeiten und Unterschiede der Kulturen zu sensibilisieren.
- Beziehen Sie Erzieherinnen mit Migrationshintergrund in Ihr Team ein: Diese sind für Kinder mit Migrationshintergrund wichtige Identifikationsfiguren und eine Brücke zwischen den Kulturen und Sprachen.
- Konzipieren Sie Projekte mit Künstlerinnen und Künstlern anderer Kulturen, um mittels künstlerischer Tätigkeiten das Selbstvertrauen und die persönlichen Ausdrucksmöglichkeiten der Kinder zu fördern.
- Geben Sie jungen Menschen mit Migrationshintergrund Gelegenheit, über ein Praktikum die pädagogischen Berufe zu entdecken. Auch der Aufbau von Mentoring- und Patenprogrammen ist ein geeignetes Instrument.
- Pflegen Sie das Ritual von Sprechrunden bzw. Stuhlkreisen, in denen Kinder erzählen dürfen. Ermuntern Sie diese zum freien Plaudern, zeigen Sie Interesse und motivieren Sie die Kinder miteinander zu diskutieren und zu argumentieren.
- Um eine positive Identitätsentwicklung zu unterstützen, sollten Sie neben der im Mittelpunkt stehenden Sprache Deutsch auch den Herkunftssprachen einen

wichtigen Stellenwert einräumen. Der Sprachentwicklung von mehrsprachigen Kindern sollten Sie wertschätzend und mit Geduld begegnen.
- Nehmen Sie Bücher, Hörspiele und Spiele in den Herkunftssprachen der Kinder in den Kita-Bestand und die Kita-Bibliothek auf.
- Fördern Sie die Zusammenarbeit mit den Familien: Arbeiten Sie mit Eltern, Großeltern und Freunden zusammen, bieten Sie Lesevormittage, Kochprojekte und multikulturelle Feste an. Beispielsweise können Geschichten erzählt, Gerichte gekocht oder Tänze einstudiert werden.
- Fördern Sie die familiäre Integration, indem Sie sich für interkulturelle Eltern-Netzwerke einsetzen und auf Beratungsangebote aufmerksam machen.
- Machen Sie sich Ihre eigenen Vorurteile bewusst und denken Sie über Ihre eigene Bildungsbiografie und den Umgang mit Fremdheit, Andersartigkeit usw. nach. Nur wenn Sie Ihre eigenen Vorurteile entdecken und kennen, können Sie auch in der Kita vorurteilsbewusst arbeiten.
- Nehmen Sie an einer Fortbildung zur vorurteilsbewussten Pädagogik teil und lesen Sie Literatur zur Thematik.

### Praktische Anregungen und Hinweise für die Familie

- Mehrsprachigkeit ist eine Bereicherung für die Selbsteinschätzung und die Lernmotivation der Kinder sowie für den familiären Zusammenhalt (Krumm 2009, S. 233). Ermutigen Sie Ihr Kind daher, neben Deutsch regelmäßig die Familiensprache(n) zu verwenden.
- Sie können zu Hause mit Ihrem Kind ruhig auch nur die Familiensprache sprechen. Sorgen Sie aber dafür, dass es zumindest ab drei Jahren immer wieder Deutsch hören und sprechen kann (in der Kita, im Freundeskreis usw.) und Kontakt zu deutschsprechenden Kindern hat.
- Verschaffen Sie Ihrem Kind Identifikationsmöglichkeiten mit beiden Kulturen, indem Sie selbst in Vereinen und Gruppen der Herkunftskultur sowie in deutschen Vereinen aktiv sind.
- Engagieren Sie sich in der Kindertagesstätte aktiv im Förderverein oder Elternausschuss, um Ihre Bedürfnisse und Interessen zu vertreten.

- Loben Sie Ihr Kind, wenn es je nach Situation bewusst auf die verschiedenen Sprachen zugreift.
- Pflegen Sie eine Offenheit gegenüber Fragen des Kindes. Zeigen Sie Interesse am Kita-Alltag und den Erlebnissen des Tages, hören Sie aufmerksam zu und unterstützen Sie Ihr Kind, wenn es nötig ist.
- Sorgen Sie für eine angemessene familiäre Lernumgebung, in der Bücher, Papier, bunte Stifte usw. stets zur Verfügung stehen.
- Regen Sie Ihr Kind an, zweisprachig zu lesen, indem Sie Bücher in der Herkunftssprache und in der Zweitsprache Deutsch vorlesen.
- Feiern Sie Feste der Herkunftskultur und pflegen Sie gleichzeitig eine Offenheit gegenüber den deutschen Traditionen.
- Wecken Sie das Interesse Ihres Kindes, indem Sie gemeinsam ein traditionelles Essen Ihres Herkunftslandes kochen oder backen. Möglicherweise kann dies auch in der Kita gemeinsam mit anderen Kindern geschehen.
- Singen Sie mit Ihrem Kind Lieder in der Herkunftssprache.

# Kinder mit körperlichen Behinderungen stärken

*Susanne Wachsmuth*

*Als körperbehindert wird eine Person bezeichnet, die infolge einer Schädigung des Stütz- und Bewegungssystems, einer anderen organischen Schädigung oder einer chronischen Krankheit so in ihren Verhaltensmöglichkeiten beeinträchtigt ist, dass die Selbstverwirklichung in sozialer Interaktion erschwert ist (Leyendecker 2005, S. 21).*

Sowohl die Ursachen als auch die Erscheinungsformen körperlicher Behinderungen sind außerordentlich vielfältig. Das Ziel von Therapie und Intervention ist es, den betroffenen Kindern eine Hilfe zur möglichst vollständigen Teilhabe an den Aktivitäten der Gleichaltrigen zu geben (Peterander 2006).

Kinder mit Körperbehinderungen und ihre Eltern besuchen häufig zahlreiche Therapien, um die Muskeln der Kinder und deren Bewegungen und Koordination zu schulen. Diese notwendigen Interventionen stehen hier nicht im Mittelpunkt der Betrachtung. Vielmehr sollen im Folgenden solche Anregungen vorgestellt werden, die im Alltag und insbesondere im Spiel umgesetzt werden können und so zu einer aktiven Teilhabe beitragen. Die Förderung – insbesondere junger – Kinder ist nur über die Eltern oder andere nahe Bezugspersonen möglich. »Diese zwischenmenschliche Beziehung und Zusammenarbeit ist Dreh- und Angelpunkt effektiver Frühförderung« (Leyendecker 2010, S. 22).

Wenn es auch darum geht, die Stärken der Kinder zu fördern, also kompetenzorientiert zu handeln, so soll zunächst der Blick auf die Einschränkungen gelenkt werden, denen die jungen Menschen aufgrund körperlicher Behinderungen ausgesetzt sind. Dafür wird die Situation von Kindern ohne Behinderung der von Kindern mit körperlicher Behinderung gegenübergestellt. Im anschließenden Abschnitt werden Wege aufgezeigt, wie diese Einschränkungen so weit wie möglich überwunden werden können.

## Einschränkungen von Kindern mit körperlichen Behinderungen

Kinder ohne körperliche Einschränkungen erleben bereits im Säuglingsalter, dass sie etwas durch ihre Bewegungen bewirken können. Beispielsweise stoßen sie zufällig an ein Mobile an, dieses bewegt sich und die Kinder finden das interessant. Nun wiederholen sie dieselbe Bewegung ein zweites Mal mit Absicht. Gelingt es ihnen dabei, den gleichen Effekt hervorzurufen, so reagieren die Kinder erfreut. Im Laufe der Zeit sammeln Mädchen und Jungen ohne Behinderungen viele dieser Erlebnisse. Man sagt, sie erleben ihre *Selbstwirksamkeit*. Sie erkennen also, dass sie durch ihre Aktivitäten in der Welt etwas erreichen können. Das ist eine wesentliche Motivation, tätig zu werden.

Eng damit verbunden ist die *Erkenntnis des Ursache-Wirkungs-Prinzips:* Wenn ich auf diesen Knopf drücke, geht Musik an; wenn ich auf das Xylofon schlage, gibt es schöne Töne usw. Der Zusammenhang von Ursache und Wirkung lässt sich besonders gut dann feststellen, wenn man selbst die auslösende Person ist.

Kinder mit körperlichen Einschränkungen können hingegen folgende Situationen erleben: Während der ersten Zeit ihres Lebens sind manche von ihnen an medizinische Apparate angeschlossen und haben dadurch nicht die Möglichkeit, ihre Bewegungen willentlich so auszuführen wie andere Kinder. Das gilt selbst dann, wenn ihnen anregendes und interessantes Spielzeug zur Verfügung gestellt wird – sie können es nicht erreichen und selbstständig in Aktion versetzen.

Manche Kinder, besonders solche mit einer Zerebralparese (Spastik, Athetose oder Ataxie), haben große Schwierigkeiten, willentlich Bewegungen zu wiederholen. Im Gegenteil: Gerade dann, wenn sie besonders gern etwas erreichen möchten, wird dies durch unwillkürliche Muskelspannungen erschwert.

Kinder ohne körperliche Beeinträchtigungen werden von Dingen und Ereignissen, die sie interessieren, nahezu magisch angezogen. Sie krabbeln z. B. schon früh zu einem attraktiven Gegenstand, öffnen Schranktüren oder ziehen sich hoch, um etwas besser erreichen zu können. Dabei suchen sie sich häufig solche Dinge oder Ereignisse aus, welche die Eltern lieber von ihnen ferngehalten hätten oder von denen die Erwachsenen gar nicht annehmen, dass sie für das Kind interessant sein könnten.

Manche Kinder mit körperlichen Einschränkungen kommen nicht ohne Hilfe dorthin, wo das liegt, was sie interessiert, oder sie können es nicht erreichen. Damit sind sie auf die Hilfe anderer angewiesen. Ein Erwachsener trägt sie oder fährt den Rollstuhl an eine bestimmte Stelle, öffnet die Tür, hinter der die Spielsachen liegen, oder reicht das Spielzeug. Häufig treffen dabei andere eine Vorauswahl und stellen das zur Verfügung, wovon sie glauben, dass es für das Kind das Beste sei. Auch hierdurch kann das Erleben der Selbstwirksamkeit eingeschränkt werden. Einige Kinder resignieren und unternehmen keine Anstrengungen mehr, etwas selbst zu organisieren. Vielmehr warten sie darauf, dass ihnen von anderen Personen Angebote gemacht werden. Hier spricht man von *erlernter Hilflosigkeit*.

Bevor man vorausschauend planen und Probleme mithilfe von Überlegungen lösen kann, muss man eine Menge Erfahrungen gesammelt haben. Man muss die Eigenschaften von Gegenständen und Materialien kennen, man muss wissen, wie sie sich verhalten. Darüber hinaus muss man eine Vorstellung von räumlichen, zeitlichen und kausalen Zusammenhängen haben. Diese Kenntnisse erwerben Kinder im Spiel. Zunächst werden die Nahsinne *Schmecken* und *Fühlen* bevorzugt eingesetzt, dann die Fernsinne *Hören* und *Sehen*, und schließlich werden diese Wahrnehmungen miteinander verknüpft. Außerdem werden durch motorische Aktivitäten Grob- und Feinmotorik geschult.

Die Kinder erkunden Spielzeug und lernen, was sich hart oder weich anfühlt, was passiert, wenn man Dinge loslässt, wenn man sie gegeneinanderschlägt oder aufeinandersetzt, wenn man sie anstößt oder wirft. Sie beobachten den Lauf von Kugeln in der Murmelbahn, experimentieren mit Formen und Farben an Steckbrettern und Sortierboxen. So wird die Welt durch spielerisches Erkunden im doppelten Sinne begriffen: zuerst mit den Händen und dadurch auch mit dem Verstand.

Kindern mit körperlichen Schwierigkeiten misslingen spielerische Aktionen häufiger als Kindern ohne Beeinträchtigungen. Es fällt ihnen schwer, Spielobjekte zu ergreifen und zweckgemäß zu betätigen. So haben sie Probleme, Eigenschaften und Zusammenhänge zu erfassen und selbst zu beeinflussen. Daraus kann Frustration resultieren und ihre Motivation, sich Spielzeug zuzuwenden, kann sinken.

Kinder ohne körperliche Beeinträchtigungen erleben im Laufe eines Tages allerlei Abenteuer und bestehen mehr oder weniger große Gefahren. Sie fallen beim Balancieren von der Mauer, kippen mit dem Stuhl um, schneiden sich mit einem Messer, verbrennen die Finger an einem Streichholz und überstehen andere Missgeschicke. Diese Erlebnisse sind natürlich nicht wünschenswert, doch können Eltern sie nicht völlig verhindern, weil sie ihr nicht behindertes Kind nicht ständig beaufsichtigen und von allen Gefahren fernhalten können und wollen. Meistens gehen diese negativen Erfahrungen lediglich mit einem Schrecken oder kleineren Blessuren einher. Diese Herausforderungen zu bestehen, stärkt das Selbstbewusstsein, lehrt, Gefahren realistisch einzuschätzen, und macht nicht zuletzt Lust darauf, neue Situationen kennenzulernen und zu bewältigen.

Kinder mit körperlichen Beeinträchtigungen haben dagegen wenig Möglichkeiten, solche Abenteuer zu bestehen. Sie stehen unter ständiger Aufsicht, der sie sich im Gegensatz zu anderen Kindern nicht durch Geschwindigkeit und Geschick entziehen können. Ihre Eltern haben die häufig berechtigte Sorge, dass diese alltäglichen Gefahren für ihre Kinder zu groß sind. So wird eine Umgebung bereitgehalten, in der alles vorhersehbar ist, und Ängste der Eltern übertragen sich auf das Kind, sodass dessen Unternehmungsgeist sehr eingeschränkt wird.

In den ersten Lebensjahren sind erwachsene Bezugspersonen für Kinder besonders wichtig, aber Gleichaltrige werden auch zunehmend interessanter und relevanter. Die Spielkameraden geben Impulse für neue Aktivitäten; sie sind Modelle, die imitiert werden; an ihnen misst man die eigenen Fähigkeiten; sie zwingen dazu, sich an Spielregeln zu halten; Korrekturen, die von ihnen – teilweise auch in recht harscher Form – vorgenommen werden, werden leichter akzeptiert als die der Erwachsenen.

Kinder mit körperlichen Beeinträchtigungen werden manchmal noch in Sondereinrichtungen betreut, wo ihre Spielgefährten ebenfalls körperlich eingeschränkt sind. Andere besuchen integrative Einrichtungen, die allerdings nicht in der Nähe ihres Wohnortes liegen, sodass sie die Spielkameraden kaum außerhalb der Öffnungszeiten ihrer Einrichtung besuchen können. Darüber hinaus sind die gemeinsamen Spielzeiten dadurch eingeschränkt, dass viel Zeit für Therapien und die Fahrten dorthin aufgewendet werden muss.

Nicht zuletzt sollen nun Unterschiede beim Betrachten von Bilderbüchern thematisiert werden. Schon in den ersten sechs Monaten lernen Kinder, der Blickrichtung der Erwachsenen zu folgen. Bis zum Ende des ersten Lebensjahres sind sie in der Lage, ihre Aufmerksamkeit und die ihrer Bezugsperson so zu lenken, dass sich beide einem Gegenstand gleichzeitig widmen. Das eröffnet die Möglichkeit, sich über dieses Erlebnis zu verständigen. Mutter und Kind wenden sich z. B. zusammen einem Vogel zu, der auf einem Ast im Garten sitzt. Die Mutter benennt das Tier und kommentiert es. Die Initiative kann ebenso gut vom Kind wie vom Erwachsenen ausgehen.

Kinder machen Erwachsene häufig auf Dinge aufmerksam, die sie spannend finden, und veranlassen auf diese Weise die Älteren dazu, auf das einzugehen, was für die Kinder gerade interessant ist. Einen ganz großen Stellenwert nimmt zu diesem Zeitpunkt das Betrachten von Bilderbüchern ein: Zum einen findet das gemeinsame Ansehen von Büchern in der Regel in einer vertrauten, gemütlichen Atmosphäre statt und stärkt damit die Bindung zwischen Erwachsenem und Kind; zum anderen werden die dargestellten Dinge und Ereignisse benannt, sodass der Wortschatz des Kindes erweitert und das Dargestellte erklärt wird; darüber hinaus wird den Kindern die Wertschätzung des geschriebenen Wortes und der Bücher vermittelt.

Als Forscher untersuchten, unter welchen Bedingungen auch Kinder, die einen verspäteten Spracherwerb haben oder die Lautsprache gar nicht erwerben können, dennoch Lesen lernen, stellte sich heraus, dass der wichtigste Faktor der Zugang zur Schrift, das Kennenlernen von Büchern ist, also beispielsweise durch das Vorgelesen-Bekommen von Bilderbüchern.

Dieser Zugang ist für manche Kinder mit körperlichen Beeinträchtigungen erschwert. Als beeinträchtigend hat sich erwiesen, dass viele Kinder mit Körperbehinderungen nur unter Schwierigkeiten so positioniert werden können, dass sie gleichzeitig bequem sitzen, von ihren Vorlesern beobachtet werden können und noch das Buch zusammen mit ihnen im Blickfeld haben; dass viele dieser Kinder nicht auf die Schrift zeigen und auch nicht umblättern können oder mit diesen motorischen Ansprüchen zu sehr beschäftigt sind, um sich dem Text ausreichend intensiv zuwenden zu können; dass sie seltener ihre Eltern dazu auffordern, ihnen vorzulesen; dass sie seltener die Möglichkeit bekommen, ein Buch selbst auszuwählen.

Nicht behinderte Kinder wählen dasselbe Buch bis zu zweihundert Mal aus; dadurch lernen sie die Texte teils auswendig und können die Schriftzeichen wiedererkennend einem Bild zuordnen. Behinderten Kindern wird häufiger ein neues Buch angeboten, weil die Eltern die Auswahl treffen. Eltern behinderter Kinder fordern diese eher auf, etwas zu zeigen oder umzublättern, als Fragen zum Text zu stellen oder den Text als Anknüpfungspunkt für gemeinsame Erinnerungen zu verwenden.

## Wie kann man körperlich behinderte Kinder konkret stärken?

Es ist förderlich, wenn man von Anfang an darauf achtet, Situationen zu schaffen, die es dem Kind ermöglichen, selbst etwas zu bewirken. So hat z. B. Lilli Nielsen – ursprünglich für stark sehbehinderte Kinder – den *kleinen Raum* geschaffen (Nielsen 1993). Das ist ein kastenförmiger Raum, der so eng um das Kind herum aufgebaut wird, dass bei jeder Bewegung irgendetwas berührt wird. Die *kleinen*

*Räume* werden mit verschiedenen Dingen, die an der Decke hängen oder an den Wänden befestigt sind, bestückt. Diese Gegenstände entsprechen dem Entwicklungsstand und Interesse des jeweiligen Kindes: Es können klingende Dinge sein, essbare oder solche, die aus ganz unterschiedlichen Materialien bestehen. In begleitenden Beobachtungen wurde festgestellt, dass die Kinder in diesen Räumen deutlich aktiver waren als gewöhnlich.

Das Erleben der Selbstwirksamkeit kann auch durch den Einsatz von Schaltern unterstützt werden. Der Hilfsmittelhandel stellt für jedes motorische Problem einen passenden Schalter zur Verfügung: sehr leichtgängige, sehr große oder sehr kleine, solche, die durch Blasen oder Saugen ausgelöst werden, oder solche, die sich in Knie-, Fuß- oder Kopfhöhe anbringen lassen – je nachdem, welches Körperteil auf welche Weise am besten willkürlich gesteuert werden kann.

Die Schalter lassen sich mit einem sogenannten Power-Link, einem Netzschalteradapter mit zwei Steckdosen zum Anschluss fast aller externen 220-V-Geräte, verbinden. Wird der Stecker eines elektrischen Geräts in den Power-Link gesteckt, so kann dieses Gerät nun mithilfe eines beliebigen Schalters gesteuert werden. Auf diese Art können Lampen, CD-Player, Mixer, Ventilatoren usw. auch bei großen körperlichen Einschränkungen selbstständig betätigt werden.

Zu Hause und auch im Kindergarten oder in therapeutischen Einrichtungen sollten Spielmittel so platziert werden, dass körperbehinderte Kinder sie selbstständig erreichen können und nicht auf die Hilfe anderer angewiesen sind. Man muss also darauf achten, dass die Kinder Interessantes sehen können – der visuelle Reiz gibt häufig den Anreiz, aktiv zu werden, zu den Dingen zu gelangen und sich diese zu holen. Die Möglichkeit einer aktiven Auswahl unterstützt somit die Motivation und das Erleben der Selbstbestimmung.

Um ein möglichst freies Hantieren zu ermöglichen, sollte nach einer optimalen Positionierung gesucht werden, die Körperspannungen abbaut und den Aktionsradius des Kindes erweitert. Damit Spielaktionen gelingen und Freude bereiten, gibt es im Spielzeughandel eine Reihe von Spielmitteln, die an die speziellen Anforderungen körperlich Behinderter angepasst sind. Sie sind größer, gut greifbar oder haben einen Rand, damit Spielfiguren nicht herunterfallen. Für viele Spiele eignen sich rutschfeste Unterlagen. Technische Hilfsmittel können Aktionen an Spielgeräten auslösen, z. B. kann eine Murmelbahn auf Tastendruck in Gang gesetzt werden, elektrische Eisenbahnen oder Rennautos können gestartet werden, mithilfe von elektronischen Kommunikationsgeräten können Spielkommandos gegeben werden. Es gibt z. B. auch elektronisch betriebene *Würfelscheiben*, die nach dem

Zufallsprinzip den Zeiger an irgendeiner Stelle anhalten und so das Mitspielen bei allen Würfelspielen ermöglichen.

Dem Kind sollte die Auswahl des Buches überlassen werden, auch wenn es immer wieder das gleiche auswählt. Zunächst muss auch hier (ggf. in Zusammenarbeit mit einer Fachkraft) eine geeignete Position gefunden werden, die für Eltern und Kind bequem ist und das gemeinsame Betrachten des Bilderbuches erleichtert. Zusätzlich kann ein Spiegel zum Einsatz kommen, der die mimischen Reaktionen der Kinder anzeigt, sodass es den Eltern leichterfällt, Kommentare zu bemerken und zu interpretieren. Alle stimmlichen Äußerungen des Kindes sollen bewusst wahrgenommen und als Beitrag interpretiert werden.

Wenn es den Kindern schwerfällt, ihre Konzentration länger zu halten oder den Blick auf die wichtigsten Stellen zu lenken, kann man einzelne Motive aus dem Bilderbuch kopieren und ausschneiden, um sie in das Blickfeld zu bringen. Zu manchen Büchern lassen sich dreidimensionale Realisationen von Hauptfiguren finden, z. B. eine Raupe, die die Aufmerksamkeit bei dem Buch über die *Raupe Nimmersatt* von Eric Carle fesselt, eine Maus für das Buch *Frederick* von Leo Lionni oder ein kleines gelbes Auto zu Janoschs Buch über das *Auto Ferdinand*. Interessante Texte ohne oder mit nur wenigen Abbildungen können durch Bilder ergänzt werden. Hierfür stehen spezielle Computerprogramme zur Verfügung, die darüber hinaus das Erkennen von Ganzwörtern und die Erweiterung des Ganzwort-Wortschatzes unterstützen. Auch jüngere Kinder empfinden sich so als Lesende und werden in Selbstvertrauen und Motivation gestärkt. Als Umblätterhilfe hat es sich bewährt, die Seiten durch das Einkleben von Moosgummi voneinander zu trennen.

Das Spiel mit Gleichaltrigen ist sehr wichtig. Es ist sinnvoll, wenn körperbehinderte Kinder nicht behinderte Kinder nach Hause einladen dürfen, denn die Einladenden haben einen Heimvorteil. Spiele, die ja üblicherweise Regeln beinhalten, geben den Begegnungen Strukturen und helfen so bei anfänglichen Unsicherheiten. Das spezielle behindertenspezifische Spielzeug ist für nicht behinderte Kinder meist hochattraktiv, weil es neu ist und oftmals interessante Funktionen hat oder weil es sich mittels technischer Vorrichtungen bedienen lässt. Würfel- und andere Brettspiele, bei denen das Glück ausschlaggebend ist, sind vorteilhaft, um die Gewinnchancen gerecht zu verteilen.

In Einrichtungen sollte das gemeinsame Spiel aller Kinder unterstützt werden. Manchmal kann es nötig sein, einem behinderten Kind eine spezielle Fähigkeit gezielt beizubringen, damit es beim Spiel mit der Gruppe mithalten kann und als Spielpartner attraktiv ist. Es ist darauf zu achten, dass alle eine Chance haben, erfolgreich mitzuspielen. Besser als moralische Appelle an die nicht behinderten Kinder, Rücksicht zu nehmen, können Selbsterfahrungsspiele sein, wie z. B. ein Parcours, der von allen im Rollstuhl zurückgelegt werden muss. Viele Bilderbücher thematisieren Behinderungen und sensibilisieren nicht behinderte Kinder für den Umgang mit ihren behinderten Spielkameraden (z. B. *Kathrin spricht mit den Augen* von Lemler/Gemmel, *Irgendwie Anders* von Cave/Riddell).

### Praktische Anregungen und Hinweise für die Kita

- Es ist für Sie als Verantwortung tragende pädagogische Fachkraft schwer zuzusehen, wenn Kinder sich überfordern und Gefahren eingehen. Pauschale Hinweise hierzu sind nicht möglich, zu sehr hängt es von den Fähigkeiten des jeweiligen Kindes, seinem Alter, seiner Reife und seinem Gesundheitsstatus sowie von der Einstellung der Bezugspersonen ab, was zugelassen werden kann. Sie sollten aber möglichst eine Übertragung Ihrer Ängste auf das Kind vermeiden, denn das würde die Aktivität, das Neugierverhalten, den Wissensdurst und den Forschungsdrang des Kindes blockieren.
- Da Kinder mit Körperbehinderungen oftmals nachmittags zu Therapien gehen oder es für sie wegen ihrer Abhängigkeit schwierig ist, andere Kinder zu besuchen, sind ihre Kontaktmöglichkeiten beschränkter als die anderer Kinder. Daher ist es von Bedeutung, dass Sie den Kindern möglichst viele Gelegenheiten bieten, mit den anderen zu spielen.
- Beobachten Sie, welche Schwierigkeiten das Kind aufgrund der motorischen Einschränkungen hat, und versuchen Sie, diese durch einfache Hilfen (vgl. praktische Anregungen und Hinweise für die Familie), zu beheben.
- Wenn in Ihrer Gruppe bestimmte Tätigkeiten gerade *in* sind, wie Sticker tauschen oder irgendwelche Gesellschaftsspiele, so versuchen Sie dem Kind mit Körperbehinderung auch den Zugang dazu zu eröffnen. Eventuell kann es sinnvoll sein, mit dem Kind zu üben, damit es später in der Gruppe der Gleichaltrigen mithalten kann.
- Bei Sportspielen, die das Kind aufgrund der Körperbehinderung nicht mitmachen kann, sollten Sie nach Gelegenheiten suchen, es dennoch einzubeziehen und eine wichtige Rolle einnehmen zu lassen. Beispielsweise kann das Kind Kommandos wie »auf die Plätze – fertig – los« geben, die Musikanlage steuern oder Schiedsrichterfunktion übernehmen.
- Achten Sie darauf, dass die Kinder nicht aufgrund ihrer Körperbehinderung gerade dann zu Therapien abgeholt werden, wenn die anderen eine besonders beliebte oder attraktive Tätigkeit planen.
- Sie fungieren als Vorbild im Umgang mit dem Kind. Zeigen Sie den anderen Kindern, wie man das behinderte Kind einbeziehen kann.
- Schildern Sie den Eltern die Erfolge und die lustigen Begebenheiten aus dem Kita-Alltag. Lassen Sie die Eltern spüren, dass Sie das Kind gern in Ihrer Gruppe betreuen.

> **Praktische Anregungen und Hinweise für die Familie**
>
> - Ihr Kind hat es schwerer als andere, sich die Welt zu erobern. Lassen Sie ihm Zeit und helfen Sie ihm dabei, möglichst vielfältige Erfahrungen zu machen.
> - Damit Kinder mit Körperbehinderungen erfahren, dass sie selbst etwas bewirken können, sollten die Spielgegenstände so platziert werden, dass die Kinder sie allein erreichen und betätigen können.
> - Viele batteriebetriebene Spielmittel lassen sich durch handelsübliche Unterbrecherkontakte so adaptieren, dass sie mithilfe von externen Schaltern leicht bedient werden können. Dazu gibt es Anleitungen im Internet, die Sie z. B. mit dem Suchwort *Batterieunterbrecher* finden können. Mithilfe von Bauanleitungen sind bereits von vielen Vätern und Müttern günstige Spielmittel erfolgreich angepasst worden. Beispiele dazu findet man etwa im Cluks-Forum: http://www.cluks-forum-bw.de.
> - Damit Ihr Kind das Spielen genießen kann, ist es ganz wichtig, dass Sie eine Position finden, in der sich das Kind wohlfühlt. Besonders bei Zerebralparesen (Spastik, Athetose oder Ataxie) sind Kinder darauf angewiesen, so zu sitzen, dass sie ihre Arme und Hände willentlich steuern können; andernfalls werden ihre Bewegungen von Reflexen beherrscht, die sie nicht selbst beeinflussen können und die ihnen das willentliche Hantieren mit Spielzeug erschweren. Holen Sie sich hierfür Hilfe bei physiotherapeutischen Fachkräften.
> - Helfen Sie Ihrem Kind, Bilderbücher selbst umzublättern, indem Sie die Seiten anhand von Moosgummi-Plättchen voneinander trennen.
> - Viele Kinder mit Körperbehinderung sehen Bilderbücher gern auf einem Monitor an. Unter http://tarheelreader.org/welcome-de/ finden Sie viele Bilderbücher, die dort schon bereitstehen, um mit einem einfachen Klick umgeblättert zu werden.
> - Einige Eltern fotografieren die Bilder des Lieblingsbilderbuchs ihrer Kinder ab und fügen sie in eine Powerpoint-Präsentation ein, die dann auch mithilfe eines Tastendrucks durchgeblättert werden kann.
> - Einige Tipps, die es Kindern mit Körperbehinderungen ermöglichen, mit den anderen mitzuspielen und so einen erfolgreichen Spielverlauf garantieren, lauten:
>   • Damit das Spielzeug nicht zu häufig unbeabsichtigt hinunterfällt, kann man rutschfeste Unterlagen auf die Tischplatte legen, auf denen Gegenstände einen besseren Halt haben.
>   • Gegen das Hinunterfallen helfen auch Tabletts mit einem erhöhten Rand.

- Spielkartenständer entlasten das Kind davon, die Karten selbst halten zu müssen.
- Bei Holzpuzzles sind die Elemente oftmals mit Griffhilfen versehen. Einen ähnlichen Effekt kann man durch das Aufkleben von Holzklötzchen auch bei anderen Puzzles erreichen.
- Es gibt im Handel Kartenmischmaschinen und preiswerte elektronische Würfel.

– Auch wenn Ihr Kind empfindlicher ist als andere Kinder, packen Sie es nicht in Watte ein! Ermöglichen Sie auch ihm, die Welt selbst zu entdecken. Denken Sie daran, dass auch nicht behinderte Kinder regelmäßig mit kleineren Blessuren nach Hause kommen.

# Kinder mit geistiger Behinderung stärken

*Anke Fuchs-Dorn*

Derzeit leben ungefähr 420.000 Menschen mit einer geistigen Behinderung in Deutschland (0,6 % der Bevölkerung), davon etwa 185.000 Kinder und Jugendliche sowie etwa 235.000 Erwachsene. Die *Bundesvereinigung Lebenshilfe für Menschen mit geistiger Behinderung e. V.,* die diese Zahlen nennt, hat den Ausdruck *geistige Behinderung* erstmalig 1958 bei der Begründung der *Elternvereinigung für das geistig behinderte Kind e. V.* offiziell verwendet (Speck 2007, S. 136).

Generell ist es schwierig, den Begriff *geistige Behinderung* eindeutig zu definieren. Für die weltweit größte Interessenvereinigung von Angehörigen und Freunden von Menschen mit geistiger Behinderung, die *American Association of Mental Retardation (AAMR),* ist es aufgrund der Individualität von Behinderung nahezu unmöglich, sich auf charakteristische und allgemeingültige Merkmale einer geistigen Behinderung festzulegen (Fornefeld 2009, S. 59). Vielmehr steht der Ausdruck für ein komplexes Phänomen und beinhaltet verschiedene Dimensionen sowie Aspekte. Er bezieht sich nicht nur auf eine psycho-physische Schädigung des Gehirns, sondern auf den gesamten Entwicklungsprozess des Menschen und die Bedingungen in seiner Umwelt. Beeinträchtigungen im biologisch-organischen Bereich bilden lediglich den Ausgangspunkt für die Entstehung einer geistigen Behinderung (Speck 2007, S. 137).

Der Begriff *geistig behindert* wird kritisch bewertet. Von dem Begriff kann die Gefahr einer Stigmatisierung ausgehen, der man durch die besondere Formulierung »Mensch, Kind, Jugendlicher und Erwachsener mit geistiger Behinderung« entgegenwirken möchte. Indem man bei dieser Formulierung an erster Stelle den Menschen nennt, soll deutlich werden, dass die Behinderung als sekundäres Merkmal oder als Kennzeichen einer Person anzusehen ist (Neuhäuser/Steinhausen 2003, S. 11). Im Bewusstsein, vorsichtig und sensibel mit dem Begriff umzugehen, hat er sich in der Forschung und in der Praxis etabliert.

Im Folgenden wird geistige Behinderung aus pädagogischer Perspektive betrachtet. Hier wird nach den Lernmöglichkeiten sowie den Lernbedürfnissen Betroffener gefragt. Erziehungs- und Bildungsbedarfe werden vor dem Hintergrund kultureller Normen sowie sozialer Erwartungen thematisiert (Fornefeld 2009, S. 83).

## Was verbirgt sich hinter einer geistigen Behinderung?

Weder gibt es *die* geistige Behinderung, noch gibt es *den* Menschen mit geistiger Behinderung. Vielmehr zeigen sich geistige Behinderungen in den unterschiedlichsten Erscheinungsformen. Nicht immer ist die Entstehungsgeschichte eindeutig und deshalb ist sie auch oft für Eltern schwierig zu erfassen und zu verstehen.

Menschen mit einer mittelschweren oder schweren geistigen Behinderung weisen in der Regel organische Schädigungen auf, die die Gesamtpersönlichkeit des Menschen, sein Denken und sein Empfinden sowie Sprache, motorische und soziale Entwicklung beeinflussen können. Die Schädigungen können vor, während oder nach der Geburt auftreten (Fornefeld 2009, S. 72).

Das männliche Geschlecht ist im Verhältnis 1,6:1 überrepräsentiert, was mit biologischen Faktoren und soziokulturellen Einflüssen erklärt wird (ebd., S. 79). Bis 2001 war im klinisch-diagnostischen Bereich die Sichtweise vorherrschend, dass geistige Behinderung durch Beeinträchtigungen in der Intelligenz und in der sozialen Anpassung gekennzeichnet ist (ebd., S. 64). Man diagnostizierte eine geistige Behinderung ab einem Intelligenzwert von unter 70 und unterschied je nach Testergebnis von Intelligenzmessungen leichte (IQ 50 – ca. 70), mittelschwere (IQ 35 – ca. 55), schwere (IQ 20 – ca. 40) und schwerste geistige Behinderung (IQ unter 20). An dieser Einteilung ist aus pädagogischer Perspektive zu kritisieren, dass Intelligenz als eine »statische Größe« (ebd., S. 67) behandelt wird und dass Entwicklungsprozesse von Menschen kaum Berücksichtigung finden.

Die Weltgesundheitsorganisation (WHO) hat 2001 eine umfassendere Klassifikation eingeführt, die als Diagnoseinstrument dient und von dem Anliegen geleitet ist, explizit die Potenziale sowie persönlichen Ziele eines Menschen mit geistiger Behinderung in den Blick zu nehmen (ebd., S. 67–70). Hinter einer geistigen Behinderung können sich – wie oben genannt – die unterschiedlichsten Erscheinungsformen verbergen, die mehr oder weniger in der Gesellschaft bekannt sind. Zu den bekannteren Formen gehören beispielsweise das Downsyndrom und zerebrale Bewegungsstörungen. Darüber hinaus existieren vielzählige weitere Erscheinungsformen von geistiger Behinderung.

Zu einer geistigen Behinderung können weitere Beeinträchtigungen wie z. B. Verhaltensauffälligkeiten hinzukommen. Diese sind aber nicht ausschließlich an der betroffenen Person festzumachen. Verhaltensauffälligkeiten deuten auf ein mitunter schwieriges Verhältnis zwischen dem Menschen und den Bedingungen in seiner Umwelt, das die betreffende Person durch spezifische problemlösende Verhaltensweisen (z. B. Unruhe, Aggression) zu bewältigen versucht (Wüllenweber/Plaute/Neubauer 2003).

Nicht nur die Erscheinungsformen von geistiger Behinderung sind höchst vielfältig, auch verläuft die Entwicklung von Kindern mit geistiger Behinderung sehr unterschiedlich. Es steht fest, dass es nicht *den* typischen Entwicklungsverlauf bei Menschen mit geistiger Behinderung gibt (Speck 1999, S. 100). Die Entwicklung ist zunächst immer als eine spezifisch menschliche zu sehen, die im Vergleich zur Entwicklung der überwiegenden Mehrheit der Kinder langsamer und unregelhafter verläuft und mit eingeschränkten Möglichkeiten einhergeht (ebd., S. 110).

Die Forschung besagt, dass das Lernvermögen eines Kindes mit einer geistigen Behinderung immer von dem Ausmaß der Hirnfunktionsstörung, den zusätzlichen Beeinträchtigungen oder Behinderungen, seinen Lebensbedingungen sowie den Möglichkeiten einer sozialen und kulturellen Teilhabe abhängt (Fornefeld 2009, S. 86). Die Forschung hat zugleich Besonderheiten in der Entwicklung von Kindern mit geistiger Behinderung herausgearbeitet, die auch für die frühe Förderung relevant sind. Im Bereich kognitiver Prozesse bei Menschen mit geistiger Behinderung können eine langsamere Informationsverarbeitung, Schwierigkeiten bei der Hemmung irrelevanter Reaktionen und bei der Aufrechterhaltung von adäquaten Strategien zur Aufgabenbearbeitung die Leistung eines Kindes beeinträchtigen.

Gedächtnisprobleme bei Kindern und Jugendlichen mit geistiger Behinderung zeigen sich vor allem bei Aufgaben, die die Nutzung aktiver und sprachlicher Bearbeitungs- und Speicherstrategien erfordern. Wenngleich der Wissensstand zu Gedächtnisleistungen noch eher unvollständig ist, zeigt sich, dass die betroffenen Menschen auch Probleme mit sehr komplexen Situationen haben, in denen sie sich schnell klarmachen müssen, welche kognitive Strategie sie zur Lösung eines Problems heranziehen. Probleme in der Informationsverarbeitung ziehen Auswirkungen auf Lernprozesse beim Lesen- und Schreibenlernen sowie beim Erlernen von Rechenfertigkeiten nach sich, wobei auch hier keine allgemeinen Aussagen getroffen werden können. Ebenfalls kann die Entwicklung sozialer Fertigkeiten betroffen sein. Vielen Kindern fällt es schwer, Gefühlsausdrücke bei anderen (etwa Freude, Angst usw.) zu erkennen (Sarimski 2003, S. 164–185). An dieser Stelle ist es wichtig zu fragen, was es für eine Familie bedeutet, ein Kind mit geistiger Behinderung zu bekommen, wie eine Familie damit umgeht, wie sie und die Kita das Kind individuell stärken können.

## Kinder mit geistiger Behinderung in der Familie

Die aktuelle Forschung arbeitet weniger mit der bisherigen Annahme einer Stressbelastung, wenn Eltern ein Kind mit geistiger Behinderung bekommen, sondern fragt vielmehr danach, wie Eltern damit umgehen, wie sie die neue Situation bewältigen und verarbeiten. Zudem interessiert, welche Konsequenzen eine Behinderung für eine Familie als System mit sich bringt, wie die einzelnen Familienmitglieder sich damit auseinandersetzen und welche Unterstützungsformen zur Verfügung stehen.

Familien, so die Bundesvereinigung Lebenshilfe für Menschen mit geistiger Behinderung e. V., legen großen Wert darauf, als relativ ›normal‹ betrachtet zu werden, und verdeutlichen, dass sie stolz auf ihr Kind sind. Dennoch ist nicht zu leugnen, dass die Geburt eines Kindes mit einer geistigen Behinderung eine vollkommen neue Situation für Eltern bzw. für die Familie darstellt und mit Unsicherheiten hinsichtlich der Diagnose verbunden ist. Für die Familien ergeben sich Fragen in Bezug auf die Versorgung, Unterstützung, Erziehung und Förderung.

In der Auseinandersetzung der Eltern mit dem Kind lassen sich verschiedene innerfamiliäre Verarbeitungsformen feststellen. Dazu zählen z. B. Ängste, Verleugnung einer Behinderung und Projektionen, d. h. die Behinderung wird zwar als solche akzeptiert, jedoch werden die Ursachen ausschließlich in bestimmten Umständen und Personen gesucht. Zudem kann es zu einer Intellektualisierung des Konflikts kommen, d. h. einer intensiven – gar wissenschaftlichen – Erforschung der Behinderung. Verschiedentlich wird die Auseinandersetzung mit der Behinderung auch in soziale Aktivitäten wie Engagement in Elternvereinigungen umgesetzt. Einige Eltern verwöhnen und überbehüten ihre Kinder, etwa um eigene Enttäuschungen oder auch Schuldgefühle zu kompensieren. Geschwister eines Kindes mit geistiger Behinderung nehmen in der Regel im Kindesalter die Einstellungen ihrer Eltern an und unterstützen ihre Eltern. Allerdings können sich die Geschwister auch leicht überfordert fühlen und die Aufmerksamkeit der Eltern vermissen, weil für ihre Belange oft weniger Zeit zur Verfügung steht (Speck 1999, S. 309 ff.).

In welcher Weise eine Familie mit einem Kind mit geistiger Behinderung umgeht, hängt mit Blick auf die pädagogische Perspektive davon ab, welche Förder- und Unterstützungsmöglichkeiten dem Kind und der Familie angeboten werden.

## Wie kann man Kinder mit geistiger Behinderung fördern und stärken?

Das zentrale Ziel aller Förderangebote für Kinder mit geistiger Behinderung besteht darin, ihnen durch ansprechende und zugleich anspruchsvolle Bildungsangebote Handlungskompetenzen zu vermitteln, die eine selbstbestimmte Teilhabe an der Gesellschaft ermöglichen.

Da Kinder mit geistiger Behinderung sehr unterschiedlich lernen, erfolgt die Förderung stets individuell und orientiert sich an den Stärken des Kindes (Stöppler/ Wachsmuth 2010). Kinder mit geistiger Behinderung werden zunächst im Rahmen der Frühförderung gestärkt. Frühförderung wendet sich sowohl an die betroffenen Kinder von der Geburt (bzw. bei ersten Anzeichen einer Behinderung) bis zum Schulalter als auch an deren Eltern. Es ist ein umfassendes System diagnostischer, therapeutischer und pädagogischer Maßnahmen, die in Zusammenarbeit von Fachkräften aus unterschiedlichen Disziplinen entweder ambulant oder in Institutionen angeboten werden. Im medizinischen Bereich sind Kinderärzte, Fachärzte, Physiotherapeuten, Logopäden und Beschäftigungstherapeuten tätig, im pädagogisch-sozialen Bereich agieren Sonder- und Heilpädagogen, Diplom-Pädagogen mit dem Schwerpunkt Heil- und Sonderpädagogik, Sozialpädagogen und Erzieherinnen. Psychologen kümmern sich entsprechend um psychologische Belange.

Zu den Einrichtungen der Frühförderung zählen regionale Einrichtungen, sozialpädiatrische Frühförderzentren und Einrichtungen für spezielle Behinderungsformen. Frühförderung bietet kindbezogene Maßnahmen, Beratung und Unterstützung der Eltern sowie Maßnahmen zur Integration und sozialen Teilhabe an (Fornefeld 2009, S. 130–133).

Im Sinne einer umfassenderen Förderung des Kindes mit geistiger Behinderung sollen im Folgenden einige Förderangebote aus unterschiedlichen Entwicklungsbereichen vorgestellt werden, die sowohl für die Erziehung in der Familie als auch für die Förderung in der Kita von Bedeutung sind. Dazu ist u. a. auf das von Christoph

Leyendecker (2008) herausgegebene Buch *Gemeinsam handeln statt behandeln* zu verweisen, in dem die unterschiedlichsten Entwicklungs- und Förderbereiche wissenschaftlich fundiert und mit praxisrelevanten Konzepten dargestellt werden.

In den vergangenen Jahren haben sich sehr viele Förderkonzepte etabliert. An dieser Stelle sollen davon drei Veröffentlichungen herausgestellt werden, weil sie unmittelbar für die Förderung angewandt werden können: *Frühförderung konkret* (Straßmeier 2007), *Übungssammlung Frühförderung* (Klöck/Schorer 2010) und *Kleine Schritte, Frühförderprogramm für Kinder mit einer Entwicklungsverzögerung* (Pieterse u. a. 2001). Zu den zentralen Entwicklungs- und Förderbereichen der drei Förderkonzepte zählen Alltagsbewältigung, Grob- und Feinmotorik, Sprache, Denken und Wahrnehmung sowie Sozialverhalten.

Auf dem Gebiet der Alltagsbewältigung, z. B. bei der Selbstversorgung, geht es darum, das Kind mit geistiger Behinderung bei der Entwicklung von Selbstständigkeit zu unterstützen. Dazu zählen die Bereiche Nahrung, Kleidung, Anbahnung von Spielfähigkeit und Körperpflege. Beispielsweise kann die Förderung von selbstständigem Essen so aussehen, dass zunächst das Führen der Nahrung mit der Hand zum Mund ausgiebig geübt werden muss, bevor ein Kind die Nahrung selbstständig aufnehmen kann. Man kann dem Kind ein Stückchen Brot auf den Tisch legen. Greift es nicht nach dem Brot, kann man dieses auf die Hand des Kindes legen, die Hände schließen und ihm dabei helfen, es zum Mund zu führen. Je nach Behinderung ist vorab auch zu üben, die Arme zu beugen, verschiedene Gesichtsteile zu berühren, die Hände zu benutzen usw. (Straßmeier 2007, S. 31).

Im Bereich der Grob- und Feinmotorik soll das Kind darin gefördert werden, seinen Körper zu bewegen. Das Kind soll zunächst seinen Körper kennenlernen und spüren, wie es mit dem eigenen Körper umgehen kann. Es soll ihn einschätzen können, um so schließlich zu einem Bild vom eigenen Körper (Körperschema) zu gelangen.

Damit sich ein Kind aktiv mit der Umwelt auseinandersetzen kann, sind die Bewegungsorgane von den ersten Lebenswochen an zu fördern. Die Förderung der Grobmotorik bezieht sich dabei auf die großen Muskelpartien. Das Kind kann z. B. in den ersten Lebensjahren auf verschiedene Gegenstände (Wippe, Hängematte, Schaukelstuhl) und Materialien (Holz, Kunststoff, Fell) gelegt werden. Es empfehlen sich auch Körpermassagen, Wasserspiele, kleine Übungen wie Radfahren mit den Beinen oder Übungen mit dem Ball (Klöck/Schorer 2010). Die jeweiligen Übungen variieren je nach Lebensalter und sind selbstverständlich dem jeweiligen Entwicklungsstand anzupassen.

Die Förderung der Feinmotorik beschäftigt sich mit dem Einüben von Greifen und dem Hantieren mit unterschiedlichen Gegenständen (Kugeln, Papier, kleines Werkzeug, Schraubverschlüsse, Schuhsenkel usw.). Damit ein Kind lernt, auf Gegenstände zu tippen, kann man es ihm vormachen. Sollte es noch Schwierigkeiten haben, auf etwas zu zeigen, kann man z. B. seine Hand führen. Hilfreich kann es auch sein, alle Finger bis auf den Zeigefinger zu bedecken (Straßmeier 2007, S. 91).

Die Förderung der Sprache ist für die Gesamtentwicklung des Kindes von großer Bedeutung (Klöck/Schorer 2010, S. 234), weil ein Kind sich über Sprache mitteilt und mit anderen Menschen in Kontakt tritt. Vorgeschlagen werden zunächst Übungen zur Sprachanbahnung (z. B. Tiere nachmachen, Körpergeräusche machen), dann Spiele zur Förderung der Mundmotorik (z. B. Seifenblasen, etwas pusten, Spiele mit Salzstangen) und schließlich Übungen zum Zusammenhang zwischen Bewegung und Sprache, indem ein Kind etwa mit dem Finger Linien malt und dabei einen Vers spricht. Empfohlen werden auch Hörspiele.

Von besonderer Bedeutung ist es, dem Kind zu vermitteln, dass der Umgang mit Wörtern Freude bereitet. So kann man etwa Zutaten für einen Kuchen gemeinsam einkaufen und vor dem Backen aufzählen, welche Zutaten verwendet werden (ebd.). Die Förderung der Sprache lässt sich auch musikalisch gestalten, wenn man z. B. gemeinsam ein Lied singt. Generell sind die Möglichkeiten der *unterstützten Kommunikation* in die Förderung einzubeziehen, d. h. die eigene Sprache ist durch Gesten und Gebärden zu unterstützen.

In Anbetracht der Tatsache, dass eine geistige Behinderung das Denken eines Kindes beeinflusst, spielt die Förderung von Denkprozessen eine wichtige Rolle. Je nach Form der Beeinträchtigung lassen sich unterschiedliche Förderbereiche nennen. Dazu zählen die Förderung logischen Denkens, der Merkfähigkeit, der Aufmerksamkeit und der Konzentration. Eine besondere Fördermöglichkeit für Kinder mit geistiger Behinderung, die gerade im Umgang mit vielen Reizen Schwierigkeiten haben, ist der sogenannte *Snoezelenraum*. Dieser soll dafür sorgen, dass sich die Kinder entspannen, und ist mit einer bequemen Unterlage, angenehmer Musik und Lichtspielen ausgestattet (Klöck/Schorer 2010).

Die Förderung der Wahrnehmung kann sich auf die taktile Wahrnehmung (aktive Hautberührung durch Tasterlebnisse mit Ton, Knete, Fingerfarbe), auf die visuelle Wahrnehmung (Fähigkeit, visuelle Reize zu erkennen), auf die auditive Wahrnehmung (Hören und Erfassung des Gehörten) sowie auf die olfaktorische (Riechen) und die gustatorische (Schmecken) Wahrnehmung beziehen (Klöck/

Schorer 2010). Für die individuelle Förderung sind aus diesen Bereichen Schwerpunkte zu wählen.

Die Förderung des Sozialverhaltens soll das Kind mit geistiger Behinderung positiv bestärken, indem es lernt, mit anderen Kindern zu spielen. Dazu bieten sich Ansätze aus der heilpädagogischen Spieltherapie (z. B. Rollenspiele), Gespräche zur Förderung der sozial-emotionalen Entwicklung und Fördermöglichkeiten mit den Methoden der Psychomotorik, des Zauberns, des Werkens und der Entspannungspädagogik an (Klöck/Schorer 2010). Im Rahmen der Förderung von Kindern mit geistiger Behinderung haben sich auch spezielle Förderansätze für spezifische Behinderungsformen etabliert, so z. B. das TEACCH-Konzept (dt. Behandlung und pädagogische Förderung autistischer und in ähnlicher Weise kommunikationsbehinderter Kinder) für Kinder mit autistischen Störungen.

## Praktische Anregungen und Hinweise für die Kita

- Kinder mit geistiger Behinderung sind in der Regel gern mit anderen Kindern zusammen. Der Kindergarten als zentrale Sozialisationsinstanz kann dazu beitragen, dass Kinder mit geistiger Behinderung frühzeitig mit anderen Kindern in Kontakt kommen. Voraussetzung dafür ist die Bereitschaft aller Fachkräfte einer Einrichtung, sich gegenüber Kindern mit Behinderungen zu öffnen und sich auf womöglich neue pädagogische Konzepte und pädagogische Arbeitsweisen einzulassen.
- Grundlegend ist die regelmäßige Kooperation mit den Eltern, um sich über die individuellen Bedürfnisse (z. B. Unterstützung beim Essen, notwendige Medikamente usw.) und Förderschwerpunkte des Kindes und dessen Entwicklung auszutauschen.
- Bei der Förderung des Kindes mit einer geistigen Behinderung ist es wichtig, das Kind in seiner Subjektivität zu betrachten und es weniger mit anderen Kindern zu vergleichen. Sie können die Entwicklung eines Kindes am besten verfolgen, indem Sie regelmäßig kleine Förderpläne und Förderberichte erstellen. Aus diesen geht am ehesten hervor, in welchen Bereichen das Kind gerade welche Entwicklung durchläuft.
- Fördern und unterstützen Sie Kinder mit geistiger Behinderung in verschiedenen Entwicklungsbereichen wie Wahrnehmung, Sprache, Denken und halten Sie individuelle Ziele in einem Förderplan fest. Häufig bietet es sich an, diverse Entwicklungsbereiche miteinander zu kombinieren. Das Ziel der Förderung soll immer sein, das Kind in seiner Selbstständigkeit zu stärken.
- Kinder mit geistiger Behinderung beschäftigen sich häufig auf ihre ganz eigene Art und Weise mit einem Lerngegenstand. Teilweise können sie sich über einen sehr langen Zeitraum mit einem Gegenstand auseinandersetzen. Bieten Sie dem Kind genügend Ruhe und Zeit, damit es Lerngegenstände ausgiebig und seinem Lerntempo entsprechend erkunden kann.
- Fördermaterialien sollten behutsam und individuell gewählt werden; sie sollten die Eigenaktivität des Kindes anregen, vor allem überschaubar und keinesfalls mit zu vielen Abbildungen oder Geräuschen überfrachtet sein. Wichtig ist es, dass Sie herausfinden, über welche Wahrnehmungsebene Sie das Kind am besten fördern können. Dies ist bei jedem Kind anders: Einige Kinder sind gut über Bilder, andere über Berührung oder über akustische Reize zu erreichen.
- Kinder mit geistiger Behinderung können Ihnen oftmals besser zuhören und folgen,

wenn Sie Ihre Sprache durch kleine Gesten bzw. Gebärden unterstützen; sie sind in der Regel sehr motiviert, Gesten und Gebärden zu erlernen und wenden diese gern an. Gerade Kinder, die Schwierigkeiten haben, Sprache zu verstehen, mögen es, wenn man mithilfe von Gesten und Gebärden mit ihnen spricht.

- Wenn Sie das gemeinsame Spielen von Kindern mit und ohne Behinderung als einen wichtigen Schwerpunkt Ihrer Einrichtung betrachten, fördern Sie nicht nur die Entwicklung von Kindern mit einer Behinderung, sondern tragen gleichermaßen dazu bei, dass auch Kinder ohne Behinderung tagtäglich lernen, mit Behinderung umzugehen.

### Praktische Anregungen und Hinweise für die Familie

- Die Internetseiten der Bundesvereinigung Lebenshilfe für Menschen mit geistiger Behinderung e.V. sind eine sehr gute Möglichkeit, sich über Menschen mit geistiger Behinderung zu informieren (www.lebenshilfe.de). Dort finden Sie u. a. Unterstützungsangebote der Lebenshilfe in Wohnortnähe und umfassende Fachinformationen zu den verschiedenen Arten von Behinderung und ihren unterschiedlichen Entwicklungsphasen (von der Geburt bis zum Erwachsenenalter). Von besonderem Interesse sind die Informationen zu lebenspraktischen Fragen (das Heft *Gewusst wo*) wie Kranken- und Pflegeversicherung, Ausgleich behinderungsbedingter Nachteile und Hilfe zur Teilhabe.
- Versuchen Sie, Ihr Kind nicht ausschließlich vor dem Hintergrund der Behinderung zu sehen. Die Behinderung ist *ein,* wenngleich zentraler und womöglich das eigene Leben komplett verändernder Aspekt Ihres Kindes. Es sei hier nochmals an die Bezeichnung *Mensch mit geistiger Behinderung* erinnert, die deutlich machen soll, dass an erster Stelle der Mensch steht.
- Wenn Sie Eltern eines Kindes mit geistiger Behinderung sind, brauchen Sie zunächst Zeit, um sich mit der Behinderung und den eigenen Gedanken sowie Gefühlen auseinanderzusetzen. Sie werden sich auch über die Art der Behinderung informieren. Sie können jedoch von Anfang an vielfältige Kontakte z. B. zu anderen Eltern mit einem Kind mit Behinderung suchen, um sich auszutauschen. Außerdem können Sie Unterstützungsformen in Anspruch nehmen, wenn Sie dies möchten. Denkbar ist z. B. der familienentlastende bzw. -unterstützende Dienst.

- Kinder mit geistiger Behinderung möchten keinen Sonderstatus haben. Sie beteiligen sich sehr gern an Haushaltsaktivitäten, gehen gern einkaufen und nehmen an Angeboten in örtlichen Vereinen teil. Versuchen Sie deshalb Ihren Alltag so normal wie möglich zu gestalten und binden Sie Ihr Kind so gut es geht in den Alltag ein.
- Mit Blick auf das System Familie verweist die Literatur darauf, Geschwister von einem Kind mit geistiger Behinderung genauso zu beachten. Wichtig ist es, dass die Geschwister nicht zu viel Verantwortung übernehmen müssen und genauso viel Zuwendung und Förderung von den Eltern erhalten wie das Kind mit geistiger Behinderung.
- Sie haben die Möglichkeit, sich vor der Wahl des Kindergartens und der Schule zu informieren. Bei der Wahl des Kindergartens stehen verschiedene Angebotsformen zur Verfügung. Integrationskindergärten nehmen beispielsweise Kinder mit und ohne Behinderungen auf. Bei der Einzelintegration oder integrativen Gruppen werden Kinder mit und ohne Behinderungen im allgemeinen Kindergarten gefördert. Informieren Sie sich auch über den Anspruch auf zusätzliche Betreuung. Die Bundesvereinigung Lebenshilfe für Menschen mit geistiger Behinderung e.V. gibt auch hier wertvolle Ratschläge für die Wahl des Kindergartens. Wenn die Entscheidung für eine Schule ansteht, können Sie Schnuppertage an Schulen mit dem Schwerpunkt *geistige Entwicklung* besuchen, um die Schule und ihr pädagogisches Konzept kennenzulernen.
- Von übergreifender Bedeutung für die Förderung und Unterstützung von Kindern mit geistiger Behinderung bzw. von Menschen mit Behinderung ist das Wissen um *Inklusive Bildung* als in der UN-Behindertenrechtskonvention verankertes Menschenrecht. Hierbei geht es um die Gestaltung einer Gesellschaft im Sinne einer uneingeschränkten sozialen Partizipation aller Menschen mit Behinderungen.

# Hochbegabte Kinder stärken

*Lisa Lanfermann*

In unserer Gesellschaft gibt es in jeder Altersgruppe hochbegabte Menschen. Es wird davon ausgegangen, dass ca. 2 % der Bevölkerung als hochbegabt bezeichnet werden können. Die meisten Forscher sprechen von Hochbegabung, wenn in einem Intelligenztest ein IQ von mindestens 130 bzw. ein Prozentrang von 98 erreicht wird. Der Grenzwert zur Hochbegabung unterliegt allerdings Schwankungen, da es keine einheitliche Normierung gibt. So kann es sein, dass in manchen Studien Menschen mit einem IQ von 125 als hochbegabt bezeichnet werden, in anderen wiederum erst ab einem IQ von 140. In psychologischen Testmanualen ist häufig der Grenzwert bei einem IQ von 130 vorzufinden. Insgesamt wird davon ausgegangen, dass rund 300.000 hochbegabte Kinder und Jugendliche in Deutschland leben. Rein statistisch heißt dies, dass in einer zweizügigen Grundschule ein hochbegabtes Kind pro Jahrgang ist (Jost 2005, S. 9 f.).

Eine einheitliche Definition für den Begriff der Hochbegabung zu finden, gestaltet sich als äußerst schwierig, da es eine Vielfalt an Definitionsmöglichkeiten gibt. Diese Variation zeigt einerseits, wie breit das Spektrum der Hochbegabung gefächert ist, und andererseits, wie viele verschiedene Schwerpunkte in den Definitionen gesetzt werden können. Aus diesem Grund soll hier eine möglichst umfassende Definition gewählt werden:

*Hochbegabung ist die Disposition für herausragende Leistungen und nicht die Hochleistung selber. Eine Hochbegabung setzt sich zusammen aus sehr guter Motivation, Kreativität und überdurchschnittlichen Fähigkeiten auf einem oder mehreren Gebieten. Sie kann nur unter bestimmten Umständen zu Höchstleistungen führen. Familie, Kindergärten, Schulen müssen Bedingungen schaffen, in denen besonders begabte Kinder und Jugendliche sich ihrer Begabung entsprechend entwickeln können (Lexikon für Psychologie und Pädagogik 2010, o. S., www.lexikon.stangl.eu).*

Hochbegabte Kinder werden im Laufe ihres Lebens mit vielen Vorurteilen und Klischeevorstellungen konfrontiert. Viele Eltern wünschen sich ein hochbegabtes Kind, weil sie davon ausgehen, dass diese Kinder den Lebensalltag aufgrund ihrer besonderen Begabungen selbstbewusst und ohne Hindernisse bestreiten können. Hohe Begabung wird zudem oft mit Glück, Leichtigkeit und Stressfreiheit gleichgesetzt. Häufig wird dabei vergessen, dass hochbegabte Kinder – wie alle anderen Kinder – in ihrer Entwicklung schwierige Phasen durchleben, in denen sie von ihren Eltern unterstützt und verstanden werden möchten.

Der Aufklärungsbedarf zum Thema Hochbegabung ist in Deutschland immer noch sehr hoch. Häufig werden andere, scheinbar wichtigere pädagogische Themen in den Vordergrund gerückt und lassen so das Thema Hochbegabung aus dem Blickfeld geraten. Dies führt dazu, dass sich nur sehr wenige Erzieherinnen in diesem Bereich umfassend auskennen und ihr Wissen an Eltern und Kinder weitergeben können. Es herrscht ein Informationsmangel, der sich auf das Leben der Hochbegabten negativ auswirken kann. Viele Verhaltensweisen werden möglicherweise falsch interpretiert und verhindern somit wichtige Förderchancen für das Kind.

### Woran kann man hochbegabte Kinder erkennen?

Hochbegabung bei Kindern festzustellen ist oft nicht einfach, da sie sich in vielfältiger Form zeigen kann. Ein erster wichtiger Schritt für die Erkennung von Hochbegabten ist die persönliche Auseinandersetzung mit diesem Thema. In vielen Fällen erkennen Eltern als Erste die Begabung ihres Kindes. Sie bemerken, dass ihr Kind besondere Fähigkeiten entwickelt oder sich für altersunübliche Themen interessiert. Obwohl viele Eltern erahnen, dass ihr Kind besondere Begabungen zeigt, trauen sie sich nicht in der Öffentlichkeit darüber zu sprechen. Häufig haben sie Angst, dass sie die Fähigkeiten des eigenen Kindes doch nicht richtig einschätzen können und sich somit zum Gespött der Leute machen. Aus diesem Grund kann für die Eltern schnell ein Zwiespalt entstehen. Einerseits möchten sie sich und ihr Kind nicht unbegründet in den Vordergrund drängen, andererseits haben sie großes Interesse, ihr Kind bestmöglich zu fördern.

Um herauszufinden, ob ein Kind intellektuell sehr begabt ist, können psychometrische Verfahren zur Messung der Intelligenz (IQ-Test) herangezogen werden. Hierbei muss allerdings beachtet werden, dass das Kind ein gewisses Alter erreicht haben muss, damit die Ergebnisse reliabel (zuverlässig, genau) und valide (aussagekräftig) sind. Zurzeit wird davon ausgegangen, dass es erst sinnvoll ist, Kinder ab einem Alter von fünf Jahren zu testen. In Tests mit jüngeren Kindern lässt sich die Intelligenz nicht so gut messen, da sich in den ersten Jahren innerhalb sehr kurzer Zeit sehr viel verändert und es somit zu starken Verschiebungen kommen kann. Aus diesem Grund können aus dem Verhalten von Babys und sehr kleinen Kindern noch keine zuverlässigen Rückschlüsse auf die spätere Intelligenz und Begabung gezogen werden.

Da Eltern durch das auffällige Verhalten ihres Kindes oft sehr verunsichert und ratlos sind, ist es von Vorteil, wenn schon vor der Einschulung eine psychologische Untersuchung durchgeführt wird. Hierbei kann nicht nur festgestellt werden, inwieweit besondere Begabungen des Kindes vorliegen, sondern auch darüber informiert werden, welche Fördermöglichkeiten infrage kommen könnten. Gleichzeitig wird den Eltern die Möglichkeit geboten, adäquat beraten zu werden und neue Tipps und Ratschläge zu bekommen.

Allgemein können Eltern sowie Erzieherinnen bei Kindern auf verschiedene Merkmale achten, die auf eine Hochbegabung schließen lassen. Dabei ist allerdings festzuhalten, dass nicht alle Merkmale gleichzeitig auftreten müssen. Hochbegabung kann in zahlreichen Formen erscheinen und bei jedem Kind individuelle Züge annehmen.

### Sprachliche Fertigkeiten und Fähigkeiten

Hochbegabte Kinder verfügen schon in jungen Jahren über einen sehr umfangreichen Wortschatz. Sie benutzen oft altersunübliche Ausdrucksformen und machen in der Grammatik sowie im Satzbau kaum Fehler. Es kann ebenfalls vorkommen, dass sie sich für Dinge, die sie noch nicht kennen, interessante neue Wörter ausdenken. Viele hochbegabte Kinder lernen außerdem schon vor der Schule lesen und interessieren sich für Bücher, welche eigentlich für ältere Kinder gedacht sind.

### Motorische Fertigkeiten und Fähigkeiten

Hochbegabte Kinder können den pädagogischen Fachkräften auf zwei unterschiedliche Arten auffallen: Zum einen durch eine sehr gut ausgeprägte Fein- und Grobmotorik, die sowohl bei sportlichen Aktivitäten als auch bei Mal- und Bastelarbeiten zum Ausdruck kommen kann, zum anderen durch eine schlecht ausgeprägte Motorik. Da hochbegabte Kinder intellektuell meistens mit älteren Kindern verglichen werden, kann es leicht vorkommen, dass dies auch im Bereich der Motorik geschieht. Daher ist es wichtig, von hochbegabten Kindern nicht selbstverständlich zu erwarten, dass ihre Leistungen in allen Bereichen mit denen älterer Kinder übereinstimmen. Schließlich gibt es auch noch den Fall, dass ein Kind intellektuell weiter entwickelt ist als die Altersgenossen, motorisch aber deutlich schlechter.

**Kognitive Fähigkeiten**
Hochbegabte Kinder können sich außergewöhnlich lang auf bestimmte Aufgaben konzentrieren und diese mit großer Motivation verfolgen. Sie verfügen über eine schnelle Auffassung und ein großes Maß an Neugier gegenüber ihnen unbekannten Dingen und Phänomenen. Oftmals zeigen sie besonders früh ein großes Interesse für Zahlen und Symbole sowie für gliedernde und ordnende Tätigkeiten. Viele hochbegabte Kinder können sich schon sehr früh in verschiedene Perspektiven hineinversetzen. Außerdem können sie sich an lang zurückliegende Geschehnisse gut erinnern und sie korrekt wiedergeben.

**Sozialverhalten**
Viele hochbegabte Kinder suchen sich in ihrem Umfeld ältere Spielgefährten, da sie in ihrer intellektuellen Entwicklung ihren Altersgenossen weit voraus sind. Oft spielen sie aber auch allein, da sie sich für spezielle Dinge interessieren und diese unbedingt weiterverfolgen möchten. Wenn sich hochbegabte Kinder entscheiden müssen, ob sie lieber in der Gruppe mit anderen Kindern spielen möchten oder ihre eigenen Themen erforschen wollen, entscheiden sich viele Hochbegabte für Letzteres. Dies soll nicht bedeuten, dass sie grundsätzlich nicht mit anderen Kindern spielen möchten, sondern zeigt eher den großen Wissensdurst, der oft keinen Platz für andere Kinder mit anderen Bedürfnissen lässt.

**Psychische Verfassung**
Viele hochbegabte Kinder haben einen sehr starken Eigenwillen. Ihnen ist es sehr wichtig, dass sie selbst entscheiden können, welcher Tätigkeit sie nachgehen und wer daran teilhaben soll. Ihr Selbstwertgefühl ist im Bereich der ausgeprägten Leistungsfähigkeit meistens sehr hoch. Emotional sind hochbegabte Kinder in der Regel kaum von anderen zu unterscheiden. Oft ist es trotzdem sehr überraschend,

wie emotional hochbegabte Kinder reagieren. Sie werden zwar aufgrund ihres Intellekts meistens älteren Kindern zugeordnet, diese Zuordnung kann aber im Bereich der Emotionen nicht immer übertragen werden (Holling u. a. 2009, S. 42; Urban 2004, S. 234).

Ein weiterer Hinweis für eine Hochbegabung des Kindes ist z. B. ein geringes Schlafbedürfnis. Viele hochbegabte Kinder schlafen im Säuglings- und Kleinkindalter nur wenige Stunden, was für die Eltern sehr anstrengend werden kann, da sich die Kinder noch nicht allein beschäftigen können und somit immer neue Anregungen benötigen.

Ein zusätzlicher Anhaltspunkt für Hochbegabung ist das schnellere und frühere Durchlaufen von bestimmten Entwicklungsstadien im Baby- und Kleinkindalter. Eltern und Krankenschwestern berichten, dass Neugeborene, die sich später als hochbegabt erwiesen, schon wenige Stunden nach der Geburt ihre Umwelt ganz bewusst wahrzunehmen schienen. Im Verlauf der ersten Jahre wird bei vielen hochbegabten Kindern ebenfalls festgestellt, dass Fähigkeiten wie z. B. die Auge-Hand-Koordination, Sitzen, Laufen oder Sprechen früher erlernt werden als von durchschnittlich begabten Kindern (Heinbokel 1988, S. 35).

Häufig überspringen hochbegabte Kinder im Laufe der ersten Lebensjahre immer wieder verschiedene Entwicklungsstadien. Es kann z. B. vorkommen, dass ein hochbegabtes Kind sitzend die Welt um sich herum beobachtet, während andere Kinder im gleichen Alter schon lange laufen können. Irgendwann steht es einfach auf und läuft, ohne jemals gekrabbelt zu sein. Ein anderes Beispiel: Viele dieser Kinder sprechen lange Zeit überhaupt nicht, beginnen dann aber plötzlich mit ganzen Wörtern oder kurzen Sätzen. Es ist auffällig, dass sich hochbegabte Kinder immer wieder bestimmte Fertigkeiten ohne wesentliche Übungsphasen aneignen. Aus diesem Grund sind sie schnell gelangweilt, wenn im Kindergarten oder in der Schule Themen zu Übungszwecken wiederholt werden.

## Besonderheiten bei hochbegabten Kindern

Viele Hochbegabte reagieren besonders stark auf Lärm oder laute Geräusche. Es kann sein, dass sie z. B. während des Stuhlkreises im Kindergarten anfangen zu weinen, wenn die Erzieherinnen ein Lied, das in der Gruppe gesungen werden soll, mit der Gitarre begleiten wollen. Ein weiterer Punkt ist das Erleben von Andersartigkeit. Hochbegabte Kinder merken oft sehr schnell, dass sie sich von den anderen

Kindern in ihrer Gruppe unterscheiden. Sie können zwar nicht immer genau feststellen, warum dies so ist, erkennen aber trotzdem, dass Unterschiede bestehen. In den meisten Fällen werden die Hochbegabten durch das Bemerken des Unterschieds sehr unglücklich, da sie eigentlich gern besser in der Gruppe integriert wären, aber nicht wissen, wie sie dies schaffen sollen.

Ein weiteres Problemfeld kann die hohe Sensibilität der hochbegabten Kinder werden. Sie merken rasch, dass sich Gegebenheiten verändern, und können nicht immer mit diesen Umstellungen umgehen. Des Weiteren haben hochbegabte Kinder oft das Problem, keine adäquaten Spielpartner zu finden. Generell würden sie zwar gern mit Kindern zusammen spielen, finden aber oft keine gemeinsamen Interessengebiete. Da sie sich meistens für ganz spezielle Dinge interessieren, zu denen die anderen Kinder häufig keinen Zugang finden, werden sie schnell zu Außenseitern, werden abgelehnt und gehänselt. Es kann sogar sein, dass Erwachsene die Verhaltensweisen des Kindes nicht deuten können und es aus diesem Grund ebenfalls ablehnen.

Weitere Faktoren für eine Motivationshemmung bei hochbegabten Kindern sind Langeweile und Unterforderung. Da die Beschäftigungsmöglichkeiten im Kindergarten für viele Hochbegabte mit einer ständigen Unterforderung einhergehen, enden viele Aktivitäten in einem Gefühl des Gelangweiltseins. Sie haben dann kein Interesse, an gemeinschaftlichen Aktivitäten teilzunehmen, wenn sie schon im Vorfeld davon ausgehen, dass sie wieder unterfordert sein werden und nichts Neues dazulernen.

## Wie können Eltern ihr hochbegabtes Kind fördern und stärken?

Eltern fühlen sich in manchen Situationen durch ihre hochbegabten Kinder überfordert und überstrapaziert. Da sie im Vorschulalter die hauptsächlichen Bezugspersonen sind, merken sie schnell, wie viel Zeit sie mit der Beschäftigung ihres Kindes verbringen, um es bestmöglich zu unterstützen. Hierbei ist es jedoch besonders wichtig, den Kindern immer wieder zu zeigen, dass den Eltern die gemeinsame Beschäftigung sowie die miteinander verbrachte Zeit sehr viel Freude bereitet. Es stärkt die Kinder sehr, wenn sie merken, dass sie nicht nur gemocht, sondern auch gebraucht werden. Hochbegabte Kinder übernehmen gern Aufgaben, die sie meist sehr gewissenhaft und ausdauernd durchführen. Dies kann z. B. durch das abendliche Tischdecken oder das Postholen im Familienalltag integriert werden.

Ein weiterer Punkt ist das Herausfinden von Stärken und unterschiedlichen Interessen. Die meisten hochbegabten Kinder stellen kontinuierlich sehr hohe Ansprüche an sich selbst. Es fällt ihnen schwer, sich mit nicht hundertprozentig erfüllten Leistungen zufrieden zu geben. Aus diesem Grund sind hier die Eltern besonders gefragt. Sie können den Kindern zeigen, dass es nicht schlimm ist, sondern sehr menschlich, Wissenslücken zu haben oder Fehler zu begehen. Gleichzeitig können sie ihren Kindern vermitteln, welche Fähigkeiten über die Hochbegabung hinaus in ihnen liegen. In vielen Fällen sind die Kinder über weitere Stärken erstaunt, aber auch gleichzeitig sehr stolz, da sie selbst diese Fähigkeiten und Fertigkeiten noch gar nicht entdeckt haben und nun nach und nach merken, was alles in ihnen steckt.

Aufgrund der Tatsache, dass hochbegabte Kinder in vielen Fällen ausschließlich auf ihre Begabung reduziert werden, tut es ihnen besonders gut, wenn ihnen innerhalb der Familie gezeigt wird, dass sie nicht nur aufgrund ihrer außergewöhnlichen Fähigkeiten geliebt und geschätzt werden. Natürlich wird die Hochbegabung oft im Mittelpunkt stehen, doch das Kind wird sich selbst besser akzeptieren können, wenn es weiß, dass es nicht nur deshalb angenommen und anerkannt wird.

## Fördermöglichkeiten für hochbegabte Kinder im Kindergarten

Damit hochbegabte Kinder eine adäquate Förderung erfahren können, ist es nützlich, wenn einige Bedingungen erfüllt sind. Die Erzieherinnen müssen feststellen, dass hochbegabte Kinder andere Bedürfnisse haben als durchschnittlich begabte Kinder. Zwei der wichtigsten Punkte für eine gelungene Förderung sind zum einen die Akzeptanz des Kindes und zum anderen ein breit gefächertes Angebot, welches auf die hohen kognitiven Fähigkeiten des Kindes abgestimmt ist. Hierzu ist es wichtig, dass Erzieherinnen im Dienste einer guten Förderung ihre eigene Einstellung reflektieren. Sie müssen lernen, die hochbegabten Kinder besser zu verstehen und ihre Bedürfnisse zu erkennen. Nur so kann für diese eine geistig anregende Lernumgebung geschaffen werden.

Des Weiteren müssen die hochbegabten Kinder bei ihrer Integration in die Gruppe unterstützt werden. Durch eine gute Integration lernt das Kind positive Erfahrungen mit anderen Kindern zu machen, auf die es immer wieder zurückgreifen kann. Hochbegabte Kinder zeigen ihre Bedürfnisse oft dadurch, dass sie schon im Kindergarten lernen wollen, was meist erst in der Grundschule thematisiert wird.

**Praktische Anregungen und Hinweise für die Kita**

- Auf der Internetseite der Deutschen Gesellschaft für das hochbegabte Kind e.V. (http://www.dghk.de) finden Sie allgemeine Informationen, Beratungsangebote, Literaturtipps und vieles mehr.
- Öffnen Sie sich dem Thema Hochbegabung. Die Aneignung von Fachwissen lässt Vorurteile schwinden und wirkt sich positiv auf die Arbeit mit den Kindern und Eltern aus, da Sie kompetent auf Fragen eingehen und Ihr Wissen in schwierigen Situationen anwenden können.
- Arbeiten Sie mit den Eltern hochbegabter Kinder eng zusammen. Ein ständiger kommunikativer Austausch zwischen Elternhaus und Kindergarten ist sehr wichtig, damit Fortschritte oder Probleme zeitnah besprochen werden können. So kann noch besser auf die Bedürfnisse des hochbegabten Kindes eingegangen werden.
- Überprüfen Sie, ob genügend Beschäftigungsmöglichkeiten für hochbegabte Kinder vorhanden sind und lassen Sie gegebenenfalls neue entstehen.
- Wie bei allen Kindern muss sich auch bei hochbegabten die Förderung der Entwicklung auf das gesamte Kind beziehen und nicht nur auf ausgewählte Bereiche. Gerade bei hochbegabten Kindern werden Erzieherinnen und Eltern schnell dazu verleitet, sich ausschließlich auf den Bereich der Hochbegabung zu konzentrieren und andere Bereiche zu vernachlässigen.
- Hochbegabten Kindern sollte das breite Spektrum an Beschäftigungsmöglichkeiten immer wieder aufgezeigt werden, da sie sonst gern ihren Lieblingsbeschäftigungen nachgehen und gar nicht wissen, wie viele andere Möglichkeiten offenstehen, die ihnen ebenfalls Spaß bereiten würden.
- Für die Beschäftigung von hochbegabten Kindern ist es besonders wichtig, dass die materielle Ausstattung in der Gruppe über mehr Schwierigkeitsstufen verfügt, als es üblicherweise der Fall ist. Es muss neu überlegt werden, welche Materialien auch für höhere Altersstufen den Kindern zur Verfügung gestellt werden, da die herkömmliche Kindergartenausstattung für Hochbegabte oft zu wenig Anreize bietet.
- Viele hochbegabte Kinder arbeiten gern an größeren Projekten. Überlegen Sie zusammen mit den Kindern, welche Themen interessant sind und weiterverfolgt werden können. Erzieherinnen können bei der Durchführung eines Projektes darauf achten, dass sich die Kinder untereinander absprechen und in Gruppen zusammenarbeiten. So können sie lernen, wie sie die Ideen und Lösungsmöglichkeiten aller Teilnehmer in die Gruppe aufnehmen und bei der Bearbeitung des Problems integrieren können. Indem sich die Kinder gegenseitig zeigen, dass

sie die Fähigkeiten und Fertigkeiten der anderen zu schätzen wissen, kann ein Zusammengehörigkeitsgefühl entstehen.
- Ihre Aufgabe im Bereich der Elternberatung zum Thema Hochbegabung ist sehr bedeutend. Vielen Eltern mit einem Erst- oder Einzelkind fehlt der entsprechende Vergleich zu gleichaltrigen Kindern. Aus diesem Grund können sie die Leistungen ihres Kindes häufig selbst nicht korrekt einschätzen und sind so auf die Hilfe der pädagogischen Fachkraft angewiesen.

### Praktische Anregungen und Hinweise für die Familie

- Auf der Internetseite der Deutschen Gesellschaft für das hochbegabte Kind e.V. (http://www.dghk.de) finden Sie allgemeine Informationen, Beratungsangebote, Literaturtipps und vieles mehr.
- In vielen Städten gibt es Selbsthilfegruppen, die sich regelmäßig treffen. Diese Treffen bieten eine Möglichkeit, mit anderen Eltern hochbegabter Kinder in Kontakt zu kommen und Erfahrungen auszutauschen.
- Für viele hochbegabte Kinder ist es sehr sinnvoll, schon früh einen Kindergarten zu besuchen, da sie so einen weiteren geschützten Bereich kennenlernen, den sie für ihre Begabungen nutzen können.
- Informieren Sie sich über die Grundschulen in Ihrer Nähe. Gibt es Schulen, die sich auf die Bedürfnisse von hochbegabten Kindern spezialisiert haben oder besondere Zusatzangebote bieten?
- Zeigen Sie Ihrem Sohn/Ihrer Tochter, dass Sie seine/ihre Begabung schätzen, Sie ihn/sie aber nicht ausschließlich über die besonderen Fähigkeiten definieren.
- Führen Sie sich immer wieder vor Augen, wie alt Ihr Kind ist. Dies ist ein wichtiger Punkt, damit Sie Ihr Kind z. B. in emotionalen Situationen nicht falsch einschätzen.
- Beziehen Sie Ihr Kind aktiv in den Tagesablauf mit ein. Viele hochbegabte Kinder erledigen Aufgaben des Alltagsgeschehens sehr gern und gewissenhaft, da sie sehr stolz auf Leistungen in ihrem eigenen Aufgabenbereich sind.
- Stellen Sie Ihrem Kind viele verschiedene Materialien und Gegenstände zum Spielen zur Verfügung. Es müssen nicht immer neue und teure Spiele sein. Oft reichen schon Materialien wie Klopapierrollen, Stoffreste, Wolle oder leere Joghurtbecher, die die Kinder auf kreative Ideen bringen.

- Viele hochbegabte Kinder haben das Problem, dass sie im Kindergarten keine Freunde finden, da sie ihren Spielpartnern kognitiv überlegen sind. Überlegen Sie, wie Ihr Kind z. B. durch ein Hobby den Kontakt zu älteren Kindern knüpfen kann.
- Denken Sie auch an die Geschwister hochbegabter Kinder. Meistens sind nicht alle Kinder einer Familie gleich begabt. Achten Sie darauf, dass Sie Ihren Kindern genügend Freiraum für die Entwicklung der eigenen Persönlichkeit geben, ohne ständig Vergleiche zu ziehen.

# III

## Kinder durch gezielte Angebote stärken

# Kinder durch Beobachtung stärken

*Linda Schmidt*

»Schau mal! Ich will dir was zeigen.« Das ist eine häufig formulierte Forderung von Kindern an ihre Bezugspersonen. Dadurch wollen sie Interesse an ihren Fertigkeiten wecken und Wertschätzung erfahren. Auf die Aufforderung hin beobachtet der Erwachsene das Kind. Dieses aufmerksame Beobachten eines Kindes ist Bestandteil einer gelungenen Interaktion und auch Grundlage für eine optimale Gestaltung von Bildungsangeboten.

Beobachten bedeutet, jemanden oder etwas wahrzunehmen. Es nimmt einen zentralen Stellenwert in unserem Alltag ein: Wir beobachten die Ampelschaltung und das Verhalten der anderen Verkehrsteilnehmer beim Auto- oder Fahrradfahren, den Ablauf eines Fußballspiels oder die Farbe und Entfernung der Wolken, um uns für oder gegen einen Regenschirm zu entscheiden. Wir nehmen in Gesprächen und in sozialen Interaktionen nonverbale Signale wahr, ziehen daraus unsere Schlüsse und verhalten uns dementsprechend. Beobachten scheint nahezu unumgänglich. Doch welche Rolle spielt Beobachtung, wenn sie bewusst, strukturiert und systematisch angewandt wird? Wie kann sie als Methode professionell eingesetzt werden? Und vor allen Dingen: Wie können Kinder durch Beobachtungen gestärkt werden?

*Beobachten* bedeutet in diesem Zusammenhang keinesfalls jemanden zu belauern, zu belauschen, zu beschatten oder gar zu bespitzeln. Es geht vielmehr darum, ein Kind mit all seinen Facetten und Interessen zu beachten, seine Handlungen aufmerksam zu erforschen und es somit ernst zu nehmen. Beobachtungen dienen demnach nicht der Kontrolle, sondern der Entdeckung individueller Ressourcen, mit dem Ziel, Potenziale, Stärken und Bildungsvorlieben der Kinder zu erfassen.

Hinsichtlich der Zielsetzung ergeben sich zwei Arten von methodisch geleiteten Beobachtungen: Zur ersten Gruppe zählen standardisierte, normative Verfahren, die für die Erfassung des Entwicklungsstandes eines Kindes konzipiert sind. Sie zeichnen sich in erster Linie durch vorformulierte Fragen und Antwortmöglichkeiten aus, was dem Beobachtungsbogen ein stark strukturiertes Aussehen verleiht. Die Intention liegt hierbei in der Gegenüberstellung des Entwicklungsstandes eines Kindes mit empirisch festgelegten Normen. Dieser Vergleich kann Auskunft darüber geben, ob eine sogenannte ›altersgemäße‹ Entwicklung vorliegt, z. B. *Meilensteine der Entwicklung* von Michaelis/Haas (1994) oder *Kuno Bellers Entwicklungstabelle* von Beller/Beller (2005).

Ein Vorteil der Beobachtung als Messinstrument besteht darin, dass Kindertageseinrichtungen mit der Anwendung dieser Bögen als Frühwarnsysteme fungieren und mögliche Entwicklungsverzögerungen rechtzeitig erkannt werden können (Andres/Laewen 2007, S. 36). In diesem Zusammenhang liegt die Bedeutung von Diagnostikbögen auf der Hand.

Noch vor einigen Jahren standen eben dieses Erkennen von Entwicklungsrückständen sowie der Entwicklungsvergleich mit Entwicklungsstandards im Vordergrund. Zahlreiche Diagnostik- und Beobachtungsbögen wurden zu diesem Zweck entwickelt und in den Einrichtungen mit unterschiedlicher Intensität eingesetzt. Obwohl diese für die Früherkennung von Entwicklungsverzögerungen von Bedeutung sind, blieben jedoch einige Fragen unbeantwortet: Welche Stärken hat das Kind? Wo liegen seine Interessen? Welche Absichten verfolgt es mit seinen Handlungen? Wann staunt es? Was erforscht es? Kurzum: Wie entdeckt das Kind die Welt?

Diese Fragestellungen bilden einen neuen Fokus in der Elementarpädagogik. Das isolierte und defizitäre Betrachten von *Können* und *Nicht-Können* scheint den aktuellen frühpädagogischen Ansprüchen und dem vorherrschenden Verständnis von Lernen nicht mehr zu genügen. Die verbindlich formulierten Fragestellungen, wie sie in standardisierten Bögen vorzufinden sind, können Besonderheiten des Kindes übersehen, da diese unter Umständen von den Testfragen nicht erfasst werden. Um über Besonderheiten und Lerninteressen ausführliche Aussagen treffen zu können, bedarf es ressourcenorientierter Beobachtungsbögen. Dabei steht das Kind als Individuum mit seinen persönlichen Bildungsinteressen und spezifischen Lern- und Aneignungswegen im Mittelpunkt der Betrachtung.

Die Verfahren, die im Folgenden beschrieben werden, dienen also nicht der Gegenüberstellung mit einer Durchschnittsentwicklung, sondern der Annäherung an Lernschwerpunkte und Selbstbildungsprozesse eines Kindes (Andres/Laewen 2007, S. 36). Häufig wird diese Form auch als offene oder prozessorientierte

Beobachtung bezeichnet. Es ist nicht auszuschließen, dass die Beobachtungsbögen dieser Gruppe standardisiert oder teilstandardisiert aufgebaut sind. Fokussiert wird dabei allerdings nicht die objektive Bewertung des Kindes, sondern eine Auskunft über dessen individuelle Zugangswege (Gauly 2008, S. 19).

Die Notwendigkeit, Entwicklungsstandmessungen oder -einschätzungen einzusetzen, soll an dieser Stelle nicht per se abgelehnt, sondern lediglich ihr Stellenwert überdacht werden. Stärkenorientierte Beobachtung darf die Arbeit anhand von wissenschaftlich fundierten Entwicklungsmeilensteinen nicht ersetzen. Für eine ganzheitliche Förderung ist es notwendig, sowohl die Erfahrungs- und Zugangswelten als auch eventuelle Entwicklungsrückstände des Kindes zu erfassen und daran anzuknüpfen, ohne sich dabei unangemessen auf Defizite zu konzentrieren.

Betrachtet man hierzu die Bildungspläne der Bundesländer wie auch die Fülle an Publikationen zu diesem Thema, ist festzustellen, dass Methoden wie Einschätzskalen und Screenings, also Verfahren, die den Entwicklungsstand eines Kindes ermitteln, weniger gefragt sind als früher und die Verwendung von Beobachtungsbögen mit geschlossenen Fragen abnimmt. An deren Stelle treten jene Beobachtungs- und Dokumentationsformen, die die Interessen und Fähigkeiten der Kinder hervorheben und damit als ressourcenorientiert charakterisiert werden können.

Die Methodik greift bereits vorhandene Kompetenzen der pädagogischen Fachkräfte auf. Sie beobachten schon immer – bewusst oder unbewusst – das Gruppengeschehen sowie Entwicklungsprozesse, Handlungen, Mimik und das Verhalten eines Kindes im erzieherischen Alltag. Auch bevor methodisch geleitete Beobachtungen in das Blickfeld der Pädagogik gerieten, haben Erzieherinnen ganz intuitiv auf die von Kindern signalisierten Bildungsinteressen reagiert. Systematisierte Verfahren können dabei helfen, Beobachtungen nicht nur zufällig und punktuell, sondern regelmäßig und arbeitszeitökonomisch sinnvoll durchzuführen und mit einer strukturierten Auswertung und Reflexion abzuschließen, um damit den individuellen Lernwegen der Kinder professionell zu begegnen.

## Pädagogische Bedeutung von Beobachtung

Die in den letzten Jahren erschienenen Publikationen im Bereich der Frühpädagogik weisen darauf hin, dass die Thematik der *Beobachtung und Dokumentation frühkindlicher Entwicklungsprozesse* einen erheblichen Aufschwung erlebt. Genannt seien hier exemplarisch die Veröffentlichungen von Viernickel und Völkel (2009),

Lipp-Peetz (2007), der Bertelsmann Stiftung (2007) und von Bensel/Haug-Schnabel (2009), die einen guten Überblick über zentrale Fragestellungen des Sachverhalts bieten. Sowohl die explosionsartig angestiegene Erstellung von Beobachtungsbögen und -konzepten als auch die zahlreichen praxisorientierten und wissenschaftlichen Publikationen lassen auf eine enorme Aktualität des Themas schließen. *Beobachtung* ist ein Schlagwort, das aus der Elementarpädagogik nicht mehr wegzudenken ist (siehe auch Beudels/Haderlein/Herzog 2012).

In diesem Kontext bleibt der Verdacht nicht aus, dass es sich ebenso um eine pädagogische Modeerscheinung handeln könnte. Schließlich sind von Eltern oder Erzieherinnen formulierte Zweifel nachvollziehbar: Geht das Füllen der Entwicklungsordner mit diversen Beobachtungsbögen nicht auf Kosten des direkten Kontakts mit den Kindern? Wie soll dieses zusätzliche Pensum neben den alltäglichen Aufgaben gemeistert werden? Zugespitzt formuliert: Ist so viel ›Schreibkram‹ im Kindergarten sinnvoll?

Die Skepsis, der Aufwand stehe nicht in Relation zu der Rückwirkung auf die Bildungsqualität, kann durch den Hinweis auf den erhöhten Bedarf einer am Kind orientierten Bildung entschärft werden. Der Ruf nach einer individuellen Förderung der Kinder, vor allem vor dem Hintergrund einer im Zuge der Globalisierung zunehmend heterogenen Gesellschaft, wird immer lauter. Die Vielfalt innerhalb einer Kindergartengruppe ist in den letzten Jahren aufgrund der steigenden Anzahl von Kindern mit Migrationshintergrund, der zunehmenden Integration von Kindern mit erhöhtem Förderbedarf und der immer häufiger werdenden altersheterogenen Gruppen weiter angestiegen. Bestärkt durch die Tatsache, dass jedes Kind ein in seiner Persönlichkeit und Lebenssituation einzigartiges Individuum ist, kommt Ludwig Liegle zu folgendem Schluss: »Die hundert Kinder einer Taseseinrichtung […] brauchen hundert Bildungsprogramme« (Liegle 2006, S. 102).

Die Forderung, eine individuelle Lernatmosphäre zu schaffen und damit der Bandbreite an Lebensumständen, Persönlichkeitsmerkmalen und Bedürfnissen, die sich in einer heterogenen Gruppe von Kindern manifestiert, gerecht zu werden, stellt das pädagogische Personal vor eine immense Herausforderung. Beobachtungsverfahren können einen entscheidenden Beitrag zu der Bewältigung dieser Anforderungen leisten. Denn durch Beobachtung können wir uns den Denk- und Handlungsstrukturen sowie den Bildungsthemen der Kinder annähern. Erst wenn wir diese mit einbeziehen, ist es uns möglich, adäquate Bildungsangebote zu schaffen, die auf das Kind zugeschnitten sind und im Rahmen derer es seine individuellen Möglichkeiten maximal ausschöpfen kann.

Zeigt sich beispielsweise ein Mädchen sehr interessiert am Experimentieren mit Wasser, hält es sich lange Zeit im Bad oder in der Matschecke auf und mischt fasziniert Wasser mit Sand, Erde oder anderen Materialien, so wird dieses Mädchen möglicherweise seine Entwicklungspotenziale besonders bei jenen Angeboten optimal nutzen können, bei denen es genau dieses Interesse ausleben und entfalten kann. Ein Kind, das sich im Freispiel vor allem dem Malen widmet, könnte hingegen durch Austesten noch unbekannter Zeichenutensilien und -materialien oder durch Anfertigen von Collagen oder Skulpturen gefordert und damit in besonderem Maße zum Lernen angeregt werden. Die Tätigkeiten, die herausfordern, ohne zu überfordern und die von hohem Interesse und von Engagement seitens des Kindes gekennzeichnet sind, können als Momente fundamentalen Lernens beschrieben werden.

Ziel ist es, genau diese Situationen zu erkennen und dem Kind Möglichkeiten zu verschaffen, weitere solcher lernintensiven Momente zu erleben. Das bloße Auffüllen mit Lerninhalten muss vermieden werden, denn diese Strategie erleben Kinder in ihrer Bildungsbiografie leider noch früh genug. Bis dahin sollte die große Bedeutung intrinsischer Motivation und persönlicher Interessen für die Lernvorgänge genutzt werden.

Daraus ergibt sich folgende Frage: Ist es nicht problematisch, Kinder in ihrer Themen- und Interessenfindung allein zu lassen? Brauchen sie nicht konkrete Angebote, die ihnen ein breites Spektrum an Möglichkeiten bieten, damit sie *ihr* Thema finden können? Ein Beispiel: Wie kann ein Kind wissen, dass es sich für das Gitarrespielen interessiert, wenn es noch nie ein solches Instrument sehen, fühlen und ausprobieren konnte?

An dieser Stelle muss streng zwischen *Bildungsmaßnahmen* und *Bildungsanreizen* unterschieden werden. Die Überzeugung von der positiven Wirkung einheitlich vorgefertigter und durchgeplanter Bildungsangebote (mit dem Ziel der Wissensvermittlung) für die kognitive Entwicklung ist überholt. Die These, dass sich Kinder aus sich selbst heraus entwickeln, stellt jedoch keine Berechtigung dafür dar, sich zurückzulehnen. Bildungsprozesse, auch wenn wir von Selbstbildungsprozessen sprechen, ereignen sich nicht in einer ›nackten Umgebung‹. Anregungen und angemessene Herausforderungen stellen Bildungsanreize und damit Nahrung für den kindlichen Entdeckergeist und die Lust am Lernen dar.

Die Idee einer Individualisierung der Bildungsangebote tritt somit an die Stelle eines bloßen Transfers von Wissen. Die Rolle des einzelnen Kindes innerhalb der Angebotsplanung wird insofern akzentuiert, als dass das pädagogische Handeln am individuellen Lernweg jedes einzelnen Kindes ausgerichtet ist. Die nicht normative Beobachtung wird auf diese Weise zu einem essenziellen Element der pädagogischen Arbeit.

## Kinder durch Beobachtung unterstützen, fördern und stärken

Die oben beschriebene Form von Beobachtung impliziert ein Verständnis von einem lernfähigen Kind – einem Kind, das sich eigenaktiv und selbstbestimmt die Welt aneignet. Entscheidend ist folglich, es als aktiven Gestalter seiner Bildungsprozesse ernst zu nehmen.

Damit lässt sich die Frage, wie Kinder durch Beobachtung emotional gestärkt werden können, beantworten: durch eine Haltung uneingeschränkter Anerkennung ihrer Lernpotenziale und Fähigkeiten. Die Erkenntnis, dass das Kind ein kompetenter Lerner ist, die Anerkennung der Individualität der Bildungsprozesse und nicht zuletzt die Aufmerksamkeit, die dem Kind durch die Beobachtung und Dokumentation ihrer Handlungen zuteilwird, können das Kind in seinem positiven Selbstbild und in seinen Selbstwirksamkeitserfahrungen außerordentlich bekräftigen.

Die Erzieherin ist in erster Linie dazu aufgefordert, Kinder zu schätzen – und nicht sie einzuschätzen; entsprechend sollte sie deren Selbstvertrauen und Eigenaktivität stärken und nicht unter einem Zwang erziehen, sich fehlerfrei verhalten zu müssen. Bei den ressourcenorientierten Beobachtungsverfahren gibt es kein *Falsch*, kein *Nicht-Können*, kein *Tut-es-nicht*. Die Bögen bieten nur Raum für individuelle Talente und Vorlieben der Kinder.

Nicht normative Verfahren sind demnach stets mit einer pädagogischen Grundorientierung gekoppelt: Man geht davon aus, dass jedes Kind Begabungen hat. Und zwar jedes einzelne Kind, ganz gleich ob Junge oder Mädchen, ob mit oder ohne körperliche Beeinträchtigung, ganz gleich welcher Nationalität das Kind selbst oder die Eltern angehören oder in welchem sozialen Milieu es aufwächst – jedes Individuum hat Potenziale, die es zu entdecken und zu fördern gilt. Das Kind wird positiver, ernsthafter und wohlwollender in den Blick genommen.

Ziel ist es, das Kind kennenzulernen; nicht weil es im Kindergartenalltag durch lautes Verhalten, Entwicklungsrückstände oder Streitigkeiten auffällt, sondern weil jedes Kind ein Recht darauf hat, beobachtet, also in seinen Handlungen und Interessen wahrgenommen zu werden. In den meisten Fällen genießen die Kinder die ungeteilte Aufmerksamkeit der pädagogischen Fachkräfte (Lipp-Peetz

2007, S. 15). Daher hören pädagogische Fachkräfte aus Einrichtungen, die mit stärkenorientierten Beobachtungsverfahren arbeiten, nicht selten die Frage: »Wann bin ich denn endlich mal wieder dran?«

Durch die Beachtung der selbst initiierten Tätigkeiten der Kinder werden deren Spielhandlungen wichtig. Oftmals fällt es Erwachsenen schwer, den hinter kindlichen Verhaltensweisen verborgenen Sinn zu erkennen, zeitweise wirken diese sogar merkwürdig. Doch selbst auf den ersten Blick unsinnig erscheinende oder alltägliche Spieltätigkeiten können Momente intensiven Lernens darstellen. Das Beobachten und Dokumentieren dieser Beschäftigung unterstellt, dass jegliches kindliche Handeln, das engagiert ausgeführt wird, als sinnvoll betrachtet werden kann. Dies schließt nicht nur das Konstruieren von komplizierten Bauwerken oder philosophische Gedankenexperimente ein, sondern beispielsweise auch das Sammeln von Laubblättern, das Einwickeln von Gegenständen mit Wolle oder das Überfluten eines Waschbeckens.

Dennoch wird in diesem Kontext teilweise der Einwand geäußert, dass aufgrund der starken Kompetenzorientierung die Feststellung einer tatsächlichen Entwicklungsbeeinträchtigung oder gar Behinderung zu sehr in den Hintergrund rücken könnte. Die Dokumentation und Reflexion der Beobachtung darf nichts beschönigen oder gar dazu führen, dass Tatsachen verdreht werden.

Der Blick soll sich lediglich für das Positive öffnen. Kinder mit Entwicklungsstörungen werden z. B. häufig unbewusst einseitig oder reduziert auf ihre Beeinträchtigung wahrgenommen (Hebenstreit-Müller/Kühnel 2004, S. 22). Es besteht die Gefahr, dass die Aufmerksamkeit bei einem Kind mit einer Sprachverzögerung demnach vordergründig auf das gerichtet wird, was noch nicht optimal entwickelt ist: die Sprache. Dies könnte dazu führen, dass vorhandene Fähigkeiten nicht ausreichend Beachtung finden und das Kind therapiemüde wird. Die angestrebte Vielperspektivität der nicht normativen Beobachtungs- und Dokumentationsverfahren bietet zum einen mehr Raum für die Anerkennung individuell unterschiedlicher Entwicklungsverläufe, zum anderen ermöglicht sie es, Stärken zu erkennen und diese in die Förderung einzubeziehen: »[D]ie Konzentration auf das Auffinden von Stärken [kann] für alle Beteiligten eine befreiende Wirkung haben und helfen […], wichtige Entwicklungsimpulse – auch gemeinsam mit den Eltern – zu setzen« (Leu 2006, S. 237).

Eine mittlerweile in hiesigen Einrichtungen weitverbreitete ressourcenorientierte Methode, die eben diese Anerkennung von Stärken zulässt, sind die *Bildungs- und Lerngeschichten* (Leu u. a. 2007). Analog zu dem innovativen Konzept *Learning Stories* der Neuseeländerin Margaret Carr (2001) beschreiben die Bildungs- und

Lerngeschichten Sequenzen des Schlüssellernens. Die Bögen halten Alltags- und Spielsituationen fest, in denen Kinder Lerndispositionen entwickeln. Das Konzept lässt die Kinder u. a. insofern aktiv an den Beobachtungen teilhaben, als die Lerngeschichte in Form eines Briefes an sie selbst geschrieben wird (Leu u. a. 2007). Dieser wird den Kindern im Anschluss vorgelesen und kann auch Bestandteil eines Portfolios werden. Dadurch können die Bildungswege und Entwicklungsprozesse des Kindes, die sich im Laufe der Kindergartenzeit vollzogen haben, nachgezeichnet und reflektiert werden.

Ein weiterer Beobachtungsbogen, in dem die Lernthemen der Kinder in besonderem Maße Berücksichtigung finden, ist der des *Early Excellence Centres*. In England Anfang der 1980er Jahre entwickelt, ist dieser Ansatz nun auch seit zehn Jahren in Deutschland zu finden. Ein bedeutender Grundpfeiler der Early Excellence Centres ist der ressourcenorientierte Beobachtungsbogen. Dabei handelt es sich um ein teilstrukturiertes Instrument, welches auf einer ungerichteten Beobachtung gründet und mit einer kriterienbezogenen, strukturierten Interpretation abschließt. Das Beobachtungssystem beinhaltet eine offene Beobachtung, die ergänzt wird durch die belgische Einschätzskala für emotionales Wohlbefinden und Engagiertheit sowie die an den Entwicklungspsychologen Jean Piaget angelehnten Schemata (Hebenstreit-Müller/Kühnel 2004).

Die hier exemplarisch aufgeführten Methoden stellen Möglichkeiten dar, sich durch vielperspektivische Beobachtungen den individuellen Kompetenzen, Bildungsbewegungen und Themen der Kinder anzunähern. Sie zeigen Versuche, auf die Heterogenität der Kinder einzugehen, statt diese, unter Berufung auf starre Entwicklungsnormen, unbedingt miteinander zu vergleichen. Es bedarf bei der derzeitigen Forderung nach individueller Bildungsarbeit und Stärkung der Kinder im institutionellen Rahmen demnach keines methodischen Zaubertricks. Beobachtungsverfahren sind mehr als nur ›Schreibkram‹.

Sicherlich ist ein ausgefüllter Beobachtungsbogen nicht der einzige Indikator für die Entwicklung einer emotionalen Stabilität. Allerdings hat die pädagogische Grundhaltung, die mit der Anwendung von ressourcenorientierten Beobachtungsverfahren einhergeht, einen bedeutenden Einfluss auf die Stärkung des Selbstwertgefühls und den Glauben an die eigenen Fähigkeiten.

Der Paradigmenwechsel, weg vom Blick auf Defizite hin zur Beachtung der Stärken, wie auch die Begegnung mit Kindern auf Augenhöhe, bildet einen bedeutenden Meilenstein auf dem Weg zu einer modernen und kindzentrierten Pädagogik.

## Praktische Anregungen und Hinweise für die Kita

- Die Vielfalt der Beobachtungsbögen ist grenzenlos und die Anzahl kaum noch zu überblicken. Bleiben Sie skeptisch. Untersuchen Sie jedes Ihnen vorgeschlagene Beobachtungsinstrument kritisch. Finden Sie gemeinsam mit Ihrem Team ein Verfahren, welches zu Ihrer Einrichtung passt und Ihren eigenen pädagogischen Grundüberzeugungen entspricht.
- Seien Sie gleichzeitig aber auch stets offen für neue theoretische Ansätze und Impulse. Langjährige Erfahrung ermöglicht zwar vielen Fachkräften die Bildungsthemen der Kinder zu erkennen und darauf intuitiv zu reagieren, sie sollte jedoch nicht Ursache dafür sein, sich neuen Einflüssen zu verschließen. Veränderungen, so verunsichernd sie manchmal auch sein mögen, können eine Chance darstellen und neue Möglichkeiten eröffnen.
- Öffnen Sie Ihren Blick für das Erkennen von Stärken. Für einen Moment ist es unwichtig, ob ein Kind mit der Gruppe Schritt hält. Schauen Sie vielmehr auf seine Vorlieben und Spielideen.
- Nutzen Sie diese Haltung auch für eine kooperative Zusammenarbeit mit den Eltern. Das durch Sie vermittelte positive und differenzierte Bild des Kindes kann zahlreiche Gesprächsanlässe bieten. Sie werden höchstwahrscheinlich die Elterngespräche viel angenehmer und konstruktiver erleben; nicht zuletzt, weil die Eltern sich in der Regel darüber freuen, dass ihrem Kind zeitweise solch ungeteilte Aufmerksamkeit gewidmet wird.
- Beobachten Sie eine unabhängige und vom Kind selbst initiierte Handlung, also kein vorgefertigtes oder angebotenes Spiel. Letzteres erschwert die Identifikation der aktuellen Bildungsthemen der Kinder.
- Die Beobachtungen werden für Kinder, Eltern und auch für Sie selbst später besonders plastisch, wenn Sie die Handlungssequenzen durch Fotografien, Videoaufnahmen, akustische Aufzeichnungen sowie Mitschriften von Äußerungen dokumentieren.
- Ermutigen Sie die Eltern, selbst zu Forschern zu werden. Konkret könnte das bedeuten, dass diese ihr Kind im häuslichen Umfeld beobachten und die Erkenntnisse ins Gespräch mit Ihnen einbringen. Dies kann zum einen die Eltern-Kind-Interaktion fördern, zum anderen zu einer höheren Bildungs- und Betreuungsqualität durch das hinzugezogene Wissen der Eltern führen.
- Versuchen Sie Beobachtungen nicht nur anlassbezogen, sondern regelmäßig durchzuführen. Eine fünf- bis zehnminütige Beobachtung von einem Kind oder zwei

Kindern in der Woche ist auch in einem stressigen Kita-Alltag möglich – vorausgesetzt, die Einrichtung verfügt über einen Betreuungsschlüssel, der Einzelbeobachtungen und Reflexionen zulässt und gleichzeitig die Aufsichtspflicht gewährleistet.
- Bitten Sie die Leitung bzw. den Träger beim Transfer eines Beobachtungsverfahrens sowohl um ausreichend Zeit für Vor- und Nachbereitung, um Fachberatung als auch um die Möglichkeit zur Teilnahme an Fortbildungen.
- Bleiben Sie mit Ihrem Team bezüglich der Beobachtungen im Gespräch. Das dialogische Vorgehen hat den Zweck, die subjektive Färbung der einzelnen Beobachtungen zu reduzieren und sich den kindlichen Bildungsinteressen aus verschiedenen Perspektiven anzunähern.

**Praktische Anregungen und Hinweise für die Krippe**

- Auch in den Spielhandlungen von Kleinstkindern können Sie viel entdecken. Ein Bildungsinteresse kann sich ebenso beim Planschen wie beim Betrachten eines Bilderbuchs zeigen.
- Die ersten Lebensjahre sind geprägt von rasanten Entwicklungsfortschritten. Versuchen Sie mit nicht normativen Beobachtungsinstrumenten Spuren davon festzuhalten und an die Eltern weiterzugeben.
- Verzichten Sie nicht gänzlich auf Beobachtungsverfahren, die den Entwicklungsstand messen, z. B. von Michaelis/Haas (1994), da besonders das frühzeitige Erkennen von Entwicklungsverzögerungen einer späteren Beeinträchtigung entgegenwirken kann.
- Nutzen Sie die Vorteile der offenen Beobachtung für die Eingewöhnungszeit. Der Übergang von der Familie in eine Tageseinrichtung ist häufig auch für Eltern eine immense emotionale Herausforderung. Durch eine Bildungs- und Lerngeschichte können die Mütter und Väter einen Einblick in den Alltag und in das Spielgeschehen ihres Kindes bekommen. Zu wissen, womit sich ihr Kind beschäftigt und ob es dabei Freude empfunden hat, sowie die Aufmerksamkeit und Wertschätzung, die dadurch von Ihnen als Erzieherin gezeigt wird, kann eine beruhigende Wirkung auf die Eltern haben. Voraussetzung dafür ist ein transparenter Umgang mit den Beobachtungsbögen.

- Beim Beobachten von Kleinstkindern bietet sich vor allen Dingen die *Schema-Theorie* an, auf die auch in den Early Excellence Centres zurückgegriffen wird (siehe Hebenstreit-Müller/Kühnel 2004). Diese Theorie, bei der man davon ausgeht, dass jedes Kind über bestimmte Handlungsmuster verfügt, welche als kognitive Strategien fungieren, kann Ihnen vor allem bei der Angebotsplanung helfen.
- Ein Schema, also ein Handlungsmuster, mit dem das Kind sich soziale und physikalische Zusammenhänge erschließt, kann sich auch in alltäglichen Handlungen zeigen. So könnte das wiederholte Herunterwerfen der Rassel vom Hochstuhl einen Aneignungsprozess darstellen. Achten Sie daher auch auf scheinbar unwichtige Tätigkeiten der Kleinsten.

### Praktische Anregungen und Hinweise für die Familie

- Die meisten Eltern verfolgen die Entwicklung ihrer Kinder ohnehin von Geburt an. Darüber hinaus kann es aufschlussreich sein, das Kind beim Spielen zu filmen oder mitzuschreiben, was ein Kind seinem Kuscheltier erzählt. Finden Sie heraus, was Ihr Kind interessiert. Manche Themen erkennt man erst beim genaueren Hinschauen.
- Führen Sie ein Tagebuch über die Entwicklung Ihres Kindes. Dies bedeutet nicht, dass Sie täglich etwas hineinschreiben müssen. Durch ein Beobachtungstagebuch schärfen Sie einerseits Ihre eigene Wahrnehmung, andererseits ermöglichen Sie Ihrem Kind eine einzigartige Dokumentation seiner Entwicklung. Es wird sich später sicher sehr freuen, dieses Tagebuch zu lesen – so ist es doch eine Spur seiner eigenen Lebensgeschichte.
- Beobachten Sie Ihr Kind nicht nur bei gezielten gemeinsamen Unternehmungen, sondern auch, wenn es aus sich heraus aktiv wird. Dies öffnet Ihnen den Blick für seine eigenen Interessen.
- Wenn Sie Ihr Kind in einer Situation beobachten, in der es in sich versunken ist, einen konzentrierten Gesichtsausdruck hat und Zufriedenheit ausstrahlt, ist dies ein Hinweis darauf, dass es engagiert ein derzeitiges Bildungsinteresse verfolgt. Antworten Sie auf dieses Interesse, indem Sie Ihr Kind in seinen Handlungen bekräftigen und herausfordern. Ein kurzes Beispiel: Ist Ihr Kind von *Höhe* fasziniert, baut es z. B. mit Bausteinen hohe Türme oder stellt es sich gern auf

Stühle oder den Wohnzimmertisch, dann besuchen Sie mit ihm beispielsweise einen Aussichtsturm.
- Geben Sie dieses Wissen über die aktuellen Bildungsthemen Ihres Kindes an das Kita-Team weiter.
- Fragen Sie gleichzeitig nach, womit sich Ihr Kind im Kindergartenalltag beschäftigt, welchen Spieltätigkeiten es häufig nachgeht und bei welchen Themen und Materialien es Neugier zeigt.

# Kinder durch Partizipation stärken

*Irit Wyrobnik / Stephanie Krause*

Beteiligung stellt das Grundgerüst einer Demokratie als Regierungs- und Lebensform dar und ermöglicht dem Menschen, seine Interessen mitzuteilen und an Entscheidungen mitzuwirken. Können und sollen kleine Kinder schon partizipieren? Vielleicht sollte man heute anders fragen: Partizipieren Kinder heute nicht mehr als je zuvor? Schon Vier- und Fünfjährige verfügen über Taschengeld und surfen im Internet. Doch Partizipation geht weit über diese – auch finanziell bedingten – Möglichkeiten hinaus.

Partizipation wird in diesem Beitrag mehr als Lebensweise, Denkweise, Erziehungsstil und Haltung verstanden. Zur Wahlurne gehen kann man erst ab 18. Demokratie lernen, sich beteiligen, teilnehmen und teilhaben an der Gesellschaft, sich einmischen, seine Meinung sagen – das können und sollen Jugendliche, aber auch Kinder schon viel früher lernen. Wie früh kann man damit eigentlich beginnen? Nicht früh genug, denn wenn Kinder in einer Kultur aufwachsen, an der sie teilhaben, in die sie einbezogen werden, in der man sie respektiert und ernst nimmt, werden sie sich gern beteiligen und auch später als Erwachsene – so die These und Hoffnung – ihren gesellschaftlichen Beitrag leisten.

In der frühen Kindheit, insbesondere in Familie und Kita, kann hierfür ein wichtiger Grundstein gelegt werden. Kinder können in diesen beiden Sozialisationsinstanzen lernen, was es heißt, gehört und angehört zu werden. Partizipation wird in diesem Zusammenhang als Teilhabe, Beteiligung und Mitbestimmung verstanden. Aber sind die Jüngsten hierfür nicht viel zu jung? Ist es nicht zu problematisch oder gar gefährlich, ihnen ein Mitspracherecht zu gewähren, sie an Entscheidungen zu beteiligen? Sind die Drei- bis Sechsjährigen oder kleinere Kinder dazu kognitiv überhaupt in der Lage? Wer verpflichtet uns dazu?

Ganz klar: Es geht hier nicht um die Umkehrung der Machtverhältnisse nach dem Motto »Kinder an die Macht« oder eine Kinderrepublik, wie sie beispielsweise

Janusz Korczak in seinem Roman *König Hänschen I.* – auch in ihrem letztendlichen Scheitern – dargestellt hat, es geht auch nicht um eine Familienkultur, in der die Kinder alles bestimmen und den Erwachsenen Vorschriften machen. Es geht vielmehr darum, Kinder in eine Kultur der Partizipation hineinwachsen zu lassen, sie bei Entscheidungen, die sie betreffen, nach Möglichkeit zu befragen und zu beteiligen und sie so schrittweise an demokratische Prozesse heranzuführen. Dies kann bereits im Kleinen seinen Anfang nehmen: bei der Wahl der Nahrung, der Kleidung, des Spielzeugs, der Freunde und Spielgefährten.

Kinder können aber auch bei solch gewichtigen Entscheidungen wie der Wahl des Kindergartens, der Wohnung, des Urlaubsorts mitsprechen bzw. einbezogen werden. Wenn ein Kind merkt, dass seine Meinung wichtig ist, es bei Entscheidungen nicht übergangen wird, es im Gegenteil angehört, geachtet und um Rat gefragt wird, so stärkt dies nicht nur sein Selbstbewusstsein, sondern auch die Motivation. Es wird eher dabei sein bei einer Sache, einer Aktivität, einem Spiel, wenn es eigene Ideen dazu eingebracht hat bzw. sein Wille berücksichtigt wurde.

Kita und Familie können jeweils auf ihre eigene Weise dazu beitragen, Kinder durch Partizipation zu stärken. Doch ist die Partizipation von Kindern auch rechtlich verankert? Was sagt die Gesetzgebung, welche Regelungen gibt es auf internationaler, nationaler und Länderebene zur Beteiligung von (kleinen) Kindern? Zunächst soll auf die rechtlichen Grundlagen von Partizipation durch Kinder eingegangen werden. Anschließend wird aufgezeigt, wie Kinder in Kita und Familie durch Partizipation gestärkt werden können.

## Partizipationsregelungen auf internationaler Ebene

Insbesondere in der sozialwissenschaftlichen Kindheitsforschung wird das Kind als aktives und eigenständiges Wesen betrachtet, das einerseits besonderen Schutz benötigt, aber auch Partizipationsrechte besitzt. Diese Sichtweise spiegelt sich auch in der UN-Kinderrechtskonvention – und in den darin enthaltenen Artikeln – wider. Die UN-Kinderrechtskonvention ist ein Übereinkommen über die Rechte des Kindes, das 1989 von der Generalversammlung der Vereinten Nationen einstimmig verabschiedet wurde und 1992 in Deutschland in Kraft getreten ist. Damit ist auch Deutschland die Verpflichtung eingegangen, »Kinder vor allen Formen der Gewalt und Misshandlung durch Dritte zu schützen« und »Maßnahmen zu ergreifen, die für die Umsetzung notwendig sind« (Lohrenscheit 2006, S. 7). Doch wie bereits erwähnt, wird auch in der Konvention Kindheit nicht ausschließlich als Übergangs- bzw. Entwicklungsphase oder als Schutz- und Schonraum gesehen, sondern als eigenständiger Abschnitt verstanden, in dem das Kind Experte und handelndes Subjekt seiner eigenen Interessen ist (Hungerland 2008).

Die Inhalte der UN-Kinderrechtskonvention und nationale Kindeswohldebatten standen und stehen in der Vergangenheit wie in der Gegenwart im Spannungsverhältnis zwischen dem Schutz des Kindes und seinem Recht auf Autonomie. Einerseits geht es darum, das *Kindeswohl* mit allen möglichen Maßnahmen sicherzustellen, und auf der anderen Seite darum, den individuellen *Kindeswillen* nicht unberücksichtigt zu lassen (Andresen/Hurrelmann 2010, S. 24). Ebenso wie Erwachsene haben auch Kinder nicht nur ein Recht auf Schutz und Versorgung, sondern auch auf Mitbestimmung (siehe Art. 12 Abs. 1 der Kinderrechtskonvention). Mitbestimmung ist nicht nur ein Kinderrecht, sondern trägt auch zur ganzheitlichen, frühkindlichen Bildung bei, ebenso wie – umgekehrt – Bildung Partizipation fördern kann.

Doch was sagt die Kinderrechtskonvention zu der Beteiligung von jüngeren Kindern? Können bereits Kindergartenkinder an Entscheidungsprozessen mitwirken? Nach der Präambel werden im ersten Teil der Konvention (Artikel 1–41) die Schutz-, Versorgungs- und Partizipationsrechte des Kindes beschrieben (Sünker 1993, S. 48). Diese sollen sicherstellen, dass jedes Kind das Recht auf eigene Identität, Gesundheit, Fürsorge und Mitsprache hat, während es gleichzeitig vor Diskriminierung, Missbrauch und Ausbeutung geschützt werden soll. Die Artikel 13 (Meinungs- und Informationsfreiheit), 14 (Gedanken-, Gewissens- und Religionsfreiheit), 15 (Vereinigungs- und Versammlungsfreiheit) und 17 (Zugang zu den Medien sowie dem Kinder- und Jugendschutz) gelten als Partizipationsrechte und werden in Verbindung mit Artikel 12, nämlich den Kindeswillen zu berücksichtigen, betrachtet.

Kinder als aktiv Handelnde zu betrachten, gilt als Innovation und wird deshalb in der Debatte um die Kinderrechte am häufigsten kontrovers diskutiert. Die Kinderrechtskonvention definiert ein Kind als Mensch, der gemäß Artikel 1 »das achtzehnte Lebensjahr noch nicht vollendet hat« und richtet sich mit den formulierten Rechten folglich an Kinder im Alter von null bis achtzehn Jahren. Die Kinderrechtskonvention orientiert sich somit an allen, auch an den jüngsten Kindern.

Manfred Liebel verweist darauf, dass sich in Artikel 12 Widersprüchlichkeiten und »problematische Einschränkungen« im Zusammenhang mit den Partizipationsrechten ergeben (Liebel 2007, S. 62). Zunächst kommt nur das Kind infrage, »das fähig ist, sich seine eigene Meinung zu bilden« und diese »zu allen das Kind berührenden Angelegenheiten« frei zu äußern (Art. 12 Abs. 1). Der Autor kritisiert, dass trotz des Versuches, die Partizipationsrechte von Kindern zu stärken, die Doppeldeutigkeiten das ungleiche Machtverhältnis zwischen Kindern und Erwachsenen aufrechterhalten. Liebel geht noch weiter, indem er insbesondere das dominierende Verständnis von der Schutzbedürftigkeit des Kindes dafür verantwortlich macht, dass Kinder in erster Linie beschützt und umsorgt werden und dadurch Partizipationsrechte und die soziale Stellung des Kindes geschwächt werden (Liebel 2007, S. 64).

### Regelungen auf Bundes- und Landesebene zum Thema Partizipation

Kindern Mitsprache zuzugestehen, setzt voraus, dass diese über ihre Rechte informiert werden. Die Existenz und die Ratifizierung der Konvention reichen nicht dafür aus, dass die Rechte einen Einfluss auf die Lebenswirklichkeit von Kindern haben. Um die Diskrepanz zwischen *Rechte haben, Rechte kennen* und *Recht bekommen* zu überwinden, heißt es deshalb in Artikel 42 der Kinderrechtskonvention: »Alle Vertragsstaaten verpflichten sich, die Grundsätze und Bestimmungen dieses Übereinkommens durch geeignete und wirksame Maßnahmen bei Erwachsenen und auch bei Kindern allgemein bekannt zu machen.«

Die Vertragsstaaten müssen die Kinderrechte nicht nur respektieren und schützen, sondern auch deren Verwirklichung innerhalb der Nationen vorantreiben. Vor allen Dingen Erwachsene und pädagogische Einrichtungen sind gemäß Artikel 18 dazu aufgefordert, die Rechtsposition von Kindern zu stärken. Das Recht des Kindes auf Beteiligung ist nicht nur auf internationaler, sondern auch auf nationaler Ebene gesetzlich verankert, weshalb deutlich wird, dass es sich bei Partizipation um ein Grundrecht handelt.

Auf Bundesebene ist das Recht auf Beteiligung im Kinder- und Jugendhilfegesetz festgehalten. In § 8 des Sozialgesetzbuches (SGB VIII) zur Beteiligung von Kindern und Jugendlichen heißt es in Absatz 1: »Kinder und Jugendliche sind entsprechend ihrem Entwicklungsstand an allen sie betreffenden Entscheidungen der öffentlichen Jugendhilfe zu beteiligen.« Außerdem wird Beteiligung von Kindern in den einzelnen Bundesländern jeweils in verschiedenen Kindertagesstättengesetzen festgeschrieben.

Auf Landesebene entstanden in den letzten Jahren darüber hinaus Bildungs- und Erziehungspläne für Kinder von null bis zehn Jahre, welche die Bildungsziele für die einzelnen Bundesländer formulieren. Christiane Schweitzer hält fest, dass »alle Pläne die Zusammenarbeit mit Kindern als eine Form der aktiven Beteiligung und Mitgestaltung grundsätzlich anerkennen und einfordern. Keine Bildung ohne Beteiligung, keine Ko-Konstruktion ohne aktive Teilhabe und Eingebundenheit« (Schweitzer 2010, S. 41).

Doch sei die in den Bildungsplänen verankerte Querschnittsaufgabe Partizipation »knapp, eher übergreifend und theoriegeleitet beschrieben.« Die Autorin betont, dass der Implementierung bzw. Umsetzung der Partizipation in den Kindertagesstätten eine zentrale Rolle zukommt.

**Weshalb Partizipation Kinder stark macht**

- Kinder wollen groß und stark sein. Sie wollen mitreden und respektiert werden. Wenn sie einbezogen werden, fühlen sie sich groß, beachtet und wertgeschätzt. Dies wirkt sich natürlich auch auf ihr Selbstwertgefühl, ihr Selbstbild und Selbstbewusstsein aus.
- Kinder, die merken, dass ihre Meinung, ihre Stimme zählt, dass sie wichtig und gewichtig ist, lernen auch, dass sie etwas bewirken und mitwirken können. Sie sind nicht Spielball von Erwachsenen oder anderen Kindern, sondern können aktiv etwas beitragen, z. B. zur Gestaltung ihres Lebensumfelds und ihrer Aktivitäten.
- Kinder, denen man zuhört, haben auch etwas zu sagen. Schon die Zuwendung, die Achtung ist Grundvoraussetzung, Bestandteil und Motor von Partizipation.
- Kinder lernen durch Beteiligungsprozesse, ihre Interessen zu vertreten, und sei es auch nur die Gestaltung eines Spielplatzes, an der sie mitwirken. Dabei lernen sie Verschiedenes: anderen zuhören, selbst argumentieren, Argumente abwägen, demokratisch entstandene Entscheidungen akzeptieren.
- Nicht zuletzt stärkt Partizipation also auch die Sprache, die Ausdrucksfähigkeit und Sprachgewandtheit von Kindern. Will man sich durchsetzen, will man etwas erreichen, will man gehört werden, so muss man sich entsprechend ausdrücken können.
- Dies fällt besonders bei Missständen und Konflikten ins Gewicht. Eine aktive Beteiligung seitens der Kinder bei der Lösung eines Konflikts ist sehr wichtig,

da sie dadurch ihre Position vertreten und ihre Sichtweise schildern können, sich also auch gegebenenfalls verteidigen können. Sie machen auf diese Weise die Erfahrung, dass sie nicht hilflos den Urteilen von Erwachsenen ausgeliefert sind, wenn es z. B. Streit gibt, sondern sie selbst zur Lösung beitragen können.
– Schließlich lernt man in Partizipationsprozessen, dass man nicht immer selbst im Mittelpunkt steht, sondern dass man sich manchmal auch zurücknehmen muss, dass man andere aussprechen lässt, andere Meinungen auszuhalten sind, andere respektiert werden müssen usw. Partizipation stärkt also auch die zwischenmenschliche Kommunikation.

### Partizipation in Kita und Familie – worauf kommt es an?

Hansen hat wesentliche Prinzipien für die Partizipation von Kindern herausgearbeitet, die von allen am Erziehungsprozess beteiligten Personen eingehalten werden sollten. Zunächst führt der Autor an, dass Partizipation nur funktionieren kann, wenn die Kinder von Erwachsenen begleitet werden. Mitsprache bei Entscheidungen genüge nicht, wenn die Kinder dabei keinen Zugang zu den Informationen bekommen bzw. von den Erwachsenen allein gelassen werden (Hansen 2003, S. 2).

Als nächsten Grundsatz hält er fest, dass ein gleichberechtigter Umgang mit Partizipation erfolgen müsse, der durch »eine dialogische Haltung« (ebd.) gegenüber Kindern geprägt ist. Mithilfe des dritten Prinzips »Partizipation darf nicht folgenlos bleiben« (ebd.) verweist Hansen darauf, dass die getroffenen Entscheidungen der Kinder auch eine Chance bekommen müssen, in die Realität umgesetzt zu werden. Hauptsächlich müsse Teilhabe zielgruppenorientiert stattfinden. Methoden und Inhalte müssten so abgestimmt werden, dass alle Kinder, auch behinderte und junge Kinder sowie Kinder mit unterschiedlicher ethnischer Herkunft, eine Chance erhalten, an Entscheidungen mitzuwirken. Als letzten Punkt gibt der Autor an, dass die im Zentrum der Beteiligung stehende Thematik die Lebenswelt der Kinder betreffen muss.

Was bedeutet dies nun für die Familie und die Kita? Schon kleine Kinder können in verschiedenen Bereichen aktiv an ihrer Umwelt mitwirken, wenn Erwachsene dafür gute Voraussetzungen schaffen. Beispielsweise können Eltern die Kinder bei Entscheidungen, die diese betreffen, fragen und einbeziehen. Dabei spielt es keine Rolle, ob es sich um das Essen, die Kleidung, das Spielzeug oder die Spielgefährten des Kindes handelt. Kinder können in der Familie, zumal wenn sie Geschwister haben, teilen lernen und demokratische Aushandlungsprozesse erfahren. Wichtig ist es, dass die Erwachsenen diese Prozesse moderieren und Kinder unterstützen. Auch wenn es Streit oder andere Probleme gibt, sollten Kinder an Lösungsvorschlägen mitwirken.

In der Kita steht ein noch größeres Lernfeld für Beteiligungsprozesse zur Verfügung. Hier treffen viele Kinder gleichen und auch verschiedenen Alters aufeinander und haben es mit unterschiedlichen pädagogischen Fachkräften zu tun. Anders als in der Familie, in der sie oft im Mittelpunkt stehen, weil sie z. B. keine oder wenige Geschwister haben, müssen sie sich in der Kita in eine größere Gruppe einfügen, mitmachen und lernen, dass sie manches Mal auch zurückstecken müssen. Nicht ohne Grund wird der Kindergarten häufig als *Kinderstube der Demokratie* bezeichnet. Dort können die ersten Erfahrungen mit den Spielregeln der Gesellschaft gemacht werden. Anhand dieser Formulierung wird deutlich, welche besondere Bedeutung die Institution bei der Umsetzung der Kinderrechte bzw. der Partizipationsrechte hat. Erwachsene und Kinder lernen durch Kommunikation, Zusammenarbeit, Streitigkeiten und Entscheidungsprozesse, wie ein Zusammenleben mit anderen Menschen gelingen kann und welche Rechte und Pflichten jedem Einzelnen dabei zukommen.

Die veränderte Sicht auf das Kind und die Forderung der Bildungspläne nach einer ganzheitlichen Förderung, welche die Selbstbildungsprozesse anregen soll, führen zu einer Umstrukturierung der pädagogischen Praxis im Elementarbereich. So finden sich immer mehr Projekte und Konzepte in Kindertagesstätten, welche die Beteiligung und die Eigenständigkeit von Kindern hervorheben und fördern. Lothar Krappmann weist darauf hin, dass viele Projekte in Kindergärten existieren, bei denen die Kinderrechte berücksichtigt werden. Meist werden diese jedoch nicht in direktem Bezug zu Kinderrechten gesehen. Wichtig sei vor allem, dass die Kinder bei solchen Projekten aktiv beteiligt und respektiert werden (Kittel 2008, S. 55) und keine »Scheinpartizipation« bei sogenannten »Kindergipfeln« stattfindet, die – so Liebel – nur »Kinderfreundlichkeit« illustrieren soll (2007, S. 185 f.). Echte Partizipation mit Kindern findet erst statt, wenn Kinder durch eigene Aktivitäten mit oder ohne die Hilfe eines Erwachsenen auf ein bestimmtes Ziel hinarbeiten können.

In der Literatur finden sich Beispiele dazu, wie Kinder Vorschläge zu der Gestaltung von Innen- und Außenräumen machen oder wie sie bei der Entwicklung von Projekten und Themen mitarbeiten (Liebel 2007, S. 192). Darüber hinaus schaffen viele Alltagsrituale im Kindergarten die Möglichkeit zur Beteiligung. So bietet z. B. der Stuhlkreis auch für die kleinen Kinder eine Chance, ihre Meinung und ihre Bedürfnisse zu äußern. Das Kommunizieren und auch das Ansprechen von Anliegen und Problemen stellen eine Form der Partizipation dar. Durch kleine Alltagsaufgaben, die sich dem Entwicklungsstand des Kindes anpassen, wie etwa das Tischdecken, das Blumengießen oder das Austeilen des Essens, lernen sie Verantwortung zu übernehmen und in die eigenen Fähigkeiten zu vertrauen. Neben diesen Alltagsritualen kann Partizipation durch bestimmte und zeitlich begrenzte Projekte stattfinden, aber auch kontinuierlich über einen längeren Zeitraum hinweg. So können die Kinder z. B. als Experten ihres Lebensraums bei der gemeinsamen Entwicklung eines Kita-Leitbilds mitwirken (Dobrick 2011).

Beteiligung hat einen positiven Einfluss auf die Förderung der kindlichen Kompetenzbereiche und kann somit die Bildungsprozesse beschleunigen. Die offenen Strukturen des Kindergartens ermöglichen, im Gegensatz zu Schulen mit festgelegten Stundenplänen, eine größere Mitbestimmung der Kinder. Darüber hinaus unterliegt der Kindergarten keinem Selektionsdruck und kann deshalb so gut wie alle Kinder erreichen.

Die Verwirklichung eines an den Kinderrechten orientierten Ansatzes ist davon abhängig, ob pädagogische Fachkräfte gewillt sind, Kindern ehrlich zu begegnen und sie als kompetent zu betrachten. Erst wenn Erwachsene bereit sind, eigene Einflussmöglichkeiten und Machtstrukturen zu reduzieren, können sich Kinder mit ihren Ideen einbringen. Dabei darf auch das demokratische Klima im Team und zwischen Eltern und Erzieherinnen nicht aus dem Blickfeld geraten. Die Qualität der Zusammenarbeit im Team entscheidet darüber, welche Teilhabemöglichkeiten Kinder wirklich haben. Regelmäßige Supervisionen im Kindergartenteam, die das pädagogische Handeln überprüfen, fördern die Reflexion darüber, inwieweit die Interessen der Kinder wahrgenommen und umgesetzt werden (Kittel 2008, S. 92). Gespräche mit den Eltern unterstützen die offene Kommunikation und den Austausch.

**Praktische Anregungen und Hinweise für die Kita**

- Beteiligen Sie die Kinder Ihrer Gruppe an Projekten. Das kann schon bei der Projektplanung beginnen und sich dann bei der Umsetzung fortsetzen. Gehen Sie auf die Wünsche der Kinder im Rahmen des Machbaren ein, fragen Sie nach deren Interessen und stellen Sie unterschiedliche Projektideen vor, wenn den Kindern auf Anhieb nichts einfällt.
- Nehmen Sie die folgende Haltung ein: Was werden die Kinder wohl zur Raumgestaltung sagen, welche Vorschläge haben sie? Welche spannenden Ideen für Ausflüge werden sie einbringen? Wer kann welche Aufgabe im Alltag erfüllen?
- Formulieren Sie die Kindergartenregeln gemeinsam mit den Kindern. Welche Regeln sehen die Kinder als wichtig an? Auf welche Regel wären Sie selbst evtl. nicht gekommen? Was drücken die Vorschläge der Kinder über den Zustand der Kita aus?
- Beobachten Sie die Kinder. Bereits an den Spielen in der Freispielphase, anderen Aktivitäten und ihren Berichten und Erzählungen, z. B. im Stuhlkreis, können Sie erkennen, welches Thema diese gerade brennend interessiert. Knüpfen Sie daran an und machen Sie einen Vorschlag für ein Projekt, z. B. im naturwissenschaftlich-technischen oder im künstlerisch-ästhetischen Bereich.
- Lassen Sie die Kinder an demokratischen Entscheidungsprozessen teilhaben. Zeigen Sie ihnen, wie Demokratie praktisch funktioniert, das heißt, führen Sie Gesprächsrunden durch, wenn Entscheidungen anstehen. Lassen Sie die Kinder argumentieren bzw. ihre Meinung zu einem Thema sagen. Unterstützen Sie sie beim Abwägen von Argumenten. So kann z. B. mithilfe von Symbolen, einer Waage oder einer Abstimmung das Gewicht der Argumente oder Stimmen für oder gegen etwas verbildlicht und damit auch verdeutlicht werden (Regner/Schubert-Suffrian/Saggau 2009, S. 40). Sie können die Kinder z. B. auch an der Wahl von Ausflugszielen oder bei Neuanschaffungen wie Spielzeug und Material für die Kita hinzuziehen.
- Ideen für Partizipationsformen finden Sie in unterschiedlichen frühpädagogischen Zeitschriften (TPS, Kindergartenzeitschrift, Betrifft Kinder u. a.). Lassen Sie sich durch Erfahrungen von Kollegen inspirieren und probieren Sie es selbst aus.
- Beteiligen Sie auch die Eltern. Ohne eine funktionierende Erziehungs- und Bildungspartnerschaft mit den Erziehungsberechtigten wird die Partizipation der Kinder schwierig werden. Manchmal stehen Eltern einer partizipatorischen Haltung kritisch gegenüber. Um dem entgegenzuwirken, empfiehlt es sich, Eltern

zu einem Elternabend einzuladen und ihnen Ihr Leitbild bzw. Ihre Einstellungen zur Beteiligung der Kinder in der Kita zu präsentieren.
- Beteiligen Sie die Kinder, wenn ein neues Leitbild für die Kita ansteht oder formuliert werden soll. Was schätzen die Kinder an der Kita? Was empfinden sie als besonders gut und gelungen? Wo sehen sie Verbesserungsmöglichkeiten? All dies kann auch mit Kindern besprochen werden. Hierzu können Sie die Kinder auch ihre Vorstellungen malen bzw. zeichnen lassen. Zur Entstehung eines Leitbilds können viele beitragen. Wenn Sie die Einstellungen der Eltern und Kinder vorneweg erfragen, kann dies bei der Profilbildung oder Leitbildentwicklung von großer Bedeutung sein.
- Unterstützen Sie die Kinder dabei, demokratische Meinungsbildungsprozesse einzuüben, das heißt Probleme zu besprechen, sich auszutauschen, Dinge anzusprechen und Entscheidungen zu treffen. Helfen Sie den Kindern also durch das Abwägen von Argumenten, angehört zu werden und weitere Meinungen zu akzeptieren. Sie sollten lernen, abzustimmen und nicht aufgrund von Macht oder Stärke zu entscheiden, sondern aufgrund des besten Arguments und der Mehrheit.
- Vergessen Sie nie, dass Sie im Hinblick auf Partizipation selbst als Vorbild wirken müssen. Gehen Sie selbst mit Kolleginnen undemokratisch um, herrscht gar in der Kita ein strenges Regiment durch die Kita-Leitung, so ist dies nicht gerade ein gutes Beispiel für die Kinder.
- Auch hier gilt, wie für die Eltern: Voraussetzung sind Achtung, Respekt und die Bereitschaft, die Ideen der Kinder aufzunehmen, sich auf sie einzulassen, auch einmal Macht abzugeben und zu improvisieren.
- Beteiligung darf nicht erst bei älteren Kindern stattfinden, da Partizipation ein Grundrecht für *alle* Kinder darstellt und wesentlich zu Selbstbildungsprozessen beiträgt. Handlungskonzepte von elementaren Bildungseinrichtungen sollten daher Partizipation als ein tragendes Ziel bzw. einen Schwerpunkt für die Arbeit formulieren. Versuchen Sie die pädagogische Arbeit so auszurichten, dass Beteiligung im Alltag für die Kinder spürbar wird. Beteiligung der Kleinsten fordert Ihnen ein hohes Maß an Flexibilität ab und ein Bild vom Kind, das sich an seinen Stärken und an den Ressourcen orientiert. Nur wenn Sie einem Kind die Kompetenz zutrauen, hat es eine Chance, an Entscheidungen mitzuwirken.

### Praktische Anregungen und Hinweise für die Familie

- Versuchen Sie, Ihr Kind im Alltag zu beteiligen. Fragen Sie z. B. nach den Wünschen für Ausflüge und Unternehmungen und bieten Sie Ihrem Kind Wahlmöglichkeiten an. Kinder lernen so, dass ihre Meinung zählt, und das Vergnügen bei den jeweiligen Unternehmungen wird sicherlich umso größer sein.
- Auch bei Fragen zum Thema Kleidung müssen Sie nicht immer bestimmen und sich bei Ihrem Kind durchsetzen. Zwar sollten Kinder selbstverständlich vor Schaden bewahrt werden, wie z. B. durch zu dünne Kleidung bei kaltem Wetter, allerdings freuen sich schon kleine Kinder, wenn sie selbst entscheiden können, welche Hose oder welches Kleid sie anziehen.
- Beteiligen Sie Ihren Sohn oder Ihre Tochter auch beim Essen. Binden Sie ihn oder sie durch kleine Aufgaben ein: Den Tisch decken oder einen Teller abräumen, wenige Geschirrstücke in die Spülmaschine stellen, das können schon relativ junge Kinder und sie sind dabei – im Gegensatz zu manch älteren Kindern – noch dazu stolz auf ihre Leistung.
- Bei den gemeinsamen Mahlzeiten sollten Sie Ihr Kind mitsprechen lassen. Das heißt jedoch nicht, dass das Kind ein Menü bestellt und jeden Tag Pommes mit Schnitzel bekommt, weil es dieses Essen so mag. Vielmehr bedeutet Beteiligung beim Essen, dass Sie Ihrem Kind auch die Gelegenheit geben, auszuwählen, wie viel und was es essen möchte. Finden Sie heraus, welche Speisen Ihr Kind bevorzugt, indem Sie mehrere Speisen anbieten und sich nicht auf ein ganz bestimmtes Essen fixieren.
- Lassen Sie Ihr Kind Spielzeuge aussuchen, fragen Sie Ihr Kind, womit es spielen möchte, besuchen Sie eine Kinderbibliothek und lassen Sie Ihr Kind entscheiden, welche Bücher es ausleihen möchte. Und wenn Ihr Kind zum zehnten Mal dieselbe Geschichte vorgelesen bekommen möchte, tun Sie es! Manche Geschichten gefallen Kindern sehr und sie haben Freude daran, bestimmte Figuren und Handlungsabläufe wiederzuerkennen.
- Auch kleine Kinder können schon zu anstehenden Familienentscheidungen befragt werden, zumal wenn sie die Kinder selbst betreffen. Eine solche Entscheidung ist die Wahl des Kindergartens. Diese kann auch vom Kind mitbestimmt bzw. beeinflusst werden. Besuchen Sie mit Ihrem Kind gemeinsam mehrere infrage kommende Kitas und machen Sie sich gemeinsam ein Bild.
- Steht ein Wohnungsumzug an, können Kinder selbstverständlich auch befragt werden. Schauen Sie sich gemeinsam mit Ihrem Kind das künftige Kinderzimmer an. Wird sich das Kind darin wohlfühlen? Mag es die Gegend? Was sagt es dazu?

- Erst recht sollten Sie Ihr ca. sechsjähriges Kind bei der Wahl der Schule berücksichtigen und gemeinsam überlegen, welche Schule geeignet ist.
- Letztlich ist Partizipation nicht etwas Aufgesetztes, sondern sollte täglich praktiziert werden. Partizipation in der Familie drückt sich bereits in den Gesprächen, in der Dialogform, im Umgang miteinander aus. Sie erfordert Geduld, Achtung, Respekt, Neugier, Improvisation und die Fähigkeit der Eltern, auch manchmal ihre Macht zu reduzieren – nicht zu verwechseln mit einem Laissez-faire-Stil und Gleichgültigkeit. Partizipation sollte ein selbstverständlicher Bestandteil im Familienleben sein. Eine gute Beziehung zu Ihren Kindern werden Sie nur haben, wenn Sie diese früh (partnerschaftlich) beteiligen.

# Kinder durch gesunde Ernährung stärken

*Gunda Backes*

»Eure Nahrungsmittel sollen eure Heilmittel sein« – diesen Zusammenhang zwischen Ernährung und Gesundheit erkannte schon Hippokrates im antiken Griechenland etwa 400 v. Chr. Unzählige wissenschaftliche Studien stützen seither diese Beziehung. Dabei ist kaum etwas so schwer messbar wie eine vermeintlich gesunde Ernährung und ihre Auswirkungen auf unseren Körper. Denn: Was genau ist eine gesunde Ernährung? Und bedeutet diese für jeden Menschen dasselbe? Laut FAO *(Food and Agriculture Organization of the United Nations)* ist eine gesunde Ernährung ein »Zustand, bei dem alle Menschen zu allen Zeiten physischen, sozialen und ökonomischen Zugang zu ausreichenden, sicheren und nahrhaften Lebensmitteln haben, die ihre Ernährungsbedürfnisse und Nahrungspräferenzen für ein aktives und gesundes Leben sicherstellen.« Allein diese Definition beinhaltet Tausende von Möglichkeiten, sich gesund zu ernähren. Denn entscheidend ist nicht nur die richtige Menge an Nahrung, sondern vor allem die Qualität der Mahlzeiten. Ein Blick auf die Hüften gibt schnell Aufschluss über die Quantität der Nahrung, eine falsche Ernährungsweise (z. B. ein Vitaminmangel) führt dagegen oft erst nach Jahren zu gesundheitlichen Beeinträchtigungen.

Eine ausgewogene Ernährung, die alle notwendigen Nährstoffe in optimaler Menge beinhaltet, ist die Basis für einen gesunden Körper und Geist. Daher hat das *Forschungsinstitut für Kinderernährung (FKE) Dortmund* (http://www.fke-do.de/) Empfehlungen für eine Ernährungsform entwickelt, die auch langfristig Gesundheit und Leistungsfähigkeit unterstützt und vor chronischen Erkrankungen wie Übergewicht und Fettstoffwechselstörungen schützen kann. Diese gelten als Grundlage, um schon präventiv auf die Kleinsten einzuwirken und ihre Gesundheit zu stärken.

Welche Lebensmittel dabei im Einzelnen verzehrt werden, hängt aber auch entscheidend von Kultur, Tradition sowie von individuellen Geschmacksvorlieben und -abneigungen ab. Nicht zu vergessen: Essen und Trinken sind elementare

Bedürfnisse. Essen soll sättigen und gesund erhalten, aber gerade für Kinder auch Spaß und Genuss bringen. Dass eine gesunde Ernährung nicht dogmatisch sein muss, Freude bereiten kann und langfristig einen gesunden Lebensstil ermöglicht, zeigen viele verschiedene Projekte und Initiativen. Entscheidend an der Gesundheit unserer Kinder sind aber immer wir – Eltern und Pädagogen – als Vorbilder beteiligt, indem wir gesunde Ernährung *vorleben* und nicht *lehren*.

## Warum ist gesunde Ernährung für (Klein-)Kinder so wichtig?

Während einerseits große Teile der Weltbevölkerung hungern, lebt die Bevölkerung der Industrienationen in einem Schlaraffenland. Erdbeeren im Winter, Pfannkuchenteig aus der Flasche – der Befriedigung unserer Wünsche zwischen Sushi und Känguruflleisch sind kaum noch Grenzen gesetzt. Wir können immer und überall essen und machen gleichzeitig mehr Diäten als je zuvor. Denn diese paradiesische Freiheit hat auch ihre Schattenseiten. Übergewicht und andere Zivilisationserkrankungen wie Diabetes und Fettstoffwechselstörungen sind auf dem Vormarsch, heute sind bereits 15 % der Kinder und Jugendlichen in Deutschland übergewichtig, davon über 6 % fettleibig (KIGGS-Studie, http://www.kiggs.de). Wie kann es dazu kommen?

Schon lange vor dem Eintritt ins Kleinkindalter beeinflussen Essen und Trinken die Gesundheit eines Kindes. Bereits im Mutterleib werden die Grundlagen für die Gesundheit des Kindes gelegt. Eine ausreichende Versorgung mit dem Vitamin Folsäure kann sogenannten Neuralrohrdefekten vorbeugen, eine gute Eisenversorgung der Mutter kommt auch dem Kind zugute. Der Geschmackssinn wird ebenfalls bereits in diesem Stadium geprägt. So beeinflusst die Ernährung der Mutter in der Schwangerschaft auch das spätere Essverhalten des Kindes. Weiterhin spielt die Muttermilch eine wichtige Rolle. Sie enthält neben wichtigen Abwehrstoffen auch verschiedene Geschmackskomponenten. Da gestillte Säuglinge später auch nachgewiesenermaßen seltener an Übergewicht oder Allergien erkranken, ist Stillen ein wichtiger Teil der Prävention. Reicht die Muttermilch allein nicht mehr aus, den Energiebedarf des Säuglings zu decken, und gehen seine Eisenspeicher zur Neige, muss zugefüttert werden. Auch diese Beikost, die Säuglinge ab dem vierten bis sechsten Lebensmonat erhalten, beeinflusst das Essverhalten eines Kindes.

Wenn Kinder nur industriell gefertigte Produkte kennenlernen, fehlen ihnen durch die eingeschränkte Produktauswahl eventuell verschiedene Geschmackserlebnisse und somit eine Bereicherung der Sinne. Daran zeigt sich, wie die Ernährung schon in der ersten Lebenszeit ganz entscheidend den Geschmackssinn für das spätere Leben prägt.

Doch nicht nur der Geschmackssinn wird in den ersten Jahren entscheidend beeinflusst: Sich gesund und ausgewogen zu ernähren – dafür wird bereits in der frühen Kindheit der Grundstein gelegt. Von Anfang an sollte daher eine unausgewogene Ernährung vermieden werden. Darunter versteht man im Allgemeinen eine Ernährungsweise, die viel Energie, Fett und Zucker und gleichzeitig sehr wenig Vitamine und Mineralstoffe enthält. Sie wird dann üblicherweise als nährstoffarm bezeichnet. Im Volksmund zählt zu dieser eher ungesunden Ernährungsform der häufige Verzehr von Fast Food, Süßigkeiten und Fertiggerichten. Wie schnell der Körper auf einen Mangel an Nährstoffen reagieren kann, verdeutlicht sehr gut das Beispiel eines Flüssigkeitsmangels: Wird der Körper nicht ausreichend mit Flüssigkeit versorgt, leiden die Konzentration und die Leistungsfähigkeit erheblich. Auch eine kurzfristige Wirkung auf den Insulinspiegel durch Hunger ist schnell erkennbar. Wer unterzuckert ist, büßt einen Teil seiner Leistungsfähigkeit ein und kann sich schlechter konzentrieren. Und wer sich beispielsweise sehr ballaststoffarm ernährt, merkt dies meist zeitnah an seiner Verdauung. Auch für Ausdauer im Sport spielt die richtige Ernährung vor und nach der Belastung eine wichtige Rolle. Sind die Kohlenhydratspeicher nicht gefüllt, ist der Körper weniger leistungsfähig.

Eine ungesunde Ernährungsweise im Kindesalter wirkt sich aber vor allem mittel- und langfristig negativ auf die Gesundheit aus. Es drohen Übergewicht, Diabetes, Fettstoffwechselstörungen und andere Zivilisationserkrankungen wie Karies und Osteoporose. Allerdings sind diese Konsequenzen nicht sofort spür- oder sichtbar. Gerade Kinder verstehen nicht, dass sie im Alter an Knochenschwund erkranken können, wenn sie *jetzt* keine Milchprodukte essen. Auch der Verzehr von einem Übermaß an Süßigkeiten führt nicht sofort, sondern erst längerfristig zu Karies oder Übergewicht.

Aufklärende Worte über den Gesundheitswert von Lebensmitteln oder gar Hiobsbotschaften in Bezug auf eine ferne Zukunft bleiben bei Kindern daher erfolglos. Vielmehr muss die Umwelt unserer Kinder gesundheitsfördernd gestaltet werden. Das bedeutet konkret: Unsere Kinder müssen die Gelegenheit haben, sich gesund zu ernähren. Aber bieten wir ihnen diese Gelegenheit überhaupt?

Ein Blick auf die tatsächliche Ernährungsweise unserer Kinder zeigt, dass sich nur wenige Kinder gemäß den gewünschten Präventionsempfehlungen ernähren. Die Daten der Lebensmittel- und Nährstoffdatenbank LEBTAB des FKE Dortmund zeigen, dass immer weniger frische Produkte verzehrt werden. Dieser Trend kennzeichnet aber nicht nur Privathaushalte, in denen Fertigpizza und Tütensuppen immer häufiger Einzug erhalten. Auch die Gemeinschaftsverpflegung in Kindertagesstätten und Schulen greift zunehmend auf vorgefertigte (tief-)gekühlte Speisen oder fertige Menüs zurück. Im Jahr 2008 wurde bereits ein gutes Drittel der 8.733 Ganztagsschulen in Deutschland auf diese Weise versorgt.

Gerade unter diesen Umständen ist es besonders wichtig, Kinder schon früh an eine ausgewogene (und damit gesunde) Ernährung heranzuführen. Sie liefert nicht nur Energie, sondern ausreichend Vitamine, Mineralstoffe und Spurenelemente. Auch sekundäre Pflanzenstoffe aus Obst und Gemüse sowie Ballaststoffe und Proteine entfalten viele positive Wirkungen im Organismus. Das sichert ein altersgerechtes körperliches Wachstum, optimale Leistungs- und Konzentrationsfähigkeit und beugt langfristig vielen Erkrankungen vor. Das wissenschaftlich erstellte Konzept in Deutschland für eine gesunde Ernährung von Kindern und Jugendlichen ist optimix®, die sogenannte *Optimierte Mischkost*. Diese vom FKE Dortmund entwickelte Ernährungsform basiert auf den aktuellen Referenzwerten für die Nährstoffzufuhr der Deutschen Gesellschaft für Ernährung (DGE) und setzt diese in lebensmittel- und mahlzeitenbezogene Empfehlungen um. Mit dieser Ernährungsform soll Übergewicht sowie Herz-Kreislauf-Erkrankungen, Diabetes und Osteoporose vorgebeugt werden.

Grundlage dieser Ernährungsweise sind Vollkornprodukte, Obst, Gemüse, Kartoffeln, pflanzliche Öle, Seefisch und in mäßigen Mengen Fleisch, Milchprodukte und Eier. Inzwischen ist das Gütesiegel optimix® auch europaweit als Marke des FKE Dortmund eingetragen und kennzeichnet Produkte, die den Empfehlungen dieser Ernährungsform entsprechen.

### Wie kann man Kinder durch gesunde Ernährung stärken?

Um Kinder durch gesunde Ernährung stärken zu können, ist der Spaßfaktor zu beachten. Denn nur dann lässt sich verstehen, warum gesüßte Joghurts, Bonbons oder Knusperflakes so beliebt sind. Kinder denken nicht über Kalorien und Vitamine nach, sondern wollen satt werden und dabei auch noch genießen.

Besonders kleine Kinder essen, was ihnen schmeckt, und machen sich meist (noch) keine Gedanken über gesunde oder ungesunde Ernährung. Die Werbung greift diesen Aspekt auf und spricht Kinder zielgruppenspezifisch an. Kinder lieben kräftige Farben, kindgerechte Verpackungen und kleine Geschenke wie Sticker und Magnete. Die Kreativität der Lebensmittelwerbung zeigt, wie wichtig das Marketing als Kauf- und Konsumanreiz für Kinder und Eltern ist. Aus einer Erhebung der Thomson Media Control 2006 ging hervor, dass innerhalb Europas in Deutschland am meisten im Fernsehen für Lebensmittel geworben wird. Dabei dominiert die Werbung für Cornflakes/Cerealien, Süßwaren, Zwischenmahlzeiten, Soft Drinks und zunehmend auch Fast Food mit hohem Zuckergehalt. Kinder und Jugendliche stellen ein wichtiges Marktsegment dar und die Bemühungen um das Erreichen dieser Zielgruppe nehmen stetig zu.

Unsere Nahrung muss immer billiger sein sowie schneller und praktischer zubereitet werden können und der Geschmack darf natürlich nicht zu kurz kommen. Daher ist die Industrie mit ihren vorgefertigten Speisen aus der Küche der Familie oder aus der Gemeinschaftsverpflegung kaum noch wegzudenken. Sinnvoll kann es sein, die Ernährungswirtschaft vom Einzelhandel bis hin zur Gemeinschaftsverpflegung in das tägliche Leben einzubinden und so die Ernährungspraxis bei Kindern und ihren Familien möglicherweise nachhaltig positiv zu beeinflussen. Dafür können dann einzelne Produkte so kombiniert werden, dass insgesamt eine ausgewogene Mahlzeit erreicht wird.

Dieser Ansatz zeigt zwar, dass die bestehenden Ernährungsempfehlungen nicht kurzfristig 1:1 umgesetzt werden können. Entscheidend ist vielmehr, dass Kinder gesündere Nahrungsprodukte eher akzeptieren, wenn sie langsam eingeführt werden. Denn selbst interessierte und bestens informierte Eltern oder Einrichtungen wie Kitas oder Schulen würden an einem so hochgesteckten Ziel scheitern, von einem Tag auf den anderen die Ernährung umzustellen. Ausschlaggebend ist daher vor allem, langfristig die Basis für eine gesunde Ernährungsweise zu schaffen, welche gesundheitsfördernde Lebensmittel wie Vollkornprodukte, Obst und Gemüse enthält.

Auch die Wahl der Getränke kann einen großen Einfluss auf die Entwicklung von Kindern haben. Gerade Softdrinks, Limonaden, aber auch andere Getränke wie Saft (!) und gesüßter Tee liefern schnell eine Vielzahl an Kalorien und begünstigen die Entstehung von Übergewicht und Karies. Das Problem: Im Gegensatz zu festem Zucker, wie er in Kuchen, Süßigkeiten oder Keksen vorkommt, sättigt dieser flüssige Zucker wesentlich schlechter. Der Körper erhält keine Sättigungssignale, die Kalorien werden trotzdem gespeichert. Daher ist es gerade im Kleinkindalter wichtig, Kinder nicht erst an süße Getränke zu gewöhnen, sondern Wasser und ungesüßte bzw. stark verdünnte Saftschorlen oder ungesüßten Tee anzubieten.

Da die Vorliebe für Süßes angeboren ist, bevorzugen schon die Kleinsten Zucker und zuckerhaltige Speisen. Bereits Säuglinge lieben die süße Muttermilch, die sie mit allen wichtigen Nährstoffen versorgt und sättigt. Evolutionsbedingt ist dies eine wichtige Anlage zum Überleben. Ein Verbot von Süßigkeiten ist allerdings keine Lösung, sondern führt in der Regel zu einem verstärkten Verlangen nach zuckerhaltigen Lebensmitteln. Studien zeigen, dass gerade Kinder aus streng reglementierten Haushalten über die Stränge schlagen, sobald sich die Gelegenheit dafür ergibt. Zudem wird rigoroses Verbieten bestimmter Lebensmittel auch als Auslöser für Essstörungen diskutiert.

Wie wenig erhobene Zeigefinger und Verbote beim Thema Essen und Trinken bringen, zeigt auch die Prävention und Behandlung von Übergewicht und Fettsucht. Seit Jahren ist zwar bekannt, dass Bewegungsmangel, kombiniert mit hochkalorischer Nahrung, das Auftreten von Übergewicht fördert. Doch trotz einiger erfolgreicher Aufklärungskampagnen ist es bisher nicht gelungen, dieses weltweit auftretende Problem in den Griff zu bekommen.

## Aktionen zur Gesundheitsprävention bei Kindern durch Ernährung

Die *Plattform Ernährung und Bewegung e.V.* (peb) (http://www.ernaehrung-und-bewegung.de/) setzt sich für eine gesunde Lebensweise von Kindern ein und bündelt dabei Aktionspartner aus Wissenschaft, Industrie und Politik. Ziel ist es, präventiv auf Kinder einzuwirken, denn in der Lebenspraxis vieler Familien ist ein gesunder Lebensstil mit ausgewogener Ernährung und regelmäßiger Bewegung nicht ausreichend verankert. Aber gerade der Kontext *Familie* ist ein bisher kaum berücksichtigter, aber sehr einflussreicher Faktor bei der Ausbildung individueller Ernährungs- und Bewegungsgewohnheiten. Die Plattform Ernährung und Bewegung strebt daher an, schon früh nach der Geburt eines Kindes in jungen Familien einen gesundheitsförderlichen Lebensstil zu unterstützen, insbesondere in Familien mit hohen Entwicklungsrisiken für das Kind.

*FIT KID – Die Gesund-Essen-Aktion für Kitas* (http://www.fitkid-aktion.de/) ist ein Projekt der Deutschen Gesellschaft für Ernährung e.V. und Teil des nationalen Aktionsplans *In Form – Deutschlands Initiative für gesunde Ernährung und mehr Bewegung*. Das Projekt wird gefördert durch das Bundesministerium für Ernährung, Landwirtschaft und Verbraucherschutz aufgrund eines Beschlusses des

Deutschen Bundestages. Mit *FIT KID – Die Gesund-Essen-Aktion für Kitas* sollen Verantwortliche für die Kita-Verpflegung dabei unterstützt werden, ein vollwertiges Verpflegungsangebot bereitzustellen. Basis dafür sind die *Qualitätsstandards für die Verpflegung in Tageseinrichtungen für Kinder*. *FIT KID* leistet einen Beitrag zur Optimierung des Verpflegungsangebotes in Tageseinrichtungen für Kinder.

## Was können die Familie und die Kita tun, um Kinder durch gesunde Ernährung zu stärken?

Das gesamte Umfeld eines Kindes ist entscheidend für seine Lebens- und Ernährungsweise. Zunächst haben die direkten Bezugspersonen wie Eltern und Geschwister den größten Einfluss auf ein Kind und gelten als Vorbilder. Dies ändert sich beim Besuch einer Kindertagesstätte. Dann beeinflussen auch Erzieherinnen und andere (meist größere) Kinder das eigene Kind. Abhängig vom eigenen Willen und der Beeinflussbarkeit des Kindes werden auf diese Weise gute ebenso wie schlechte Angewohnheiten übernommen. Konkret bedeutet das, dass sowohl Eltern als auch Erzieherinnen gute Vorbilder beim Essen sein sollen. Die Grundregeln einer gesunden Ernährungsweise werden im Idealfall von beiden beherzigt. Auch wenn in vielen Kitas die einzelnen Erzieherinnen wenig Einfluss auf den Speiseplan haben, können sie durch spezielle Projekte und die Dynamik in der Gruppe eine Menge Positives auf dem Gebiet der Prävention erreichen.

---

**Welche festen Lebensmittel sind geeignet?**

- Verwenden Sie möglichst frische Zutaten.
- Bevorzugen Sie saisonale und regionale Produkte.
- Fertigprodukte wie Tiefkühlpizza oder Tütensuppen können mit Gemüse angereichert und damit aufgewertet werden.
- Wählen Sie bei Brot und Backwaren die Vollkornvariante.
- Wählen Sie möglichst fettarme Milchprodukte.
- Verwenden Sie Süßigkeiten in Maßen (manchmal reicht einfach die kleinere Portion). Tipp: Ein kleiner Nachtisch nach dem Mittagessen ist besser für die Zähne, als immer zwischendurch zu naschen.

> **Welche Getränke sind geeignet?**
>
> – Wasser und ungesüßter Tee sind die besten Durstlöscher.
> – Bieten Sie nur in Ausnahmefällen Limonaden und gesüßte Getränke an.
> – Auch Saft enthält Zucker und kann auf Dauer dick machen. Mischen Sie daher mindestens im Verhältnis Wasser : Saft = 2:1.
> – Häufiger Zahnkontakt mit Saft kann Karies auslösen.
> – Vermeiden Sie daher wiederholten Zahnkontakt mit Säuren.

**Praktische Anregungen und Hinweise für die Kita**

- Informieren Sie sich im Internet und durch die Lektüre von Fachzeitschriften über Möglichkeiten gesunder Ernährung in der Kita.
- Sie sind wichtige Vorbilder für die Kinder. Nehmen Sie an den gemeinsamen Mahlzeiten teil.
- Äußern Sie sich nicht negativ über bestimmte Lebensmittel oder Mahlzeiten.
- Planen Sie ausreichend Zeit für das gemeinsame Essen ein, auch wenn im Kita-Alltag der Tagesablauf straff organisiert ist. Machen Sie den Eltern z. B. klar, dass während der Mahlzeiten keine Kinder gebracht oder abgeholt werden dürfen, um das gemeinsame Essen nicht zu stören.
- Essen Sie selbst auch Obst und Gemüse. Vermeiden Sie dabei möglichst einen belehrenden Ton und den Hinweis: »Das ist gesund.«
- Essen Sie vor den Kindern nicht dauernd zwischendurch.
- Optimal ist es, wenn die Kinder sich selbst bedienen können und die Größe ihrer Mahlzeit auf dem Teller selbst bestimmen können.
- Binden Sie das Thema *gesunde Ernährung* in den Kita-Alltag ein. Die Kita bietet viele Möglichkeiten, auch Kinder von bildungsfernen Eltern zu erreichen und frühzeitig präventiv zu arbeiten. Vor allem Projekte in der Kita-Gruppe beeinflussen Kinder nachhaltig und machen viel Spaß:
- Organisieren Sie z. B. einmal in der Woche ein gemeinsames Frühstück, zu dem jeder etwas mitbringt.
- Bereiten Sie zusammen einen Obst- oder Gemüseteller zu; dabei lernen Kinder die verschiedenen Obst- und Gemüsesorten kennen.
- Decken Sie gemeinsam mit den Kindern den Tisch und richten Sie z. B. einen Plan für den Küchendienst ein (Teller abräumen usw.).

- Nutzen Sie das Zähneputzen, um Kinder über das richtige Zähneputzen und die Folgen des Süßigkeitenessens zu informieren.
- Ausflüge aufs Land, eine Streuobstwiese oder einen Bauernhof machen den Kindern klar, wo ihre Lebensmittel herkommen. Hieran können Sie z. B. ein Milch- oder ein Obstprojekt anschließen.
- Besuchen Sie mit den Kindern einen Bäcker oder einen Supermarkt und lassen Sie sich dort erklären, woher die Lebensmittel stammen und wie sie verarbeitet werden.
- Veranstalten Sie ein kleines Getränkeprojekt: Die Kinder dürfen dabei Saft, Nektar, Tee, Limonade kosten und erfahren dabei alles Mögliche über den Inhalt (z. B. Zuckergehalt).
- Kinder erfahren ihre Umwelt mit ihren Sinnen. Denken Sie sich ein Spiel aus, bei dem Kinder mit verbundenen Augen allein durch Tasten und Riechen ein bestimmtes Lebensmittel erraten müssen (am besten eignen sich dafür harte Lebensmittel wie Karotte, Birne, Apfel, Sellerie).

### Praktische Anregungen und Hinweise für die Familie

- Essen Sie mit Ihren Kindern am Tisch – möglichst ohne Ablenkung. Wenn Sie selbst im Stehen essen, beim Essen die Zeitung lesen oder bei laufendem Fernseher speisen, dürfen Sie sich nicht über kleine Nachahmer wundern.
- Schaffen Sie eine angenehme Tischatmosphäre. Essen schmeckt doppelt so gut, wenn der Tisch liebevoll gedeckt ist und das Essen schön angerichtet ist.
- Essen Sie möglichst oft gemeinsam mit Ihren Kindern. Gemeinsame Mahlzeiten fördern das Zusammengehörigkeitsgefühl und machen Spaß. Streitgespräche am Tisch oder das Abfragen des Einmaleins haben bei den Mahlzeiten keinen Platz.
- Lassen Sie Ihre Kinder beim Zubereiten von Mahlzeiten helfen.
- Nehmen Sie Ihre Kinder ab und zu zum Einkaufen mit. Ihre Kinder können Lebensmittel mit aussuchen, riechen und manchmal auch probieren.
- Stellen Sie bei Tisch klare Regeln auf. Größere Kinder helfen beim Tischdecken oder -abräumen. Auch die üblichen Tischsitten wie »man spricht nicht mit vollem Mund« sollten befolgt werden. Gerade bei kleinen Kindern müssen die Tischsitten aber nicht überstrapaziert werden, da sie ihre Umwelt mit allen Sinnen – also auch mit ihren Händen – erfahren.

- Besuchen Sie einen Wochenmarkt oder auch mal einen Bauernhof. Dort sehen die Kinder lebensnah die Lebensmittel, die bei ihnen auf dem Teller landen.
- Verbieten Sie keine Lebensmittel: Allein das Meiden vermeintlich ungesunder Lebensmittel wie Schokocroissants oder Burger mit Pommes führt nicht zwangsläufig zu einer gesünderen Nahrungsaufnahme. Entscheidend ist vielmehr, Lebensmittel vernünftig zu kombinieren. Dafür bietet sich die Orientierung an den Vorgaben des FKE an. Auch wenn nicht sofort alles 1:1 umgesetzt wird, sollte die Basis langfristig stimmen. Vor allem frisches Obst und Gemüse, Vollkornprodukte und Milchprodukte sollten täglich auf dem Speiseplan stehen.
- Gehen Sie auf die Bedürfnisse Ihrer Kinder ein: Kinder lieben Fingerfood; bieten Sie z. B. Gemüsesticks mit Dip an.
- Manchmal helfen Tricks: Lebensmittel können interessant gemacht werden durch Verknappung; Beispiel: Für jedes Kind ist nur ein Apfel da.
- Bieten Sie buntes Essen an (Nudelsalat mit verschiedenfarbigen Nudeln, Erbsen, Möhren, Mais), Brotgesichter mit Gemüse.
- Backen Sie eine Pizza, die die Kinder selbst mit Gemüse belegen dürfen. Das macht Spaß und liefert Vitamine.
- Kleinen Kindern kann man gut Geschichten zum Essen erzählen (Brokkoliröschen sind kleine Bäume usw.).
- Lassen Sie Ihre Kinder essen, bis sie satt sind bzw. akzeptieren Sie ihr natürliches Sättigungsgefühl, üben Sie keinen Zwang aus, den »Teller leer essen« zu müssen.
- Stellen Sie Regeln für das Essen von Süßigkeiten auf (z. B. eine Kleinigkeit nach dem Essen, danach aber Zähneputzen).
- Essen Sie selbst Obst und Gemüse und naschen Sie selbst nicht dauernd zwischendurch – so sind Sie das beste Vorbild.

# Kinder durch Bewegung stärken

*Jonathan-Moritz Schreier*

Der Mensch ist sein ganzes Leben lang in Bewegung und deshalb auf Bewegung angewiesen. Schon vor der Geburt bewegt er sich und erst mit dem Tod hört er damit auf. Bewegen ist hier nicht nur im sportlichen Sinn gemeint, sondern bezieht sich auf die vielfältigsten Bewegungsformen: Es gibt die innere Bewegung, wie z. B. beim Ausruhen oder Nachdenken; die organische Bewegung im Körper, wenn das Herz klopft, das Blut transportiert wird und die Lunge atmet, oder aber die körperliche Bewegung wie Laufen, Rennen oder Schwimmen. All das ist wichtig und absolut notwendig für das menschliche Leben.

Bewegung ist zentral für das Lernen und die Lernentwicklung von Kindern. Durch Bewegung und Wahrnehmung unter Einbezug aller Sinne gewinnen Kinder zunehmend und aktiv handelnd Wissen über sich selbst, über ihre Mitmenschen und über ihre Umwelt (Zimmer 2009, S. 12). Sie lernen etwas, machen neue Erfahrungen und erlangen neue Kenntnisse – und zwar alles am eigenen Leib, durch selbstständiges Handeln. Dieses Wissen aus »erster Hand« ist besonders effektiv und nachhaltig (Zimmer 2009, S. 23). Denn was der Mensch am eigenen Körper durch Bewegungshandlungen erfährt, prägt er sich besser ein als Informationen, die er nur akustisch oder nur optisch wahrgenommen hat. Wissen aus erster Hand ist für Menschen die Basis allen Lernens und somit der Möglichkeit, die sie umgebende Welt zu verstehen.

Laut Ärzten und Entwicklungspsychologen ist Bewegung aber auch das beste Mittel, um vielerlei Problemen und Defiziten – ob psychisch oder physisch – vorzubeugen oder diese auszugleichen. Regelmäßige Bewegung von Kindesbeinen an hat für Menschen also präventive und protektive Wirkung zugleich. Um es kurz und prägnant mit den Worten des bekannten Wissenschaftlers und Sportmediziners Wildor Hollmann zu verdeutlichen: »Gäbe es heute keinen Sport, müsste er aus gesundheitlichen Gründen erfunden werden« (Hollmann, zit. nach Bös/Pratschko

2009, S. 11). Ein bewegungsaktiver Lebensstil steigert das Wohlbefinden und wirkt sich sowohl auf die körperliche als auch auf die soziale Entwicklung positiv aus. Dies gilt umso mehr für Kinder, wie im Folgenden aufgezeigt wird.

## Weshalb ist Bewegung gerade für Kinder so wichtig?

Bewegung ist für Kinder von elementarer Bedeutung. Wie die Entwicklungspsychologie uns lehrt, werden in den ersten Jahren wichtige Grundlagen für eine erfüllte, gesunde und zufriedene Lebensweise geschaffen. Gerade die ersten Lebensjahre eignen sich besonders gut, um Kinder früh an regelmäßige Bewegung zu gewöhnen. Mädchen und Jungen lernen durch Bewegungshandeln sich selbst und ihren eigenen Körper kennen. Bewegung kann man getrost als *Motor des Lernens* bezeichnen. Durch Bewegung machen Kinder mannigfaltige Erfahrungen und entwickeln so ihre Handlungsfähigkeit. Bewegung ist für sie demnach der wesentliche Zugang zur Welt. Kinder nutzen Bewegung aus den verschiedensten Gründen: um Spaß zu haben, um sich fortzubewegen, um Informationen über die Umwelt zu erhalten oder aber um sich selbst im Zusammenhang mit dieser (Um-)Welt zu erleben (Zimmer 2004b, S. 15).

Regelmäßige Bewegung ist gut für die *Gesundheit*. Das gilt sowohl für die Knochen und Muskeln als auch für die inneren Organe. Bewiesen ist, dass Erwachsene, welche als Kinder bewegungsaktiv waren, später ein stabileres Immunsystem haben und ein gesünderes Herz-Kreislauf-System aufweisen als solche, die sich im Kinderalter wenig bewegt haben. Auch die Sinnesorgane profitieren von Bewegung. Durch die vielen Reize, welchen das Kind in Bewegung ausgesetzt ist, entwickeln sich Organe und Sinne besser.

Bewegungsmangel kann im Gegensatz dazu schon in frühen Jahren zu motorischen Beeinträchtigungen, Übergewicht, Koordinationsstörungen, Herz-Kreislauf-Schwächen und Haltungsauffälligkeiten führen. Durch regelmäßige Bewegung gewinnen Kinder an Muskelmasse, während sie Fettgewebe abbauen. Eine stärkere Muskulatur trägt auch meist zu einer besseren Körperhaltung bei. Die Knochendichte nimmt zu, was das Risiko für Brüche minimiert und den Heilungsprozess beschleunigt. Auch die Atmung wird ökonomischer und die Ausdauer wird erhöht. Durch regelmäßige Bewegungsaktivitäten passt sich das Immunsystem an unterschiedlichste Belastungen (z. B. Witterungsverhältnisse) an und wird somit stabiler. Der Fettstoffwechsel und die Ruhe-Herzfrequenz profitieren ebenfalls von

Bewegung. Das Herz schlägt bei sportlichen Kindern langsamer und spart so – vereinfacht gesagt – Energie, da es weniger intensiv arbeiten muss. Bewegung wirkt sich auch stark auf die Funktionsfähigkeit des Gehirns aus. Sie fördert die Durchblutung im Gehirn und unterstützt so die Synapsenbildung (Bös/Pratschko 2009, S. 39 ff.). Bewegung und vor allem Ausdauersportarten haben also sehr positive Effekte auf den menschlichen Denkapparat.

Regelmäßige und vielfältige Bewegung schult darüber hinaus auch die kindliche *Motorik*. Durch häufiges Üben und Wiederholen bestimmter Tätigkeiten steigern Kinder ihre motorischen Fertigkeiten. Es ist wichtig, dass Kindern möglichst überall die Gelegenheit gegeben wird, ihre Fähigkeiten zu trainieren und zu verbessern – sowohl in qualitativer als auch in quantitativer Hinsicht. Störungen im motorischen Bereich können negative Folgen im physischen als auch im emotional-psychischen Bereich der kindlichen Entwicklung nach sich ziehen. Für Kinder im Kindergarten- und Grundschulalter haben motorische Fähigkeiten einen hohen Stellenwert, sie sind häufig eng an das Selbstwertgefühl geknüpft (Zimmer 2004a, S. 31). Für sie sind die folgenden Fragen oft sehr wichtig: »Wer ist der Stärkste? Wer ist die Geschickteste? Wer ist die Schnellste?« Kinder wünschen sich ein hohes Ansehen in der Gruppe der Gleichaltrigen.

Ist ein Kind motorisch schwach oder ungeschickt, kann dies zu negativer Wertschätzung durch die anderen Kinder führen und damit auch zu einem geringeren Selbstwertgefühl bei dem Kind selbst. Im schlimmsten Falle übernimmt es die Ansicht der anderen, isoliert sich deshalb sozial und wird, da es nun weniger mit den anderen Kindern spielt, motorisch noch ungeschickter. Es gerät in eine Art Teufelskreis. Zielgerichtete motorische Förderung und regelmäßige Bewegung können helfen, einer solchen Situation vorzubeugen.

Die ersten sechs Lebensjahre sind für die *Persönlichkeitsentwicklung* und das *Sozialverhalten* ein sehr bedeutender Abschnitt. Im Umgang mit anderen Mädchen und Jungen machen Kinder soziale Erfahrungen. Sie erfahren, dass es größere, jüngere, stärkere und anders aussehende Kinder gibt. Sie erlernen so schon früh, was Toleranz bedeutet und wie die Regeln im sozialen Miteinander aussehen. Bewegungsangebote eignen sich für Kinder besonders gut, um all diese Dinge zu lernen. Regeln werden besprochen, Verantwortung wird übernommen, Toleranz wird erlernt, Rollen werden abgesprochen, Teamgeist wird entwickelt, Hilfsbereitschaft wird gezeigt, Streitigkeiten werden bereinigt, Kooperationsfähigkeit wird geübt und vieles mehr. All dies ist von großer Bedeutung, denn darauf kommt es im weiteren Leben an, sowohl im Beruf als auch privat. Auch für das seelische Wohlbefinden ist körperliche Fitness förderlich. So sind Gelassenheit in Stresssituationen, Schutz vor psychosomatischen Beschwerden, ein gut entwickeltes Sozialverhalten, eine größere Konzentrationsfähigkeit und die Entwicklung eines Gesundheits- und Körperbewusstseins nur einige positive Effekte von reger Bewegungsaktivität (Bös/Pratschko 2009, S. 41 ff.).

Ein weiterer wichtiger Aspekt des Entwicklungspotenzials von Bewegung bezieht sich auf die *kindliche Sprache* und *Kommunikation*. Bewegung ist nämlich auch ein *Medium des Ausdrucks* und *der Mitteilung*. Menschliche Kommunikation funktioniert in erster Linie über Bewegung, sei es durch Gestik, Mimik oder die Bewegungen unseres Sprechapparats. Bewegung und Kommunikation entfalten sich in gegenseitiger Abhängigkeit voneinander (Zimmer 2009, S. 25).

Bewegungshandlungen ziehen oft Sprachhandlungen nach sich, genauso wie Kinder beim Sprechen meist auch in irgendeiner Art und Weise in Bewegung sind. So gesehen haben Sprachhandlungen und Kommunikation einen positiven Effekt auf das Bewegungshandeln von Kindern, wie auch umgekehrt Bewegung Kinder in ihrer Sprachfähigkeit stärkt.

## Wie kann man Kinder durch Bewegung stärken und selbstbewusst(er) machen?

Für Kinder ist es besonders wichtig, *Selbstwirksamkeit* und *Selbsttätigkeit* durch Bewegung zu erfahren. Hierbei lernen sie ihre eigenen Möglichkeiten und Grenzen kennen. Sieht ein Kind beispielsweise einen Ball vor sich liegen, kann es den Willen verspüren, diesen Ball fest mit dem Fuß zu treten. Bevor es gegen den Ball tritt, legt es sich – unbewusst – einen Handlungsplan zurecht, überlegt, wie es den Schuss am besten ausführt und, vor allem, was passieren könnte. Oder es denkt darüber nach, wie sich die eigene Bewegung und die Berührung von Fuß und Ball auf das Verhalten des Balles auswirken könnten, wie sich der Ball anfühlt usw. Durch eine aktive Bewegung geht das Kind nun den selbst gestellten Fragen auf den Grund und wird merken, dass die eigene Handlung erfolgreich ist und der Tritt eine Auswirkung auf den Ball hat: Dieser rollt, fliegt oder springt weg. Das Kind ist folglich Verursacher eines erhofften Effektes. So erlebt es Selbstwirksamkeit durch Bewegungshandeln, es erfährt die eigene Kompetenz (Zimmer 2006, S. 64).

Das gibt – im Erfolgsfall – Sicherheit und Mut für neue Erfahrungen und weitere Anstrengungen und wirkt sich dadurch nachhaltig positiv auf die kindliche

Entwicklung aus. Solche Erlebnisse sind die Grundlage für ein gesundes Selbstbewusstsein und Selbstvertrauen. Denn allein durch die eigenen Fähigkeiten und Kompetenzen hat das Kind etwas erreicht. Nun kann es sich noch schwierigeren Herausforderungen stellen und die nächste Stufe erklimmen. So übt es seine motorischen Fähigkeiten, es wird schneller autonom und damit unabhängiger von Bezugspersonen. Merkt ein Kind, dass es nicht mehr ständig zur Bezugspersonen krabbeln oder laufen muss, weil es die meisten Dinge selbst regeln oder erkunden kann, steigt sein Selbstvertrauen ebenso.

In den ersten Lebensjahren und auch im Kindergarten ist es wichtig, dass Kinder ein positives *Selbstkonzept* bzw. *Selbstbild* aufbauen und entwickeln. Mit Selbstkonzept ist das Bild gemeint, welches ein Kind von sich selbst hat, sozusagen eine Theorie, die es über sich entwickelt. Wie schätzt es seine Fähigkeiten und Kompetenzen ein? Traut es sich zu, eine Situation, eine Aufgabe oder ein Problem lösen zu können? Ein positives Selbstkonzept äußert sich beispielsweise dadurch, dass ein Kind in schwierigen Situationen das Gefühl hat, die Situation meistern zu können und die Lage im Griff zu haben. Das Selbstbewusstsein eines Kindes hängt ganz eng mit diesem Selbstkonzept zusammen (Zimmer 2006, S. 63), das sich gut und gezielt durch Bewegungsangebote stärken und fördern lässt.

Kinder sind von Natur aus neugierig und bewegungsfreudig. Von Geburt an haben sie einen Erkundungsdrang. Diese Motive beeinflussen das kindliche Verhalten maßgeblich (Zimmer 2004a, S. 101). Es gilt, sie anzuregen und zu fördern, denn Kinder möchten ihrem Explorationsdrang nachgehen, genauso, wie sie es lieben, sich zu bewegen. Versucht ein Kind beispielsweise über die Gitterstäbe des Bettes zu klettern, ist das ein gutes Zeichen, denn es fühlt sich selbst kompetent, um diese Herausforderung zu meistern – oftmals kann ein Kind so etwas besser einschätzen als ein Erwachsener. Der eigene Antrieb ist bei Kindern also da, Reize und Impulse gehen von der Situation/Aufgabe/Umwelt aus (Oerter/Montada 1995, S. 762 f.).

Durch *eigenständiges Erkunden* der Umwelt macht ein Kind neue, meist wertvolle und als positiv empfundene Erfahrungen. Dies bewirkt im Gehirn die Ausschüttung des Botenstoffs Dopamin, welcher häufig ein Gefühl freudiger Erregung hervorruft. Dies wirkt quasi als Belohnung und motiviert das Kind dazu, seinem Taten- und Bewegungsdrang nachzugehen, die Neugierde zu befriedigen und somit weitere neue Erfahrungen zu sammeln. Die (Lern-)Motivation eines Kindes kommt und besteht in der Regel von ganz allein, denn wenn ein Kind etwas gelernt hat, bekommt es Lust auf mehr. Hier ist es besonders wichtig, dem Kind zu vertrauen.

Spürt ein Kind Vertrauen seitens Eltern und Erzieherinnen, wirkt sich dies positiv auf das kindliche Verhalten und die Motivation aus. Das Gegenteil bewirken Gefühle wie Stress, Angst, Unsicherheit und Unterforderung. Insbesondere Stress wirkt sich negativ auf das kindliche Lernen aus. Eine positive, dem Kind zugewandte Grundstimmung in Elternhaus und Kindergarten ist also förderlich für sämtliche Lernprozesse (Zimmer 2004b, S. 56 ff.).

## Die Vorbildunktion von Familie und Kita

Die Kunst der angemessenen Bewegungsförderung besteht darin, Kinder mithilfe von Lob und Ermunterung sowie durch das Vorleben von Bewegungsfreude zur Bewegungslust zu erziehen. Ideal ist eine Balance zwischen Anregung, Motivation und Ermutigung einerseits und Loslassenkönnen andererseits: Kinder brauchen die Erfahrung von selbstständigem Bewegungshandeln, um eigene Erfahrungen machen zu können und so ihr Selbstbewusstsein zu stärken (Bös/Pratschko 2009, S. 165 f.). Geht es um die Rolle von Eltern, pädagogischen Fachkräften und anderen Erwachsenen, gilt vor allem eines: Ein bewegliches Vorbild ist ein gutes Vorbild. Die Haltung der Familie zu Bewegung und Gesundheit ist von prägender Bedeutung für die zukünftige Beziehung des Kindes zu Bewegung, denn Kinder lernen in erster Linie durch Nachahmung.

Studien haben erwiesen, dass sowohl Essverhalten als auch Lebensstil häufig von den Eltern auf das Kind übertragen werden (ebd., S. 168). Zwar kommt es auch vor, dass aus unsportlichen Haushalten sportliche und bewegungsfreudige Kinder hervorgehen, dennoch neigen Kinder dazu, die Haltung ihrer Eltern nachzuahmen. Sie merken, ob Mama für den Weg zum Kiosk lieber das Auto benutzt oder Papa ständig den Aufzug den Treppen vorzieht. Entwicklungsförderlich ist es also, den Kindern von Haus aus Spaß an Bewegung zu vermitteln. Durch freiwillige, auf die kindliche Freude ausgerichtete und regelmäßig stattfindende Bewegungsaktivitäten können schon in frühen Jahren die Weichen für eine bewegungsreiche Zukunft gestellt werden. Um die kindliche Bewegungsmotivation zu stärken, ist es wichtig, das Kind zu ermuntern, erst recht wenn es von selbst Bewegungsaktivitäten ausübt. Kontraproduktiv sind Anforderungen, welche die Kinder überfordern und unter Druck setzen, sie entmutigen oder kritisieren (ebd., S. 166).

Die Haltung von pädagogischen Fachkräften in der Kita zu Themen wie Gesundheit, Bewegung und Ernährung können sich ebenfalls auf Kinder übertragen. Nicht jeder Pädagoge muss ein sportlich durchtrainierter Mensch sein, der mehrfach in der Woche zum Joggen geht, dennoch sind auch die Betreuungskräfte in den Kindertagesstätten Bewegungsvorbilder für die Kinder. Wenn Mädchen und Jungen sehen, wie die heiß geliebte Erzieherin regelmäßig Schokopudding verzehrt, bei Ballspielen nie mitmacht und die Einladung zum gemeinsamen Fangenspielen ablehnt, dann erleben sie kein positives Bewegungsvorbild. Kinder müssen spüren, dass die pädagogische Fachkraft Bewegungsaktivitäten aus Überzeugung durchführt und sich einigermaßen gesund ernährt.

Kinder sind sensibel, sie realisieren meist, ob eine Erzieherin das Bewegungsangebot aus Freude und Interesse anleitet oder ob sie es nur halbherzig tut. Letzteres kann sich dann in der Bewegungs(un)lust von Kindern widerspiegeln. Zudem liegt es an den Pädagogen, wie sie die vorhandene Ausstattung, Materialien, Räumlichkeiten und Zeiten nutzen, um Bewegungsangebote zu schaffen, welche die Bildungsprozesse der Kinder in vielfältiger Weise anregen. Eine schlechte materielle und räumliche Ausstattung von Einrichtungen sollte nicht als Vorwand für zu wenige Bewegungsangebote herhalten: Bewegungsanlässe lassen sich immer und überall im Kita-Alltag finden oder in diesen integrieren.

Immer mehr Kindergärten nehmen konzeptionelle Veränderungen vor und stellen Bewegung in den Mittelpunkt der täglichen Arbeit. Ziel sogenannter *Bewegungskindergärten* ist es, bei den Kindern eine Grundlage für ein bewegungsreiches Leben zu schaffen und Bewegung somit nachhaltig in den Kinderalltag einzubetten. Dies hängt auch damit zusammen, dass Bewegung in den Bildungsplänen aller 16 Bundesländer als Bildungsbereich genannt wird.

Der Kindergarten ist der ideale Ort, um Kindern spielerisch die Freude an Bewegung zu vermitteln. Bewegungskindergärten zeichnen sich dadurch aus, dass Bewegung und freies Spiel im Außenbereich zum Alltag gehören. Es herrscht eine bewegungsfreundliche Atmosphäre, die pädagogischen Fachkräfte haben Spaß an Bewegung und sind sich der Bedeutung von Bewegung für die kindliche Entwicklung bewusst. Im Idealfall färbt dies ungezwungen auf die Kinder ab. Die Gruppen sind in der Regel offen, sodass den Kindern ein breites Aktivitätsangebot ermöglicht wird. Bewegungskindergärten achten meist darauf, dass eine ausgewogene Mischung aus festgelegten, geplanten Bewegungsangeboten und längeren Freispielzeiten besteht (Zimmer 2004a, S. 164). Schließlich sollen Kinder in Bewegungskindergärten durch Bewegung eine ganzheitliche Förderung der Persönlichkeit erfahren.

**Praktische Anregungen und Hinweise für die Kita**

- Informieren Sie sich über das enorme entwicklungs- und bildungsfördernde Potenzial von Bewegung.
- Leben Sie Bewegungslust vor, anstatt diese nur vorzuspielen. Haben Sie Spaß an Bewegung und vermitteln Sie diesen. So entsteht ein bewegungsfreundliches Klima fast von ganz allein.
- Nutzen Sie Räume und Materialien der Kita, um so vielfältige Bewegungsangebote zu schaffen und verschiedene Bildungsprozesse anzuregen – am besten unter Einbezug vieler Sinne. Die Kinder sollten – im Rahmen notwendiger Grenzen – frei entscheiden können, was sie tun.
- Schaffen Sie eine Atmosphäre, in der es Kindern gestattet ist, Fehler zu machen und Umwege zu gehen. Schalten Sie sich nicht gleich regulierend ein, wenn einem Kind etwas beim ersten Versuch nicht gelingt. Geben Sie dem Kind Zeit und Vertrauen, damit es sein Ziel aus eigener Kraft erreichen kann. Greifen Sie, wenn möglich, nur ein, wenn ein Kind nach Hilfe und Unterstützung fragt oder eine gefährliche Situation droht.
- Innerhalb von Bewegungsphasen ist es am sinnvollsten, die Kinder sich abwechselnd selbstständig betätigen zu lassen und dann wieder Impulse zu geben.
- Ebenfalls wichtig sind Ruhe- und Entspannungsphasen. Denken Sie daran, dass Kinder Raum und Zeit für Entspannung brauchen. So können sie am besten neue Energie, Konzentration und Motivation sammeln. Bieten Sie den Kindern also entsprechende Rückzugsmöglichkeiten.
- Lassen Sie die Jungen und Mädchen reichlich sinnlich-körperliche Erfahrungen machen. Kinder lieben es zu planschen, zu matschen und dreckig zu werden. Reagieren die Eltern mit Unverständnis und Ärger auf schmutzige Kleidung oder kleine Schrammen, erläutern Sie diesen die große Bedeutung dieser Erfahrungen (Kreativität, sinnliche Wahrnehmung, Fantasie usw.) und den Spaß, welchen Kinder bei solchen Tätigkeiten erleben.
- Gestalten Sie die Räumlichkeiten und auch das Außengelände bewegungsfreundlich. Was die Räumlichkeiten betrifft, ist Überschaubarkeit wichtig; sie gibt Kindern Sicherheit. Insgesamt sollte die Umgebung sowohl offene wie auch inszenierte Bewegungssituationen zulassen. Prinzipiell sollte jeder Ort kindliche Bewegung erlauben. Besonders Orte wie Ecken oder Flure regen Kinder oftmals an. Bewegung an solchen Orten zu verbieten, ist hinderlich für die Motivation der Kinder.

- Ermutigen Sie die Kinder zur Bewegung, aber geben Sie ihnen die notwendige Zeit und den Raum, um sich selbstständig zu bewegen. Bedenken Sie dabei die Individualität der Kinder – die einen brauchen mehr, andere weniger Unterstützung und Begleitung.
- Sorgen Sie für eine Offenheit der Bewegungsangebote. Lassen Sie spontane und situative Einfälle der Kinder während der Bewegungsaktivitäten zu und beziehen Sie diese ein (Zimmer 2006, S. 79). Optimal ist eine gute Mischung aus festen Bewegungsangeboten und längeren Freispielzeiten.
- Für Kinder mit Deutsch als Zweitsprache ist Bewegung sehr bedeutsam. Denn Nachteile, welche durch die fehlenden Sprachkenntnisse entstehen, können sie im Spiel durch Bewegung, Gestik und Mimik ausgleichen. So erfahren sie Anerkennung und Akzeptanz. Gleichzeitig geraten sie zwangsläufig spielerisch in kommunikative Situationen. Im Idealfall führt dies zu gesteigertem Selbstwertgefühl, einer besseren Sprachbeherrschung und somit zu neuem Mut, mehr Deutsch zu sprechen. Bieten Sie also Kindern mit Deutsch als Zweitsprache häufig Bewegungsgelegenheiten – die Kinder können in vielfacher Weise davon profitieren.

### Praktische Anregungen und Hinweise für die Familie

- Kinder wiederholen oft – Erwachsenen meist sinnlos erscheinende – Tätigkeiten immer und immer wieder. Dies tun sie mit einer Geduld und einem Elan, die manchmal schwer nachzuvollziehen sind. Lassen Sie dies zu, es ist gut, wenn das Kind Spaß an Bewegung hat. Geht ein Kind mit Lust und guter Laune an etwas heran, dann lernt es auch besser. Zudem geben diese Wiederholungen dem Kind Sicherheit und Vertrauen in seine eigenen Fähigkeiten.
- Fördern Sie das selbstständige Sichbewegen Ihres Kindes, indem Sie es ermutigen und motivieren, sooft es geht. Lassen Sie Ihr Kind Vertrauen spüren. Zeigen Sie dem Kind, dass Sie da sind und – wenn nötig – helfen können. Loben Sie Ihr Kind und verdeutlichen Sie, dass Sie ihm auch zutrauen, schwierigere Situationen und Aufgaben selbstständig zu lösen. So gewinnt es an Selbstvertrauen.
- Gehen Sie mit gutem Beispiel voran und seien Sie ein bewegliches Vorbild. Leben Sie Spaß an Bewegung vor, indem Sie einen aktiven Lebensstil praktizieren.

- Spielen Sie nicht täglich Taxi. Motivieren Sie Ihr Kind, zu Fuß in die Schule zu gehen. Dabei sollten Sie natürlich die Verkehrssituation sowie das Alter bedenken, den Entwicklungsstand und das Können des Kindes berücksichtigen. Entsprechende Schutzkleidung, Licht und Reflektoren sollten nicht vergessen werden.
- Meiden Sie Druck. Von Eltern erzwungene und von Kindern widerwillig ausgeführte Bewegung bringt auf lange Sicht nichts und wirkt sich negativ auf die Bewegungsmotivation des Kindes aus.
- Lassen Sie Ihr Kind seine Grenzen austesten. Aktivitäten wie Erkunden, Erforschen und Ausprobieren sind immer mit einem gewissen Risiko verbunden. Es ist aber wichtig für die Entwicklung Ihres Kindes, dass es Widerstände und Risiken spüren und erleben kann. Helfen Sie Ihrem Kind beim Aufstehen, statt stets das Hinfallen zu vermeiden.
- Zeigen Sie Vertrauen in die Fähigkeiten Ihres Kindes. Spürt es Angst und Misstrauen der eigenen Eltern, können sich diese negativen Gefühle schnell auf das Kind übertragen und es beginnt, an seinen Fähigkeiten zu zweifeln.
- Erlauben Sie Ihrem Kind sich in einer geeigneten Umgebung auszutoben, auch wenn dies aus der Sicht eines Erwachsenen sinnlos, wild und unkontrolliert wirkt. Kinder empfinden großen Spaß daran und brauchen es (Zimmer 2004b, S. 10).
- Unternehmen Sie etwas mit der ganzen Familie. Bewegen Sie sich zusammen und genießen Sie gemeinsam den Spaß an Bewegungsaktivitäten.

# Kinder durch Naturerfahrung stärken

*Juliane Giest*

Wenn wir an unsere eigene Kindheit denken, zählt das ungestörte Spielen mit den Nachbarskindern auf der Straße, der Wiese oder in einem nahegelegenen Wäldchen für die meisten von uns zu den schönsten Erinnerungen. Der soziale und ökonomische Wandel unserer Gesellschaft brachte jedoch einschneidende Veränderungen für die Umwelt, die Arbeitswelt und für die familiären Verhältnisse mit sich.

Durch die zunehmende Verhäuslichung verlieren Kinder wichtige Aktionsräume. Selbstständige, in Gemeinschaft mit anderen Kindern durchgeführte Ausflüge zur Erkundung des Wohnumfeldes sind dadurch fast unmöglich geworden. Stattdessen bestimmen von den Erwachsenen festgelegte Funktionsräume, z. B. Spielplätze, Kindergruppen oder Turnhallen, die kindlichen Erfahrungsinhalte. Diese Spielorte sind oft so weit vom Elternhaus entfernt, dass die Kinder mit dem Auto hingebracht werden müssen. Durch diese Institutionalisierung und Verinselung von Kindheit bleibt den Kindern der Gesamtraum ihrer Umgebung weitgehend unbekannt und bedeutungslos. Ein oft unkontrollierter TV- und Computerkonsum hemmt zusätzlich die Eigentätigkeit, d. h. die körperliche Bewegung des Kindes, und beansprucht die Sinne nur recht einseitig.

Was genau meint *Naturerfahrung* überhaupt? Der Begriff *Natur* leitet sich aus dem lateinischen *natura* ab und bedeutet »natürliche Beschaffenheit« (Brockhaus 1991, S. 372). Allgemein ausgedrückt, umfasst der Naturbegriff alles, was nicht vom Menschen erschaffen wurde. Dabei kann man zwischen der *belebten Natur* (Tiere und Pflanzen) und der *unbelebten Natur* (Steine, Gewässer und Landschaftsformationen) unterscheiden. Doch die Natur zu erfahren bedeutet nicht, sie lediglich äußerlich zu erleben und passiv auf sich wirken zu lassen. Vielmehr muss man die Natur in ihrer gesamten Erscheinungsform aktiv erfahren und sich von ihr berühren lassen. Hierbei ist es wichtig, den Begriff *Naturerfahrung* von der *naturwissenschaftlichen Bildung* abzugrenzen. Zwar sind Naturerfahrungen auch mit naturwissenschaftlichen Bildungsinhalten verbunden, doch im Folgenden soll deutlich werden, wie Eltern und Erzieherinnen Kinder durch das Erleben der Natur in verschiedenen Entwicklungsbereichen stärken können.

## Bedeutung von Naturerfahrung für Kinder

Durch eine zunehmende Urbanisierung und Technisierung ihres Lebensraums kommen Kinder mit Natur, d. h. mit unbebauten Flächen, Wiesen und Wäldern, kaum noch in Berührung. Es hat sich jedoch gezeigt, dass Naturerfahrungen in der frühen Kindheit eine große Bedeutung für die Entwicklung eines Kindes haben. Ein wichtiges Argument, das für den Aufenthalt in der Natur spricht, ist die Stärkung des Immunsystems. Denn ausreichend Bewegung an der frischen Luft, bei jedem Wetter, versorgt den Körper mit viel Sauerstoff und unterstützt die Abwehrkräfte von Kindern. Weiterhin wird der Natur bei der Behandlung von Krankheiten eine besondere Bedeutung zugeschrieben. Neben Pflanzen mit ihrer Heilkraft werden vor allem Tiere (Pferde, Hunde und Delfine) in der Therapie erfolgreich eingesetzt.

Bereits der Säugling lauscht aufmerksam dem Rauschen der Blätter im Wind, und auch die vorbeiziehenden Wolken am Himmel scheinen ein beruhigender Anblick zu sein. Im Kleinkindalter wird die Natur durch ihre vielen verschiedenen Sinnesreize noch bedeutender. Schließlich ist die Wahrnehmung besonders in diesem Alter die Grundlage für alle Lernprozesse und sinnlichen Erfahrungen: Hören, Sehen, Fühlen, Riechen und Schmecken setzt das Kind dabei intuitiv ein.

Draußen gibt es für Kinder so viel zu entdecken. Sie können Steine sammeln, Käfer suchen, in eine Pfütze springen, ein Boot auf dem Wasser schwimmen lassen, aber auch Sandburgen bauen, Blumen pflücken und vieles mehr. In der Natur ergeben sich unzählige Möglichkeiten, die die Sinne der Kinder anregen. Mit anderen Kindern auf Erkundungstour zu gehen, im Wald eine Höhle zu bauen und so den Blicken der Erwachsenen zu entkommen, birgt für die Kleinen nicht nur das große Abenteuer, sondern lässt sie gleichzeitig ein kleines Stückchen Selbstständigkeit und Eigenverantwortlichkeit gewinnen.

Im Gegensatz zu manchen einschränkenden Kinderzimmern oder Räumen in Kindertageseinrichtungen können sich Kinder in der Natur frei entfalten, denn Springen, Rennen, Klettern und Toben, ja sogar Schreien ist dort nicht verboten. Bei dem hohen Lärmpegel und dem Platzmangel, die in einem Gruppenraum herrschen, kann der Aufenthalt im Freien für Kinder und auch Erwachsene wie ein regelrechtes Stressventil wirken. Schließlich vermittelt die Natur den nötigen Freiraum und die Ruhe, um von einem hektischen Alltag Abstand zu nehmen und neue Energie zu schöpfen.

Mädchen und Jungen können in der Natur nicht nur ihrem großen Bewegungsdrang nachgehen, sondern ebenso ihrer Kreativität freien Lauf lassen. Es gibt keine vorgefertigten Spielgeräte oder Spielzeuge. Stattdessen müssen Materialien oder Gegenstände zum Spielen selbst gesucht oder gebaut werden. Natur stellt also eine wesentliche Grundlage für gleich mehrere wichtige kindliche Bedürfnisse dar: Fantasie- und Eigentätigkeit, Bewegung und Entspannung.

Natur ermöglicht es Kindern, die Dinge aus erster Hand, d. h. hautnah zu erleben. Die ersten Knospen im Frühling zu entdecken oder im Sommer Schmetterlinge auf einer Blumenwiese zu jagen sind für Kinder genauso prägende Erlebnisse wie im Herbst, durch das Laub zu laufen und einen Drachen steigen zu lassen oder im Winter, Spuren im Schnee zu verfolgen. So lernen Kinder die Jahreszeiten spielerisch und intensiv kennen.

Die Sensibilisierung für ökologische Zusammenhänge, das Erleben von jahreszeitlichen Rhythmen und das Kennenlernen von Pflanzen und Tieren in ihrem Lebensraum fördert nicht nur kognitive Prozesse, sondern auch die Wertschätzung von Wald, Wiesen, Hecken, Feuchtbiotopen, also der natürlichen Umgebung und des Lebens überhaupt. Lernen Kinder bereits früh verantwortungsbewusst mit der Natur umzugehen, werden sie es auch im späteren Leben tun. Aus diesem Grund wirkt sich frühkindliche Naturerfahrung nicht nur auf die physische, psychische, kreative und emotionale Entwicklung förderlich aus, sondern auch auf das spätere Umweltverhalten (Gebhard 2010, S. 70).

## Wie man Kinder durch Naturerfahrung stärken kann

»Damit jedes Kind seine individuellen Potenziale entfalten kann, braucht es eine Umgebung, die durch ihre Vielfalt, Offenheit und Flexibilität die vielfältigen kindlichen Zugangs- und Ausdrucksweisen ermöglicht und zulässt« (Alemzadeh/Rosenfelder 2009, S. 11). Welche Umgebung hat vielfältigere Farben und Formen, ist offener und flexibler in ihrer Gestaltungsform als die Natur selbst? Betrachtet man, wie Kinder in der frühen Kindheit ihre Umgebung entdecken und sich weiterentwickeln, wird schnell deutlich, welchen Vorteil die Natur besitzt.

Kindliche Lernprozesse sind eng mit der Sinnestätigkeit verbunden, denn bei Kindern sind es die Sinneseindrücke, die Aufmerksamkeit erregen und Aktivitäten zur Weltaneignung in Gang setzen. Über sinnliche Erfahrungen sammeln Kinder ihre ersten Erkenntnisse über die Dinge in ihrer Umwelt. Gerade für Kinder unter drei Jahren ist dies von großer Bedeutung, denn ohne Sprache müssen die Dinge über den Tast-, Seh-, Hör-, Geruchs- und Geschmackssinn in Erfahrung gebracht werden. Die Natur bietet die besten Voraussetzungen, sich die Welt durch sinnliche Erfahrungen zu erschließen. Hier hören Kinder Vögel, den rauschenden Wind oder das plätschernde Wasser. Sie riechen frisch gemähtes Gras, den Duft des Waldes oder der Blumen und spüren das weiche Moos, den Sand oder die harten Steine unter ihren Füßen. Die vielen Farben und Formen von Blumen und Blättern und der Geschmack von Obst und Gemüse aus dem eigenen Garten sind ganz besondere Primärerfahrungen in der Umwelt.

Vor allem den Elementen Wasser und Sand begegnen Kinder mit großem Interesse. Wasser besitzt eine nahezu magische Anziehungskraft und in Kombination mit Sand ergeben sich noch vielseitigere Spielmöglichkeiten. Im Krippenalter lassen generell das Matschen und das Ertasten der Elemente die Kinderherzen höherschlagen, während im Kindergartenalter immer mehr das Bauen und Konstruieren von Burgen, Tunneln, Staudämmen usw. eine Rolle spielt.

In jedem Fall können Kinder in einem Wasser-und-Sand-Spielbereich viele sinnlich-ästhetische Erfahrungen sammeln. Durch diese vielseitigen Sinnestätigkeiten werden Reize ausgelöst, welche die Nervenzellenverknüpfungen besonders anregen. Erst durch diese Verknüpfungen entsteht ein neuronales Netzwerk, was gemeinhin als Wissen bezeichnet wird (Braun/Dieckerhoff 2009, S. 42). Die Förderung der sinnlichen Wahrnehmung hat dementsprechend große Auswirkungen auf die Gehirnentwicklung in der frühen Kindheit.

Durch die angeborene Neugierde wollen Kinder ihre Umwelt unentwegt erforschen. Wie entsteht ein Schmetterling? Warum fallen die Blätter im Herbst von den Bäumen? Wie schnell wächst eine Pflanze? Mit solchen und vielen anderen Fragen beschäftigen sich Kinder. Diese Auseinandersetzung mit Reifungs- und Wachstumsvorgängen in der Natur hat Orientierungsfunktion für die Kinder. Sie lernen, Zusammenhänge herzustellen und kausal zu denken.

Doch nicht nur kognitiv werden Kinder durch Naturerfahrung inspiriert, sondern auch der Kreativität und Fantasie von Kindern sind in natürlicher Umgebung keine Grenzen gesetzt. Naturmaterialien wie Steine, Äste, Blätter, Erde, Gras usw. bieten eine Vielzahl an Farben und Formen, die die Fantasie anregen und die Lust wecken, sich mit der Welt und sich selbst zu befassen. Es ist wichtig, dass Kinder Gelegenheiten haben, ihre Welterfahrungen mit ihrer eigenen Einbildungskraft zu verbinden. Schließlich können Kinder beim fantasievollen Spielen und Gestalten in und mit der Natur viele Dinge ausprobieren und sich so behutsam an das wirkliche Leben herantasten (Braun/Dieckerhoff 2009, S. 47). Jeder Mensch hat ein Potenzial an Kreativität, das nur ausreichend gefördert werden muss.

Von Geburt an haben Kinder das Bedürfnis, sich zu bewegen, zu rennen, zu klettern und zu springen. Doch leider wird dieses natürliche Bedürfnis von den Erwachsenen oder von der allgemeinen Lebenssituation oft gezähmt. Die Natur stellt hingegen ein hindernisreiches Terrain (Hügel, Abhänge, Erdlöcher, Wurzeln und umgestürzte Bäume) zur Verfügung, wodurch ganz nebenbei die Bewegungssicherheit und der Gleichgewichtssinn eines Kindes gestärkt werden (Weber-Heggemann 2010, S. 156).

Bewegungsanlässe, die sich in der freien Natur, wie z. B. beim Klettern, Springen und Balancieren ergeben, fördern dadurch nicht nur allgemein die Grobmotorik, sondern eröffnen den Kindern gleichzeitig körperliche Grenzerfahrungen. Dadurch lernen Kinder schon früh, ihre eigenen Fähigkeiten, aber auch Grenzen einzuschätzen. Die vielfältigen Bewegungsanreize der Natur tragen jedoch ebenso zur Verbesserung der feinmotorischen Fertigkeiten bei, beispielsweise beim Sammeln und Untersuchen kleiner Naturgegenstände.

Es soll hier nur am Rande erwähnt werden, dass Entwicklungspsychologen einen engen Zusammenhang zwischen aktiver Bewegung und einer altersgemäßen Sprachentwicklung sehen. So beobachteten Sprachheilpädagogen, dass bei vielen Kindern, die unter einer gestörten Körperempfindung leiden, zusätzlich eine Verzögerung hinsichtlich ihrer Sprachentwicklung diagnostiziert werden konnte (Österreicher/Prokop 2006, S. 17). Naturerfahrung stärkt Kinder auch emotional. Mehrere Untersuchungen bestätigen, dass Naturerfahrungen eher positive Affekte (Erholung, Stressabbau) auslösen und negative Affekte (Ärger, Angst) kompensieren (Braun/Dieckerhoff 2009, S. 45).

Weiterhin führt der frühkindliche Kontakt mit der Umwelt unweigerlich zu einer Auseinandersetzung mit sich selbst und der Umgebung. Neben den ständig neuen Erfahrungen und Reizen, die die Natur bereithält, vermittelt sie nach Gebhard jedoch auch Kontinuität und Sicherheit, wie der Baum im Garten, der seit der Kindheit an seinem Platz steht. Durch ihren Doppelcharakter hat die Natur laut Gebhard für die psychische Entwicklung eine besondere Bedeutung (Gebhard 2008, S. 29 f.). Aufgrund der sicheren Vertrautheit einerseits und der ständigen Veränderung andererseits können sich Naturerfahrungen sehr positiv auf die emotionale Entwicklung auswirken.

> **Praktische Anregungen und Hinweise für die Kita**
>
> *Außenbereich:*
> - Ein naturnaher Außenbereich mit Materialien wie Pflanzen, Holz, Rinde, Kies, Bruchsteinen, Findlingen, Sand und Wasser eröffnet zahlreiche Möglichkeiten zum selbstständigen Beobachten, Experimentieren und Forschen. Gräben und Erdmulden in Verbindung mit entsprechender Bepflanzung (Hecken, Sträucher und Weiden) laden zum Sich-Verstecken und Sich-Zurückziehen ein. Diese Rückzugsräume im Außenbereich sind genauso wichtig wie Ruheecken im Gruppenraum. Baumstämme, Findlinge oder Trockenmauern eröffnen den Kindern außerdem vielfältige Bewegungsmöglichkeiten zum Klettern, Springen und Balancieren.
> - Gemäß dem Sprichwort »Es gibt kein schlechtes Wetter, es gibt nur unpassende Kleidung«, müssen Sie sich überwinden, auch bei Regen oder Schnee die Natur zu erkunden, denn zugefrorene Pfützen oder Spuren im Schnee können für Kinder ebenso spannend wie lehrreich sein.
> - Gemüse- oder Blumenbeete wecken Verantwortungsbewusstsein und Lust an gesunder Ernährung.
> - Greifen Sie die Jahreszeiten auf und erleben Sie diese bewusst in der Natur. So lernen Kinder die Welt besser zu verstehen und sich selbst in diesen Kreislauf einzuordnen.
>
> *Innenräume:*
> - Geben Sie die Sanitärräume auch als Wasserspielräume frei, denn Wasserspiele bieten neben dem Spaßfaktor auch einen großen Lerneffekt für Kinder.
> - Ebenso bieten die Materialien Sand, Bohnen und Linsen in Verbindung mit verschiedenen Utensilien wie Löffeln, Trichtern, Gefäßen und Schläuchen den Kindern etliche Experimentier- und Wahrnehmungsmöglichkeiten.
> - Ersetzen Sie die herkömmliche Bauecke durch eine Naturbauecke. Mit Steinen, kleinen Stöcken und Brettern, Tannenzapfen oder Muscheln können Kinder kreative Bauwerke entstehen lassen und nebenbei ihre sinnliche Wahrnehmung fördern.

**Praktische Anregungen und Hinweise für die Krippe**

- Die sinnliche Wahrnehmung zu stärken ist ein wichtiges Ziel bei der Förderung von Null- bis Dreijährigen. Dies geschieht unter anderem beim Spielen mit Wasser und Sand, beim Barfußgehen über verschiedene Naturmaterialien oder beim Erleben von Naturgeräuschen aller Art.
- Der Aspekt der gesunden Ernährungsweise mit Naturprodukten darf nicht vernachlässigt werden.
- Richten Sie Matschecken als festen Bestandteil in Ihrer Krippe ein. Das Spiel mit Wasser oder Sand lässt sich im Außenbereich sowie in Innenräumen durch Wanne oder Dusche ohne großen finanziellen Aufwand realisieren.
- Auch kleinen Kindern sollten Sie etwas zutrauen, denn über einen Baumstamm zu balancieren oder einen Hügel zu erklimmen stärkt das Selbstvertrauen ungemein. Gefahren müssen natürlich trotzdem realistisch eingeschätzt werden.
- Bei Ausflügen in die Natur kann es von Vorteil sein, altershomogene Gruppen zu bilden, damit kein Kind überfordert wird. Je jünger die Kinder, desto anstrengender ist bereits der Fußmarsch.
- Bei Waldausflügen ist ein Personalschlüssel von 1:2 sinnvoll. Zum einen gibt es für Kinder im Wald besonders viele Hindernisse wie Äste und Wurzeln zu überwinden und zum anderen muss man bei Kleinkindern immer damit rechnen, dass sie Dinge in den Mund nehmen. Giftige Pilze, Pflanzen oder Früchte sind daher eine ernstzunehmende Gefahr.
- Während eines Naturaufenthaltes dürfen Decken, Verpflegung, Erste-Hilfe-Kasten, Windeln und Handy auf keinen Fall fehlen. Mit Lupenbechern, Schaufeln und Eimerchen können die kleinen Forscher der Natur auf den Grund gehen und ihre Entdeckungen transportieren.

### Praktische Anregungen und Hinweise für die Familie

- Sie haben als Eltern eine wichtige Vorbildfunktion für Ihre Kinder. Ihre Einstellung gegenüber der Natur ist also entscheidend für das Verhalten Ihrer Kinder.
- Mit Naturmaterialien wie Holz, Stoff, Kork, Steinen, Tannenzapfen, Kastanien und Blättern können Kinder häufig kreativer spielen und basteln als mit vorgefertigten Materialien und Spielsachen aus Plastik oder Metall.
- Ermöglichen Sie Ihrem Sohn/Ihrer Tochter einmal einen Urlaub auf dem Bauernhof – vor allem wenn Sie in der Stadt wohnen. Damit bereiten Sie Ihren Kindern ein unvergessliches Erlebnis. Ausflüge zu einem Bauernhof können natürlich ebenso unternommen werden.
- Regelmäßige Parkbesuche lassen sich in jeder Stadt realisieren. Auch wenn es Sie oft Überwindung kostet, sollten diese Ausflüge zu jeder Jahreszeit unternommen werden.
- Kinder müssen sich schmutzig machen dürfen, denn nur so kann Natur intensiv erlebt werden.
- Sie dürfen Ihre Aufsichtspflicht gerade bei jüngeren Kindern zwar nicht vernachlässigen, andererseits sollten Sie die jungen Forscher auch nicht durch überbetonte Fürsorge und Ängstlichkeit in ihrem Bewegungs- und Entdeckungsdrang einschränken.
- Beim Anlegen eines eigenen Gemüse- oder Blumenbeetes können Kinder Verantwortung übernehmen, Wachstum beobachten und beeinflussen sowie etwas über natürliche Lebensmittel lernen. Wenn kein Garten vorhanden ist, kann ebenso ein Blumentopf auf dem Fensterbrett genutzt werden.
- Die Ernährung in der frühen Kindheit prägt ganz entscheidend das spätere Essverhalten. Achten Sie auf eine gesunde Ernährung und beziehen Sie Ihre Kinder beim Ernten, Einkaufen oder bei der Zubereitung von Nahrung mit ein.

# Kinder durch den Umgang mit Tieren stärken

*Sabine Gerlach*

> *Der junge Mensch [...] braucht [...] seinesgleichen – nämlich Tiere, überhaupt Elementares, Wasser, Dreck, Gebüsche, Spielraum. Man kann ihn auch ohne das alles aufwachsen lassen, mit Teppichen, Stofftieren oder auf asphaltierten Straßen und Höfen. Er überlebt es – doch man soll sich dann nicht wundern, wenn er später bestimmte soziale Grundleistungen nie mehr erlernt [...]* (Mitscherlich 1965/2008, S. 24).

Durch diese Worte des Psychoanalytikers Alexander Mitscherlich wird deutlich, welche Bedeutung Naturerfahrungen, auch im Hinblick auf Tiere, für die Entwicklung und Zukunft eines Kindes haben können.

Der frühe Kontakt zu Tieren spielt für Kinder eine bedeutsame Rolle. Viele von ihnen wünschen sich bereits in ihren ersten Lebensjahren ein eigenes Tier, das sie eine Zeit lang begleitet. In der Regel fühlen sich Kinder von Tieren angezogen, sie möchten Verbindung zu ihnen aufnehmen, sie streicheln, versorgen, sich einfach um sie kümmern. Indem die Bezugspersonen Kindern den Umgang mit einem Tier ermöglichen, schaffen sie eine Basis, damit die Kinder mit und von einem Tier lernen können. Durch diese vielfältigen Erlebnisse und Erfahrungen können Kinder in verschiedenen Lebensbereichen profitieren. Verantwortungsbewusstsein, Einfühlungsvermögen, Mitgefühl, Selbstständigkeit und Rücksichtnahme werden durch die Begegnung mit einem Tier gefördert.

Aufgrund der Tatsache, dass Tiere andere Individuen meist so akzeptieren, wie sie sind, fällt es vielen Kindern in ihrer Anwesenheit leichter, sich von ihren Selbstzweifeln und Ängsten zu befreien und sich einfach nur auf ihr Gegenüber einzulassen. Dies stärkt die geistigen, seelischen und körperlichen Kräfte sowie das Selbstwertgefühl und das Selbstbewusstsein. Somit erweitern bereits kleine Kinder ihre Kompetenzen in der Interaktion mit einem Tier und vollziehen bedeutende Entwicklungsschritte.

Für das erste Kennenlernen sind vor allem gesunde, kontaktfreudige, gut gepflegte, freundliche und tolerante Tiere geeignet. Tiere, die ein kuscheliges, längeres Fell besitzen, werden von den Kindern besonders gern angenommen, da ihr weiches Fell förmlich zum Streicheln einlädt. Wenn das Tier in seinen Merkmalen eine hohe Ähnlichkeit mit den Eigenschaften des Kindes aufweist, z. B. in Bezug auf das Bewegungstempo, den Charakter oder das Verhalten, besteht die Möglichkeit einer gegenseitigen Annäherung. Aber auch gegensätzliche Verhaltensmuster können sich positiv auf das Verhältnis zwischen Kind und Tier auswirken. Denn ein spielfreudiges Tier fordert auch ein schüchternes Kind förmlich dazu auf, mit ihm zu spielen und selbst aktiv zu werden.

Eine mögliche Anspannung des Kindes, die vor dem Tierkontakt bestand, kann durch die Aktivität und Freude in Entspannung und Zufriedenheit verwandelt werden. Gerade im Hinblick auf junge Hunde, die im Umgang mit Menschen sehr unbefangen reagieren, lassen sich bei Kindern besonders positive Erfahrungen erzielen. Ein Tier, das in seinem Wesen sehr ausgeglichen ist und die kindlichen Bedürfnisse sensibel wahrnimmt, eignet sich ebenfalls für die Interaktion (Otterstedt 2001, S. 117 ff.).

## Weshalb Tiere für Kinder so wichtig sind

Tiere bringen Kindern Zuneigung entgegen und bereichern dadurch deren Lebenswelt. Sie begleiten die Kinder in einem bestimmten Lebensabschnitt und bereiten ihnen Freude. »Für ein warmes, weiches Fell, das Kinderhände streicheln dürfen, gibt es keinen Ersatz« (Lachner 1979, S. 9). Laut Sylvia Greiffenhagen und Oliver Buck-Werner werden drei natürlich zusammenhängende Dimensionen des heilsamen Einflusses von Tieren auf Kinder unterschieden. Sie beschreiben das Tier als *Erzieher,* als *Quelle für Freude und Gesundheit* sowie als *Freunde* und *Gefährten.*

Tiere fungieren als Erzieher von Kindern, indem sie deren Erlebnisfähigkeit und Fantasie anregen, sie zur Verantwortung, Fürsorglichkeit, Pünktlichkeit, Ordnung und (Selbst-)Disziplin erziehen. Außerdem erlangen die Kinder durch den Umgang mit Tieren schon in frühster Kindheit Kenntnisse, die für ihr weiteres Leben sehr nützlich sein können.

Laut Friedrich Fröbel übt sich das Kind zuerst am Tier. Damit bringt er zum Ausdruck, dass der Tierkontakt in der Kindheit einer Erziehung zur Humanität dienlich sei. Kinder, die für ein Tier Verantwortung übernehmen, tun dies in der

Regel auch für sich selbst und für andere Menschen. Sie lernen, sich in andere Lebewesen hineinzudenken, werden empathiefähig und üben sich auf diese Weise in Rücksichtnahme gegenüber ihrer Umwelt. Besonders für Einzelkinder, die nicht die Möglichkeit haben, bestimmte Verhaltensweisen in der Interaktion mit ihren Geschwistern zu erproben und zu erlernen, eignet sich der Tierkontakt. Dadurch wird ihnen die Chance gegeben, ihre sozialen Kompetenzen auszubauen.

Kinder, die mit einem Tier in ihrer unmittelbaren Umgebung aufwachsen, zeigen im Dialog mit anderen Kindern weniger Aggressivität, ihre Verhaltensweisen gestalten sich kooperativer und sie können sich besser in eine Gemeinschaft einfügen als Kinder, denen der Zugang zu Tieren verwehrt bleibt. Dieser positive Effekt lässt sich auch noch im Erwachsenenalter nachweisen. Nicht zuletzt lernt das Kind durch den Tod des Tieres den Kreislauf des Lebens kennen, welcher die Geburt, das Leben und das Sterben umfasst.

Das Tier als Quelle von Freude und naturnaher Lebensweise hat einen heilenden und wohltuenden Einfluss auf Kinder. Diese werden zu Spiel und Bewegung animiert, zum Lachen und Spaßhaben, aber Tiere helfen Kindern auch, Freundschaften zu knüpfen, und können durch ihre Anwesenheit und die gemeinsame Beschäftigung mit ihnen zum Zusammenhalt in der Familie beitragen.

Tiere als Freunde und Gefährten stehen den Kindern in ihrer Entwicklung und bei der Bewältigung von Konflikten treu zur Seite. Dem Kinderpsychoanalytiker Boris Levinson zufolge helfen sie ihnen, ihre Kindheit positiver zu erleben und Schwierigkeiten besser zu bewältigen. Tiere sind imstande, Kinder von ihren Sorgen und Ängsten abzulenken und Trost zu spenden. In Forschungsergebnissen Levinsons sowie in denen des Tierarztes Ange Condoret wird aufgezeigt, welche Bedeutung den Tieren in den einzelnen kindlichen Entwicklungsstufen zukommt (Greiffenhagen/Buck-Werner 2009, S. 71 ff.).

## Wie Kinder durch Tiere gestärkt werden können

In der Regel gehen Kinder unvoreingenommen auf Tiere zu, weil sie sich zu ihnen hingezogen fühlen. Bereits bei dem ersten Zusammentreffen zwischen Kind und Tier wird die Neugierde auf das neue, noch unbekannte Lebewesen geweckt (Otterstedt 2001, S. 46). Seitdem Boris Levinson seine Ansicht publik machte, dass ein natürliches Umfeld mit Tierkontakten ein Grundbedürfnis von jungen Menschen sei, beschreiben viele Autoren, welche Bereicherung ein Haustier für ein Kind darstellt. Um von Beginn an einen positiven Verlauf der Mensch-Tier-Beziehung herzustellen, sollten Eltern und pädagogische Fachkräfte darauf achten, sich gerade im Hinblick auf die Übernahme der Verantwortung für ein Tier vorbildhaft zu verhalten. Dabei ist es wichtig, dass sie Kindern in allen Entwicklungsstufen, vom Kleinkindalter über das Schulalter bis hin zur Pubertät, bei der Tierpflege zur Seite stehen (Krohn 2000, S. 15).

Kinder, die sich noch am Anfang ihrer Entwicklung befinden, suchen vor allem Geborgenheit und Sicherheit. In ihren Tag- und Nachtträumen sind Tiere präsent, sie identifizieren sich mit ihnen und glauben an die Verwandlung von Tieren in Menschen und umgekehrt. Neben lebendigen Tieren sind bei den Kindern auch Stofftiere sehr beliebt (Greiffenhagen/Buck-Werner 2009, S. 75). Mit zunehmendem Alter bewegt sich das Kind kontrollierter. Es greift nach Spielzeug, hält es fest, um es anschließend wieder loszulassen. Vorgänge dieser Art können auch das Spiel mit dem Tier prägen, indem das Kind das Fell des Tieres berührt und es wieder loslässt (Otterstedt 2001, S. 46). Ungefähr im Alter von drei Jahren verfügt das Kind über eine Vorstellung vom Tier als einem lebendigen Wesen. In der Phase des Egozentrismus, in der das Kind von sich auf andere schließt, wird das Tier vom Kind vermenschlicht und ihm werden unrealistische Fähigkeiten und Absichten zugeschrieben (Breuer 2008, S. 25). Das lässt sich sehr gut daran erkennen, dass in Märchen wie *Rotkäppchen* Tieren wie dem Wolf menschliche Wesenszüge unterstellt werden, die von Kindern als realistisch wahrgenommen werden. Bei Kindern, die sich noch auf der egozentrischen Stufe bewegen, verschwimmen Märchen bzw. Fantasie und Realität noch häufig ineinander, da diese Bereiche in der frühen Kindheit noch nicht klar voneinander abgegrenzt sind. Kinder können sich durch Märchen und andere Geschichten mit starken Tierfiguren identifizieren oder auch mit solchen, die im Laufe einer Geschichte gestärkt daraus hervorgehen.

**Tiere stärken Kinder im sozialen Umgang**

Durch Unternehmungen mit Tieren lernen Kinder, dass sie zu einem anderen Lebewesen Vertrauen aufbauen können. Insbesondere erweitern sie hierdurch auch im Laufe der Zeit ihre Kompetenzen im sozialen Bereich, z. B. ihre Beziehungsfähigkeit. Mit der Übernahme von Pflichten und Aufgaben, welche die Pflege des Tieres betreffen, wie die regelmäßige Versorgung mit Futter und Wasser, frischer Einstreu usw., lernen die Kinder Verantwortung für die Tiere und auch für andere Kinder zu übernehmen, die ebenfalls in die Tierpflege involviert sind. Die Zusammenarbeit der Kinder untereinander bestärkt sie darin, soziale Kooperationsfähigkeit in der Interaktion mit anderen Menschen zu erlernen. In entstehenden Konfliktsituationen werden sie zum Wohle des Tieres handeln, indem sie ihre eigenen Gefühle und Bedürfnisse auch einmal zurückstellen. Auf diese Weise wird ihnen das Einüben von sozialen Umgangsformen mithilfe des Tieres ermöglicht. Die wechselseitige Unterstützung und die partnerschaftliche Zusammenarbeit mit den anderen Kindern fördert sie darin, einen rücksichtsvollen Umgang mit anderen Lebewesen zu pflegen und ihre Kompetenzen in den Bereichen der Zuverlässigkeit und des Respekts vor dem Gegenüber auszubauen (Greiffenhagen/Buck-Werner 2009, S. 191).

**Tiere stärken Kinder emotional**

Im Dialog mit Tieren eröffnet sich für Kinder die Möglichkeit, eventuell bestehende Ängste zu überwinden. Haben sie z. B. Angst davor, eine bestimmte Aufgabe zu übernehmen, und stellen sich dieser Herausforderung, erfahren sie eine Stärkung ihres Selbstbewusstseins durch dieses Erfolgserlebnis. Durch die Arbeit mit den Tieren lernen die Kinder bestehende Aggressionen abzubauen bzw. sie in bestimmten Situationen, in denen sie auftreten, besser unter Kontrolle zu halten. Ein weiterer positiver Effekt besteht darin, dass die Kinder dafür sensibilisiert werden, Nähe zu anderen zuzulassen. Daraus resultiert wiederum ein Anstieg des Einfühlungsvermögens sich selbst, anderen Menschen und den Tieren gegenüber. Durch das Zusammensein mit einem Tier wird bei einem Mädchen oder Jungen das allgemeine emotionale Wohlbefinden gefördert, ein womöglich bestehendes Gefühl der Einsamkeit lässt nach und Traurigkeit nimmt ab.

**Tiere stärken Kinder motorisch**

Die Kinder, die Zugang zu Tieren haben, erfahren zum einen eine körperliche Entspannung in der Zeit, die sie mit ihnen verbringen. Zum anderen können sie ihren Bewegungsdrang gezielt und positiv ausleben, sodass die Aktivität der Kinder zunimmt.

Die Grob- und Feinmotorik sowie ihre Koordinationsfähigkeit werden durch den körperlichen Einsatz trainiert und verbessert (Greiffenhagen/Buck-Werner 2009, S. 191). Die Motorik von Kindern wird durch Spaziergänge oder das Herumtoben mit einem Hund ganz automatisch gefördert. Kinder bewegen sich von Natur aus gern und haben eine große Freude daran, in ihrer Freizeit mit ihren geliebten Gefährten über Felder und Wiesen zu laufen und mit ihnen die Welt zu erkunden. Junge Kinder können ihre Motorik auch im Umgang mit Ponys und Pferden schulen. Bereits in der frühen Kindheit können Erwachsene helfen, erste Kontakte zu knüpfen, z. B. im Stall, während der Fütterung oder auf der Weide.

**Tiere stärken das Selbstwertgefühl und Selbstbewusstsein von Kindern**

Durch die Bestätigung und Zuwendung vom Tier entsteht bei dem Kind ein positives Selbstbild. Das Selbstwertgefühl steigt an und somit auch das Selbstbewusstsein. Im Umgang mit dem Tier findet das Kind Ermutigung und Begeisterung für sein eigenes Handeln. Durch die kontinuierliche Zuneigung, die das Kind von dem Tier entgegengebracht bekommt, fühlt es sich von diesem angenommen und gebraucht. Diese Erfahrung ist sehr bedeutsam und wertvoll für das Kind, da die emotionale Wirkung auch nach dem Tierkontakt anhält und durch die Erinnerung daran die seelische Kraft des Kindes nachhaltig stärkt (Otterstedt 2001, S. 37 f.).

## Von welchen Tieren sind Kinder angetan? Welche Tiere sind geeignet?

Damit sich der Verlauf der Interaktion für alle förderlich gestaltet, ist eine Beaufsichtigung seitens einer erwachsenen Person notwendig. Gerade im Hinblick auf sehr junge Kinder ist dies unbedingt erforderlich: zum Wohle der Kinder, aber auch zu dem der Tiere. Damit darüber hinaus eine positive gegenseitige Annäherung gelingen kann, ist es von Bedeutung, auf das Vorhandensein von bestimmten Wesensmerkmalen bei den Tieren zu achten. Sie sollten ein ausgeglichenes, ruhiges Wesen besitzen, belastbar und kinderfreundlich sein, um eine Gefährdung von Kindern von vornherein so gering wie möglich zu halten. Außerdem ist es wichtig, dass die Tiere keine Angst vor Kindern haben, da dies zu einer Verteidigungshaltung beim Tier führen kann.

Kinder zeigen sich begeistert darüber, Tiere umsorgen zu dürfen. Hunde, die als Haustier in der Wohnung der Familie leben, begleiten die Familienmitglieder in unzähligen Situationen. Die Kinder können sie streicheln, mit ihnen herumtoben, spazieren gehen, spielen und sie pflegen. Bezugspersonen sollten darauf achten, dass die Kinder ihrem Alter entsprechend kleine Aufgaben übernehmen, die im Zusammenhang mit der Tierhaltung stehen. So lernen sie von Beginn an, zunehmend mehr Verantwortung für ein Lebewesen zu übernehmen. Bei Ponys und Pferden eignet sich für die Kinder neben der Fütterung und Pflege das Erlernen des Voltigier- und/oder Reitsports. Bereits sehr junge Kinder, im Alter von ca. drei Jahren, können – unter Aufsicht und Anleitung – schon damit beginnen. Mit Kindern unter drei Jahren, die alleine noch nicht stabil sitzen können, ist es möglich, zum Einstieg kleine Übungen zu gestalten, indem etwa eine erwachsene Person ein Pony oder Pferd führt und ein weiterer Erwachsener das Kind auf dem Rücken des Tieres festhält, damit es ein paar Schritte ›reitend‹ zurücklegen kann.

Für Esel interessieren sich unter sechsjährige Kinder genauso wie für Pferde und Ponys. Im Dialog mit diesen, beim Putzen oder Herumführen, zeigt sich, wie sehr sie sich für diese Tiere begeistern können. Auch andere Tierarten, etwa Schafe und Ziegen, wirken anziehend auf kleine Kinder. Angebote wie Streichelgehege werden von Kindern gern dazu genutzt, mit diesen Tieren in Kontakt zu treten. Sie erfahren sehr große Freude dabei, diese zu füttern, sie zu berühren und ihnen nachzulaufen. Aquarien mit Fischen, die eine Vielzahl von Sinnesanreizen bieten, wecken bereits das Interesse von jüngeren Kindern. Mit zunehmendem Alter interessieren sich die Kinder für die einzelnen Fischarten und ihre unterschiedlichen Formen und Farben.

## Orte für Tiere und Kinder

Öffentliche Begegnungsstätten wie zoologische Gärten, Tier- und Vogelparks, Streichelzoos und Kinderbauernhöfe stellen wichtige Orte und Räume dar, die es vermögen, Kindern das Lebewesen Tier näherzubringen. Zoologische Gärten können bereits mit sehr kleinen Kindern besucht werden. Sie haben dort die Möglichkeit, unterschiedliche Tierarten kennenzulernen, die ihnen in ihrem nahen Umfeld nicht auf diese Weise begegnen würden. Der Zoo eignet sich besonders gut für die Beobachtung der verschiedenen Tiere, die in dieser Institution leben. Tier- und Vogelparks sowie Streichelzoos werden gern von Kindern besucht. In diesen Anlagen erhalten die Kinder oft auch die Chance, direkt und ohne Absperrung mit den Tieren zu kommunizieren. Viele Kinder freuen sich, Tiere dort streicheln und füttern zu dürfen.

Kinderbauernhöfe sind ökologische und soziale Lern- und Erfahrungsorte, die pädagogisch betreut werden. Die entsprechenden Konzepte beinhalten meist ein vielfältiges Raum- und Programmangebot, das eine Bereicherung für das Leben der Kinder darstellt. Durch Kinderbauernhöfe wird eine Vielzahl an Erfahrungsmöglichkeiten geschaffen und der kindliche Sozialisationsrahmen erweitert. Die Kinder werden zur Selbsttätigkeit animiert, was wiederum für ihre Persönlichkeitsbildung von Vorteil ist. Durch den Umgang mit den Tieren und ihre Versorgung lernen sie Verantwortung zu übernehmen und entwickeln Selbstbewusstsein bzw. bauen dieses weiter aus, da sie merken, dass sie mit ihrem Handeln etwas Positives bewirken können (Breuer 2008, S. 62).

### Praktische Anregungen und Hinweise für die Kita

- Bringen Sie Kindern durch Bücher, Bilder, Lieder, Bastelarbeiten und Gespräche Tiere näher.
- Projekte eignen sich hervorragend dafür, Kinder mit den Lebensformen von bestimmten Tieren bekannt zu machen.
- Ermöglichen Sie den Kindern durch die Anschaffung von geeigneten Kleintieren wie Schildkröten und Fischen den Kontakt zu Tieren.
- Beziehen Sie die Kinder in die Pflege der Tiere mit ein.
- Sprechen Sie mit den Mädchen und Jungen über die Bedürfnisse und die Lebensbedingungen von Tieren, dadurch lernen die Kinder Verantwortung zu übernehmen.
- Sprechen Sie mit den Kindern auch über die artgerechte Haltung von Tieren.
- Integrieren Sie Tierbesuchsdienste, in Form von regelmäßigen Tierbesuchen von Hunden oder anderen geeigneten Tieren, in das Konzept der Kindertagesstätte. Achten Sie dabei auch auf mögliche Ängste, die manche Kinder Tieren gegenüber haben.
- Besuchen Sie mit den Kindern zusammen einen Bauernhof, zeigen Sie ihnen die Tiere, die dort leben, und sprechen Sie über deren Bedürfnisse.
- Unternehmen Sie mit den Kindern so oft wie möglich Ausflüge in die Natur.

> **Praktische Anregungen und Hinweise für die Familie**
>
> - Ermöglichen Sie es Ihrem Kind, schon im Kleinkindalter in Kontakt zu Tieren zu treten.
> - Besuchen Sie mit Ihrem Kind Zoos, Tierparks, Streichelgehege und Tiergärten.
> - Wenn Interesse besteht und eine artgerechte Tierhaltung ermöglicht werden kann, bieten Sie einem Tier ein Zuhause.
> - Wenn Sie ein Tier besitzen, dann beziehen Sie Ihr Kind in die tägliche Pflege des Tieres mit ein und übertragen Sie ihm seinem Alter entsprechend Verantwortung.
> - Wenn Sie einen Hund haben, nehmen Sie Ihr Kind bei den gemeinsamen Spaziergängen mit.
> - Gehen Sie mit Ihrem Kind viel in die Natur, um den natürlichen Lebensraum von frei lebenden Tieren kennenzulernen. Auch Kleinsttiere wie Feuerkäfer, Regenwürmer u. a. sind für Kinder hochinteressant.
> - Erzählen Sie Ihrem Kind Tiergeschichten und lesen Sie ihm Bücher zu diesem Themenspektrum vor.
> - Beantworten Sie alle Fragen, die Ihr Kind rund um das Thema Tier interessieren.
> - Besprechen Sie mit Ihrem Kind angemessene Verhaltensweisen im Umgang mit Tieren und achten Sie darauf, dass sich Kind und Tier respektvoll begegnen.
> - Denken Sie aber auch an mögliche Gefahren und Risiken (z. B. Allergien) im Kontakt oder bei der Begegnung mit Tieren und halten Sie Vorsichtsmaßnahmen ein.
> - Als Erwachsener sollten Sie unbedingt darauf achten, dass Ihr Kind bei der Gestaltung der Beziehung zu seinem Haustier bestimmte Regeln einhält, damit weder es selbst noch das Tier zu Schaden kommt.

# Kinder durch Kunst stärken

*Catherine Kaiser-Hylla*

In keinem späteren Lebensabschnitt verläuft die menschliche Entwicklung so rasch und vielfältig wie in den ersten Lebensjahren. Immer wieder ist es faszinierend, wie schnell sich Körpergröße, Aussehen, Fähigkeiten und Fertigkeiten eines kleinen Kindes verändern. Wenn es darum geht, kleine Kinder durch künstlerische Aktivitäten zu stärken und zu fördern, ist ein Verständnis für derartige entwicklungsbezogene Veränderungen von großer Bedeutung.

Künstlerische Aktivitäten setzen bestimmte Prozesse der Entwicklung und Reifung voraus. So kann ein Kind erst dann mit einem Stift Linien auf ein Blatt Papier malen, wenn es bereits über eine gewisse Koordination von Auge und Hand verfügt, verbunden mit der Fähigkeit, nach Gegenständen zu greifen (Braun 1998, S. 58). Viele Bereiche der kindlichen Entwicklung können durch künstlerische Aktivitäten gefördert werden. Zu denken ist hier beispielsweise an Selbstkonzept und Selbstwertgefühl, die kindliche Fantasie und Kreativität, die Feinmotorik, die Fähigkeiten, eigenständig Handlungen zu planen und in die Tat umzusetzen oder Emotionen und Erlebnisse auf unterschiedliche Weisen auszudrücken. Zudem lernen Kinder bei solchen Aktivitäten spielerisch, dass es für Aufgaben und Probleme nicht nur eine einzige, sondern viele mögliche Lösungen geben kann. Somit ist es ihnen später eher möglich, flexibel auf Herausforderungen zu reagieren.

Auf die Frage »Was ist für dich Kunst?« antwortete ein sechsjähriges Mädchen: »Dass ich einen Baum male.« Andere gleichaltrige Kinder werden diese Frage wahrscheinlich in ähnlicher Weise beantworten. In den folgenden Ausführungen soll der Begriff der Kinderkunst jedoch etwas weiter gefasst werden und sich auf unterschiedliche Formen der bildenden Kunst beziehen. Das Augenmerk soll dabei auf Möglichkeiten des fantasievollen und kreativen Gestaltens im Kindergarten- und Vorschulalter gerichtet werden. Dieses kann sowohl Bilder als auch geformte, gebaute oder konstruierte Werke beinhalten. Unterschiedlichste Materialien und

Techniken können hierzu verwendet und miteinander kombiniert werden. Es soll herausgearbeitet werden, wie Kinder durch künstlerische Aktivitäten gestärkt werden können und wie Kita und Familie diese Prozesse unterstützen können.

## Weshalb künstlerische Aktivitäten gerade für Kinder wichtig sind

Kunstwerke von Kindern können ihren Betrachter packen, berühren, ihm eine Geschichte erzählen, einen kleinen Einblick in die kindliche Sicht auf die Welt ermöglichen und durch ihre Kreativität beeindrucken. Wie kaum eine andere Tätigkeit bieten künstlerische Aktivitäten Kindern die Chance, ihrer Fantasie freien Lauf zu lassen. Die Erfahrungen, die Kinder im Elementar- und Vorschulbereich durch solche Aktivitäten machen, sind eine wichtige Basis für späteres Lernen und dafür, anstehende Herausforderungen besser zu meistern. Die folgenden Überlegungen verdeutlichen, dass künstlerische Aktivitäten kleine Kinder stärken können. Alter und Entwicklungsstand der Kinder werden dabei mitberücksichtigt.

Bereits im Alter von wenigen Monaten erkennt ein Kind, dass es sich von seiner physischen und sozialen Umgebung unterscheidet, und wird sich seiner eigenen Existenz immer stärker bewusst. Außerdem erfährt es, dass es seine Handlungen und Gedanken selbst kontrollieren und mit anderen Menschen interagieren kann (Berk 2005, S. 267).

Erste Vorläufer malerischer und gestalterischer Aktivitäten, die sich positiv auf diese Entwicklung auswirken, lassen sich teilweise sogar schon vor Vollendung des ersten Lebensjahres beobachten. Kinder, die selbstständig sitzen und ihre Arme unabhängig vom Körper bewegen können, finden oft Freude daran, mit Stiften (oder auch Lebensmitteln) Schmierspuren zu bilden (Braun 1998, S. 55). Durch das wiederholte Erzeugen solcher Schmierspuren oder Linien werden sich die Kinder ihres eigenen Ich immer stärker bewusst, weil sie ihr Handeln kontrollieren und verschiedene Auswirkungen direkt beobachten können. Sie können ihre willentlich erzeugten Spuren betrachten und erfahren in der Regel auch eine Reaktion der anwesenden Bezugsperson(en).

Im zweiten Lebensjahr beginnen Kinder eine konkretere Vorstellung von sich selbst zu entwickeln. Diese wird auch als Selbstkonzept bezeichnet. Das Selbstkonzept beinhaltet all das, was eine Person über sich selbst weiß. Hierzu gehört unter anderem Wissen über die eigenen Eigenschaften, körperlichen Merkmale, Einstellungen, Fähigkeiten und Fertigkeiten. Bei Vorschulkindern ist dieses Wissen noch sehr nach außen gerichtet und orientiert sich stark an beobachtbaren Merkmalen und Handlungen. Wenn drei- bis fünfjährige Kinder gebeten werden, sich selbst zu beschreiben, wird z. B. oft die eigene Haarfarbe genannt, das Alter oder eine Tätigkeit, die das Kind schon selbstständig ausführen kann (z. B. »Ich kann schon ohne Stützräder Fahrrad fahren«). In diesem Alter zeigen sich auch die Anfänge des Selbstwertgefühls. Dieses bezieht sich auf die Beurteilung dessen, was Kinder über sich selbst wissen, auf den Wert, den sie sich selbst beimessen, und auf die Gefühle und Emotionen, die damit einhergehen (Berk 2005, S. 332).

Die Entwicklung des kindlichen Selbstkonzepts wird durch gestalterische Tätigkeiten unterstützt. Durch das Experimentieren mit vertrauten und neuen Materialien und Gestaltungsmethoden können sich Kinder ausführlich mit ihren Fantasien, Erlebnissen und Emotionen auseinandersetzen, diese besser verarbeiten und auf unterschiedliche Arten ausdrücken. Die Kinder entwickeln ein feineres Gespür für unterschiedliche Farbtöne, Formen und Raumgrößen. Sie lernen, kleine Unterschiede zu erkennen und Ähnlichkeiten zu entdecken. Die Wahrnehmung mit allen Sinnen spielt dabei eine wichtige Rolle. Erkenntnisse, die auf diese Weise gewonnen werden, werden auch als ästhetische Erfahrungen bezeichnet (Braun 1998, S. 19 ff.). Ästhetische Erfahrungen sind eine Basis für viele Lernprozesse. Die kindliche Wahrnehmung wird in Bezug auf sich selbst und die Umwelt geschult, über Aha-Erlebnisse können neue Einsichten gewonnen werden und das Wissen über die eigene Person wird erweitert.

Den meisten Kindern bereitet es viel Spaß, eigene Ideen für Werke zu entwickeln, deren Umsetzung zu planen und durchzuführen. Hierbei ist es wichtig, sie zu begleiten, bei Bedarf zu unterstützen und ihnen Impulse zu geben. Werden Kinder mit ihren Werken akzeptiert und zu weiterem Schaffen ermutigt, so wirkt sich dies positiv auf das kindliche Selbstwertgefühl aus. Dieses beeinflusst das spätere Verhalten in anderen Kontexten. Kinder, die sich ihrer Stärken bewusst sind und über ein stärkeres Selbstwertgefühl verfügen, wagen sich eher an schwierig erscheinende Aufgaben heran und geben weniger schnell auf, wenn es ihnen nicht gleich gelingt, solche Aufgaben zu lösen.

Kindern im Kindergarten- und Vorschulalter gelingt es zunehmend besser, ihre Hände und Finger geschickt und gezielt einzusetzen und zu koordinieren. Im Alltag äußert sich das beispielsweise darin, dass sie lernen einen Löffel zu benutzen oder sich Kleidungsstücke an- oder auszuziehen. Kunst und die damit verbundene Beschäftigung mit unterschiedlichen Materialien wirkt sich dabei nicht nur positiv auf die manuelle Geschicklichkeit und den Tastsinn aus, sondern auf die Feinmotorik insgesamt.

Wenn künstlerische Aktivitäten Kinder dazu einladen, aus ihren Fantasien Wirklichkeit werden zu lassen, so wird die kindliche Kreativität gefordert und gefördert. Kreativität bedeutet hier, dass das Kind eigene, originelle Ideen für die Lösung einer Aufgabe entwickelt und diese verwirklicht. Das kann entweder bedeuten, Neues zu erschaffen oder Bekanntes auf ungewöhnliche Art und Weise zu verwenden. Eine Lösung muss dabei keine Weltneuheit darstellen. Es genügt, wenn sie dem Kind zuvor nicht bekannt war. Bei der Umsetzung neuer Ideen werden die Kinder manchmal mit unvorhergesehenen Schwierigkeiten konfrontiert, deren Lösung Flexibilität erfordert: z. B., dass die Skulptur eines Fantasiewesens einfach nicht stabil ist. Wenn sie in einer Tätigkeit aufgehen, vergessen sie nicht selten Raum und Zeit. Die Gewissheit, »es fast geschafft zu haben«, und die Neugier, zu erfahren, ob die eigene Idee tatsächlich realisierbar ist, regen zu Konzentration und Durchhaltevermögen an.

Neben den bisher genannten Aspekten werden Kinder durch Kunst auch in ihren verbalen und nonverbalen Ausdrucksformen gestärkt. Durch Fortschritte in ihrem künstlerischen Schaffen erfahren sie, dass Erlebnisse, Gegenstände, Menschen, Tiere oder Emotionen symbolisch dargestellt werden können, z. B. in Form von Bildern. So entwickeln sich im Alter zwischen drei bis sechs Jahren aus den Kritzelbildern langsam Zeichen und Formen für die Menschendarstellung (Kirchner 2008, S. 48).

Selbstgestaltete Bilder, aber auch Skulpturen oder Plastiken sind Kommunikationsmittel. Sie können dabei behilflich sein, mit anderen Menschen in Kontakt zu treten, und die verbale Sprache ergänzen, ja ersetzen. Kleinen Kindern, deren sprachliche Ausdrucksmöglichkeiten noch begrenzt sind, fällt es oft leichter, sich in Bildern auszudrücken. Gleichzeitig regen kindliche Werke zu sprachlicher Kommunikation an. In der Interaktion mit Gleichaltrigen oder Erwachsenen werden die Kinder dazu ermutigt, die Geschichte, die ihr Kunstwerk verkörpert, zu verbalisieren (Braun 2009, 118 f.). Wenn ein Kind nicht über sein Werk sprechen möchte, sollte dieser Wunsch jedoch auch respektiert werden (Braun 1998, S. 69).

Es gibt unzählige künstlerische Aktivitäten, die für Kinder bis sechs Jahre infrage kommen. An dieser Stelle sollen nur einige Beispiele genannt werden, die auch auf beliebige Weise miteinander kombiniert werden können:

- *Zeichnen und Malen* auf unterschiedlichen Untergründen mit diversen Stiften und Farben. Hierzu können verschiedene Hilfsmittel und Techniken verwendet werden, z. B. eine in Farbe getauchte Murmel, die über ein Blatt gerollt wird.
- *Drucken* mit alltäglichen Gebrauchsgegenständen wie Schwämmen oder Korken, Naturmaterialien wie Blättern und Halmen, aber auch mit den Fingern, Händen und Füßen.
- *Kleistern und Kleben,* wobei verschiedene Gegenstände und Materialien miteinander verbunden werden.
- *Collagen und Fühlbilder* erstellen.
- *Formen und Matschen* mit Ton, Salzteig, Sand oder anderen leicht knetbaren Materialien.
- *Bauen* mit Natur- und anderen Materialien, z. B. Holz, Styropor oder Karton.

## Wie Kinder durch Kunst gestärkt werden können

Im vorherigen Abschnitt wurde dargelegt, weshalb Kunst für kleine Kinder von enormer Bedeutung ist. Nun soll der Fokus verschoben und der Frage nachgegangen werden, wie Eltern und pädagogisches Fachpersonal diese positiven Effekte künstlerischer Aktivitäten fördern können. Anders ausgedrückt: Wie können Kinder durch Kunst gestärkt werden? Was sollte bei der Vorbereitung und Umsetzung von künstlerischen Aktivitäten mit kleinen Kindern bedacht werden?

Beim Betreten eines Kindergartens wird recht schnell deutlich, dass sich gleichaltrige Kinder in ihrem Verhalten voneinander unterscheiden. Manche Kinder lieben es, in einer Gruppe herumzutoben, während andere gern allein in der Bauecke sitzen, um Schlösser und Burgen zu bauen. Derartige Unterschiede zeigen sich nicht nur im Spielverhalten, sondern auch in den Vorlieben für künstlerische Aktivitäten. In Abhängigkeit von ihrem Entwicklungsstand, ihrer momentanen Lebenssituation, ihren Neigungen und Interessen werden Kinder auf ganz unterschiedliche Weisen gestalterisch tätig. Manche Kinder matschen und formen gern mit Ton, andere ziehen es vor, zu zeichnen und zu malen. Wenn es darum geht, Kinder durch Kunst zu stärken, besteht eine wichtige Aufgabe für Erwachsene zunächst darin, die Ausdrucksversuche, Bedürfnisse und Interessen des jeweiligen Kindes überhaupt zu erkennen und zu verstehen.

Kunstwerke von Kindern erzählen meist Geschichten und enthalten Botschaften. Sie können den letzten gemeinsamen Familienurlaub thematisieren, aber auch Wünsche, Träume, Ängste oder Sorgen zum Ausdruck bringen. Die Weltsicht von Kindern unterscheidet sich in vielerlei Hinsicht von der Weltsicht erwachsener Menschen. Meist sind die Inhalte ihrer Kunstwerke nicht selbsterklärend. Um sie besser verstehen zu können, ist es hilfreich, das Kind, seine Persönlichkeit und seine Lebenssituation zu kennen oder kennenzulernen. Die Inhalte und Formen der Werke werden in diesem Alter durch die Möglichkeiten und Grenzen der kindlichen Entwicklung (mit-)bestimmt. Ein gewisses Verständnis für solche Prozesse ist deshalb von Vorteil.

Erwachsene können kleinen Kindern dabei behilflich sein, ihre künstlerischen Interessen und Stärken zu entdecken und zu erkennen. Bei künstlerischen Aktivitäten können die meisten Kinder Erfolge und Anerkennung erleben. Eltern wie pädagogische Fachkräfte sollten versuchen zu beobachten, bei welchen Aktivitäten die Kinder ausdauernd und konzentriert sind. Neugier und kindliches Interesse können durch die Präsentation bislang unbekannter Materialien und Techniken geweckt werden. Diese sollten die Kinder zwar fordern, jedoch nicht überfordern und dem Entwicklungsstand angemessen sein. Die Eigenschaften der neuen Materialien können über spielerische Aktivitäten und im Gespräch erkundet werden. Mit geschlossenen Augen lassen sich etwa die Oberfläche und der Geruch unterschiedlicher Papiersorten oder Holzarten entdecken. Dies unterstützt die Kinder in ihren feinmotorischen Fertigkeiten.

Für kleinere Kinder ist das Erkunden von Materialeigenschaften, das Experimentieren und das Erzeugen unterschiedlicher Effekte oft viel wichtiger und spannender als ein Ergebnis in Form eines fertigen Kunstwerks. Die Vermittlung von Techniken ist in dieser Zeit nachrangig. In der Regel signalisieren die Kinder von sich aus, dass die Phase des reinen Erkundens abgeschlossen ist. Stehen jedoch zu viele Materialien auf einmal bereit, so führt dies leicht zu einer Überforderung.

Wenn Erwachsene den Kinderwerken mit Neugierde begegnen, echte Begeisterung und Lob äußern, so fühlen sich die Kinder ernst genommen und akzeptiert. Dadurch werden sie in ihrem Selbstkonzept und Selbstwertgefühl gestärkt. In diesem Zusammenhang ist es wichtig, sich nicht auf Aussagen allgemeiner Natur zu beschränken, wie etwa »Schön!« oder »Das hast du aber toll gemacht!« Vielmehr sollte das Kind verstehen, auf welche Aspekte sich das Lob bezieht. Dies kann z. B. eine originelle Idee sein, die Art, in der etwas dargestellt wurde, oder die Farbwahl. Darüber hinaus sollten die Kunstwerke auch als solche verstanden werden. Wenn Kinder dafür kritisiert werden, dass ihre Werke ›falsche‹ Details beinhalten und einen mangelnden Bezug zur Realität aufweisen, so verlieren sie bald Mut und Lust zu schöpferischem Tun.

Kunst bietet Raum für Individualität und persönlichen Ausdruck. Bei künstlerischen Aktivitäten mit Kindern sollte man darauf achten, Leistungs- und Konformitätsdruck bestmöglich zu vermeiden. Fürchten sich die Kinder vor negativer Bewertung, so führt dies dazu, dass kreative Prozesse gehemmt werden. Die Angebote sollten zum Experimentieren einladen und Vielfalt nicht nur akzeptieren, sondern begrüßen. Für kleinere Kinder ist die Impulsgebung und Unterstützung durch anwesende Bezugspersonen unentbehrlich. Die Kinder sollten dazu ermutigt werden, ihrer Fantasie freien Lauf zu lassen. Es gilt, sie dabei zu unterstützen, die Schwierigkeiten und Fragen, mit denen sie im Laufe ihrer künstlerischen Tätigkeit konfrontiert werden, möglichst selbstständig zu lösen.

Gerade in der Arbeit mit kleineren Kindern ist es wichtig, dass Bekleidung sowie ein abgedeckter Untergrund und Raum Kleckse, Farb- und Leimflecken erlauben. Große Papierbögen, große Pinsel, breite, weiche bis mittelweiche Wachs-, Blei-, Bunt- und andere Stifte sowie (Finger-)Farben, die sich leicht auftragen lassen, sind besonders geeignet für künstlerische Tätigkeiten mit Kindern im Kindergarten- und Vorschulalter. Für dreidimensionales Gestalten sind Materialien zu empfehlen, die sich leicht bearbeiten lassen, sei es zum Matschen, Kneten oder Formen. Hier kommt beispielsweise Ton, (weiche) essbare Knete, Salzteig, Sand oder Erde infrage. Andere Materialien aus Natur und Alltag wie Korken, Holz, Stein, Stoffe oder Joghurtbecher sind für diverse künstlerische Aktivitäten ebenfalls gut geeignet. Bei der Auswahl der Materialien muss allerdings gerade mit Blick auf sehr kleine Kinder darauf geachtet werden, dass Letztere Gegenstände nicht nur gern in die Hand, sondern auch in den Mund nehmen.

**Praktische Anregungen und Hinweise für die Kita**

- Beziehen Sie die Kindergruppe in Entscheidungs- und Gestaltungsprozesse mit ein, z. B. in Bezug auf die Themenwahl. In einem Sitzkreis bietet sich die Möglichkeit, gemeinsam Ideen zu entwickeln und zu besprechen. Es können Themen aufgegriffen werden, welche die Kinder gerade beschäftigen, und inhaltliche Verknüpfungen mit anderen aktuellen Projekten der Kita hergestellt werden.
- Legen Sie die Regeln für den Umgang mit Materialien (z. B. Farben, Pinsel, Ton oder Knetmasse) gemeinsam fest.
- Beobachten Sie die Kinder, um herauszufinden, welche gestalterischen Tätigkeiten jedem Einzelnen am meisten Freude bereiten.
- Es kann nützlich sein, die kreativen Projekte zu dokumentieren, die Sie mit einer Kindergruppe planen und umsetzen.
- Der Arbeitsbereich für kleine Kinder sollte überschaubar sein. Es sollten nicht zu viele Materialien gleichzeitig zur Verfügung gestellt werden, um eine Reizüberflutung zu vermeiden.
- Ermuntern Sie die Kinder dazu, mit den Materialien zu experimentieren und Neues auszuprobieren. Auch die Position, die bei künstlerischen Tätigkeiten eingenommen wird, kann neue Erfahrungen ermöglichen: Malen im Sitzen fühlt sich anders an als Malen im Stehen.
- Wenn die räumlichen Gegebenheiten dies erlauben, ist es sinnvoll, für künstlerische Aktivitäten einen eigenen Raum mit Wasseranschluss zur Verfügung zu stellen. Dies ermöglicht es den Kindern, spontan und ohne umfangreiche Vorbereitungen künstlerisch tätig zu werden. Zudem finden Werke, an denen das Kind zu einem späteren Zeitpunkt weiterarbeiten möchte, Platz zum Trocknen oder können dort aufbewahrt werden.
- Überlegen Sie sich im Vorfeld, wie Sie den Kindern unterschiedliche Materialien präsentieren möchten.
- Entdecken Sie mit den Kindern auf spielerische Art und Weise die verschiedenen Eigenschaften (und vielleicht auch den Ursprung oder die Herstellung) von Materialien, z. B. die Oberfläche, den Geruch oder das Gewicht unterschiedlicher Papiersorten.
- Laden Sie einen Künstler oder eine Künstlerin in Ihre Kita ein, die von ihrer Tätigkeit berichten oder sogar mit den Kindern arbeiten.
- Besuchen Sie gemeinsam mit den Kindern eine Kunstausstellung. Daran können eigene kreative Arbeiten anknüpfen.

## Praktische Anregungen und Hinweise für die Familie

- Nehmen Sie sich Zeit für künstlerische Aktivitäten mit Ihrem Kind.
- Versuchen Sie, die Stärken und Interessen Ihres Kindes im künstlerischen Bereich zu erkennen.
- Loben Sie Ihr Kind und zeigen Sie ihm Ihre Anerkennung. Dies ermöglicht dem Kind, seine eigenen Stärken und Fähigkeiten zu sehen, Stolz zu empfinden und ein positives Selbstkonzept zu entwickeln.
- Sprechen Sie mit dem Kind über seine Werke.
- Stehen Sie Ihrem Kind mit Rat und Tat unterstützend zur Seite und geben Sie ihm Impulse. Helfen Sie ihm dabei, Tätigkeiten auszuführen, die seine Fähigkeiten und Fertigkeiten (noch) übersteigen. Hierbei sollte allerdings die Redensart »So viel wie nötig, so wenig wie möglich« gelten.
- Lassen Sie dem Kind so viel Raum wie möglich für eigene Entscheidungen.
- Zeigen Sie dem Kind Ihre Wertschätzung und Ihren Respekt. Kinderzeichnungen können z. B. an einem gut sichtbaren Ort an die Wand gehängt, eingerahmt oder, falls nicht genügend Platz vorhanden ist, in einer Sammelmappe aufbewahrt werden.
- Akzeptieren Sie die Arbeiten Ihres Kindes als kleine Kunstwerke. Dies bedeutet, die Darstellungen nicht als richtig oder falsch zu bewerten. Auch solche Details, die nicht der Realität entsprechen (z. B. ein grüner Mensch oder ein Hund mit zwei Beinen) sollten als künstlerische Ausdrucksfreiheit akzeptiert und nicht korrigiert werden.
- Kunst muss nicht teuer sein. Vogelfedern, Muscheln, Sand, Steine oder Blätter können bei gemeinsamen Ausflügen gesammelt werden. Solche Materialien lassen sich ebenso gut für das Anfertigen von Drucken, Collagen oder Skulpturen verwenden wie Alltagsgegenstände, die zweckentfremdet werden, z. B. Korken, Bindfäden, leere Joghurtbecher oder Knöpfe.

# Kinder durch Literatur stärken*

*Irit Wyrobnik*

Kann Literatur helfen, Kinder stark zu machen? Und wenn ja, wie? Kann die Identifikation mit starken, erfolgreichen Buchhelden dazu beitragen, Kinder zu ermutigen? Welche positiven Eigenschaften können durch Literatur gestärkt werden? Sind Bücher immer noch wichtige Medien? Geraten sie als klassische Medien nicht immer mehr ins Hintertreffen? Können sie sich im Rennen mit anderen neuen, technischen Medien noch behaupten?

Vor allem für Kinder im Kindergartenalter stellen Bücher und Bilderbücher, vorgelesene und selbst betrachtete, zentrale Medien dar. Obwohl die meisten Kinder dieses Alters noch nicht lesen können, üben Bücher, zumal Bilderbücher oder vorgelesene Geschichten, eine ungemeine Faszination auf sie aus. Dieses Medium ist aus mehreren Gründen von unschätzbarer Wichtigkeit: Hier kann ein erster, positiv besetzter Zugang zu Büchern und zur Literatur insgesamt gelegt werden, ein Zugang, der bestenfalls auch eine positive Lesesozialisation und eine das Leben begleitende Lesebiografie anstößt. Denn die Rolle, die erste *Literacy-Erfahrungen* (grundlegende Bildungserfahrungen in Bezug auf Lesen und Schreiben, Schrift und Sprache) für das weitere Leben von Heranwachsenden, von Kindern und Jugendlichen, spielen, kann man gar nicht hoch genug einschätzen. Nicht zuletzt belegen dies wissenschaftliche Untersuchungen, wie etwa diejenigen von Werner Graf und Erich Schön (Graf/Schön 2001).

Erste Leseerfahrungen, frühe Kindheitslektüren sind prägend. Wurde in der Kindheit diesbezüglich etwas versäumt oder lange vernachlässigt, so ist dies gar nicht oder nur schwer in späteren Lebensphasen wieder aufzuholen. Wurden hier gewisse Weichen nicht gestellt, so ist nur selten eine künftige Entwicklung des

---

* Dieser Text beruht zum Teil auf dem Beitrag »Kindern vorlesen – Ratschläge für Eltern« (Wyrobnik 2010, S. 143–153).

Kindes zum Leser zu erwarten. Dabei ist es offenbar weniger wichtig, mit welcher Art von Lektüre die nachwachsende Generation zu lesen beginnt bzw. die ersten wichtigen Lesephasen erlebt. Wichtig ist vor allem, dass überhaupt gelesen wird.

Im Folgenden wird zunächst gezeigt, auf welch vielfältige Weise Literatur imstande ist, Kinder zu stärken. Die Bedeutung für die frühe Kindheit wird herausgearbeitet, es wird also der Frage nachgegangen, was Literatur bzw. Bücher und frühe Literacy-Erfahrungen bei kleinen Kindern bewirken können. Hierbei werden die Möglichkeiten einer frühen Literacy-Erziehung in der Kita ebenso betrachtet wie die ersten Literaturerfahrungen in der Familie.

## Literatur stärkt Kinder auf vielfältige Weise

Literatur kann unterschiedliche Wirkungen entfalten. Kinder, die in ihren ersten Jahren regelmäßig vorgelesen bekommen, Bilderbücher betrachten oder auf andere Weise einen Kontakt zur Literatur erhalten, z. B., indem sie ein Hörbuch hören, ein Theaterstück anschauen oder eine Bibliothek besuchen, machen zahlreiche Erfahrungen, die für ihre Gegenwart und Zukunft bedeutsam sind.

### Starke Kinderfiguren als Vorbilder

Die Zeitschrift *Kindergarten heute* stellt im Rahmen ihres *Steckbriefs* in regelmäßigen Abständen bekannte Persönlichkeiten aus dem frühpädagogischen Feld vor (http://www.kindergarten-heute.de/aktuelles/steckbriefe/steckbriefe.html). Dieser Steckbrief besteht aus unterschiedlichen Fragen, von denen die letzte als eine persönliche Frage angekündigt wird. Sie lautet: »Welcher Figur aus der Kinderliteratur fühlen Sie sich persönlich verbunden?« Die Antworten auf diese Frage sind stets hochinteressant, auffallend häufig werden besonders ausgeprägte Kinderfiguren als Lieblingsprotagonisten der Kindheitslektüre genannt. Die Befragten erinnern sich meist an starke, mutige, aufmüpfige und freche Kinder aus der Literatur, wie Pippi Langstrumpf, die gleich mehrfach genannt wurde, aber auch Ronja Räubertochter, die rote Zora, Meisterdetektiv Kalle Blomquist, Tom Sawyer und andere. *Pippi Langstrumpf* wird als mutig, eigenständig und kreativ charakterisiert, die *rote Zora* als »ein Mädchen, das sich als Waisenkind durchs Leben schlägt, Resilienz und Eigensinn zeigt und dessen Haltung zu den anderen Kindern ihrer ›Bande‹ von Solidarität und Mitgefühl geprägt ist« (ebd.).

Was sagt das über die befragten Autoren aus? Was ergibt sich daraus? Zunächst einmal die banale Erkenntnis, dass Menschen, die erfolgreich sind, offenbar eine Lesebiografie haben, dass ferner Lesen unabdingbarer Bestandteil ihrer Kindheit war; zum anderen haben die starken Charaktereigenschaften dieser kindlichen Protagonisten, die als Vorbild- und Identifikationsfiguren fungieren, einen großen Eindruck auf die Befragten gemacht und sich fest ins Gedächtnis eingeprägt.

In der Tat handelt es sich bei diesen Figuren um Kinder, die sich in unterschiedlichen Situationen immer wieder als *resilient* erweisen – vorausgesetzt man versteht unter Resilienz nicht eine Eigenschaft, »die man besitzt, sondern eine Fähigkeit, die man sich erwirbt und die man immer wieder neu erwerben bzw. unter Beweis stellen muss« (Zander 2010a, S. 15).

**Erlebtes verarbeiten – sich auf Künftiges vorbereiten**

Wenn ihnen etwas vorgelesen wird oder wenn sie ein Bilderbuch betrachten, können Kinder – abhängig vom Lesestoff bzw. den erzählten Geschichten – Selbsterlebtes auch im Nachhinein noch bewältigen, ob es sich um Alltagserlebnisse oder bestimmte Gefühle wie Ängste und Aggressionen handelt. Literatur ist also imstande, Kindern eine nachträgliche Bearbeitung und Verarbeitung von Gefühlen und Erlebtem zu ermöglichen. Und noch viel mehr: Sie vermag es, bestimmten Lebenssituationen einen Sinn zu verleihen.

Ein Kind möchte sich einen Reim auf die Welt machen. Literatur kann dazu einen entscheidenden Beitrag leisten. Denn nach wie vor gilt, was Bruno Bettelheim bereits in den 1970er Jahren geschrieben hat: »Heute liegt wie in früheren Zeiten die wichtigste und schwierigste Aufgabe der Erziehung darin, dem Kind dabei zu helfen, einen Sinn im Leben zu finden« (2004, S. 9).

Literatur kann jedoch nicht nur das bessere Verstehen und die Verarbeitung vergangener Erfahrungen unterstützen und gegenwärtige Geschehnisse begleiten, sondern vor allem auch auf Künftiges vorbereiten, noch nicht Erlebtes gedanklich vorwegnehmen und es ermöglichen, unbekannte Situationen durchzuspielen. Die bekannte Schriftstellerin und Übersetzerin Mirjam Pressler hat dafür den Ausdruck geprägt »Lesen lernen heißt leben lernen« und sie erläutert dies in ihrem Vortrag *Eine Orchidee blüht im Continen-Tal* (2001, S. 15 f.) folgendermaßen: Wir alle brauchen Bücher, um *etwas vom Leben zu erfahren. Um nicht unvorbereitet vom Schicksal getroffen zu werden, um Dinge im Voraus spielerisch durchzudenken und zu ordnen, um gefasst zu sein auf das, was uns passieren könnte, und wenn es auch nur dazu gut wäre, dass wir rechtzeitig den Kopf einziehen. Manchmal ist das schon viel.*

Und sie fährt fort:

*Leben ist gefährlich. Umso wichtiger ist es, dass wir auch Konflikte kennen, dass wir in Gedanken Ereignisse geübt haben, dass wir unsere Positionen im Voraus oft genug differenziert, variiert und immer wieder neu angepasst haben, wenn es um Gelesenes ging. Diese Chance wird uns nur in Büchern geboten, im Leben gibt es keine zweite Chance, da passiert alles nur einmal, da hat alles, was wir tun, Folgen – ein Fehler ist ein Fehler. Beim Lesen können wir Irrwegen nachgehen und sie korrigieren und vorausgesetzt, dass wir nur genügend lesen, können wir falsche Einstellungen ändern und unsere Verständnisfähigkeit schulen.*

In Bezug auf die frühe Kindheit schreibt Pressler: »Von Kindheit an ist Lesen Vorbereitung auf das Leben. Kleine Leser wollen wissen, wie es in der Schule sein wird, was passiert, wenn man sich mal blöd anstellt, was passiert, wenn einem jemand etwas Böses antut« (ebd., S. 16f.).

Besonders Kinder in schwierigen Lebenslagen kann Literatur in Form von vorgelesenen, aber auch nacherzählten Geschichten – wie die Lese- und Schreibbiografien vieler Schriftsteller eindrücklich beweisen – stützen, trösten und emotional stärken. Kinder, die z. B. in armen, beengten Verhältnissen aufwachsen, können in der Literatur zumindest zeitweise diesen Verhältnissen entfliehen und gedanklich eine andere (bessere) Welt erleben bzw. eine Welt, in der andere Optionen aufgezeigt werden, andere Verhältnisse existieren. Der Grundstein dafür, für die Möglichkeit, Bücher als Quellen verschiedenartiger Lebensentwürfe zu begreifen und die Lektüre auch in ihrem Glückspotenzial (Wyrobnik 2005; Wyrobnik 2011, S. 51 ff.) wertzuschätzen, kann in der frühen Kindheit gelegt werden.

### Geschichten stärken Fantasie und Kreativität

Literatur ermöglicht es also, in unterschiedliche Rollen zu schlüpfen, in ferne (Fantasie-)Welten und Zeiten einzutauchen und diese besondere Dimension, die das wunderbare Medium Buch bereitstellt, kennenzulernen. Das Kind kann imaginieren, kommt auf Ideen und seine Fantasie wird in besonderem Maße angeregt. Wenn Erwachsene Kinder in die Welt der Literatur einführen, indem sie ihnen vorlesen, eröffnen sie ihnen damit neue Welten, die die Kinder, sobald sie selbst lesen können, sich auch selbst erschließen können.

**Vorlesen schafft Bindung und Sicherheit**

In den ersten Lebensjahren bedeutet Literatur für Kinder meist nicht einsames Lesen oder Bilderbuchbetrachten, sondern ist eine Aktivität, die zusammen mit anderen Erwachsenen oder Kindern erlebt wird, eine mit anderen geteilte Erfahrung. Sicher gibt es auch Kinder, die ein Bilderbuch nur für sich allein betrachten, aber meist wird wohl die gemeinsame Lektüre überwiegen. So verstärkt Literatur indirekt auch die Bindung zu den jeweiligen Bezugspersonen.

Die erste Sozialisationsinstanz, der erste Ort, an dem Kindern vorgelesen wird (oder zumindest vorgelesen werden sollte), ist die Familie. Beim Vorlesen nehmen sich Eltern Zeit für ihre Kinder. Aber auch Großeltern, ältere Geschwister kümmern sich um ihre Enkel bzw. kleinen Geschwister, wenn sie ihnen vorlesen. Eine bestimmte Zeit ist also für dieses gemeinsame Erlebnis reserviert. Meist handelt es sich um Abendstunden, aber besonders bei kleinen Kindern lesen Eltern in der Regel auch tagsüber vor. Ebenso wie beim Brett- und Kartenspiel verbringt man beim Vorlesen eine intensive und – in Zeiten von Berufstätigkeit oft beider Eltern – daher auch kostbare Zeit miteinander, die nur dem Kind gewidmet wird. Dieses hat während des Vorlesens die Eltern ganz für sich.

Eine vorlesende Mutter oder ein vorlesender Vater strahlt in der Regel eine Ruhe aus, die sich auch auf die Tochter oder den Sohn überträgt. Beim Vorlesen wird nicht gehetzt, man nimmt sich Zeit. Dementsprechend ist auch die Stimme entspannt und wohlklingend. Findet das Vorlesen abends statt, so schlafen Kinder dabei oft ein, werden durch den Vorleserhythmus sozusagen in den Schlaf gewiegt. Das Vorlesen ist ein wichtiges Einschlafritual unter anderen (Schurian-Bremecker 2008), das Vertrautheit schafft. Als wiederkehrendes Ritual erfüllt es auch noch weitere Sicherheitsbedürfnisse: Durch die regelmäßige Wiederholung von Geschichten kommen wir dem Wunsch von Kindern nach Bekanntem, Stetigkeit und Verlässlichkeit nach. Dies kann jeder bestätigen, der den Wunsch eines Kindes »Lies mir dieselbe Geschichte noch einmal vor« schon einmal gehört hat. Wichtig ist es demnach, Texte vorzulesen, in denen immer wieder die gleichen Hauptpersonen vorkommen, die von den Kindern erkannt werden und ihnen vertraut sind.

### Vorlesen als zentraler Bestandteil einer ganzheitlichen Erziehung

Eltern, weitere Familienmitglieder und pädagogische Fachkräfte fungieren durch das Vorlesen als *lesendes Vorbild* und ermöglichen den Kindern somit einen ganz natürlichen Einstieg in die Lesekultur. Sie gehen also mit gutem Beispiel voran.

Kinder, denen vorgelesen wird, die dabei Freude und Glück empfinden und merken, welche Welten sich hinter den vielen Buchstabenreihen verbergen, werden zum eigenen, selbstständigen Lesen motiviert. Aber nicht nur das: Kindern wird durch Literatur auch ein Stück Kultur vermittelt. Das kann eine Einführung in die Welt der Belletristik sein oder eine Vermittlung von Sachwissen zu bestimmten, z. B. naturwissenschaftlichen Themen durch Sachbücher. Vorlesende Personen übernehmen bei dieser Kulturvermittlung also eine wichtige, nicht zu unterschätzende Aufgabe, die auch für die weitere Bildungsbiografie der Mädchen und Jungen von immensem Wert ist: Sie tradieren Wissen und bauen so Brücken zwischen der eigenen Bildungswelt und der Welt der Kinder auf.

Die *Stiftung Lesen* führt in Kooperation mit der Wochenzeitung *Die Zeit* und der *Deutschen Bahn* seit 2007 regelmäßig Vorlesestudien durch (http://www.stiftunglesen.de/vorlesestudie). Die Ergebnisse der Vorlesestudie von 2011 sind bemerkenswert, denn sie bestätigen und erweitern die Ergebnisse anderer, früherer Studien. Es wurde festgestellt, dass es einen positiven Zusammenhang zwischen dem Vorlesen in der Kindheit und dem späteren Leseverhalten gibt. Je häufiger vorgelesen wird, desto deutlicher ist dieser Zusammenhang. Darüber hinaus stellte man durch eine repräsentative Befragung von 505 Kindern und Jugendlichen im Alter von zehn bis neunzehn Jahren fest, dass sich dieser Zusammenhang auch bei jungen Erwachsenen (17 bis 19 Jahre) zeigt, wodurch sich Vorlesen – so die Studie – als ein »besonders nachhaltiges Investment in die Entwicklung von Kindern« erweist (ebd.).

Ein ebenfalls interessanter Befund betrifft den Zusammenhang zwischen Vorlesen und körperlichen sowie musisch-kreativen Aktivitäten. Vorlesen steht demzufolge in engem Zusammenhang mit diesen Freizeitaktivitäten. Das Resümee der Studie lautet, dass Vorlesen ein zentraler Impuls für die Kompetenzentwicklung in ganz unterschiedlichen Bereichen ist.

### Sprachliche Ausdrucksfähigkeit und erste Literacy-Erfahrungen

Nicht zu vergessen ist natürlich die sprachliche Bildung, die durch Lesen und Vorlesen oder durch gemeinsames Bilderbuchbetrachten ungemein gefördert wird.

Studien haben erwiesen (siehe Groeben/Hurrelmann 2004), dass das Vorlesen maßgeblich zur Verbesserung des Sprachstils, des Ausdrucks, der Grammatik und des Wortschatzes beiträgt – wichtige Vorläuferfertigkeiten für die Schule, aber auch für den Beruf und die Teilhabe an der Gesellschaft.

Beim gemeinsamen Lesen und Betrachten von Bilderbüchern findet eine intensive Kommunikation zwischen den Beteiligten statt. Man kann beispielsweise auf eine Abbildung zeigen, die das Kind dann benennt, oder fragen, wo sich eine bestimmte Figur auf einer Buchseite befindet. Wer vorliest, verwendet zudem eine gewählte Sprache und artikuliert die Texte gut – es entsteht eine Sprachsituation, die sich vom Alltag, in dem oft umgangssprachlich miteinander kommuniziert wird, stark unterscheidet. Hierzu gehört natürlich auch, das Interesse an Schrift, Geschriebenem und Schreiben zu wecken.

## Welche Literatur kann Kinder stärken?

Unterschiedliche Zugänge und ganz verschiedenartige Bücher können dazu beitragen, dass der Funke überspringt, und Kinder für Literatur begeistern. Bei der Vielzahl an angebotenen Büchern ist es ziemlich schwierig, konkrete und individuell passende Vorschläge für die Art der Lektüre zu machen. Jede Mutter, jeder Vater sollte selbst wissen, welche Bücher und Geschichten dem eigenen Kind gefallen. Wichtig ist, dass dem Kind eine große Auswahl an Büchern und Textsorten zur Verfügung steht. Dann kann es auch besser seine Favoriten finden. Damit ist nicht gemeint, dass man Kinder ohne Unterstützung aus einem riesigen Angebot wählen lassen soll. Vielmehr kann man hin und wieder die Autoren, die Themen, die Buchform wechseln. Man muss vieles ausprobieren. Ein Kind ist von Märchen fasziniert, ein anderes vielleicht von Pferdegeschichten, ein drittes ist an technischen oder naturkundlichen Themen interessiert.

Um herauszubekommen, welche Bücher die Kinder mögen, muss man ihre (Lese-)Bedürfnisse kennen. Aber auch hier sollte man nicht zu strikt in ›Schubladen‹ denken. Es gibt nicht die ideale Literatur für ein bestimmtes Kind. Man kann Eltern und pädagogischen Kräften nur raten, das jeweilige Kind genau zu beobachten und vielfältige Themen, Genres und Bücher in unterschiedlichen Formen, Farben und Größen hinzuzuziehen. Es gibt Bücher mit Geräuschtasten, solche mit aufklappbaren Elementen (Pop-up), Bilderbücher mit und ohne Text, Wimmelbilderbücher, Papp- und Badewannenbilderbücher, Riesenbücher und winzig kleine Bücher. Die meisten Bücher müssen nicht gekauft werden. Eine große Zahl an Bibliotheken hat sich eigens auf Kinderliteratur spezialisiert, und dort wird man auch bei der Suche nach geeigneter Literatur unterstützt.

Wenn wir darüber nachdenken, wie Literatur Kinder stärken kann, dann müssen wir an erster Stelle daran denken, dass nicht alle Bücher Kinder in gleicher Weise faszinieren und in ihren Bann ziehen. Wir sollten uns zuallererst Gedanken über die Art der Literatur machen. Es ist vor allem von Bedeutung, *was* wir vorlesen und was Kindern gefällt.

Literatur, die Kinder anspricht, hängt meist stark mit ihren Bedürfnissen und aktuellen Entwicklungsaufgaben zusammen. Im Kindergartenalter spielen *Bilderbücher* und *Märchen* eine besondere Rolle. Daher sollen nun diese Medien bzw. Literaturformen in den Mittelpunkt rücken. Anschließend wird die Frage nach den geeigneten Bedingungen und Voraussetzungen für eine selbstwertstärkende Lektüre zu klären sein.

**Kinder durch Bilderbücher stärken**

Kleine Kinder mögen Bilderbücher. Oft ergibt sich schon aus dem Betrachten des Bilderbuchs ein anregendes Gespräch zwischen der vorlesenden Person und dem Kind (Wieler 1995). Je älter die Kinder sind, desto mehr Text kommt meist hinzu und die Abbildungen und Illustrationen nehmen ab. Kinder lieben es, während des Vorlesens die zum Text gehörenden Bilder zu betrachten, die auch eine Verständnishilfe und Bereicherung für die Lektüre sind.

Das Gefühl, etwas gemeinsam zu tun, ist bei der Bilderbuchbetrachtung evtl. noch stärker ausgeprägt als beim Vorlesen, konzentrieren sich doch dabei zwei Personen, in der Regel ein Kind und eine Bezugsperson, auf ein Buch, das sie gleichzeitig betrachten. Es entsteht eine rege Kommunikation, bei kleinen Kindern oft in Form eines Frage-und-Antwort- oder Ratespiels in Bezug auf das Dargestellte. Bilderbücher fördern aber auch in besonderem Maße die Bildlesefähigkeit, die visuelle Kompetenz – eine Fähigkeit, die in unserer heutigen *visuellen* Welt nicht zu unterschätzen ist. Abfolgen von Bildern müssen nachvollzogen und verstanden werden, um einer Geschichte folgen zu können, die Bedeutung bestimmter Abbildungen muss erkannt werden, aber auch – bei Bilderbüchern mit Textanteil – eine Beziehung zwischen Bild und Text hergestellt werden.

Bilder verlangen eine andere Aufmerksamkeit und Wahrnehmung als ein diskursiv angelegter Text. Sie vermitteln ihre Botschaften präsentativ (Langer 1992),

d. h. auf einmal, gleichzeitig, die Bedeutungen werden oft blitzschnell erfasst. In besonderem Maße fördern Bilderbücher durch ihren ästhetischen Aufforderungscharakter selbstverständlich auch die sprachliche Ausdrucksfähigkeit. Ein Bild ist ein Anreiz für die weitere Kommunikation, es enthält vielleicht ein Rätsel, eine Unstimmigkeit, über die man stolpern, sprechen und philosophieren kann. Über Bilder kann man sich unterhalten, sie laden zur Diskussion und manches Mal zum Widerspruch ein.

Winfried Kain stellt in seinem Buch *Die positive Kraft der Bilderbücher* eine Fülle von Bilderbüchern vor, die man in Kindertageseinrichtungen pädagogisch einsetzen kann (2006). Sein Buch ist aber auch für Eltern und alle, die Kinder in der Familie an Bilderbücher heranführen möchten, eine wertvolle Fundgrube. Er betont, dass Bilderbücher sehr viele Kompetenzen bzw. Fähigkeiten fördern: sprachliche Kompetenzen (allgemeine Sprachentwicklung, narrative Fähigkeiten, *emergent literacy*), allgemein kognitive Fähigkeiten (Aufmerksamkeit, Gedächtnis), emotionale Kompetenzen (Verständnis von Gefühlen und ihrer Entstehung, Förderung von Empathie und Mitgefühl), das soziale Verständnis (Perspektivenübernahme, Verständnis von sozialen Zusammenhängen und moralischen Aspekten) sowie Fantasie, Kreativität und die visuelle Kompetenz. Mit Ausnahme der visuellen Kompetenz werden die hier hervorgehobenen Fähigkeiten auch beim allgemeinen Erzählen oder Vorlesen von Geschichten ohne Bilder und Illustrationen gefördert.

Der Autor ordnet seine Auswahl an Bilderbüchern unterschiedlichen Themenbereichen zu, so führt er Bilderbücher zum Thema Freundschaft auf, aber auch solche, die zu Problemsituationen im Kindergarten passen oder von Charakterstärken und Tugenden handeln. In diesem Zusammenhang ist besonders die Rubrik *Selbstwert* und *Selbstvertrauen* von Interesse. Hier stellt Kain Bilderbücher vor, die »allgemeinen Selbstwert und Selbstakzeptanz« vermitteln, Kindern Mut machen, »sich gegenüber Übergriffen von anderen Personen (Erwachsene wie Kinder) zu wehren oder dies mitzuteilen«, sie ferner ermutigen, »sich auf neue Situationen einzulassen, sich etwas Schwieriges zuzutrauen«, und solche, die Identifikationsfiguren anbieten, die selbst »Selbstbewusstsein und Selbstvertrauen ausstrahlen« (2006, S. 99), z. B. *Komm mit in den Kindergarten* (Minte-König/Döring 1996), *Das kleine Ich bin Ich* (Lobe 1972), *Der Grüffelo* (Scheffler/Donaldson 1999). Doch nicht nur aktuelle Bilderbücher können eine positive Kraft entfalten. Im Folgenden soll auf die positive Kraft von Märchen eingegangen werden, die Kindern bereits seit Generationen erzählt werden.

**Kinder durch Märchen stärken**

Weshalb üben Märchen eine solche Faszination aus? Warum lieben Kinder Märchen? Und brauchen sie diese gar – wie Bruno Bettelheim mit seinem bekannten Buchtitel *Kinder brauchen Märchen* (2004) forderte? Um sich diesen Fragen zu nähern, sollte man sich zunächst vor Augen führen, wie ein Märchen aufgebaut ist und welche kindlichen Bedürfnisse es erfüllt.

Ein Märchen versetzt ein Kind in eine Fantasiewelt, in der es Zauberer, Hexen, sprechende Tiere, verschiedene Fabelwesen, gute und schlechte Figuren, schwache, arme, kranke und starke Kinder, Jugendliche und Erwachsene in verschiedenen Rollen gibt. Durch klare Distanzierungsformeln wird klargemacht, dass es sich um eine Fantasiegeschichte handelt, (z. B. »[…] und wenn sie nicht gestorben sind, dann leben sie noch heute«).

Meist sind die Figuren stark überzeichnet und treten daher in ihren Charaktereigenschaften umso deutlicher hervor. Im Märchen überwindet der Held erst zahlreiche Schwierigkeiten und Hürden, bevor er seine Situation und damit auch sein Leben meistert. Das Märchen wird fast immer von einem Happy End gekrönt, einem guten Ausgang, der die Dinge wieder ins Lot bringt, das Gleichgewicht wiederherstellt, das Gute siegen lässt. Dabei kommen im Märchen nicht nur starke Gefühle wie Angst, Wut, Trauer, Glück, Liebe, Freude zum Ausdruck, sondern es werden auch existenzielle Fragen wie Geburt, Tod, Trennung, Erwachsenwerden, Partnerfinden und moralische Themen wie Verrat, Lüge, Ehrlichkeit usw. behandelt. Bettelheim zufolge lieben Kinder Märchen »einzig und allein deshalb, weil sie stets zu einem guten Ende führen, wie es sich das Kind nicht von sich aus vorstellen könnte« (ebd., S. 143). Bettelheim, der Märchen als einzigartige Kunstform (ebd., S. 18) bezeichnet, beschreibt den Weg des Helden im Laufe der Märchenhandlung in eindrücklicher Weise:

> *Am Anfang des Märchens ist der Held denjenigen ausgeliefert, die wenig von ihm und seinen Fähigkeiten halten, die ihn misshandeln und ihm sogar – wie die böse Königin in ›Schneewittchen‹ – nach dem Leben trachten. Im Lauf der Geschichte ist der Held oft gezwungen, sich auf freundliche Helfer zu stützen, Wesen aus der Unterwelt wie die Zwerge in ›Schneewittchen‹ oder magische Tiere wie die Tauben in ›Aschenputtel‹. Am Schluss hat der Held alle Prüfungen bestanden, er ist sich selbst treu geblieben oder hat im Bestehen aller Gefahren seine Eigenpersönlichkeit errungen. Er ist Autokrat im besten Sinne des Wortes geworden: ein wahrhaft autonomer Mensch, der sich selbst, nicht*

*andere, beherrscht. Im Gegensatz zum Mythos geht es im Märchen nicht um den Sieg über andere, sondern nur um den Sieg über sich selbst und über das Böse (ebd., S. 147f.).*

An dieser Stelle kann die psychoanalytisch inspirierte Märchentheorie von Bettelheim nicht ausführlich entfaltet werden, sie zeigt jedoch, dass Märchen Kindern helfen können, Konflikte zu bearbeiten, ihr Ich, ihr Selbstbewusstsein aufzubauen und zu stärken. Indem sie die Geschichten durchleben, gedanklich *mitkämpfen*, Gefahren überstehen und siegen, wachsen sie innerlich und das Märchen hilft ihnen, auch mit den realen Schwierigkeiten in ihrem Leben umzugehen. Das Kind kann sich mit dem Märchenhelden identifizieren. Es muss ebenso wie dieser groß und stark werden, sich irgendwann von den Eltern lösen, einen Partner finden usw. Märchen lehren Kinder optimistisch zu sein, an ein gutes Ende zu glauben und den eigenen Fähigkeiten zu vertrauen, sie stiften Sinn und fördern Resilienz.

## Was sollte beim Vorlesen, Geschichtenerzählen und gemeinsamen Betrachten von Bilderbüchern in Kita und Familie beachtet werden?

### Wann, wie lange und wie viel sollte vorgelesen werden?

Man sollte Kleinkindern auf alle Fälle nicht nur abends zum Einschlafen etwas vorlesen, sondern auch den Tag dafür nutzen. Dann sind die Kinder aufnahmefähiger und noch nicht zu müde. Nach einem ereignisreichen Tag lässt die Konzentrationsfähigkeit abends oft nach und die Kinder sind mit ihren Gedanken schon ganz woanders. Auf das wichtige Vorleseritual am Abend sollte jedoch trotzdem nicht verzichtet werden, da man auf diese Weise den Tag sehr schön ausklingen lassen kann.

Insgesamt sollte man möglichst regelmäßig vorlesen. Es ist besser, öfter kurze, z. B. maximal 15-minütige Vorlesephasen einzuplanen, als zu lange Texte vorzulesen und damit zu riskieren, dass Kinder sich langweilen oder abschalten. Auf keinen Fall sollten Kinder das Gefühl bekommen, dass sie zum Zuhören gezwungen werden. Wenn ein Kind partout nicht vorgelesen bekommen will, muss man diesen Willen auch akzeptieren. Dies gilt auch für den Fall, dass ein Mädchen oder Junge sagt, es oder er habe genug und wolle nicht mehr vorgelesen bekommen. Auf das weitere Vorlesen zu bestehen, wäre kontraproduktiv.

Will man durch das Vorlesen das Lesen positiv besetzen, so muss man zum Lesen verlocken. Viele Kinder möchten ihre Lieblingsgeschichte mehrmals vorgelesen bekommen, auch diesem Wunsch sollte man nachkommen. Kinder wissen dann zwar, wie die Geschichte endet, aber sie finden sie so lustig oder aufregend, dass sie diese immer wieder *durchleben* wollen.

**Wo sollte vorgelesen werden?**

Man kann kleinen Kindern fast überall vorlesen: drinnen und draußen, im Rahmen der Familie oder in der Kita, in Bibliotheken oder unterwegs auf Reisen, z. B. während einer Zugfahrt. Die leichte Transportierbarkeit von Büchern macht sie zu idealen (Reise-)Begleitern. Zu beachten ist, dass man in einem möglichst von äußeren Störungen freien Raum vorlesen sollte. Will man einem Kind in einem Raum vorlesen, in dem gerade eine Fernsehsendung läuft, so stellt diese eine große Ablenkung dar, da das eine Medium in Konkurrenz zu dem anderen tritt. Idealerweise sollte man also einen ruhigen Raum wählen, der es erlaubt, ohne Ablenkung durch Unterbrechungen von anderen Menschen oder Geräuschquellen ungestört vorzulesen.

Zu beachten ist sicherlich auch, dass eine gemütliche Situation geschaffen werden sollte: angefangen bei der Zimmertemperatur und den Sitzgelegenheiten (Kissen, Sofa, Bett, Teppich usw.) bis hin zur Raumbeleuchtung. Eine angenehme Temperatur und gedämpftes Licht sowie gute, bequeme Sitzgelegenheiten tragen zu einer entspannten Vorleseatmosphäre bei.

Eine beliebte Vorlesesituation ist folgende: Mutter/Vater sitzt am oder neben dem Bett, das Kind liegt schon im Bett, das Licht ist bereits etwas abgedunkelt und das Vorlesen wirkt als Einschlafritual.

Kindern sollten schon früh in der Familie, aber auch in der Kita vielfältige Vorlese- und Bucherlebnisse geboten werden. Schon mit Vorschulkindern kann man Kinderbibliotheken besuchen, auch in der Kita kann eine Bibliotheksecke oder in offenen Gruppen eine kleine Bibliothek eingerichtet werden. Je eher man Kinder daran gewöhnt, dass es *Räume* und *Häuser* für Bücher gibt, desto wahrscheinlicher werden sie diese auch in ihrem weiteren Leben aufsuchen und in ihnen verweilen.

**Wie sollte vorgelesen werden?**

Zunächst einmal muss man beim Vorlesen und Betrachten von Bilderbüchern beachten, dass das Kind die Bilder gut sehen kann. Man sollte ferner die Kinder aktiv daran beteiligen, also auch etwas benennen lassen, Fragen zulassen, kleine Ratespiele durchführen.

Natürlich sollte so vorgelesen werden, dass das Kind alles versteht, d. h., man muss die Geschwindigkeit anpassen und nicht zu schnell vorlesen – aber auch das zu langsame oder zu monotone Vorlesen sollte vermieden werden. Kinder mögen es in der Regel, wenn man die Stimme ein wenig moduliert, wenn man besondere Stellen einer Geschichte stimmlich unterstreicht. Es sollte ausreichend Zeit für Rückfragen, Pausen und für nochmaliges Lesen zur Verfügung stehen. Je nach Geschichte kann ein Gespräch dabei entstehen, das nicht mit dem Hinweis auf den weiteren Fortgang der Geschichte schnell abgebrochen werden sollte.

Selbstverständlich spielt auch die eigene Gemütsverfassung beim Vorlesen eine Rolle. Kinder nehmen sofort wahr, wenn Eltern oder pädagogische Fachkräfte das Vorlesen als Pflichtübung schnell hinter sich bringen wollen, gehetzt, müde oder nervös sind.

**Wer sollte vorlesen?**

Bereits die Vorlese-Studie 2008 zeigte, dass Väter viel weniger vorlesen als Mütter; 2009 kam dann bei der nachfolgenden Studie heraus, dass Väter aktive Freizeitbeschäftigungen bevorzugen und meinen, Vorlesen sei Sache der Mütter. 2011 schließlich zeigte die Vorlese-Studie, dass Jungen, denen in der Kindheit vorgelesen wurde, in ihrer weiteren Entwicklung sehr davon profitieren. Wenn Väter als Lesevorbilder fehlen, kann sich dies vor allem auf die Lesekarriere von Jungen negativ auswirken.

In vielen Ländern hat man Unterschiede zwischen den Lesefähigkeiten von Jungen und Mädchen festgestellt. Gerade Jungen beim Lesen zu fördern, müsste demzufolge ein besonderes Anliegen von Männern sein, seien sie nun Väter, Sozialpädagogen oder Erzieher im Kindergarten. Ein Junge, der mitbekommt, wie das Lesen dem eigenen Vater Vergnügen bereitet, oder der mit dem Vater eine gemeinsame Vorlesezeit verbringt, wird sich mit ihm im besten Falle identifizieren und das Lesen nicht als eine rein ›weiblich‹ besetzte Tätigkeit betrachten. Da Jungen und Mädchen manchmal auch unterschiedliche Leseinteressen haben, könnten Väter als Vorleser hier ebenfalls eine wichtige Rolle bei der Lesesozialisation spielen.

Übrigens können nicht nur die Söhne, sondern auch die Töchter von einem vorlesenden Vater profitieren. Der Vater ist ja nicht nur Lesevorbild, sondern steuert durch seine eigenen und sich von der Mutter zuweilen unterscheidenden Interessen auch einen anderen Lesestoff bei. Hinzu kommt, dass die Protagonisten in Erzählungen häufig männlich sind; da wirkt eine männliche Stimme einfach besser. Zudem ist es für die Kinder gut, wenn sie unterschiedliche Arten zu lesen kennenlernen.

Die spezifische Personalsituation im Kindergarten bewirkt, dass dort vorwiegend Frauen tätig sind. Aber die Lesemotivation von Jungen hängt wesentlich von männlichen Lesevorbildern ab. Wenn Männer Jungen vermitteln können, dass Lesen *cool* und *spannend* sein kann, wäre schon viel gewonnen. Wer außerdem noch vorlesen kann: andere Bezugspersonen wie Großeltern, weitere Verwandte wie ältere Geschwister, Tagesmütter und -väter oder auch Senioren aus der Umgebung, die ehrenamtlich in der Kita vorlesen usw.

Schließlich sei noch auf öffentliche Lesungen und Vorleseaktivitäten in Bibliotheken hingewiesen sowie nicht zuletzt auf Theaterstücke, in denen Literatur inszeniert wird – auch dies sind wichtige Literaturerfahrungen, die in besonderem Maße den ästhetischen Charakter von Literatur erleben lassen. Kassettenrekorder, CD- oder MP3-Player bzw. Hörspiele sollten das Vorlesen durch eine Bezugsperson nie ganz verdrängen, können aber – auch und gerade bei Kindern aus Familien mit Migrationshintergrund bzw. solchen, deren Erstsprache nicht Deutsch ist – eine wichtige Ergänzung bedeuten und die Sprachförderung der Kinder vorantreiben.

## Praktische Anregungen und Hinweise für die Kita

- Literatur sollte – auch räumlich – einen festen Platz bzw. Raum in Ihrer Kita haben, also auch für alle gut sichtbar und leicht zugänglich sein. So wird sie als zentraler Bestandteil der Einrichtung gekennzeichnet und in ihrer Bedeutung hervorgehoben.
- Richten Sie eine gemütliche Buchecke oder einen Bibliotheksraum in Ihrer Kita ein und regen Sie die Kinder an, Bücher auszuleihen.
- Lesen Sie regelmäßig vor. Da die Bilderbuchbetrachtung besser mit einem einzelnen Kind als in einer großen Gruppe funktioniert, könnten Sie auch zur Abwechslung zur Methode *Bilderbuchkino* greifen. Hier werden die Bilder eines Buches mithilfe von Beamer oder Tageslichtprojektor auf eine Leinwand projiziert.
- Lassen Sie die Kinder auch mitentscheiden, was gelesen oder vorgelesen werden soll. Fordern Sie die Kinder auf, ihre Lieblingslektüre von zu Hause mitzubringen und vorzustellen. So erfahren Sie nicht nur viel über die Lesegewohnheiten, sondern auch über die jeweils aktuellen kindlichen Bedürfnisse.
- Führen Sie einen *Tag des Buches* ein, in dem sich alles um das Medium Buch dreht. Hier kann erforscht werden, seit wann es Bücher gibt, wie sie hergestellt werden, ein Verlag oder eine Druckerei können besucht werden und vieles mehr.
- Überlegen Sie, wie Sie Kindern, die aus unterschiedlichen Gründen zu Hause keine Leseerfahrungen machen können, bereits in Ihrer Einrichtung Zugänge zu Büchern eröffnen. Machen Sie diesen Kindern Literatur schmackhaft, indem Sie ihnen zeigen, wie attraktiv Bücher sein können.
- Nutzen Sie Bilderbücher und Bilderlexika, um mit Kindern, die einen Migrationshintergrund haben und die deutsche Sprache noch nicht so gut beherrschen, besser zu kommunizieren.
- Zeigen Sie den Kindern in Ihrer Einrichtung das ganze Spektrum von Literatur: angefangen bei Gedichten und Liedern bis hin zu kurzen oder längeren (Bilder-) Geschichten und Theaterstücken.
- Lassen Sie die Kinder an Literaturerlebnissen teilhaben, die viele Sinne gleichzeitig ansprechen, seien es Hörstücke, Theateraufführungen, Lesungen oder Literaturverfilmungen.
- Bieten Sie den Kindern auch ausreichend Gelegenheit, Märchen und andere Geschichten kreativ umzusetzen, z. B., indem sie in unterschiedliche Rollen schlüpfen, sich verkleiden und die Geschichte nachspielen oder indem sie dazu malen und zeichnen.

- Tauschen Sie sich auch über die Themen *Literatur* und *Vorlesen* mit den Eltern der Kinder aus. Sie können dazu auch einen Elternabend durchführen.
- Nehmen Sie an Fortbildungen teil, lesen Sie selbst aktuelle Fachliteratur zur literarischen Früherziehung und frühen sprachlichen Bildung.
- Laden Sie Märchenerzähler, Schriftsteller und andere Künstler in Ihre Kita ein.

### Praktische Anregungen und Hinweise für die Familie

- Lesen Sie Ihrem Kind regelmäßig vor. Beteiligen Sie dabei Ihr Kind an der Auswahl der Geschichten und Bücher.
- Bieten Sie Ihrem Kind eine Vielfalt an unterschiedlichen Büchern und Genres an, um herauszufinden, welche Literatur es mag.
- Versuchen Sie, Ihr Kind in die Welt der Literatur einzuführen, indem Sie ihm das Vergnügen und Abenteuer *Literatur* vor Augen führen. Gehen Sie dabei mit eigenem Beispiel voran.
- Besuchen Sie mit Ihrem Kind regelmäßig eine Kinderbibliothek, so lassen sich zum einen Fehlkäufe vermeiden, zum anderen vermitteln Sie Ihrem Kind, dass Bücher vor allem ein *geistiger Besitz* sind.
- Wenn Sie Ihren Kindern vorlesen, bereiten Sie ihnen damit unvergessliche Erlebnisse und Erinnerungen an diese Stunden trauten Zusammenseins und tragen maßgeblich zu ihrer Bildungsbiografie und Persönlichkeitsbildung bei. Genießen Sie diese Zeit, denn die Kinder wachsen bekanntlich schnell und schon sind sie aus dem Vorlesealter heraus.
- Denken Sie vor allem nicht, Vorlesen sei altmodisch oder – wenn Sie ein Mann sind – eine Angelegenheit von Frauen. Tun Sie es Ihren Kindern zuliebe. Nehmen Sie sich Zeit dafür. Vor allem Väter sollten ihren Kindern vorlesen. Insbesondere für Söhne ist es wichtig, auch einen Mann als lesendes Vorbild zu erleben.
- Lassen Sie Ihre Kinder Freude an Büchern gewinnen. Trauen Sie sich einmal, eine Geschichte in eigenen Worten wiederzugeben, nachzuerzählen oder selbst zu erfinden – manche Erwachsene wissen überhaupt nicht, welche Fantasiepotenziale in ihnen stecken. Viele Kinder- und Jugendbuchautoren haben so angefangen: indem sie den eigenen Kindern selbst erfundene Geschichten erzählt haben. Von

- Eltern frei erzählte Geschichten, Erlebnisse und Tageseindrücke berühren Kinder häufig mehr als vorgelesene Geschichten.
- Verzichten Sie lieber einmal auf das Vorlesen, als es ohne Elan und wie eine lästige Pflicht zu absolvieren. Schließlich sind auch Sie nicht immer in *Vorlesestimmung*.
- Auch Hörkassetten und CDs sind eine Alternative, nutzen Sie diese vor allem auch, wenn Sie selbst noch nicht so gut Deutsch können. So hört Ihr Kind ein gutes Hochdeutsch und kann seine Sprachkenntnisse weiter ausbauen.
- Tauschen Sie sich mit dem pädagogischen Fachpersonal in der Kita über die Lesewünsche, Büchervorlieben und Rollenspiele Ihres Kindes aus. Sie werden evtl. Neues entdecken und Ihr Kind wird von der dadurch entstehenden Bereicherung profitieren.

# Kinder durch Musik stärken

*Carolin Bruss*

*Alle meine Entchen, Fuchs, du hast die Gans gestohlen, La Le Lu* – wer kennt sie nicht, die Lieder, die unsere Kindheit, unser gesamtes Leben prägen? Jeder erinnert sich gern daran zurück, wie die Familie zu verschiedenen Gelegenheiten gesungen hat. Nicht nur an Festen, wie z. B. Weihnachten, sondern auch im Alltag – bei guter Laune, zum Trostspenden oder zum Einschlafen – kommt Musik aufgrund ihrer positiven Eigenschaften und vielfältigen Möglichkeiten zum Einsatz.

Dennoch, so sind sich Musikexperten einig, wird in unserer Kultur den musikalischen Fähigkeiten zu wenig Aufmerksamkeit geschenkt. Für den Bereich der frühen Kindheit sind seit einigen Jahren die Bildungs- und Erziehungspläne der Bundesländer vorhanden. Ästhetische Bildung und Musik sind darin ein wichtiger Bestandteil. Auch bereits vor der Entwicklung von elementarpädagogischen Bildungsplänen war das Fach Musik in den Lehrplänen der Fachschulen für Erziehung festgeschrieben. Neben den Eltern sind also auch die elementarpädagogischen Einrichtungen dafür verantwortlich, Kinder in ihrer musikalischen Bildung und Entwicklung zu unterstützen.

Im Folgenden wird die musikalische Entwicklung von Kindern kurz nachgezeichnet, um anschließend auf die Bedeutung von musikalischen Erfahrungen für Kinder einzugehen.

## Erste musikalische Erfahrungen

Die ersten musikalischen Erfahrungen sammeln Kinder bereits lange vor ihrer Geburt. Ab der 20. Schwangerschaftswoche ist das Sinnesorgan *Ohr* voll ausgebildet. Der Fötus ist also hörfähig. Von Hörerfahrungen kann man zu diesem Zeitpunkt aber noch nicht sprechen, da das Innenohr zunächst nicht mit dem Gehirn verbunden ist. Diese Verknüpfung erfolgt erst ab der 28. Schwangerschaftswoche. Nun ist der Fötus in der Lage, Gehörtes im Gehirn zu verarbeiten und zu speichern. Dazu zählen die melodische Stimme der Mutter, die sowohl von außen als auch von innen über die Knochenweiterleitung den Fötus erreicht, außerdem der Herzschlag sowie die Darm- und Blutgeräusche. An jeder Aktion und jeder Gefühlslage der Mutter ist der Fötus beteiligt (Hüther/Krens 2008). Dieses enge Miteinander prägt den Fötus stark. Musiziert also eine Mutter während der Schwangerschaft oder tanzt zur Musik, so hört der Fötus nicht nur die Musik und nimmt die Bewegungen zur Kenntnis, sondern er verspürt auch die positive emotionale Stimmung der Mutter. Diese ersten Erfahrungen wirken sich auf die musikalische Entwicklung des Kindes nach der Geburt aus.

*Stimulation hat positive Effekte auf die Entwicklung sensorischer Verarbeitungssysteme; sie bewirkt, dass die richtigen neuronalen Verbindungen in ausreichendem Maße geknüpft werden. Allein aus diesem Grund ist es wahrscheinlich nicht verkehrt, mit werdendem Kind im Bauch zu singen und zu sprechen (Spitzer 2009, S. 154).*

Aber nicht nur die Mutter hat Anteil an der musikalischen Entwicklung. Es ist nachgewiesen, dass Föten die tiefen Stimmen der Männer durch ihre niedrigere Frequenz besser wahrnehmen können. Das heißt: Auch der Papa darf gern mal ein Kinderlied singen und mit dem Fötus ›sprechen‹.

Kinder hören und bewegen sich dazu also bereits pränatal. Hiermit sind zwei von drei elementaren musikalischen Aktivitäten abgedeckt (Stadler Elmer 2000). Direkt nach der Geburt kommt die dritte Fähigkeit, nämlich Laute und Klänge zu erzeugen, mit dem ersten Schrei hinzu. Die Eltern sind in den ersten Lebensmonaten des Kindes die wichtigsten Bezugspersonen. Sie geben dem Säugling Sicherheit und Geborgenheit. Mittels Berührungen, Blickkontakt und Sprache findet die Kommunikation zwischen Eltern und Kind statt. Je mehr Anregungen Eltern ihrem Säugling mitgeben, desto ausgeprägter werden seine Fähigkeiten. Da Kinder und Eltern dazu tendieren, sich den Lautäußerungen des jeweils anderen anzupassen – sowohl die Tonhöhe als auch den entsprechenden Rhythmus zu treffen – tragen Eltern zur musikalischen Bildung und Entwicklung ihres Kindes bei, auch wenn sie nicht ausdrücklich singen oder musizieren. Musikalische Fähigkeiten bilden sich also durch Nachahmung und Spiel weiter aus (Stadler Elmer 2000).

## Kinder brauchen Musik

In den Bildungsplänen der Bundesländer für den Elementarbereich wird Musik als ein Bildungsbereich bezeichnet. Dabei ist z. B. von »musisch-ästhetischer Bildung« die Rede oder vom »musikalischen Bereich«. Manchmal wird Musik auch mit Tanz verknüpft wie z. B. im Hessischen Bildungs- und Erziehungsplan. Es wird darauf hingewiesen, dass Musik die gesamte Entwicklung des Kindes positiv beeinflusst. Dazu zählen die kognitive, psychomotorische, sprachliche, emotionale und soziale Entwicklung. Zusammengefasst trägt Musik zur Persönlichkeitsentwicklung des Kindes bei. Musik hat aber auch die Eigenschaft, Kindern einfach nur Spaß und Freude zu bereiten. Das Singen, Tanzen und Musizieren mit Instrumenten ist für Kinder ein Spiel mit all ihren Sinnen, das dazu dient, sich (musikalisch) zu bilden.

### Musik fördert die Wahrnehmung

Kinder eignen sich die Welt durch ihre Sinne an. Sie er*fassen* und be*greifen* die Welt auf diese Weise. Mittels der Fernsinne, also Seh-, Hör- und Geruchssinn, informieren sie sich über ihre Außenwelt. Musik wird hauptsächlich über den auditiven Sinn wahrgenommen. Manchmal sehen Kinder aber auch die Entstehungsquelle der Musik, z. B. eine Musikkapelle oder einen Chor. Ältere Kinder können vielleicht sogar schon Noten auf einem Blatt Papier lesen. Null- bis sechsjährige Kinder erkunden Klangquellen sehend und fühlend. Mit großem Interesse stellen sie fest, dass sie Klänge erzeugen können, indem sie in ihre Hände klatschen oder einen Gegenstand gegen einen anderen Gegenstand schlagen.

Musik aktiviert auch die inneren Körperwahrnehmungen, den kinästhetischen und den vestibulären Sinn. Mit dem kinästhetischen Sinn werden Bewegungen des Körpers und Spannungszustände (Entspannung, Anspannung) durch die Muskeln unbewusst gesteuert. Der vestibuläre Sinn hat seinen Sitz im Innenohr. Er reguliert das Gleichgewicht, die räumliche Orientierung und die gesamte Haltung.

### Musik verleitet zum Bewegen

Musik wirkt sich auf den gesamten Körper aus. Offensichtlich ist, dass jeder – gleich welchen Alters – beim Erklingen von Musik mitschunkelt, tanzt, mit einem Fuß, Finger oder dem Körper mittippt und mitwippt. Weniger erkennbar sind in diesem Zusammenhang der veränderte Herzschlag und die angepasste Atmung. Der Rhythmus der Musik vereinnahmt den ganzen Körper.

**Musik regt die Sprachentwicklung an**
Bereits ab der Geburt sind Kinder fähig, Laute und Klänge zu bilden. Die Eltern regen ihre Jüngsten mit einem einfachen Singsang zum Vokalisieren an. Deshalb ist das sprachliche Begleiten allen Tuns in Form von Versen oder Liedern sprachentwicklungsfördernd. Säuglinge und Kleinkinder reagieren sehr viel sensibler auf eine hohe, melodische Sprache, weil sie den kindlichen Bedürfnissen angepasst ist. Innerhalb der Eltern-Kind-Kommunikation passen sich die Tonfälle einander an (Stadler Elmer 2000). Bei diesem gegenseitigen Nachahmen werden die Kommunikationsregeln bereits beachtet. Hören und Vokalisieren wechseln einander ab. Durch viele in Wiederholungen vorgesungene Kinderlieder animiert man Kinder zum Mitsingen. Auch wenn anfangs – bei Null- bis Einjährigen – noch keine Worte produziert werden, sondern ihrem Alter entsprechende Laute, so wird damit doch schon die Mundmotorik aktiviert, sodass die Sprache zusätzlich angeregt wird. Klatschen und patschen können schon die Allerkleinsten. Ab ca. ein- bis eineinhalb Jahren sprechen oder singen Kinder vereinzelte Worte nach.

**Musik beruhigt, tröstet und löst Angst**
Musik ist auch ein Kommunikationsmittel, mit dem verschiedene emotionale Gefühlslagen ausgedrückt werden können. Ist ein Kind traurig oder hat sich wehgetan, so hat Musik eine tröstende Funktion. Hat ein Kind Angst davor, sich morgens in der Kita von seinen Eltern zu lösen, so kann die pädagogische Fachkraft ein Lied anstimmen. Forschungen zur Hirnphysiologie zeigen die Zuständigkeit des limbischen Systems für das Gefühlsleben von Menschen. Alle von außen eintreffenden Sinneswahrnehmungen durchlaufen diesen Komplex, sodass sie zunächst emotional wahrgenommen und erst danach rational verarbeitet werden. Die Mandelkerne im Großhirn sind maßgeblich an Angstreaktionen beteiligt. Musik hemmt die Aktivität der Mandelkerne und löst somit die Angst (Friedrich/Galgóczy 2010). Musik vermittelt Kindern also in unsicheren Situationen Geborgenheit und Sicherheit und macht sie somit stark.

Vor dem Zu-Bett-Gehen singen viele Eltern ihren Kindern Wiegenlieder vor. Die Eltern sprechen ihre Kinder damit auf vielen verschiedenen Wahrnehmungsebenen an. Das Kind liegt in den Armen der Eltern, sieht deren Gesicht, hört deren Stimme, riecht deren Körper, spürt deren Nähe und wird zum Gesang passend leicht hin- und hergewiegt. Beteiligt ist daran vor allem die emotionale Wahrnehmung des Kindes. Durch den Dreivierteltakt, in dem sich die Mutter für gewöhnlich mit dem Kind bewegt, die einfache Melodie, die sich in mehreren Phrasen wiederholt, und das meist gemächliche Tempo wird dem Kind Geborgenheit vermittelt und es kann ruhig einschlafen. Häufig werden in Wiegenliedern die Silben *la-la*, *le-le* oder *lu-lu* verwendet. Sie können von den Kindern nachgesprochen werden und sind in ihrem Wortschatz meist ohnehin schon enthalten (Spitzer 2009).

**Musik fasziniert**
»Jedes Kind ist musikalisch. [...] Musikalität ist zunächst nichts anderes als die Fähigkeit, von Musik berührt zu werden, nichts anderes, als auf alles, was klingt, zu reagieren« (Kreusch-Jacob 1999, S. 9). Sowohl Eltern als auch pädagogische Fachkräfte in Kindertageseinrichtungen können dies beobachten.

Kinder lassen sich von Instrumenten oft regelrecht in den Bann ziehen und geben sich ganz den selbst erzeugten Klängen hin. Mit Ausdauer schütteln sie Rasseln, drücken mit unterschiedlicher Intensität die Tasten eines Klaviers herunter oder schwingen die Gitarre wie ein Rockstar. Musik ist eine ästhetische Erfahrung.

*Ästhetische Erfahrungen beginnen in der Regel dort, wo in Erlebnissen starke oder zumindest nachhaltige Eindrücke entstehen, weil sie etwas auslösen, was vorher unbekannt oder unerwartet war. [...] Es sind Situationen, die das Kind zum Gefangenen einer Faszination machen oder zum freien Akteur eines selbstgesteuerten Lernprozesses, in dem Erlebnisse auch auf ästhetische Weise durchgearbeitet werden (Duncker 2010, S. 12).*

Da Musik alle Sinne des Kindes anspricht, bereitet sie Kindern Spaß und Freude. Sie werden auf einer ganzheitlichen Ebene berührt, sodass sie im Spiel mit Musik sehr viele Lernerfahrungen machen können, die wiederum ihr Selbstbewusstsein erhöhen.

## Kinder durch musikalische Früherziehung stärken

Musikalische Früherziehung zielt nicht darauf ab, Kinder so früh wie möglich zu leistungsorientierten Spitzenmusikern zu machen, sondern ihnen die Gelegenheit zu bieten, erste Erfahrungen im musikalischen Bereich zu sammeln. Eltern haben beispielsweise die Option, mit ihren Kindern gemeinsam eine Eltern-Kind-Musik-Gruppe zu besuchen. In vielen Kindertageseinrichtungen wird musikalische Früherziehung durch externe musikpädagogische Fachkräfte angeboten. Als momentan noch sehr exklusives Angebot gibt es Musikkindergärten, in denen mindestens eine musikpädagogische Fachkraft fest angestellt tätig ist.

### Eltern-Kind-Musik-Gruppe

Eltern-Kind-Musik-Gruppen sind ein Angebot von musikpädagogischen Fachkräften, die für Eltern und Kinder gemeinsam ein musikalisch-künstlerisch-pädagogisches Angebot bereithalten. Dabei geht es um die Förderung von Fähigkeiten des Kindes in allen Entwicklungsbereichen und das Intensivieren der Eltern-Kind-Beziehung und -Interaktion. All dies hat Auswirkungen auf die Ausbildung des kindlichen Gehirns und somit auch auf die Lernbereitschaft und Aufnahmefähigkeit des Kindes. Neben diesen Effekten tragen Eltern-Kind-Musik-Gruppen zur musikalischen Bildung des Kindes bei, das hierdurch musikalische Erfahrungen sammeln kann. Mittels abwechslungsreicher Aktionen wie Singen und Umgang mit Instrumenten, durch das Kennenlernen verschiedener Stile, Epochen, Metren und Tonalitäten sowie durch Tanzen wird das Interesse des Kindes an Musik geweckt und gefördert. Nebenbei bilden auch die Eltern ihre musikalischen Fähigkeiten weiter aus und erweitern ihr musikalisches Wissen.

### Musikalische Früherziehung in der Kita

Viele Kindertagesstätten bieten musikalische Früherziehung an. Meist bedeutet dies, dass eine externe musikpädagogische Fachkraft die Einrichtung einmal wöchentlich besucht, um dort die musikalische Früherziehung in altershomogenen Gruppen durchzuführen. Häufig müssen Kinder dazu angemeldet werden und die Kurse sind kostenpflichtig. Weniger verbreitet ist das Modell, eine musikpädagogische Fachkraft kommen zu lassen, die für alle Kinder musikalische Erfahrungen anbietet.

## Musikkindergärten

Der Musikkindergarten Berlin entstand auf Initiative von Daniel Barenboim, Generalmusikdirektor der *Staatsoper Unter den Linden*. Unter dem Motto »Nicht nur Musikerziehung, sondern Erziehung durch Musik« lautet die Aufgabe dort, die Kinder in ihrer Sinneswahrnehmung und -erfahrung auf spielerische Weise zu fördern. Hierzu werden die pädagogischen Fachkräfte weitergebildet und das Team erhält Unterstützung durch die Staatskapelle Berlin und den Staatsopernchor.

In Weimar gibt es ebenfalls einen Musikkindergarten, der sich seit 2003 in der Trägerschaft des KISUM e.V. befindet. Musik wird dort als verbindendes Medium zwischen Kind und Erwachsenem gesehen. Aufgabe der musikpädagogischen Fachkräfte ist es, Angebote zu koordinieren und durchzuführen, eine enge Zusammenarbeit mit den pädagogischen Fachkräften und den Eltern zu leisten und als musikalischer Ansprechpartner vor Ort zur Verfügung zu stehen. Das Ziel besteht darin, allen Kindern eine intensive musikalische Bildung zuteilwerden zu lassen. Dies geschieht, indem sich die Kinder aktiv mit Musik beschäftigen. So lernen sie, dass Musik zur Lebensqualität beiträgt. Musik ist im Alltag allgegenwärtig. Die Kinder haben die Möglichkeit, zu jeder Zeit mit den Instrumenten zu musizieren. In altershomogenen Gruppen erleben sie Musik, indem sie mit verschiedenen Instrumenten (Rhythmus-, Tasten-, Blas- und Streichinstrumente) Rhythmen, Klänge und Töne erzeugen; oder sie nutzen den eigenen Körper für Musik: zum Singen und für Bodypercussion. Nebenbei intensivieren die Kinder ihre Körperwahrnehmung. Durch die Abwechslung von angeleiteten Phasen, in denen auch die Vermittlung von Fachkenntnissen stattfindet, und anschließendem freien Spiel mit Musik nehmen die Kinder Anregungen mit und erweitern diese um eigenständige Ideen.

**Praktische Anregungen und Hinweise für die Kita**

- Singen Sie täglich mit den Kindern, so wird Musik als alltäglich erlebt und gehört für die Kinder immer dazu. Achten Sie dabei auf kindgerechtes Singen in einer hohen Tonlage (c' bis f'').
- Wiederholen Sie die Lieder regelmäßig, denn Kinder lieben Wiederholungen. So können sie sich die Lieder leichter einprägen und sogar auswendig lernen.
- Bieten Sie den Kindern dennoch ein vielfältiges Liedrepertoire an. Wechseln Sie öfter einmal die Taktart (3/4-Takt, 4/4-Takt, 6/8-Takt) oder die Harmonik (Dur/Moll) und stellen Sie Lieder aus anderen Kulturkreisen vor. Machen Sie sich bewusst, dass Musik als Kommunikations- und Verständigungsmittel zwischen Ihnen und Kindern mit Migrationshintergrund dienen kann.
- Begleiten Sie Ihr Singen durch Bewegungen. Die Verknüpfung von Sprache und Bewegung ermöglicht ein ganzheitliches Erfahren von Musik.
- Schaffen Sie für die Einrichtung Musikinstrumente an, z. B. Rasseln, Trommeln, Klanghölzer, Xylophone usw. Sind Sie sich bei der Anschaffung unsicher, holen Sie sich musikpädagogischen Rat in einer Einrichtung aus Ihrer Umgebung.
- Hilfreich ist sicherlich auch, eine Kooperation mit einer nahegelegenen Musikschule zu starten, sodass sowohl die Kinder als auch Sie von dem Wissen der speziell ausgebildeten Musikfachkräfte profitieren können.
- Nutzen Sie die Ihnen zur Verfügung stehenden Instrumente. Viele Lieder lassen sich z. B. mit Rasseln rhythmisch begleiten. Füllen Sie Pausen mit Trommel- oder Triangelschlägen oder vertonen Sie eine kurze Geschichte – das Wetter bietet sich dazu hervorragend an (Donner, Blitz, Regen und Sonnenschein).
- Stellen Sie den Kindern die Musikinstrumente immer gut erreichbar zur Verfügung. So können die Kinder ihre Spielideen musikalisch gestalten. Dabei kann z. B. eine kleine Musikvorführung entstehen. Sinnvoll ist eine eingerichtete Musikecke im Raum.
- Greifen Sie Ideen der Kinder auf und gestalten Sie eine Projektwoche zu musikalischen Themen. Bauen Sie z. B. Musikinstrumente selbst, indem Sie Plastikbecher mit Reis, Mais oder Papierkugeln füllen und sie mit Pappmaschee ästhetisch gestalten.
- Hören Sie auch CDs mit den Kindern. Damit zeigen Sie ihnen, dass verschiedene Medien zum Alltag dazugehören.
- Haben Sie in Ihrer Einrichtung musikpädagogische Literatur? Falls nein – bestellen Sie solche und legen Sie diese für interessierte Mitarbeiter und Eltern aus.

- Bilden Sie sich auch selbst musikalisch weiter.
- Suchen Sie nach Fortbildungsmöglichkeiten. Besuchen Sie z. B. Fachtagungen, hören Sie sich Vorträge an oder fragen Sie Ihre Leitung nach Fortbildungsheften.
- Suchen Sie nach Kooperationspartnern zur Unterstützung in der musikpädagogischen Arbeit, indem Sie ortsansässige Musikvereine und Orchestermitglieder einladen oder Musikpädagogen mit hinzuziehen.
- Geben Sie einige Ihrer Liedtexte und Noten an die Eltern weiter. So können die Eltern mit den Kindern gemeinsam die Lieder zu Hause nachsingen und die Zusammenarbeit wird intensiviert. Beachten Sie dabei jedoch strikt das jeweilige Copyright.
- Bieten Sie einen gemeinsamen Liedernachmittag an. Davon können Sie und die Eltern profitieren, indem Sie zusammen Ihr Liedrepertoire erweitern.
- Binden Sie musikalische Eltern und Großeltern in Projektarbeiten ein.
- Es besteht auch die Möglichkeit, musikalische Senioren aus der Umgebung zu fragen. Viele können ein Instrument spielen und würden sich glücklich schätzen auf ehrenamtlicher Basis vor Kindern etwas vorzuführen oder zu singen bzw. Kindern etwas beizubringen. Hier können auch Kooperationen mit einem nahegelegenen Seniorenheim erfolgen. Bei Alt und Jung kommt das meist wunderbar an.

### Praktische Anregungen und Hinweise für die Familie

- Bieten Sie Ihrem Kind am besten schon vor der Geburt Musik an, indem Sie ihm vorsingen, gemeinsam Musik hören und sich dazu bewegen. Denn bereits vor der Geburt – also schon als Fötus – nimmt es Musik wahr.
- Trauen Sie sich zu singen, auch wenn Sie meinen, hierfür keine Begabung zu haben. Ihrem Kind wird es gefallen.
- Begleiten Sie die alltäglichen Abläufe, das Essen, das Wickeln, das Kuscheln, das Schlafengehen, mit Liedern oder Reimen. So wird Ihre Tochter/Ihr Sohn das Singen und Musizieren als ganz natürlichen Teil des Alltagslebens empfinden und mit Ihnen die Freude daran teilen.
- Singen und sprechen Sie viel mit Ihrem Kind, das fördert die wechselseitige Interaktion und trägt somit zur Sprachentwicklung bei.
- Halten Sie beim Singen Blickkontakt zu Ihrem Kind. Das fördert die Bindung zwischen Ihnen beiden, sorgt für Vertrauen und vermittelt Geborgenheit.

- Denken Sie daran: Ihr Kind lernt von Ihnen als engster Bindungsperson am meisten.
- Begleiten Sie Ihr Singen durch Bewegungen, so erleichtern Sie Ihrem Kind das Lernen des Textes und fördern es ganzheitlich.
- Übertreiben Sie die Bewegungen und Mimik zum Gesang. Damit erleichtern Sie Ihrem Kind das Nachahmen.
- Machen Sie sich bewusst, dass Sie sich und Ihr Kind beruhigen, besänftigen, aber auch glücklich und fröhlich machen können, wenn Sie zu singen beginnen.
- Bieten Sie Ihrem Kind unterschiedliche Musikinstrumente an (Rasseln, Trommeln, Flöten). So lernt es, dass Musik auch laut sein kann und darf und dass es unterschiedliche Instrumente gibt.
- Basteln oder bauen Sie auch selbst mit Ihrem Kind Instrumente. So schulen Sie nicht nur das Gehör Ihres Kindes, sondern auch seine ästhetische Wahrnehmung im Hinblick auf bildende Kunst und handwerkliche Fertigkeiten.
- Stellen Sie Ihrem Kind Musik aus anderen Kulturen vor. Je abwechslungsreicher die Musik, desto vielfältiger die Erfahrungen. Hören Sie z. B. eine CD an oder besuchen Sie ein interkulturelles Musikfest.
- Erweitern Sie Ihr musikalisches Liedrepertoire, indem Sie sich mit anderen Eltern austauschen oder bei Ihren Tagespflegepersonen sowie in Ihrer Kindertagesstätte nachfragen – Ihr Kind profitiert von vielfältigen Anregungen.
- Scheuen Sie sich nicht davor, Liederbücher, Hörspiele und CDs auszuleihen oder zu kaufen. Kinder müssen auch den Umgang mit diesen Medien erlernen.
- Informieren Sie sich über Angebote der musikalischen Frühförderung in Ihrer Umgebung. Oft bieten auch Turnvereine Vater-Mutter-Kind-Gruppen mit Bewegung und Musik an.

# Kinder im Umgang mit Medien stärken

*Norbert Neuß*

Versuchen wir die Perspektive eines Kindes einzunehmen, das in diese Gesellschaft hineingeboren wird. Dieses Kind nimmt wahr, wie Menschen sich in ihrer sozialen, familiären und kulturellen Umgebung verhalten, wie sie miteinander umgehen und welche Geräte sie nutzen. Informations- und Kommunikationsmedien sind da nur eine Geräteart unter vielen, denn die Eltern nutzen auch das Auto, die Waschmaschine und den Rasenmäher. Für Kinder macht es zunächst keinen Unterschied, ob der Vater den Toaster oder sein Handy bedient. Beides sind Geräte im Alltag, die selbstverständlich genutzt werden.

Warum werden aber der Umgang mit Medien und oftmals die vermeintlichen Gefahren aus pädagogischer Perspektive thematisiert? Schaut man historisch 250 Jahre zurück, so findet man sogar Pädagogen, die damals vor den Gefahren des Buches warnten. 1785 schreibt Joachim Heinrich Campe Folgendes:

*Das unmäßige und zwecklose Lesen macht zuvörderst fremd und gleichgültig gegen alles, was keine Beziehung auf Literatur und Bücherideen hat; [...] Kommt nun endlich hierzu auch noch dieses, daß man ohne Auswahl, Zweck und Ordnung, alles eins durchs andere, und also auch solche Bücher liest, welche recht eigentlich dazu geschrieben zu seyn scheinen, den Geist des Menschen aus der wirklichen Welt in eine schimärische zu entrücken, [...] (Campe 1785, S. 175 ff.).*

Campe eilte mit seinen Argumenten der Zeit voraus, indem er von der Passivität des Mediennutzers, dem Zapping, der Realitätsflucht und dem nicht entwicklungsangemessenen Konsumieren von medialen Inhalten spricht. Die Bemühungen, Kinder und Jugendliche vor den unberechenbaren Gefahren der Medien zu schützen, sind so alt wie die Massenmedien selbst. Medienkritische Argumente wiederholen sich historisch immer dann, wenn sich ein neues Medium in der Gesellschaft etabliert. Gerade die Pädagogik hat sich auf eine eigentümliche und bis heute nicht überwundene kulturpessimistische Weise mit den Massenkommunikationsmitteln auseinandergesetzt. Dies zeigt sich mit der Verbreitung des Kinos Anfang der 1920er Jahre, des Radios in den 1930er Jahren, der Comics in den 1950er Jahren, des Fernsehens in den 1960er Jahren sowie auch heute bei den sogenannten Neuen Medien. Bemerkenswert ist, dass fast alle historischen Vorwürfe, Vermutungen und Argumente gegen die Lesewut ebenso gegen neuere Medien, wie z. B. Fernsehen, Computer und Internet, geltend gemacht werden. Daher fragen Eltern und Pädagogen zu Recht, welchen Einfluss Medien auf Sozialisation und Entwicklung ihrer Kinder haben und wie sie deren Medienbildung konstruktiv unterstützen können. Dabei geht es darum, die Chancen und Gefahren realistisch einzuschätzen, um eine begründete und verantwortungsvolle Medienerziehung umzusetzen, die Kinder in ihrer Persönlichkeitsentwicklung zu stärken versucht.

## Mediennutzung von Vorschulkindern

Über die Mediennutzung von Kindern gibt es allerlei unrealistische, diffuse Fantasien. Daher werden nun zunächst einige Informationen genannt und interpretiert, die ein möglichst realistisches Bild der durchschnittlichen Mediennutzung zeigen. Dabei wird vor allem die Fernsehnutzung in den Blick genommen, weil Fernsehen bei Vorschulkindern immer noch zum zentralen technischen Medium gehört.

Die Geräteausstattung der Familien mit Kindern von zwei bis fünf Jahren ist sehr umfangreich. Schaut man sich aber an, welche eigenen Geräte die Kinder in ihrem Kinderzimmer haben, so sieht das bei den Vier- bis Fünfjährigen folgendermaßen aus: 50 % haben ein eigenes Kassettengerät, 24 % ein Radio, 13 % einen Walkman, 10 % einen Fernseher, 6 % einen Computer ohne Internetanschluss und 5 % eine Spielkonsole. Damit wird deutlich, dass Vorschulkinder schon auf einen eigenen Medienpool zurückgreifen können. Bedenklich ist die Entwicklung, Kindern im Vorschulalter bereits ein eigenes Fernsehgerät in das Kinderzimmer zu stellen, weil damit drei pädagogisch fragwürdige Konsequenzen verbunden sind: Kinder sehen insgesamt länger fern, zweitens sehen Kinder insgesamt zu späteren Tageszeiten fern und sie schauen drittens unkontrollierter fern (Feierabend/Klingler 2009).

Die Fernsehdauer bei Vorschulkindern hat sich von 1995 bis 2010 um insgesamt 12 Minuten erhöht. Sie liegt bei den drei- bis fünfjährigen Kindern im Jahr 2010 pro Tag bei durchschnittlich 82 Minuten. Bei den Sechs- bis Neunjährigen hat sich die Fernsehdauer hingegen im gleichen Zeitraum von 92 auf 84 Minuten pro Tag reduziert. Letzteres liegt sicherlich auch an einer stetig zunehmenden Nutzung des Computers im Gesamtspektrum der kindlichen Medienaktivitäten. Mit den 82 Minuten durchschnittlicher Fernsehnutzung liegen die befragten Familien deutlich über den gängigen Empfehlungen von maximal 30 Minuten pro Tag Fernsehnutzung für ein Kind im Vorschulalter. In dieser Durchschnittszahl ist eine nicht unerhebliche Zahl von vielsehenden Kindern verborgen. Zu bedenken ist auch, dass die Verweildauer vor dem Fernsehen bei den Drei- bis Fünfjährigen bei 116 Minuten und bei den Sechs- bis Neunjährigen bei 139 Minuten liegt.

Kinder müssen erst eine Filmlesefähigkeit erwerben. Fernsehen ist nicht etwas, das Kinder von Anfang an beherrschen. Fernsehen muss ähnlich dem Lesen eines Buches gelernt werden. Das bedeutet, mit Raum- und Zeitsprüngen zurechtzukommen, die Filmsprache zu verstehen, die schnellen Bilderfolgen zu einer Geschichte zusammenzusetzen und zwischen Fernsehwirklichkeit und der eigenen Alltagswirklichkeit zu unterscheiden. Kindergartenkinder empfinden die Sendungen noch als eine Reihung von einzelnen Episoden, die voneinander weitgehend unabhängig sind. Sie nehmen Einzelheiten wahr, die für sie Bedeutung haben. Das müssen aber nicht unbedingt die Dinge sein, die für die gesamte filmische Handlung wichtig sind. Sie können dafür sogar ganz unwichtig sein – nur für das einzelne Kind sind sie wichtig. Diese Einzelheiten empfinden die Kinder dann besonders intensiv und vermischen sie auch oft mit Dingen und Vorgängen aus ihrem Alltag. Manchmal werden diese Einzelheiten hinterher in Erzählungen besonders ausgeschmückt. Die Kinder reihen eine Einzelheit an die andere, ohne dass diese unbedingt in der richtigen Reihenfolge stehen. Zwar haben die Kinder oft ein Grundverständnis der filmischen Handlung – dies vor allem, wenn sie den Aufbau der Sendung kennen, doch bleibt ihre Erinnerung überwiegend an Einzelheiten orientiert.

Zentral ist die Frage, wie die Nutzungssituation gestaltet ist, in der Vorschulkinder fernsehen. Grob lässt sich bei den Vier- bis Fünfjährigen sagen, dass ein Drittel der Kinder den Fernseher allein nutzt, ein Drittel nutzt ihn mit anderen Kindern/Geschwistern (ohne Eltern) und ein Drittel nutzt den Fernseher zusammen mit Eltern und anderen Erwachsenen. Daran wird deutlich, dass die vielfach beschriebene, medienpädagogische Empfehlung an die Eltern, gemeinsam mit ihren Kindern fernzusehen, längst nicht so verbreitet ist (Feierabend/Mohr 2004).

Insgesamt nutzen die Zwei- bis Fünfjährigen durchschnittlich 162 Minuten pro Tag verschiedene Medien. Neben dem Leitmedium Fernsehen gehören auch Hörmedien mit ca. 56 Minuten zu den beliebten Medienaktivitäten. Bücher werden durchschnittlich neun Minuten genutzt. Deutlich wird hier, dass die Medienaktivitäten von Vorschulkindern deutlich durch audio-visuelle Medien geprägt sind. Zu den weiteren zentralen Tätigkeiten im Tagesverlauf, der zwei- bis fünfjährigen Kinder zählen: drinnen spielen, malen und basteln (229 Minuten) sowie draußen spielen und Freunde treffen (114 Minuten). Bedenken wir zusätzlich, dass Kinder aus einem Mittelschichtmilieu bis zur Einschulung im Durchschnitt bis zu 1700 Vorlesestunden bekommen, hingegen Kinder aus sozial schwächeren Schichten insgesamt nur 24 Stunden (24 Stunden in sechs Jahren!), dann wird schnell deutlich, dass den Kindergärten hier ein erhöhter Medien-Bildungsauftrag zukommt. Wo dies nicht geschieht, kann sich die sogenannte Wissenskluft zwischen denjenigen vergrößern, die die Medien für ihre Bildungsziele einsetzen können, und denjenigen, die die Medien unkreativ und monoton verwenden.

Medienpädagogische Forschungen haben aber auch gezeigt, dass auch Vorschulkinder von den Medien nicht ›eingewickelt‹ und reizüberflutet werden, sondern dass sie bewusst Inhalte auswählen und in ihren Alltag integrieren. Kinder sind aktive Rezipienten, das heißt, sie interpretieren viele Medieninhalte ganz anders, als es Erwachsene tun oder als es von den Filmemachern gedacht ist. Hier kommen nun besonders die Motivationen und Bedürfnisse der Kinder in den Blick. Was veranlasst das Kind dazu, dieses oder jenes anzuschauen, und welchen Reiz haben bestimmte Medienhelden für Kinder? Medienkonsum wird aus dieser Perspektive zu einer aktiven Tätigkeit. Ein kindorientiertes Urteil über die Sendung (oder andere Medienangebote, z. B. PC-Lernspiele) lässt sich ohne die Aussagen der Kinder nur schwer finden. Dies macht die Medienerziehung in der Familie und im Kindergarten nicht gerade leichter, denn die Scheinsicherheit von *pädagogisch gut* und *pädagogisch schlecht* ist dadurch infrage gestellt. Eben hier liegt eine Begründung für medienerzieherische Arbeit im Kindergarten, bei der die Arbeit mit Kindern und die medienerzieherischen Fragen der Eltern verschränkt werden können (Neuß u. a. 1997).

## Argumente und Bereiche der frühkindlichen Medienbildung im Kindergarten

Aufbauend auf den bundeslandspezifischen Bildungsplänen ist eine Auseinandersetzung mit medienpädagogischen Fragen unumgänglich. Kinder müssen eine verantwortungsvolle Mediennutzung in Familie und Kindergarten lernen. Der Begriff der Medienkompetenz versucht, die damit verbundenen Fähigkeiten und Fertigkeiten zu umschreiben und darauf hinzuweisen, dass man für ein selbstbestimmtes und kompetentes Handeln in einer durch Medien geprägten Welt vorbereitet sein muss. Für die Umsetzung medienpädagogischer Aufgaben bereits im Elementarbereich sprechen unterschiedliche Argumente und Begründungen.

Kinder sollten früh den Umgang mit kulturellen Techniken lernen. »Muss das denn schon im Kindergarten sein und sollte man nicht die Mediennutzung durch Vorschulkinder ganz verbieten oder einschränken?«, könnte man kritisch einwenden. Man kann diese Frage mit einem Vergleich zwischen dem Autoverkehr und der Mediennutzung beantworten. Beide Bereiche (Auto und Medien) bieten sowohl große Vorzüge und Möglichkeiten als auch Gefahren und Probleme. In beiden Bereichen gibt es *Regeln* (Verkehrsregeln und Jugendmedienschutzgesetze) und in beiden Bereichen gibt es eine Form der erzieherischen Aufklärung (Verkehrserziehung und Medienerziehung). Dass Kinder sich im Straßenverkehr möglichst früh auskennen sollten, wird wohl auch der größte Autogegner zubilligen. Niemand käme deshalb wohl auf die Idee, Kindern die Verkehrsregeln nicht zu erklären oder ihnen Tipps zur eigenen Sicherheit und Selbstständigkeit zu verwehren. Ebenso sieht es mit der Medienwelt aus. Kinder leben in dieser Welt, wachsen in ihr auf und müssen lernen, sich darin zurechtzufinden. Wer sein Kind von den Medien abschirmt, schränkt auch die Möglichkeiten einer selbstbestimmten Orientierung und eines sinnvollen Umgangs ein. Einfach nichts zu tun und die Kinder sich selbst zu überlassen, erscheint nicht die richtige Strategie, denn Kinder brauchen bei der Orientierung in dieser komplexen Welt auch Hilfen, Regeln und Erklärungen von Erwachsenen.

Medienangebote sind Teil der Kinderkultur und können die Identitätsbildung von Kindern fördern: *Kinder brauchen Märchen,* ein Klassiker der psychoanalytischen Märchentheorie von Bruno Bettelheim (2004), hat unmissverständlich deutlich gemacht, dass Märchen dazu geeignet sind, Gefühle bei Vorschulkindern zu klären und zu verbildlichen. Medien transportieren derartige Geschichten zur Bearbeitung von Entwicklungsaufgaben (Charlton/Neumann 1990). Dementsprechend verarbeiten Kinder ihre Medienerlebnisse auch in vielen Alltagssituationen.

Indem Kinder Medienerlebnisse ausagieren (zeichnen, spielen, fantasieren usw.), erzählen sie etwas von sich selbst. Dabei ist die Mediengeschichte oder der Medienheld eine Hilfe (Charlton/Neumann 1990). Medienspuren im Alltag (d.h. Äußerungen von Kindern, die einen Bezug zu Medienerlebnissen haben) lassen die entwicklungsbedingten oder sozialisationsbedingten handlungsleitenden Themen erkennen.

Daneben darf aber nicht übergangen werden, dass Medien auch negative Einflüsse auf die kindliche Sozialisation (z. B. Orientierungsfunktion in Bezug auf Weltbilder wie Geschlechterrollen, Konfliktlösungen oder Gewaltkonfrontation usw.) und Entwicklung (Wahrnehmung, Körperbewusstsein, Bewegung, Konzentration usw.) ausüben. Eine begründete, sachbezogene Thematisierung ist unumgänglich. Wenig hilfreich sind starke Dramatisierungen (»Fernsehen ist Gift für die Kinderseele«), Idealisierungen (»fernsehfreies Paradies«) oder Banalisierungen (»Kinder schaffen das alles alleine«). Daher sollte die familiäre Medienerziehung auch durch den Kindergarten gefördert und angeregt werden. Thematische Elternabende zu medienbezogenen und sonstigen erzieherischen Fragen sollten als niedrigschwelliges Angebot gestaltet werden.

Kinder aus Elternhäusern, die beispielsweise keinen Computer besitzen, sollten im Kindergarten die Möglichkeit bekommen, sich intensiv mit seinen Möglichkeiten auseinanderzusetzen. Die Kinder können dabei erleben, wie es ihnen der Computer ermöglicht, neue Erfahrungen zu machen oder Informationen selbstständig aufzunehmen. Auch andere Bildungsdefizite (zu wenig Bilderbücher) sollten im Kindergarten kompensiert werden. Medien sind eine positive Erweiterung sonstiger kindlicher Erfahrungsmöglichkeiten.

Durch gezielte Lernangebote mithilfe von Neuen Medien (z. B. PC-gestützte Sprachförderung, Förderung des phonetischen Bewusstseins usw.) kann Teilleistungsschwächen von Kindern begegnet werden. Medien können kognitive und sprachliche Kompetenzen fördern, wenn dies pädagogisch sinnvoll eingebettet und begleitet wird. Dazu gehören folgende Fähigkeiten: zuhören, sich Dinge merken, Bedeutungen und Symbole erkennen, nacherzählen und das Gehörte verstehen und spielerisch umsetzen. Dabei ist die Förderung durch Medienangebote eingebunden in ein Netz weiterer pädagogischer Fördermaßnahmen.

In Anbetracht dieser Aspekte spielt die medienpädagogische Arbeit im Kindergarten eine zunehmend wichtige Rolle. Nicht nur Familien, sondern auch Kindergärten sind wichtige Förderer der Medienbildung. Ziel von Medienerziehung ist, möglichst alle Menschen früh in die Lage zu versetzen, in einer durch Medien geprägten Welt kompetent, selbstbestimmt, sozial verantwortlich und kritisch handeln zu können. Dieses Ziel wird mit dem Begriff der Medienkompetenz beschrieben. Medienerziehung im Kindergarten und in der Familie hat die Aufgabe, Medienkompetenz zu vermitteln.

## Praktische Anregungen und Hinweise für die Kita

- *Medien als Erfahrungsspiegel betrachten:* Kinder verarbeiten aktiv ihre Erlebnisse, die sie beschäftigen, die sie emotional bewegen oder die sie ängstigen, indem sie darüber sprechen, fantasieren, zeichnen oder Rollenspiele machen (Neuß u. a. 1997). Dies gilt für all ihre wichtigen Lebensbereiche (Familie, Kindergarten, Medien usw.). Regen Sie die Verarbeitung von Medienerlebnissen an. Dies ist ein wichtiger Bestandteil der frühkindlichen Erfahrungsbildung, weil sich die Kinder dabei die Beziehung zwischen ihrem eigenen Erleben und dem Medienerlebnis vor Augen führen können.
- *Medien zur Sensibilisierung der Sinne einsetzen:* Medien schränken nicht nur die sinnlichen Erfahrungen ein, weil sie in der Regel nur das Auge und das Ohr ansprechen, sondern sie können auch die Sensibilität für diese Sinne deutlich erhöhen. Eine Fotogeschichte oder eine selbst erstellte Ton-Dia-Show regen zum genauen Hinsehen und Hinhören an. Führen Sie Medienprojekte durch (u. a. Trickfilm, Hörspiel, Video), bei denen Kinder selbst gestalterisch mit Medien umgehen. Sie lernen dabei, Medien zur Darstellung eigener Ideen und Themen produktiv zu nutzen.
- *Medien als Erinnerungs- und Erzählhilfe einsetzen:* Medien helfen uns bei der Erinnerung an Erlebtes. Sie sind Speicher von biografischen Erfahrungen. An einem Foto kann eine ganze Urlaubsgeschichte hängen. Medien helfen uns zu erinnern, Gefühle wachzurufen, vergessene Details wiederzuentdecken, Situationen zu beschreiben und Personen zuzuordnen. Nutzen Sie diese Möglichkeiten im Kindergarten. Medien können bereits im Kindergarten eingesetzt werden, um aus den vielfältigen Erfahrungen, die die Kinder in ihrer Lebenswelt machen, auszuwählen, sich daran zu erinnern und darüber zu sprechen. Medien können Erzählsituationen aktiv unterstützen.
- *Medien durchschauen helfen:* Der Kindergarten hilft Kindern, sich in der Welt zu orientieren. Allerdings wird dabei die Medien- und Konsumwelt noch weitgehend ausgeklammert. Es gibt aber Problembereiche des Medienverständnisses, bei denen Kinder Hilfestellung und Interpretationshilfen von Erwachsenen benötigen. Hierzu können Sie auf bestehende Materialien zurückgreifen, um Projekte anzubieten, die nicht nur lehrreich sind, sondern auch Spaß machen (Neuß 2003).
- *Medien als kooperative Erziehungsaufgabe verstehen:* »Die Einflüsse der Medien« rufen bei jungen Eltern häufig Fragen und nicht selten Sorgen und Verunsicherungen hervor. Gerade der Kindergarten kann zu einem Ort der Kommunikation

über erzieherische Fragen werden, wenn dafür ein entsprechend vertrauenserweckender Rahmen angeboten wird. Hierbei bietet es sich an, kooperative Treffen (Familienwochenende, Elternabend und Elternnachmittage o. Ä.) mit den Medienprojekten der Kinder zu verknüpfen und diese zu einem gemeinsamen Lernprozess für alle Beteiligten (Kinder, Eltern und Erzieherinnen) werden zu lassen.

- *Medien als Bildungsmaterial bereitstellen:* Medien bieten Kindern auf unterschiedliche Weise Bildungsmöglichkeiten und sind Bestandteil kindlicher Primärerfahrung. Einerseits machen Kinder Erfahrungen mit dem Medium selbst, andererseits erschließen sie sich selbstständig Informationen oder Geschichten. Ihnen die Medien in der heutigen Zeit vorenthalten zu wollen, bedeutet eine Einschränkung von Erfahrungs-, Erlebnis- und Informationsmöglichkeiten. Der Bildungsauftrag von Kindertageseinrichtungen kann mithilfe von unterschiedlichen Medien umgesetzt werden.

### Praktische Anregungen und Hinweise für die Familie

- *Werden Medien kreativ, kommunikativ und gestalterisch benutzt?* Sie sollten Ihren Kindern zeigen, dass man Medien auch kreativ und gestalterisch nutzen kann. Hier gibt es gerade für Vorschulkinder tolle Experimentier- und Gestaltungsmöglichkeiten. Drei Beispiele: Mit einem einfachen digitalen Fotoapparat können auch schon kleine Kinder umgehen und ihre Umwelt erkunden, mit einem kindgerechten digitalen Mikrofon können Geräusche und Geschichten aufgenommen und sofort wieder abgespielt werden oder mit einem kleinen digitalen USB-Handmikroskop können Gegenstände und Naturmaterialien erkundet werden.
- *Werden Medien allein oder gemeinschaftlich genutzt?* Für Kinder sind soziale Kontakte und Beziehungen wichtig, weil sie dadurch viele soziale Kompetenzen erlernen. Daher sollten Sie auch darauf achten, dass Ihre Kinder Medien gemeinsam nutzen. Wenn z. B. vier Kinder eine Sendung gemeinsam gesehen haben, können sie danach das Gesehene im Rollenspiel weiterführen oder auch verarbeiten.
- *Werden zeitliche und inhaltliche Regelungen abgesprochen?* Mit Medien befriedigen Kinder und Erwachsene unterschiedliche Bedürfnisse. Sie bieten Unterhaltung und Informationen, sie vertreiben Langeweile, sie regen zur

Kommunikation an und sie lenken vom Alltag ab. Aber es besteht auch die Gefahr, dass sie Bequemlichkeit fördern. Läuft der Fernseher, muss ich mir kaum Gedanken machen. Daher ist es wichtig, dass Sie als Eltern schon früh beginnen, zeitliche Grenzen der Mediennutzung zu setzen und Ihren Kindern nur altersgerechte Medien zugänglich machen. Kinder benötigen einen gesunden Mix vielfältiger Freizeitangebote, von denen rezeptive Medienangebote (Fernsehen, Hörspiele) nur einen begrenzten Teil einnehmen sollten. Um Kinder zu stärken und Gefahren von ihnen abzuwenden, müssen Sie auch darauf achten, dass Kinder keine entwicklungsbeeinträchtigenden Inhalte (Gewalt, Pornografie o. Ä.) zu sehen bekommen.

- *Werden Medien kompensatorisch genutzt?* Oftmals greifen Kinder auch zu Medienangeboten, weil keine anderen attraktiven Handlungsalternativen angeboten werden. Sie sollten Ihren Kindern ein möglichst weites Spektrum an Freizeitangeboten machen. Dabei ist es wichtig zu betonen, dass dies nicht immer mit Kosten verbunden sein muss. Es sind gerade die kleinen Abenteuer (z. B. gemeinsam Feuer machen und Stockbrot backen), die den Erfahrungsspielraum der Kinder vergrößern. Wichtig ist bei der Freizeitgestaltung, nicht ein passives Konsummuster zu bedienen (Stichwort: ›Freizeitpark-Hopping‹).
- *Werden Mediengeräte gekauft, um mit anderen mithalten zu können?* Hier müssen Sie darüber nachdenken, welche Werte Sie in Ihrer Familie vermitteln wollen. Wenn es nur darum geht, etwas haben zu müssen, weil andere es auch haben, gerät möglicherweise der ursprüngliche Gebrauchswert aus dem Blick. Dann steht vielmehr das Gerät als Statussymbol im Vordergrund. Dies gilt nicht nur für den Kauf von neuen Mediengeräten, sondern auch für Produkte, die durch mediale Werbung angepriesen werden.
- *Werden Medien und mediale Inhalte als Gesprächsanlässe benutzt?* Auch schon Vorschulkinder können durchaus von einer gezielten Mediennutzung profitieren. Sie bearbeiten anhand von Medienerlebnissen eigene Erfahrungen und innere Entwicklungsthemen, sie nehmen aber auch schon Informationen aus Wissenssendungen auf. Forschungen etwa zur Sesamstraße haben gezeigt, dass Kinder besonders dann von medialen Angeboten profitieren, wenn Eltern während und vor allem nach dem Ansehen eines Filmes für Kinder als Gesprächspartner da sind, um über die Eindrücke zu sprechen, Gefühle und Begriffe zu benennen und das Erlebte mit der eigenen realen Welt zu verknüpfen. Stellen Sie sich für diese wichtigen Gespräche zur Verfügung und helfen Sie Ihrem Kind, die Erlebnisse zu verarbeiten.

- *Werden Kindern Verarbeitungsmöglichkeiten angeboten?* Kinder verarbeiten ihre medialen Erlebnisse im Vorschulalter, indem sie bereits vor dem Fernseher agieren, sprechen und toben. Aber auch nach der Mediennutzung benötigen Kinder manchmal Zeit, um das Erlebte zu verarbeiten. Weil gute Kinderfilme an die innere und äußere Erfahrungswelt der Kinder anknüpfen, können gerade diese Filme (Heidi, Biene Maja, Wickie, Tierfilme usw.) Fragen und emotionale Reaktionen auslösen. Hier sollten Sie sich als Eltern sensibel in die Perspektive des Kindes begeben und herausfinden, was das Kind besonders beschäftigt hat. Durch Aktivitäten wie Zeichnen oder Rollenspiele können bewegende Medienszenen verarbeitet werden.

# Kinder durch Spielen stärken

*Judith Teresa Klüber*

Spielen ist tief im Leben von Kindern verankert. Der Begriff *Spiel* steht für eine Reihe von Aktivitäten, die von der Kindheit bis ins Erwachsenenalter reichen. Das Spiel ist eine lustvolle Tätigkeit, die für die Entwicklung eines Kindes von großer Bedeutung ist. Es stellt eine der Grundformen des kindlichen Lernens dar und erfüllt eine Vielzahl an kindlichen Bedürfnissen, wie z. B. Kommunikation, Geselligkeit, Wettkampf, Anerkennung, Humor, Freude und Witz. Für Kinder ist das Spiel eine natürliche Art, ihre Umwelt schrittweise kennenzulernen und sich mit der Wirklichkeit auseinanderzusetzen. Es ist durch den ständigen Wechsel von Spannung und Entspannung gekennzeichnet und wird von der Aktivität und den Gefühlen der Spielenden begleitet. Im Spiel werden Denken, Motorik, Sinneswahrnehmung, Sprache und nicht zuletzt soziales Miteinander herausgebildet.

Doch die heutige Lebenswelt von Kindern ist geprägt durch viele Herausforderungen. Weniger Spielplätze, Termindruck und unsichere Straßen, all das beengt die Kinder von heute. Die schwindenden Spielmöglichkeiten bedeuten auch weniger natürlichen Erfahrungsraum für Kinder. Hinzu kommt, dass das Spiel häufig nur als Zeitvertreib angesehen und mit Aussagen wie »Die spielen ja nur« von Erwachsenen als wenig bedeutsam abgetan wird.

Aber ist das Spielen nicht eines der wichtigsten Elemente der Kindheit oder gar des Lebens? Spielen fördert die (Selbst-)Bildung der Kinder. Sie lernen durch Spielen also nicht nur die Welt und ihre Freunde kennen, sondern werden durch die zahlreichen Erfahrungen, die sie dabei sammeln und verarbeiten, auch selbst stark, das heißt in ihrer Persönlichkeit gestärkt. So können sie Herausforderungen, die künftig auf sie zukommen, standhalten. Kinder spielen von selbst, sie müssen dazu nicht animiert werden. Eltern und pädagogische Fachkräfte in der Kita können Kindern jedoch Räume, Materialien und Gelegenheiten bieten, damit diese selbsttätig und spielerisch die Welt entdecken.

## Weshalb ist Spiel gerade für Kleinkinder so wichtig?

Verschiedene Wissenschaftler sind dieser Frage nachgegangen und haben unterschiedliche Theorien zum Spiel entwickelt. Es gibt hier Beiträge aus der Verhaltensforschung, der Psychoanalyse, der frühen Kinderpsychologie, der Kognitionstheorie und z. B. auch handlungstheoretische Deutungen des Kinderspiels (Konrad/Schultheis 2008, S. 52 ff.). Je nach Theorie erfüllt das Kinderspiel jeweils andere Funktionen.

Große Bedeutung erlangte die Spieltheorie von Jean Piaget (1896–1980), die eng an seine Theorie der kognitiven Entwicklung angelehnt ist. Piaget unterscheidet drei Hauptformen des Spiels: das *Übungsspiel,* das *Symbolspiel* und das *Regelspiel.* Demnach dient das Übungsspiel der Einübung von Verhaltensschemata: »Übungsspiele zeichnen sich dadurch aus, dass sie Funktionslust hervorrufen und vom Kind immer wieder wiederholt werden« (Konrad/Schultheis 2008, S. 55). Das Symbolspiel ist gekennzeichnet durch ein So-tun-als-Ob. Das Kind verändert die Realität, um sie spielerisch zu bewältigen. Aus einem Besen wird z. B. ein Pferd, auf dem das Kind reitet. Schließlich setzt das Regelspiel als dritte Stufe der Spielentwicklung nach Piaget voraus, »dass mindestens zwei Kinder miteinander spielen und bestimmte Vorschriften einhalten. Wenn gegen die Regeln verstoßen wird, wird das Fehlverhalten sanktioniert« (ebd.). Im Regelspiel übt das Kind somit auch Formen des Zusammenlebens in Gruppen ein und ordnet sich den Gesetzen der Gruppe unter. Brettspiele sind Beispiele für das Regelspiel.

An Piagets Spieltheorie wurde u. a. kritisiert, dass sie »das Kreative und Schöpferische, aber auch die Gefühlsdimension des Spiels nicht berücksichtige« (ebd.). Dennoch hat er anhand seiner Beobachtungen wichtige Spielphasen und -formen aufzeigen können und mit dazu beigetragen, die Bedeutung des Spiels für Kinder sichtbar zu machen. Nach Wolfgang Einsiedler lassen sich vier Spielformen erkennen: psychomotorische Spiele, Fantasie- und Rollenspiele, Bauspiele und Regelspiele (Einsiedler 1991).

Spielen ist ein Mittel zur Entfaltung vieler Fähigkeiten und ein wichtiger Bestandteil der menschlichen Erfahrungswelt. Nahezu alle Aufgaben werden von kleinen Kindern spielend bewältigt. Kinder spielen, um die Welt zu verstehen. Sie spielen, um sich die Welt anzueignen. Sie spielen aber auch, um Probleme und Schwierigkeiten zu verarbeiten, oder um sich auf Künftiges vorzubereiten. Eines ist sicher: Das Spiel in der Kindheit ist durch nichts zu ersetzen.

## Spielen macht Kinder stark

Spielen bedeutet Handeln, Sichbewegen und *Erleben mit allen Sinnen*. Im Spiel erwerben Kinder eine Fülle an Fertigkeiten und bauen ein Bewusstsein über die eigenen Fähigkeiten auf. Kinder brauchen keine spezifischen Voraussetzungen, um zu spielen. Sie können sich vielmehr ohne Druck durch Experimentieren mit Ideen, Handlungen und Gegenständen ein Bild von der Welt, aber auch vom eigenen Selbst machen. Somit trägt Spielen zur persönlichen Entwicklung bei, fördert die Identitätsfindung, das Selbstbewusstsein und unterstützt die Herausbildung einer gesunden Psyche. Ein weiterer Aspekt ist die Routine und die Wiederholbarkeit des Spiels. Sie gibt den Kindern Sicherheit und vermittelt Verlässlichkeit.

Im freien Spiel entscheidet das Kind selbst, was, wann, wo und mit wem es spielt. Dazu benötigt es freie Bewegung, viel Raum, ausreichend Zeit und verlässliche Bezugspersonen. Es erlebt sich als ein selbstständiges, eigenverantwortliches Wesen, das bereits Erlebtes im Spiel bearbeiten kann. Zunächst erfährt ein Kind sehr viel über seinen Körper. Durch die im Spiel oftmals gebotenen Bewegungsmöglichkeiten werden motorische Fertigkeiten unterstützt und ausgefeilt. Kinder entwickeln über Bewegung das Gefühl für den eigenen Körper und dessen Bedürfnisse und Signale. *Erfolgserlebnisse* dürfen beim Spiel nicht fehlen, denn sie tragen dazu bei, dass sich das Kind seiner Fähigkeiten bewusst wird. Ein Klettergerüst bewältigen, einen großen Turm aus Bausteinen bauen – diese auf den ersten Blick kleinen Erfolge sind für Kinder und ihr Selbstkonzept enorm wichtig. Das Gefühl »Ich kann etwas – ich weiß etwas« lässt sie selbstsicher an neue Aufgaben herangehen. In der Natur, z. B. in Parks, auf Wiesen, im Wald oder auf Spielplätzen, können Kinder sich und ihre motorischen Fähigkeiten erproben.

Das Vertrauen in die eigenen Fähigkeiten und das Selbstwertgefühl sind gerade in der frühen Kindheit abhängig davon, wie sich das Kind in seiner Körperlichkeit erlebt. Über die Erfahrung, die es mit seinem Körper macht, erhält es eine Vorstellung von seinem Selbst. Im Spiel lernt es, dass sein Handeln eine Wirkung hat. Diese Selbstwirksamkeitserfahrung bildet die Basis für das Selbstvertrauen des Kindes. Dazu kommt, dass sich ein spielendes Kind als aktiv erfährt. Diese Tatsache bestätigt das Kind in seiner Rolle. Darüber hinaus erfährt sich das Kind als von den Erwachsenen unabhängiges Subjekt. Daher ist Spielen ein wichtiger Bestandteil der Identitätsentwicklung eines Kindes.

Kinder können im Spiel die Wirklichkeit angstfrei erforschen und über positive Erlebnisse ihre Persönlichkeit stärken. Sie können im Spiel ihre *Gefühle* erkennen

(Freude, Angst, Stolz, Trauer) und verarbeiten. Während des Spiels entwickelt das Kind eine Beziehung zu sich selbst, zu seinen Spielgefährten und zu seinen Spielsachen sowie zu Spielorten und Spielinhalten.

Spielen vermittelt also auch *soziale Erfahrungen,* denn das Kind muss sich nicht nur mit Materialien auseinandersetzen, sondern auch mit anderen Spielgefährten. Es gibt viele Situationen für soziales Lernen. Innerhalb dieser entdecken und produzieren Kinder immer wieder neue Interaktionsmuster. Sie lernen z. B. bei Rollen- oder Regelspielen, Absprachen zu treffen und eigene Bedürfnisse auszudrücken bzw. diese manchmal auch zurückzustellen. Dabei werden Regeln, Denk- und Handlungsformen aufgegriffen, durchgespielt und für die eigene Identitätsentwicklung nutzbar gemacht. Kinder lernen im Spiel zuzuhören, ihre Kooperationsbereitschaft wird ausgebildet, sie übernehmen Verantwortung für sich und andere. Außerdem schärft sich die Wahrnehmung für Ungerechtigkeiten.

Beim Spielen entwickeln sich *Freundschaften,* die fortan intensiviert und gepflegt werden können. Diese tragen wiederum zur produktiven, kooperativen Auseinandersetzung im Spiel bei und fördern damit nicht nur das Sozialverhalten, sondern auch die Entwicklung der *Moral* und der *Kognition.* Gerade in Konfliktsituationen wird das aktive Sozialleben in einer Kindergruppe deutlich. Im gemeinsamen Spiel können Kinder diese emotionalen Spannungen überwinden. Dabei gehen Kinder in unterschiedlichen Altersphasen auch unterschiedlich mit Streit und Unstimmigkeiten im Spiel um. Jüngere Kinder geraten oft heftig aneinander, was daran liegt, dass sie gar nicht darüber nachdenken, dass das Gegenüber im Spiel etwas anderes denken, fühlen oder wollen könnte als sie selbst. Die eigene Sicht auf Dinge ist das, was für jüngere Kinder zählt, das eigene Ego steht im Mittelpunkt. Im Spiel können Kinder diese schwierige Entwicklungsaufgabe, die darin besteht, den Egozentrismus hinter sich zu lassen, meistern. Sie erleben neue Emotionen, die oftmals unmittelbar thematisiert werden können. Durch dieses Bewusstmachen entsteht *Empathie* als wichtige Fähigkeit, sich in einen anderen Menschen hineinzuversetzen. Das Gruppengefühl wird durch gemeinschaftliche Spiele gestärkt.

Spielend können Kinder gemeinsame Bedeutungen, Regeln und Lösungen finden, die zu neuen Perspektiven führen. Dabei übernimmt das Spiel mit Gleichaltrigen eine wichtige Funktion, denn von ihnen geht dieser Entwicklungsimpuls aus.

Zwischen Gleichaltrigen besteht kein Machtgefälle, was eine wirklich gleichberechtigte Konstruktion gemeinsamer Regeln und die Entwicklung einer selbstständig gewonnenen Moral ermöglicht. In einer Gruppe von Gleichaltrigen geht es darum, eigene Bedürfnisse mit denen der anderen zu verbinden, abzugleichen und Verantwortung innerhalb der Gruppe zu übernehmen. »Das gemeinsame Spiel wird erst dann zu einem Zusammenspiel, wenn jedes Kind das Gefühl hat, am richtigen Platz zu sein und anerkannt zu werden« (Ebert 2008, S. 59). Aber auch die Kommunikation mit den älteren Mitspielern kann sehr wichtig werden, da diese älteren und erfahreneren Kinder den Jüngeren ein Vorbild sein können. Das Kind lernt von diesen neue Kommunikations- und Interaktionsformen und kann sich in andere Sichtweisen hineinversetzen.

**Praktische Anregungen und Hinweise für die Kita**

- Das (freie) Spiel sollte fester Bestandteil Ihres Tagesplans sein.
- Lassen Sie die Kinder regelmäßig auch selbst entscheiden, ob und an welchen Spielangeboten sie teilnehmen oder nicht.
- Beobachten Sie das Spielgeschehen. Welche Kinder spielen zusammen, welche lieber allein, gibt es bevorzugte Spielpartner?
- Verschaffen Sie sich einen Überblick und sammeln Sie Informationen über die benutzten Materialien. Welche werden häufig, welche selten benutzt? So erhalten Sie ein Bild von den Interessen und Vorlieben der Kinder und können davon ausgehend bestimmte Spiele und Materialien bereitstellen.
- Orientieren Sie Ihre Spielangebote an der aktuellen Erlebniswelt der Kinder, aber lassen Sie dabei auch Platz für die Fantasie der Kinder. Wenn Sie Projekte planen oder Räume gestalten, beziehen Sie die Kinder mit ein. Lassen Sie die Kinder Entscheidungen treffen (über Bastelarbeiten, Dekoration des Gemeinschaftsraums). Ermuntern Sie die Kinder, ihre eigenen Wünsche zu äußern und die der anderen Kinder zu respektieren. So können Kinder durch das Gefühl der Zugehörigkeit und durch die Wahrnehmung der eigenen, bedeutsamen Rolle die Bereitschaft für die Übernahme von Verantwortung entwickeln.
- Wecken Sie die Neugier der Kinder, indem Sie z. B. zu malen beginnen oder mit Materialien hantieren. Häufig kommen Kinder dann hinzu und wollen mitmachen.
- Unterstützen Sie den Entdeckungsdrang der Kinder mit vielfältigen Angeboten, sowohl im Innen- als auch im Außenbereich. Räume und Spiele sollten spannend und erlebnisreich gestaltet sein.
- Nutzen Sie die Tatsache, dass Sie eine Gruppe von Kindern betreuen. Gerade in der Gruppe können Rollen- und Regelspiele angeregt werden. Das fördert die soziale und emotionale Entwicklung.
- Lassen Sie die Kinder kleine Aufgaben selbst erledigen und Verantwortung tragen.
- Geben Sie den Kindern Raum und Zeit, von eigenen Erfahrungen, Fantasien und Spielideen zu berichten. Sorgen Sie für Gesprächssituationen in der Gruppe, in denen jedes Kind etwas von und über sich erzählen kann.
- Sammeln und dokumentieren Sie, was die Kinder getan oder vollbracht haben (Fotos von Verkleidungsspielen und Bauwerken, Zeichnungen o. Ä.), in einer Mappe. Jedes Kind sollte Zugang zu seiner Mappe oder zu seinem Portfolio haben. So kann es seine Sammlung jederzeit betrachten und kann das Gefühl, auf seine Fähigkeiten stolz zu sein, immer wieder aufs Neue erleben.

### Praktische Anregungen und Hinweise für die Familie

- Die meiste Zeit der Kindheit verbringt Ihr Kind in der Regel zu Hause – im Kreise der Familie. Umso bedeutender ist es, dass Sie sich der Wirkung des Spiels bewusst sind und wissen, wie auch Sie dazu beitragen können, Ihr Kind in seinen Selbstkonzepten und in seinem Selbstvertrauen zu bestärken.
- Halten Sie sich stets die Wichtigkeit der Erfahrungen durch Spielen vor Augen. Ihr Kind kann diese Zeit des Spielens gar nicht sinnvoller verbringen.
- Seien Sie ›wachsam‹ und beobachten Sie, welche Themen Ihr Kind aktuell interessieren und beschäftigen. Nachfragen gibt Ihrem Kind das Gefühl, dass Sie es ernst nehmen. Knüpfen Sie an die Vorlieben Ihrer Tochter oder Ihres Sohnes an und inszenieren Sie bewusst Spielsituationen, welche die jeweilige Thematik aufgreifen.
- Schaffen Sie eine anregende Umgebung mit Spielzeug, wie etwa Puppen, Bauklötzen, Bällen, Büchern und Verkleidungsutensilien. Bei der Auswahl darf Ihr Kind ruhig mithelfen. So erfährt es, dass auch seine Meinung etwas zählt.
- Bieten Sie Ihrem Kind vielfältige, abwechslungsreiche Spielmöglichkeiten und -orte, denn eine anregungsreiche Umwelt begünstigt vielfältige Sinneserfahrungen, aus denen Ihr Kind schöpfen kann.
- Zeigen Sie Interesse und Anteilnahme am Spiel Ihres Kindes. Möchte es Sie in eines seiner Spiele miteinbeziehen, scheuen Sie nicht davor zurück. Auch Sie sind ein interessanter Spielpartner für Ihr Kind.
- Lassen Sie Ihrem Kind genügend unbeobachteten Raum. Geben Sie Ihrem Kind das Gefühl, dass Sie ihm vertrauen. Es ist eine spannende Erfahrung, im eigenen Zimmer zu spielen, während die Eltern sich in einem anderen Raum befinden. Schaffen Sie hierfür auch genügend Rückzugsmöglichkeiten für das Kind.
- Achten Sie darauf, dass Ihr Kind auch ausreichend Möglichkeit zum Spielen mit anderen Kindern erhält. Die sozialen Kontakte, die es dabei knüpft, sind unverzichtbar für seine emotionale Entwicklung.
- Loben Sie Ihr Kind, wenn es z. B. auf einem Baumstamm balanciert, ein Bild malt oder die Puppe liebevoll mit der Lieblingssuppe füttert und sie dann ins Bett bringt. Zeigen Sie sich beeindruckt, auch wenn etwas nicht auf Anhieb funktioniert – das bestärkt Ihr Kind. Ihr Zuspruch ist für das Selbstbewusstsein Ihres Kindes von großer Bedeutung.

# IV

Kinder in Übergangsphasen stärken

# Kinder beim Übergang Familie – Krippe stärken

*Myrna Lovis Hennig*

Die Krippenpädagogik ist heute aktueller denn je: Der Ausbau der U3-Plätze ist gesetzlich verankert und soll bis 2013 erfolgen. Für ca. mehr als ein Drittel aller Kinder unter drei Jahren soll damit ein Betreuungsplatz zur Verfügung stehen. Außerdem hat nach dem § 24 (2) des Kinderförderungsgesetzes ab dem 1. Juli 2013 jedes Kind, das das erste Lebensjahr vollendet hat, »bis zur Vollendung des dritten Lebensjahres Anspruch auf frühkindliche Förderung in einer Tageseinrichtung oder in Kindertagespflege«. Die Krippenpädagogik ist aber auch nach wie vor nicht völlig unumstritten, wie z. B. die Diskussion um das Betreuungsgeld (2011) zeigt.

*Die Vorstellungen, dass junge Kinder ausschließlich von ihren Müttern gut versorgt werden können und Krippen eine Gefahr für die emotionale Gesundheit von Kindern darstellen, prägen bis heute die Diskussion über die außerfamiliäre Betreuung junger Kinder (Neuß/Lorber 2011, S. 13).*

Parallel zum forcierten quantitativen Ausbau wird auch eine qualitative Verbesserung der pädagogischen Arbeit mit den Jüngsten von vielen Seiten, z. B. vom Deutschen Jugendinstitut gefordert. Denn letztlich kommt eine qualitative Verbesserung dieser Einrichtungen im U3-Bereich den Kindern und ihrer Erziehung, Bildung und Betreuung zugute. Qualität in der Krippe, das bedeutet z. B. genügend Fachkräfte, um eine adäquate Fachkraft-Kind-Relation zu sichern, die besonders für dieses Alter von hoher Bedeutung ist, aber auch gut ausgebildete, professionelle Fachkräfte für das Krippenalter.

An dieser Stelle kann nicht auf die lange, ca. zweihundertjährige, interessante Geschichte der Krippenpädagogik eingegangen werden (siehe hierzu Neuß/Lorber 2011, S. 13–15). Es kann nur betont werden, dass Krippen heute weder reine Orte zur Aufbewahrung von Kindern sind, noch ausschließlich zur Senkung der Säuglings- und Kindersterblichkeit dienen oder einen reinen Notbehelf darstellen. Tatsache ist nämlich, dass es – trotz zurückgehender Geburtszahlen – in Deutschland einen erhöhten Bedarf an außerhäuslichen Betreuungsmöglichkeiten gibt. In vielen Familien müssen und wollen beide Elternteile arbeiten. Weiterhin gibt es zahlreiche Alleinerziehende, die ohne einen Krippenplatz kein Geld verdienen können, da sekundäre Bezugspersonen, wie Großmutter und Großvater, oftmals nicht mehr unmittelbar zur Verfügung stehen. Mit dem Ausbau der Krippen kann der Besuch solch einer Einrichtung fortan für viele Kinder ein fester Bestandteil ihres Lebens werden, wie es der Kindergarten in der Regel längst ist.

Aber auch das relativ neue Selbstverständnis dieser Einrichtungen, in denen nicht nur betreut, sondern auch erzogen und vor allem ›gebildet‹ wird – nach dem Motto »Bildung beginnt mit der Geburt«, spielt eine große Rolle. Eine qualitativ gute Krippe ist für Kinder eine Chance, umfassende Bildung schon in den jüngsten Jahren zu erfahren. »Für deren Biografien und Lebenschancen können die Bildungs- und Beziehungserfahrungen, die sie dort erwarten, von entscheidender Bedeutung sein – und diese hängen davon ab, mit welcher professionellen Haltung und welchen Kompetenzen pädagogische Fachkräfte ihnen begegnen« (Viernickel u. a. 2011, S. 11). Die Qualität der Einrichtungen darf beim quantitativen Ausbau also nicht hintenanstehen. Zwar ist es von großer Bedeutung, dass zahlreiche Plätze geschaffen werden, doch damit der Qualitätsanspruch erfüllt wird, muss auch die Bildung einen wichtigen Stellenwert in einer solchen Einrichtung für Kinder einnehmen. Neben den o. g. qualitätsrelevanten Faktoren *Fachkraft-Kind-Relation* und der *professionellen Haltung und Kompetenz der pädagogischen Fachkräfte* spielen auch noch folgende Aspekte eine wichtige Rolle: *die Öffnungszeiten, das pädagogische Konzept, die Gestaltung der Räumlichkeiten* sowie *das Eingewöhnungskonzept*.

Das pädagogische Personal ist vor die Herausforderung gestellt, dem Bildungsgedanken gerecht zu werden und den Kindern einen guten Einstieg zu ermöglichen. Damit dies verwirklicht werden kann, müssen sich die Kinder in der Einrichtung wohlfühlen. Die Grundlage hierfür kann in den ersten Tagen des Besuchs einer U3-Einrichtung gelegt werden: durch eine wohlüberlegte, gut geplante und von allen Beteiligten adäquat umgesetzte Eingewöhnung nach dem Motto: Ohne Bindung keine Bildung.

## Bedeutung eines gelungenen Starts in der Krippe

Der Übergang von der Familie in die Krippe stellt meist eine völlig neue Erfahrung für das Kind dar. In den überwiegenden Fällen ist die Krippe die erste Institution außerhalb der Familie, die das Kind besucht. Das Kind muss sich für einige Stunden am Tag von der primären Bindungsperson, meist der Mutter, trennen, und im Gegenzug müssen neue Bindungen aufgebaut werden, damit der Übergang für das Kind erfolgreich wird.

Untersuchungen zufolge hat jedoch sowohl eine zu lange Begleitung des Elternteils als auch eine zu kurze oder gänzlich fehlende Begleitung negative Auswirkungen auf das Kind. So wurden diese zu lang, aber auch zu kurz respektive gar nicht begleiteten Kinder im ersten halben Jahr in der Krippe häufiger krank und fehlten öfter als Kinder, die eine gelungene Eingewöhnung durchlaufen hatten. Es konnten außerdem Entwicklungsrückstände und Verunsicherungen bezüglich der Bindung zur Mutter festgestellt werden. Die Kinder zeigten eine Woche nach Abschluss der Eingewöhnung »weniger positives Anpassungsverhalten und mehr ängstliches Verhalten« (Laewen u. a. 2009, S. 35). Diese negativen Auswirkungen lassen sich durch eine angemessene Eingewöhnungszeit vermeiden.

Ein guter Start in der Krippe ist nicht nur wichtig, um negative Auswirkungen zu vermeiden, sondern auch, um positive Erlebnisse und Gefühle zu fördern. Wenn die Kinder sich in der Krippe wohlfühlen, wenn sie merken, dass sie nicht nur akzeptiert, sondern respektiert werden und ihren Platz in der Kindergruppe haben, dann können sie dort Glück finden (Haug-Schnabel, zit. nach Wyrobnik 2011, S. 43). Außerdem können die Kinder, wenn sie sich in der Krippe sicher und geborgen fühlen, vieles lernen und somit Erfolgserlebnisse haben, was ebenfalls zu einem Glücksgefühl und einer gesunden Persönlichkeitsentwicklung beitragen kann. Wo sonst die Eltern gefragt sind, ihren Kindern Glücksgefühle zu verschaffen, sind es in der Einrichtung die sekundären Bezugspersonen, die ihnen durch ein verständnisvolles, einfühlsames Verhalten das Gefühl geben, als Individuum mit vielen Fähigkeiten zu einer Gruppe dazuzugehören. Eine gelingende Eingewöhnung ist hierfür die Grundlage.

Wenn das Kind zum ersten Mal die Krippe besucht, ist alles fremd: die Räume, die Farben, die Gerüche, die Geräusche, die anderen Kinder, die Erzieherinnen, das Spielzeug, das Essen. All diese Eindrücke wirken auf das Kind ein und es muss diese verarbeiten, sie in sich aufnehmen, sich an sie gewöhnen. Das einzig Vertraute, was dem Kind in dieser ungewohnten Umgebung das Gefühl von Sicherheit geben kann, ist die Bindungsperson. In den meisten Fällen handelt es sich hierbei um die Mutter. Zwischen der Mutter und dem Kind kommt in den frühen Kindheitstagen ein *gefühlsmäßiges Band* zustande, welches man *Bindung* nennt. Diese Bindung wird durch Interaktionen geprägt und zieht Bindungsverhalten nach sich, welches das künftige Leben beeinflusst. Bindungsverhalten umfasst alles, was ein Mensch tut, um den Kontakt und die Nähe zu einem anderen Menschen herzustellen bzw. aufrechtzuerhalten. Diese Aussagen stammen aus der *ethologischen Bindungstheorie*, welche besagt, dass »Bindung ein zentrales theoretisches Konzept zur Erklärung frühkindlicher psychischer Entwicklungsverläufe« (Hédervári-Heller 2008, S. 65) ist.

Die Bindungstheorie geht weiterhin davon aus, dass das Bindungsverhalten angeboren ist. Es lässt sich immer dann beobachten, wenn das Kind in Stresssituationen gerät und durch Weinen, Armeheben oder Klammern die Nähe der Bezugsperson sucht, um sich wieder sicher zu fühlen. Spätestens ab dem vollendeten ersten Lebensjahr sind Bindungsbeziehungen zu beobachten. Diese Beziehungen entstehen zunächst zwischen dem Kind und seinen primären Bezugspersonen.

Mit pädagogischen Fachkräften kommt ein Kind zwar erst etwas später in Kontakt, aber auch sie werden zu wichtigen Bezugspersonen. In diesen Beziehungen spiegelt sich das Bedürfnis nach Sicherheit und Schutz wider, welches jeder Mensch in sich trägt. Die Überlegungen zur Bindungstheorie machen deutlich, dass es äußerst wichtig ist, eine positive Erzieherinnen-Kind-Beziehung aufzubauen, damit das Kind sich in der Krippe auch in Abwesenheit der primären Bindungsperson sicher und geborgen fühlt. Hierfür sollte das Kind zunächst die fremde Umgebung in der Einrichtung erkunden können.

Je sicherer die Bindung zur primären Bezugsperson ist, desto eher zeigt das Kind Explorationsverhalten (Erkundungsverhalten). Der Psychologin Mary Ainsworth zufolge dient die primäre Bezugsperson als *sichere Basis,* zu der das Kind bei Bedarf zurückkehren kann, wenn es dabei ist, seine Umwelt zu erforschen. Es wird deutlich, dass eine Eingewöhnung ohne eine primäre Bezugsperson nicht funktionieren kann und es zwingend notwendig ist, diese so lange, wie das Kind sie braucht, mit einzubeziehen. Die Bindungsforschung hat verschiedene Arten von Bindungen identifiziert, die sich in ihrer Qualität unterscheiden: die sichere Bindung, die unsicher-vermeidende Bindung, unsicher-ambivalente Bindungen sowie Desorganisation bzw. Desorientierung der Bindungsstrategien (Grossmann/Grossmann 2008, S. 282 ff.). Je nach Bindungsmuster verkraften die Kinder eine Trennung besser oder schlechter. *Wie* dieser Übergang bzw. die Eingewöhnungsphase gelingen kann – damit beschäftigt sich der folgende Abschnitt.

## Kinder stärken beim Übergang von der Familie in die Krippe

Wie lässt sich also der Übergang von der Familie in die Institution Krippe gestalten? Was muss bei der Eingewöhnung beachtet werden, damit die Kleinkinder gestärkt daraus hervorgehen? Wie können Eltern mit einbezogen werden, sodass es irgendwann auch ohne sie geht? Und wann ist überhaupt der Zeitpunkt, ab dem die Kinder ohne Eltern in der Krippe bleiben? Solche und andere Fragen stellen sich pädagogischen Fachkräften in Krippen.

Um nicht den Überblick zu verlieren, ist es ratsam, nach einem bestimmten Eingewöhnungskonzept zu arbeiten. Mittlerweile gibt es einige Modelle zur Eingewöhnung in der Krippe. Das wohl bekannteste ist das *Berliner Modell zur Eingewöhnung*, das von Hans-Joachim Laewen und Mitarbeitern entwickelt worden ist. Positiv anzumerken ist hier, dass es dazu sowohl Literatur für pädagogisches Fachpersonal als auch für Eltern gibt. So kann ein professioneller und umfangreicher Austausch stattfinden und der Übergang von der Familie in die Krippe funktionieren (Laewen u. a. 2006; Laewen u. a. 2009).

Das Konzept beruht auf den Annahmen der Bindungstheorie. Es besagt demnach, dass das Kind in den ersten Tagen in der Krippe zunächst die Möglichkeit bekommen soll, eine bindungsähnliche Beziehung zu einer Erzieherin aufzubauen. Dies kann jedoch nur geschehen, wenn die Bindungsperson anwesend ist, da sich das Kind sonst nicht sicher genug fühlt, die fremde Umgebung kennenzulernen. Das Berliner Modell stützt sich aber nicht nur auf die theoretischen Annahmen der Bindungstheorie, sondern bezieht Erfahrungen von pädagogischem Fachpersonal mit ein, wodurch Theorie und Praxis verknüpft werden. Der Praxisbezug macht es möglich, das Konzept effektiv umzusetzen.

Das Berliner Eingewöhnungsmodell lässt sich in fünf Stufen unterteilen, welche wiederum aufeinander aufbauen. Im ersten Schritt sollten die Eltern umfassende Informationen erhalten. Wenn das Kind in der Einrichtung angemeldet wird, sollte auf das Eingewöhnungskonzept hingewiesen werden. Da es für Eltern entsprechende Literatur gibt, sollte ihnen nahegelegt werden, sich damit zu befassen. Hier werden die wichtigsten Fragen beantwortet und eventuelle Ängste können schon im Vorfeld minimiert werden. Im persönlichen Gespräch werden die wesentlichen Punkte erneut erläutert und die Eltern haben die Möglichkeit, über ihre Gefühle, Befürchtungen und Erwartungen zu sprechen.

Im nächsten Schritt besuchen das Kind und seine primäre Bezugsperson die Krippe in einer dreitägigen Grundphase. Bei den Besuchen in den ersten drei

Tagen geht es darum, dass das Kind die Umgebung erkunden und Kontakt zu einer Erzieherin hergestellt werden kann. Der Elternteil, der die Eingewöhnung des Kindes begleitet, dient hierbei als sichere Basis. In dieser Rolle sollte er eher passiv bleiben und nur aktiv werden oder reagieren, wenn das Kind danach verlangt. Konkret bedeutet das, dass der Elternteil nicht mit dem Kind spielt und sich auch nicht in dessen Kommunikation mit der Erzieherin einmischt. In den ersten drei Tagen ist die Länge der Besuche nicht entscheidend.

Die nächste Stufe im Berliner Eingewöhnungsmodell ist von großer Bedeutung. Am vierten Tag wird eine erste, kurze Trennung des Kindes von seiner Bezugsperson ausprobiert. Nach kurzer Zeit in der Krippe verabschiedet sich z. B. die Mutter und geht zur Tür hinaus. Die Verabschiedung sollte nicht unnötig in die Länge gezogen werden. Lässt sich das Kind von der Erzieherin nach einigen Minuten wieder beruhigen, kann die Zeit der Trennung bis zu maximal einer halben Stunde ausgedehnt werden. In diesem Fall kann meist von einer kürzeren Eingewöhnungsphase (sechs Tage) ausgegangen werden. Lässt das Kind sich nicht trösten, sollte die Mutter in den Raum zurückgeholt werden. In diesem Falle kann dann dementsprechend von einer längeren Eingewöhnungsphase (bis zu zwei Wochen) ausgegangen werden. Bei dem Trennungsversuch muss besonders aufmerksam beobachtet werden, wie das Kind reagiert: sowohl, wenn der Elternteil den Raum verlässt, als auch während der Trennungsphase und bei Rückkehr der Bindungsperson. Aus den Reaktionen des Kindes kann auf die Dauer der Eingewöhnung geschlossen werden.

Die vierte Stufe ist die Stabilisierungsphase. Diese beginnt ab dem vierten Tag. Die Erzieherin beginnt im Beisein der Mutter, das Kind zu wickeln und zu füttern. Das Kind kann so allmählich begreifen, dass in der Einrichtung nicht die Mutter zuständig ist, sondern die pädagogische Fachkraft. Die Mutter zieht sich immer mehr zurück und mischt sich nicht in das Geschehen ein. Es wird der Fachkraft überlassen, sich um das Kind zu kümmern. Ab Beginn der Stabilisierungsphase werden die Trennungsphasen immer weiter ausgedehnt. Hier ist es wichtig, den Abschied von der Bezugsperson zu gestalten. Die zuständige pädagogische Fachkraft kann z. B. mit dem Kind zusammen die Mutter zur Tür bringen und winken. Das Abschiedsritual macht es sowohl für das Kind als auch für die Mutter einfacher, eine klare Linie zu ziehen, wann die gemeinsame Zeit in der Krippe zu Ende ist.

In der dritten oder vierten Woche beginnt die Schlussphase der Eingewöhnung. In dieser Phase wird das Kind lediglich gebracht und von den Eltern wieder abgeholt. Die Bezugsperson muss jedoch weiterhin jederzeit erreichbar bleiben, falls das Kind sich von der Erzieherin in einer Stresssituation nicht beruhigen lässt. Da die Zeit in der Krippe für die Kinder äußerst anstrengend ist, sollten diese anfangs nur halbtags betreut werden. Wenn eine Ganztagsbetreuung vorgesehen ist, kann nach einigen Wochen für ein oder zwei Tage mit der Bezugsperson die Schlafzeit geübt werden, indem der Vater oder die Mutter das Kind ins Bett bringt und in der Einrichtung zu finden ist, wenn das Kind wieder wach wird.

Die Arbeit mit diesem Modell ist durchgehend geprägt von individuellen Entscheidungen in der jeweiligen Situation. Die Interaktionen, die zwischen dem pädagogischen Fachpersonal und den Kindern stattfinden, lassen sich wohl kaum planen. Das Konzept dient jedoch als *roter Faden* und bietet so die Möglichkeit, den individuellen Situationen in den Einrichtungen und zwischen Kindern, Eltern und Fachkräften angepasst zu werden. Die Eingewöhnungsphase ist immer auch geprägt von den Gefühlen der Eltern, den Gefühlen der Kinder und den Gefühlen der pädagogischen Fachkraft. So bekommt jede Eingewöhnungsphase ihren individuellen Charakter und lässt sich nur grob und allgemein in einem Modell veranschaulichen.

**Praktische Anregungen und Hinweise für die Krippe**

- Organisieren Sie den Beginn der Eingewöhnungszeiten so, dass nicht mehr als ein Kind pro Woche eingewöhnt wird. Eine höhere Anzahl kann zu Stress bei den Erzieherinnen führen und somit auch zu Stressreaktionen bei den Kindern.
- Klären Sie vorab die Eltern darüber auf, was es heißt, ein Kind einzugewöhnen. Überlegen Sie dazu im Team, wie Sie Eltern mit Ihrem Eingewöhnungskonzept vertraut machen können. Welche Informationen sind dafür wichtig? Entwerfen Sie z. B. einen Handzettel mit Ablauf, Zeitaufwand für die Eltern usw.
- Beantworten Sie Fragen und gehen Sie verständnisvoll auf die Ängste und Bedürfnisse der Eltern ein.
- Um das Kind nicht zu verwirren und eine weitere Stressbelastung auszulösen, sollten Sie Ihr Aussehen während der Eingewöhnung nicht drastisch verändern. Auch eine neue Seife oder ein anderes Parfüm können das Kind, das Sie eingewöhnen, irritieren. In diesem Alter werden Kinder durch Gerüche stark beeinflusst.
- Machen Sie von Anfang an deutlich, dass die Eingewöhnung zusammen mit einem Elternteil durchlaufen werden soll und dass es unbedingt notwendig ist, dass dieser Elternteil für ca. vier Wochen stets zur Verfügung steht.
- Machen Sie sich mit den Besonderheiten des Kindes vertraut. Die wichtigsten Fragen sollten Sie in einem Fragebogen formulieren und diesen von den Eltern ausfüllen lassen, damit Sie bei Bedarf nochmals nachsehen können und die relevanten Fakten auch für andere aus Ihrem Team zugänglich bleiben.
- Seien Sie flexibel. Es kann passieren, dass das Kind sich eine andere Bezugsperson innerhalb Ihres Teams sucht, als Sie geplant hatten. Gehen Sie darauf ein.
- Wenn Sie sich an einem Modell zur Eingewöhnung orientieren, heißt das nicht, dass damit ein strikter Zeitplan vorgegeben wäre. Wie lange die Eingewöhnungszeit dauern soll und wann der Zeitpunkt gekommen ist, die Eltern wegzuschicken, muss immer in der jeweiligen Situation und nach den individuellen Bedürfnissen eines jeden Kindes entschieden werden. Es kann vorkommen, dass die Kinder in der Einrichtung ein anderes Verhalten als zu Hause zeigen. Machen Sie die Eltern darauf aufmerksam, dass dies nicht daran liegt, dass das pädagogische Fachpersonal einen größeren Einfluss als die Eltern selbst hätte, sondern lediglich einen anderen Einfluss, welcher auch durch die Räumlichkeiten und die anderen Kindern bedingt ist.
- Schreiben Sie während der Eingewöhnung täglich ein Protokoll. Dinge, die Ihnen z. B. am Verhalten des Kindes zu Beginn auffallen, können später wichtig werden. Zudem bleibt Ihre Arbeit für andere transparent.

- Für den Fall, dass das Kind erkrankt, muss abhängig von der Dauer des Aufenthalts in der Krippe und der voraussichtlichen Dauer und Schwere der Krankheit überlegt werden, ob die Eingewöhnung fortgesetzt oder unterbrochen wird. Wenn das Kind schon einige Tage in der Krippe verbracht hat, ist eine Unterbrechung meist nicht nötig.
- Legen Sie die Zeit der Eingewöhnung nicht kurz vor eine Schließzeit. Dies könnte zur Folge haben, dass das Kind nach der Schließzeit der Krippe erneut für einige Tage von einem Elternteil begleitet werden muss.

### Praktische Anregungen und Hinweise für die Familie

- Informieren Sie sich vor der Anmeldung Ihres Kindes in einer Krippe über das pädagogische Konzept und darüber, nach welchem Ansatz die Eingewöhnung ablaufen soll.
- Lassen Sie sich Informationen zur Eingewöhnungsphase sowohl in mündlicher Form als auch in schriftlicher Kurzform geben.
- Planen Sie vor dem Eintritt Ihres Kindes in die Krippe für den Elternteil, der die Eingewöhnung begleitet, vier bis sechs Wochen Zeit ein. Planen Sie also den (Wieder-)Einstieg in den Beruf nicht zeitgleich zum Eintritt Ihres Kindes in die Krippe. Während dieser Zeit müssen Sie immer abrufbereit sein.
- Fahren Sie nicht unmittelbar nach der Eingewöhnung Ihres Kindes in den Urlaub. Das könnte eine zusätzliche Belastung für das Kind bedeuten und nach dem Urlaub eine erneute Eingewöhnungsphase erfordern.
- Informieren Sie sich über den zukünftigen Tagesablauf Ihres Kindes und versuchen Sie Ihr Kind schon vorab an die Essens- und Schlafzeiten zu gewöhnen.
- Sollte das Kind kurz vor Beginn der Eingewöhnungszeit erkranken, sollte diese verschoben werden, bis das Kind wieder genesen ist und sich erholt hat.
- Setzen Sie Ihr Kind während der Eingewöhnungsphase keiner weiteren Veränderung aus, wie einem Umzug, dem Besuch einer Kindermusikstunde oder auch einer neuen Frisur von Ihnen oder Ihrem (Ehe-)Partner.
- Geben Sie Ihrem Kind genügend Zeit, sich an die fremde Umgebung zu gewöhnen und die anderen Kinder sowie die Erzieherinnen kennenzulernen. Wenn es aktiv nach Ihrer Nähe sucht, gehen Sie darauf ein. Mischen Sie sich aber nicht ein,

wenn das Kind spielt, in einen Konflikt geraten ist oder Hilfe braucht, solange es nicht aktiv nach Ihnen verlangt. Lassen Sie zunächst die Erzieherin handeln, auch wenn es Ihnen schwerfällt.
- Klären Sie die pädagogische Fachkraft, die mit Ihnen die Eingewöhnungsphase bespricht, über die individuellen Bedürfnisse Ihres Kindes auf: Haben Sie ein Trostritual? Fühlt Ihr Kind sich besser, wenn es einen Schnuller bekommt oder sein Kuscheltuch bzw. Lieblingsstofftier dabeihat? Gibt es ein bestimmtes Spielzeug, mit dem sich das Kind am liebsten beschäftigt? Dinge, die von zu Hause mitgebracht werden, können für ein vertrautes Gefühl sorgen.
- Wundern Sie sich nicht, wenn Ihr Kind ab Beginn der Eingewöhnungsphase länger oder fester schläft. Die Zeit in der Krippe mit der fremden Umgebung, den fremden Kindern und dem fremden pädagogischen Personal stellt Ihr Kind vor große Herausforderungen. Die Erkundung des Neuen ist anstrengend für die Kinder. Planen Sie also im Alltag des Kindes Ruhephasen ein.
- Zögern Sie die Verabschiedung von Ihrem Kind nicht unnötig hinaus. Sobald Sie gesagt haben, dass Sie gehen, ist es die Aufgabe der Erzieherin, das Kind zu beruhigen oder abzulenken.
- Kommen Sie nicht unaufgefordert zurück in den Raum oder die Einrichtung, wo sich Ihr Kind befindet. Das kann die Eingewöhnung erschweren oder behindern.
- Schauen Sie auch nicht durch ein Fenster, um Ihr Kind während der Zeit, in der Sie weg sind, zu beobachten. Wenn Ihr Kind Sie entdeckt, ist die Verwirrung groß und die Eingewöhnung kann hinausgezögert werden.
- Lassen Sie Ihr Kind nicht zu früh in der fremden Umgebung allein. Wenn es in Ihrer Anwesenheit selbstbewusst allein spielt und entspannt wirkt, so kann dies in Ihrer Abwesenheit ins Gegenteil umschlagen.
- Sprechen Sie mit dem pädagogischen Fachpersonal stets offen und ehrlich über Ihre Ängste und Bedürfnisse. Vieles lässt sich aus der Welt schaffen, indem man einfach darüber spricht.

# Kinder beim Übergang Familie – Kindergarten stärken

*Nina-Natascha Arz*

Der Übergang von der Familie in den Kindergarten erfährt – im Vergleich zum Übergang in die Kinderkrippe – in der aktuellen Forschung und Literatur eine eher geringe Beachtung. Es ist jedoch ein Trugschluss zu glauben, dass ältere Kinder Übergänge per se einfacher bewältigen können. Vielmehr hängt das Gelingen der Eingewöhnungsphase im Kindergarten von vielfältigen Faktoren, wie beispielsweise der Persönlichkeit des Kindes, der familiären Situation oder der Qualität des Kindergartens, ab (Irskens 2006).

## Die Bedeutung des Übergangs von der Familie in den Kindergarten

Für den Großteil der Kinder stellt der Start in den Kindergarten derzeit den ersten Übergang von der Familie in eine Institution der öffentlichen Bildung und Erziehung dar. Laut Statistischem Bundesamt besuchen über 90 % der drei- bis sechsjährigen Kinder eine Kindertageseinrichtung. Für die Altersgruppe der Kinder von null bis drei Jahren ist dagegen vorerst nur ein Platzangebot für jedes dritte Kind zu erwarten. Dies macht deutlich, dass der Beginn der Kindergartenzeit für die Mehrzahl der Mädchen und Jungen heute den ersten großen Übergang in ihrem Leben darstellt und dass dies auch in naher Zukunft so bleiben wird. Schon allein die hohe Anzahl der Kinder, die den Übergang von der Familie zum Kindergarten durchlaufen, bringt zum Ausdruck, wie interessant und auch notwendig es ist, sich mit dieser Umstellung auseinanderzusetzen. Wie alle Übergänge ist er als ein längerfristiger Prozess zu sehen (von ersten Vorgesprächen bis zur abgeschlossenen Eingewöhnung), an dem mehrere Personen beteiligt sind: das Kind, die Eltern, die Erzieherinnen, aber auch die Kindergruppe und die Miteltern. Da die Familie und der Kindergarten jeweils ein anderes Wissen über Erziehung und über das Kind haben, kommt dem Austausch zwischen den beiden Instanzen Familie und Kindergarten während des Übergangsprozesses eine hohe Bedeutung zu.

Die Familie ist nach wie vor der erste und wichtigste Ort der Erziehung und Bildung sowie in der Regel der größte Schutz- und Anregungsfaktor für das Kind. Sie ist ein auf Dauer angelegtes Beziehungssystem, das sich durch Vertrautheit/Innigkeit auszeichnet und auf die Bewältigung des Alltagslebens aller Familienmitglieder angelegt ist. Während die Familie also den privaten Lebensbereich darstellt, gehört der Kindergarten zum öffentlichen Raum. Der Kindergarten unterscheidet sich von der Familie insbesondere durch die Anwesenheit vieler gleichaltriger Kinder, durch das professionalisierte Handeln der Erzieherinnen sowie durch den eigenständigen Bildungsauftrag der Kindertageseinrichtungen (Liegle 2006).

Es gibt aber auch Gemeinsamkeiten zwischen der Situation der Eltern und derjenigen der Fachkräfte im Kindergarten. Denn sowohl Eltern als auch Erzieherinnen bemühen sich um die Gestaltung einer Beziehung zwischen einem Erwachsenen und einem Kind. In beiden Fällen ist es für das Wohlbefinden und die positive Entwicklung des Kindes notwendig, dass sich die Erwachsenen liebevoll mit ihm beschäftigen, für es da sind und ihm bei seiner Erkundung der Welt beistehen.

Außerdem sind die Familie und der Kindergarten gleichermaßen von einem stetigen Wandel betroffen. So existieren heute ganz unterschiedliche Familienformen: Viele Kinder leben nach wie vor mit beiden Elternteilen zusammen, andere wachsen nur bei einem Elternteil auf, manche sind Teil einer Patchworkfamilie; in einigen Familien leben mehrere Kinder, andere sind Einzelkinder usw. Neben Unterschieden in der Familienstruktur verfügt darüber hinaus natürlich auch jede Familie über ganz individuelle Gewohnheiten, Tagesabläufe sowie Norm- und Wertvorstellungen. Genauso vielfältig wie die moderne Familie sind auch die heutigen Kindergärten: Dort gibt es verschiedenste pädagogische Ansätze (Waldorf-Kindergärten, Montessori-Kinderhäuser ...), unterschiedliches Personal (Erzieherinnen, Sozialassistenten), zahlreiche Leitbilder und Konzeptionen sowie viele weitere Besonderheiten.

Diese Einzigartigkeit jeder Familie und jedes Kindergartens zeigt noch einmal, wie wichtig der Dialog zwischen diesen beiden Instanzen ist, wenn es darum geht, Kinder beim Übergang von der Familie in den Kindergarten zu unterstützen und zu stärken. Die Familie und der Kindergarten müssen sich mit den Besonderheiten des jeweils anderen vertraut machen. Vorhandene Gemeinsamkeiten (z. B. gemeinsame Erziehungsziele) bieten dabei einen Ansatzpunkt, um den neuen Kindern auch beim

Übergang eine gewisse Kontinuität zu ermöglichen, und sie stellen die Grundlage für eine Erziehungspartnerschaft zwischen Eltern und pädagogischen Fachkräften zum Wohle des Kindes dar.

Der Übergang hat dabei für alle Beteiligten eine ganz eigene Bedeutung. Das *Kind* steht vor der großen Herausforderung, Beziehungen zu Gleichaltrigen und zu Erwachsenen aufzubauen und regelmäßig über einen längeren Zeitraum von seinen Eltern getrennt zu sein. Im Kindergarten treffen die Dreijährigen auf ein neues Gebäude mit neuen Räumlichkeiten und Materialien. Außerdem lernen sie im Kindergarten neue Regeln kennen und erfahren einen veränderten Tagesablauf, der mit einem neuen Zeitrhythmus verbunden ist. Wenn das Kind zum Kindergartenkind wird, nehmen die *Eltern* eine Doppelfunktion ein: Zum einen begleiten sie den Übergang ihres Kindes und zum anderen erleben sie selbst eine große Umstellung. Als Begleiter wollen sie ihr Kind bestmöglich unterstützen. Auf der anderen Seite machen sie sich aber auch Sorgen darüber, ob sich ihr Kind im Kindergarten wohlfühlen wird und ob es von dessen Besuch profitieren kann. Auch die Frage, ob sie sich mit den Erzieherinnen und den anderen Eltern verstehen werden, stellen sich sicherlich viele Eltern, wenn sie ihren Nachwuchs im Kindergarten anmelden. Für die Mütter geht der Eintritt ihres Kindes in den Kindergarten außerdem oft mit der (Wieder-)Aufnahme einer Berufstätigkeit einher, was weitere Veränderungen im Ablauf des Familienlebens mit sich bringt.

Den *Erzieherinnen* kommt im Übergangsprozess die Aufgabe zu, die Eingewöhnungsphase zu moderieren und die Familien zu unterstützen. Die Aufnahme neuer Kinder gehört zum einen zu ihrer beruflichen Routine, zum anderen machen sich aber auch pädagogische Fachkräfte Gedanken darüber, wie sie mit den neuen Kindern und deren Eltern zurechtkommen werden. Nicht zuletzt erlebt auch die bisherige *Kindergruppe* eines Kindergartens den Eingewöhnungsprozess neuer Kinder mit. Je nachdem, ob die Alteingesessenen den Neuen bzw. die Neue als Konkurrenz (um Aufmerksamkeit der Erwachsenen oder um Spielzeug) oder als möglichen neuen Spielpartner und Freund sehen, kann dadurch das Gelingen des Übergangs für das neue Kind erschwert oder erleichtert werden. Es lässt sich festhalten, dass der Übergang von der Familie in den Kindergarten von allen Beteiligten mit gemischten Gefühlen gesehen wird. Er geht mit Veränderungen einher, die sowohl als Entwicklungschance als auch als Gefährdung erlebt werden können. Die Erwartungen und Vorstellungen bezüglich des Übergangs können dabei ganz unterschiedlich sein; besonders für die angehenden Kindergartenkinder ist der Übergang mit vielfältigen Emotionen (Spannung, Ängstlichkeit, Neugier…) verbunden.

Der Gestaltung des Übergangs von der Familie in den Kindergarten kommt zunächst eine individuelle Bedeutung zu. Das Kind wächst in die neue Rolle des Kindergartenkindes hinein; die Eltern erleben den Kindergartenbesuch ihres Kindes als Entlastung oder auch mit Sorge; der Kindergarten ist auf die Aufnahme neuer Kinder angewiesen, um überhaupt als solcher existieren zu können; und die bisherige Kindergruppe setzt sich neu zusammen. Der Übergang ist aber nicht nur für die Gegenwart der Kinder, Eltern und Kindergärten bedeutsam, sondern er kann auch Auswirkungen auf zukünftige Ereignisse im Leben der Jungen und Mädchen haben. Erste Forschungsergebnisse belegen, dass sich die erfolgreiche Bewältigung eines Übergangsprozesses positiv auf zukünftige Veränderungssituationen, wie beispielsweise den Übergang in die Grundschule, auswirken kann. Misserfolgserlebnisse mit Übergängen können umgekehrt aber auch entmutigend und negativ nachwirken.

Es lässt sich festhalten, dass der Übergang von der Familie in den Kindergarten ein »normatives kritisches Lebensereignis« darstellt (Griebel/Niesel 2004, S. 38). Der Übergang ist normativ, weil es in unserer Gesellschaft üblich und normal ist, dass Kinder einen Kindergarten besuchen. Es wird erwartet und gilt als Norm, dass Dreijährige diese Entwicklungsaufgabe – mithilfe von Erwachsenen – bewältigen können. Der Übergang ist für das Kind aber auch ein kritisches Ereignis, da es sich an eine neue Lebenswelt anpassen soll und innerhalb kurzer Zeit mit vielfältigen Veränderungen konfrontiert wird, mit denen es zurechtkommen muss. Die Bezeichnung des Übergangs von der Familie in den Kindergarten als *kritisches Ereignis* darf dabei aber keineswegs negativ verstanden werden. Denn bei angemessener Unterstützung bietet der Übergangsprozess viele Möglichkeiten für das Kind, die eigenen Kompetenzen zu stärken. Das Kind wird immer selbstständiger, es knüpft Kontakte zu anderen Kindern und zu Erwachsenen, es lernt neue Materialien und Spielzeuge kennen; allgemein wird es in der lernintensiven Zeit des Übergangs in seiner Persönlichkeitsentwicklung und in seinen Bildungsprozessen angeregt.

## Wie Kinder beim Übergang Familie – Kita unterstützt werden können

Was können Eltern und Kita-Teams nun aber im Einzelnen tun, um Kinder beim Übergang von der Familie in den Kindergarten zu unterstützen? Gibt es bewährte Konzepte, auf die zurückgegriffen werden kann, oder soll der Übergang immer ganz individuell gestaltet werden? Welche Faktoren müssen unbedingt beachtet werden, damit der Übergang gelingen kann? Wenn man als pädagogische Fachkraft nach einem Übergangskonzept sucht, an dem man sich orientieren kann, wird man feststellen, dass es für den Kindergarten derzeit keine fest umrissenen Eingewöhnungsmodelle (wie beispielsweise das Berliner Eingewöhnungsmodell für die Krippe) gibt. Für Kinderkrippen entworfene Eingewöhnungsmodelle können jedoch auch im Kindergarten – meist in leicht abgewandelter Form – verwendet werden. Es gibt beispielsweise Kindertagesstätten, die auch zweijährige Kinder aufnehmen und die sich bei der Eingewöhnung der Zwei- und Dreijährigen an demselben Plan orientieren. Darüber hinaus gibt es in den Kindergärten derzeit eine große Bandbreite an Ideen und Praktiken zur Gestaltung des Übergangs zwischen der Familie und dem Kindergarten.

Wenn ein Kind durch den Übergang in seiner Persönlichkeit und in seiner Entwicklung gestärkt werden soll, sind weder starr umgesetzte Modelle noch beliebig gehandhabte individuelle Praktiken zu empfehlen. Vielmehr gilt es, den Prozess des Übergangs in einen Orientierungsrahmen einzubetten, der den Familien und Kindergärten individuelle Gestaltungsräume offenlässt. Ein solches Konzept ist der von den Psychologen Wilfried Griebel und Renate Niesel entworfene *Transitionsansatz* (2004). Der Begriff der *Transition* bezeichnet dabei Wandlungsprozesse, durch die das Leben einer Person massive Umstrukturierungen erfährt. Die betroffene Person – in diesem Fall das Kind, das in den Kindergarten kommt – erlebt in kurzer Zeit viele Veränderungen und verlebt eine besonders lernintensive Zeit (Griebel/Niesel 2004). Transition ist also der Fachbegriff für Übergang. Der Beginn der Kindergartenzeit wird allerdings noch nicht als Transition bezeichnet. Von einer Transition wird erst gesprochen, wenn das Kind den Übergang von der Familie in den Kindergarten erfolgreich bewältigt hat und sich als Kindergartenkind fühlt.

Wie kann man dem Kind bei der Bewältigung des Übergangs helfen? Hier müssen gemäß dem Transitionsansatz drei Ebenen berücksichtigt werden: die *individuelle Ebene*, die *soziale Ebene* und die *Ebene der Lebensumwelt*. Auf der *individuellen Ebene* erfährt das Kind einen neuen Status. Es ist nun schon ein großes Kindergartenkind. Um ihrem Nachwuchs diese neue Rolle bewusst zu machen, können Eltern im Vorfeld mit ihrem Kind darüber sprechen, warum es in den Kindergarten kommt und was es dort so alles erleben kann. Der Beginn eines neuen Lebensabschnitts kann im Kindesalter besonders gut über kleine Rituale und greifbare Materialien verdeutlicht werden. Eltern können z. B. die Ausstattung für den

Kindergarten (Rucksack, Brotdose, Hausschuhe …) gemeinsam mit ihrem Sohn/ihrer Tochter kaufen und das Kind auswählen lassen. Das Team im Kindergarten kann dem Kind dann zeigen, wo die Kindergartenkinder ihre Rucksäcke aufhängen oder wo sie frühstücken können, und alles Weitere erklären. Neben solchen direkten Aktionen bemerkt ein Kind natürlich auch die Gefühle seiner Eltern. Auf indirekte Weise können Eltern ihre Dreijährigen also am besten unterstützen, indem sie sich ihre eigene Situation bewusst machen: Welche Erinnerungen habe ich an meine eigene Kindergartenzeit? Wie stehe ich als Mutter zu meiner beruflichen Tätigkeit? Wie werde ich mich als Vater im weiblich dominierten Lebensfeld Kindergarten fühlen? Sich Zeit zu nehmen, über solche und viele weitere Fragen nachzudenken, kann Eltern helfen, die Veränderungen, die sie selbst während des Übergangs erfahren, zu reflektieren.

Neben der Berücksichtigung der individuellen Lage der Kinder und Eltern, die aktiv einen Übergang vollziehen, kommt dem Austausch zwischen allen am Übergang beteiligten Personen eine große Rolle zu. Auf dieser *sozialen Ebene* nehmen die Fachkräfte im Kindergarten eine Schlüsselfunktion ein. Als berufliche Begleiter des Übergangs kommen ihnen in dieser Zeit viele Aufgaben zu. Zunächst einmal müssen sie versuchen auf die Familie einzugehen. In einem ausführlichen Erstgespräch vor der eigentlichen Eingewöhnung sollten die Eltern Informationen über den Kindergarten erhalten und die Möglichkeit bekommen, über ihre Ängste, Sorgen und Erwartungen zu sprechen. Für die Erzieherinnen ist es außerdem sehr hilfreich, wenn sie bereits im Vorfeld etwas über den familiären Hintergrund und die Persönlichkeit des Kindes erfahren können: Wie ist die Familie zusammengesetzt? Welche Bezugspersonen hat das Kind? Welche Spiele mag es? Wofür interessiert es sich besonders? Was ist seine Muttersprache? Die gegenseitige Beantwortung solcher und weiterer Fragen unterstützt nicht nur das Kennenlernen zwischen Eltern und pädagogischen Fachkräften, sondern ermöglicht es auch, den Übergang jedes Mal anders zu gestalten. Wenn den Mitarbeitern die Interessen eines Kindes bereits bei dessen Aufnahme in den Kindergarten bekannt sind, können sie dem Kind beispielsweise entsprechende Spielzeuge und Angebote bereitstellen.

Weitere Möglichkeiten, die Aufnahme neuer Kinder pädagogisch zu arrangieren, ergeben sich auch aus dem Einbezug der Kindergruppe. Gute Erzieherin-Kind-Beziehungen entstehen nämlich nicht nur dadurch, dass sich die Erzieherin einem einzelnen Kind zuwendet, sondern vor allem durch ein einfühlsames pädagogisches Verhalten der gesamten Kindergruppe gegenüber. Durch Kinderpatenschaften können z. B. sowohl die neuen als auch die älteren Kinder in den Übergangsprozess eingebunden werden. Das neue Kind kann durch ein anderes Kindergartenkind auf Augenhöhe erklärt bekommen, wie das Leben im Kindergarten abläuft; das ältere Kind erhält dabei die Chance, Verantwortung zu übernehmen und sich groß zu fühlen.

Ansonsten nehmen bei der Gestaltung des Übergangs von der Familie in den Kindergarten auch organisatorische Abläufe einen großen Raum ein: Wer führt das Aufnahmegespräch und welche Inhalte werden dort besprochen? Wann können Schnupperbesuche stattfinden? Sind unsere schriftlichen Informationen verständlich formuliert? Alle Punkte, die die Organisation des Übergangs betreffen, sollten von der Einrichtung festgelegt sein, und jedem Mitarbeiter muss bekannt sein, was er wann zu tun hat.

Beispiele zu Aktionen, die während des Übergangs von der Familie in den Kindergarten die soziale Ebene betreffen, ließen sich beliebig fortführen. Gemeinsam ist den Handlungen, die beim Übergangsprozess zwischen allen Beteiligten stattfinden, dass sie dem Aufbau neuer Beziehungen dienen (z. B. Erzieherin – Familie, Kind – Kindergruppe) oder Veränderungen von bestehenden Beziehungen bewirken (Eltern – Kind).

Auf der dritten Ebene des Übergangs gilt es dann schließlich noch zu berücksichtigen, dass die Dreijährigen im Kindergarten auf eine für sie völlig neue *Lebensumwelt* treffen. Sie brauchen Zeit, um die Räumlichkeiten und Spielmaterialien im Kindergarten zu erkunden. Außerdem müssen sie sich mit dem Tagesablauf und mit den Regeln im Kindergarten vertraut machen. Das Entdecken der neuen Lebenswelt Kindergarten, in der es zahlreiche Unterschiede zur vertrauten Lebenswelt Familie gibt, ist für Kinder eine große Herausforderung. Das Team im Kindergarten und die Eltern können dem Kind in dieser Situation eine große Stütze sein, wenn sie ihm geduldig die neuen Regeln erklären und gerade anfangs genügend Zeit geben, um das Leben im Kindergarten in Ruhe beobachten zu können.

Für einen gelingenden Übergang von der Familie in den Kindergarten kommt zu der Berücksichtigung aller beteiligten Personen und Ebenen noch ein weiterer entscheidender Faktor hinzu. Entwicklungspsychologische Erkenntnisse weisen darauf hin, dass Kinder einen Übergangsraum brauchen, der die Bereiche Familie und Kindergarten zusammenbringt. Ein solcher Übergangsraum kann nur durch eine elternbegleitete Eingewöhnung ermöglicht werden. Die Bezugspersonen eines Kindes können es in diesem Fall beim Übergang unterstützen, indem sie ihm in der neuen Umgebung Sicherheit und Geborgenheit vermitteln. Die Trennung von den Eltern kann dann allmählich, aber gleichzeitig auch abschiedsbewusst erfolgen.

In der ersten Phase des Übergangs von der Familie in den Kindergarten halten sich die Kinder gemeinsam mit ihren Eltern bzw. mit einem Elternteil im Kindergarten auf. Nach einigen Tagen bleibt das Kind dann erstmals für kurze Zeit allein mit den Fachkräften und den anderen Kindern. Die Mutter/der Vater hält sich zunächst noch im Kindergartengebäude auf, um bei Bedarf für das Kind zur Verfügung zu stehen. Die Zeiten, die Eltern und Kind getrennt voneinander verbringen, werden dann Schritt für Schritt ausgedehnt. In der Schlussphase der Eingewöhnung hat das Kind schließlich seinen Rhythmus im Tagesablauf des Kindergartens gefunden.

Wie lange es dauert, bis sich ein Kind im Kindergarten eingelebt hat, ist von Fall zu Fall verschieden. In allen Fällen müssen dem Übergang von der Familie in den Kindergarten jedoch genügend Aufmerksamkeit und Zeit gewidmet werden, damit er gelingen kann. Zusammengefasst geht es darum, »Veränderungen für das Kind möglichst gering, vorhersehbar und damit kontrollierbar und möglichst erwünscht zu gestalten sowie soziale Unterstützung verfügbar zu halten« (Griebel/Niesel 2004, S. 49).

### Praktische Anregungen und Hinweise für die Kita

In Ihrer Schlüsselposition als professionelle Begleiter des Übergangs von der Familie in den Kindergarten kommt Ihnen in erster Linie die Aufgabe zu, Kinder und deren Familien zu unterstützen. Daneben sollten Sie aber auch die gesamte Kindergruppe und Ihr Team im Blick behalten. Es gibt verschiedene Möglichkeiten, um Eltern zu unterstützen:
- Geben Sie Eltern mündliche Informationen über Ihren Kindergarten und über die Gestaltung der Eingewöhnung, z. B. in einem ausführlichen Aufnahmegespräch.
- Stellen Sie schriftliche Informationen für die Familie bereit, etwa die Konzeption.
- Bieten Sie den Eltern Gelegenheiten, das Kindergartengebäude und die Mitarbeiter, z. B. auch durch Schnuppertage oder Tage der offenen Tür, kennenzulernen.
- Beantworten Sie die Fragen der Eltern und stellen Sie auch selbst Fragen. Überschütten Sie dabei die Eltern nicht mit zu vielen komplexen Informationen.
- Befragen Sie die Eltern über die Zufriedenheit mit der Gestaltung des Übergangs, z. B. durch einen Fragebogen oder ein Gespräch.

Darüber hinaus gibt es auch Praktiken, um Kindern den Übergang zu erleichtern:
- In der ersten Zeit brauchen Kinder die Sicherheit einer vertrauten Bezugsperson, z. B. Eltern, Großeltern, Tagesmutter, als Unterstützung.
- Zeigen und erklären Sie dem Kind alles, was es wissen muss.
- Lassen Sie das Kind bei Bedarf zunächst in Ruhe beobachten und beziehen Sie es dann immer mehr in Aktivitäten ein, etwa durch Bereitstellen von interessanten Materialien.
- Auch bei Kindern, die sich bereits gut eingelebt zu haben scheinen, sollte die vereinbarte Eingewöhnungszeit nicht verkürzt werden. Kinder können äußerlich entspannt wirken, obwohl sie innerlich aufgewühlt und nervös sind.

Es gibt außerdem Wege, um die Neuzusammensetzung der Kindergruppe zu unterstützen:
- Ermuntern Sie die Gruppe, sich an den Beginn ihrer eigenen Kindergartenzeit zu erinnern, und stellen Sie das neue Kind der Gruppe vor.
- Auch Kinderpatenschaften oder der Besuch mit einer kleinen Kindergruppe bei einem neuen Kind zu Hause (in Absprache mit den Eltern) sind Möglichkeiten, die gesamte Gruppe in den Übergangsprozess einzubeziehen.

Schließlich können Sie sich auch in Ihrem Team gegenseitig unterstützen:
- Ein gemeinsam erarbeitetes Eingewöhnungskonzept, eine klare Aufgabenverteilung und eine zeitversetzte Aufnahme der neuen Kinder können Stress und Hektik während der Eingewöhnungsphase verringern.

## Praktische Anregungen und Hinweise für die Familie

- Kontaktdaten (Telefonnummer, Adresse usw.) und kurze Informationen zu den Kindergärten in Ihrer Nähe erhalten Sie in der Regel auf der Homepage Ihrer Stadt bzw. Gemeinde.
- Überprüfen Sie zunächst, ob ein Kindergarten Ihre formalen Kriterien erfüllt. Holen Sie Informationen ein zu den Öffnungszeiten, zur Wohnortnähe, zum Träger (z. B. städtisch oder privat).
- Es ist sinnvoll, wenn Sie bereits ein bis zwei Jahre, bevor Sie Ihr Kind in einem Kindergarten unterbringen wollen, den ersten Kontakt mit möglichen Kindergärten aufnehmen.
- Verschaffen Sie sich einen genaueren Eindruck von dem Kindergarten. Möglichkeiten dazu bieten beispielsweise Feste und Veranstaltungen des Kindergartens, Schnupperbesuche während des laufenden Kindergartenbetriebs, Gespräche mit den Mitarbeitern oder schriftliche Informationen des Kindergartens (Flyer, Konzeptionen usw.).
- Die Erfahrungen, die Ihr Kind in seinen ersten drei Lebensjahren macht, bringt es in den Kindergarten mit. Für die Bewältigung des Übergangs von der Familie in den Kindergarten sind besonders Erfahrungen mit anderen Kindern und Kindergruppen hilfreich (z. B. Geschwister, Nachbarschaft, Krabbelgruppen).
- Bereits gesammelte Erfahrungen mit Fremdbetreuung und anderen Erwachsenen können Ihrem Kind ebenfalls nützlich sein (Großeltern, Tagesmutter, Babysitter).
- Die Eingewöhnung in den Kindergarten sollte mindestens einen Monat vor Ihrem Wiedereinstieg in den Beruf angesetzt werden.
- Sie können Ihr Kind auf den Kindergarten einstimmen, indem Sie mit ihm die Ausstattung für ein Kindergartenkind einkaufen.
- Beginnen Sie besonders die ersten Tage im Kindergarten ohne Hektik und Stress und frühstücken Sie beispielsweise in Ruhe mit Ihrem Kind.

- Wundern Sie sich nicht, wenn Ihr Kind nicht so aktiv ist, wie Sie es von ihm gewohnt sind. In der ersten Zeit im Kindergarten verhalten sich die meisten Kinder eher abwartend und beobachtend.
- Sie sollten sich niemals mehrmals von Ihrem Kind verabschieden und dann trotzdem nicht gehen. Dies macht die Trennung sowohl für Sie als auch für Ihr Kind nur noch schwieriger.
- Das Mitbringen des Lieblingsstofftiers kann Ihrem Kind in der Eingewöhnungszeit helfen.
- Die Zeit, die Ihr Kind im Kindergarten verbringt, sollte erst allmählich gesteigert werden.
- Gerade in der ersten Zeit des Kindergartenbesuchs sollten Sie immer telefonisch erreichbar sein. Dies ermöglicht es dem Kindergarten, Kontakt zu Ihnen aufzunehmen, wenn Ihr Kind großen Trennungsschmerz zeigt.
- Sie sollten zu Beginn darauf achten, anstrengende Aktionen am Nachmittag bzw. Abend zu vermeiden, um Ihr Kind nicht zu überfordern.

# Kinder beim Übergang Kita – Grundschule stärken

*Maik Endler*

Heutzutage ist allgemein bekannt, dass die Zeit ab der Geburt bis zum Schulanfang die lernintensivste Zeit im Leben eines Menschen ist. Die wichtigsten Persönlichkeitsmerkmale sind bis zu diesem Zeitpunkt längst ausgeprägt. Jedes Kind unterscheidet sich von den anderen hinsichtlich Motorik, Sozialverhalten, Kreativität, Sprachentwicklung und vielem mehr. Im Anfangsunterricht der Grundschule werden die Weichen für schulischen Erfolg oder Misserfolg gestellt, je nachdem ob das Kind eine positive oder eine negative Einstellung zur Institution Schule entwickelt. Meist sehen Kinder der Einschulung mit großer Freude entgegen und können diese kaum erwarten. Alle Erwachsenen wissen und alle Kinder spüren, dass in der Schule wichtige Entscheidungen für das spätere Leben getroffen werden.

Für die Lehrkraft sind die ersten Wochen und Monate mit ihren Schulanfängern wieder eine neue Herausforderung. Bis vor kurzem hatte sie noch mit Kindern gearbeitet, die ihr so vertraut waren, dass nur kurze Blicke und knappe Worte reichten, um angemessen mit Situationen umzugehen und die Kinder in ihrem Verhalten zu lenken. Die Neulinge gehen wieder unterschiedlich mit der ungewohnten Situation und der Lehrkraft als maßgeblicher Person um. Einige Kinder drängen sich in den Vordergrund und suchen nach Beachtung, andere halten sich eher an vertraute Kinder aus ihrer früheren Kindergartengruppe und wieder andere versuchen, nicht aufzufallen, sitzen vollkommen still und schüchtern, ja fast regungslos da.

Die Übergangssituation zwischen Kindergarten- und Grundschulzeit ist geprägt durch Veränderungen und Herausforderungen in drei Bereichen (Griebel/Niesel 1999, siehe auch Griebel/Niesel 2011, S. 105 ff.): Auf *individueller Ebene* wird von den Kindern der Umgang mit Emotionen wie Angst, Neugier oder Stolz, die Entwicklung und Stärkung von Selbstvertrauen und eine positive Einstellung zum Lernen erwartet. Aber auch die Veränderung der Identität durch den neuen Status *Schulkind* muss gemeistert werden. Die Kinder müssen sich darüber hinaus auf *interaktionaler Ebene* in höherem Maße an Regeln halten, mehr Rücksicht nehmen als früher, Beziehungen zu den neuen Lehrkräften und Mitschülern aufbauen und lernen mit Verlusten von Freundschaften und mit Kritik umzugehen. Außerdem werden die Kinder auf *kontextueller Ebene* veränderten Lehrinhalten, -methoden und -strukturen begegnen, müssen Zeitvorgaben akzeptieren und sich an der Schulkultur beteiligen. Das Lernen wird zur Pflicht, sie sollen sich etwas Bestimmtes zu einer festgesetzten Zeit aneignen und dies auf eine Weise tun, die den eigenen Wünschen und Gewohnheiten nicht immer entspricht.

## Bedingungen für einen erfolgreichen Übergang Kita – Grundschule

Natürlich existieren Kinder, die überhaupt keine Probleme haben, welche also während des Übergangs soziale Kompetenzen entfalten und diese festigen können. Ferner gibt es Kinder, bei denen man weder positive noch negative Effekte des Übergangs wahrnimmt. Jedoch haben ca. 15 % aller Schulanfänger nach dem Übergang Schwierigkeiten und 30 % reagieren emotional heftig auf diese Situation und haben bereits vor dem Übergang starke Probleme. Insgesamt betrachtet weisen also ca. 30–45 % aller Kinder Übergangsprobleme auf. Dem Übergang zwischen Kindertageseinrichtung und Grundschule kommt demzufolge eine zentrale Rolle für die Entwicklungs- und Lernerfolge des Kindes im Bildungssystem zu. Die erfolgreiche Bewältigung stärkt die Kompetenzen des Kindes für die nachfolgenden wichtigen Übergänge wie beispielsweise den Übergang in die weiterführende Schule und den Übergang von der weiterführenden Schule in die Berufsausbildung oder ins Studium.

Vor allem in den ersten Jahren befinden sich Kinder noch in vollständiger Abhängigkeit von den Erwachsenen. Wie sie also diese Umbruchsituation in ihrem Leben meistern, hängt sowohl von den pädagogischen Fachkräften in der Kita als auch von den Grundschullehrkräften und nicht zuletzt auch von den Eltern ab. Gerade in der Frühphase kann man notwendige Fähigkeiten leichter erwerben, da im Vorschulunterricht und im Kindergarten noch kein Leistungsdruck vorhanden ist, sondern Zeit für geduldige Anleitung und Erprobung, aber auch für Irrtümer und Umwege. Zudem muss das Handwerkszeug verstanden sein, also der Gebrauch von Schere, Klebstift, Bunt- und Bleistift, Anspitzer und Radiergummi. Aber auch das ordnungsgemäße Ablegen von losen Blättern in einer Mappe und der respektvolle Umgang mit Heften und Büchern sind von großer Bedeutung.

Die Kinder sollten bereits einige Buchstaben kennen, da dies den Einstieg in den Schriftspracherwerb erleichtert. Denn: Ein Kind, welches als Neuling im Schulalltag gewisse notwendige Basiskompetenzen schon mitbringt, macht es nicht nur der Lehrkraft, sondern auch sich selbst eindeutig leichter, es erlebt diese neue Situation mit wesentlich weniger negativen Gefühlen und ist in seinem Tun selbstbewusster.

Eine der wichtigsten Bedingungen aber ist das Wohlbefinden des Kindes. Ein erfahrener Erwachsener, der mitmacht und erklärt, aber auch zuhört und begutachtet, hilft Kindern, ihre Erkundungen zu vertiefen. Wenn sich Erwachsene ihren Sprösslingen zuwenden, bekommen diese also genau das, was sie brauchen. Man muss mit seinem Kind zu Hause sprechen und es darauf vorbereiten, wie es sein wird unter vielen mit nur einer Lehrperson, damit es sich auf diese Situation einstellen kann. Erwachsene neigen vielfach dazu, Kinder zu unterschätzen, ihnen zu viel Hilfe an den falschen Stellen anzubieten oder gar aufzudrängen und somit die Energiequellen der Kinder vorzeitig einzugrenzen; hier ist also Feingefühl gefragt.

Kinder wollen wissen, was man von ihnen erwartet, was genau ihre Aufgabe ist und wie eine Umsetzung erfolgen könnte. Sie wollen höchstens Hilfestellungen, um anschließend das Erwartete selbstständig erfüllen zu können. Wenn sie während des Unterrichts etwas einmal nicht verstehen, fühlen sie sich schnell überfordert, desorientiert und verlieren die Lust, sich weiterhin im Unterricht zu bemühen. Das Beispiel anderer Kinder, welche mit derselben Situation oder Aufgabe souverän umgehen, kann zur Nachahmung ermuntern, aber auch entmutigen. Lehrkräfte sollten sich deshalb stets bewusst machen, was alles gelernt werden muss, bevor man mühelos lesen und schreiben kann, und sich immer wieder die vielen kleinen Einzelleistungen ins Gedächtnis rufen, welche man als Erwachsener schon fast vergessen hat. Lehrkräfte (und auch Eltern) müssen demzufolge immer unterstützend wirken, Einfühlungsvermögen zeigen und dürfen nicht demotivieren. Gerade kleine Kinder haben die Motivation, etwas zu lernen und zu erfahren. Diese kommt von innen und ist nicht auf ein bestimmtes Ziel gerichtet. Kinder wollen die Welt erfahren, entdecken und verstehen, sie lassen sich demnach auch schnell wieder begeistern.

Wichtiger als die kognitiven Lernfähigkeiten sind allerdings die sozialen Kompetenzen: Die soziale Integration eines Kindes, seine Freundschaften zu anderen Kindern, aber auch die Beziehung zu den Lehrkräften spielen eine sehr bedeutende Rolle, wenn es darum geht, den Übergang positiv zu erleben. Wenn ein Kind in der Schule sozial integriert ist, wenn es also soziale Bestätigung, Anerkennung für seine Lernfortschritte und Aufmerksamkeit für seine Interessen bekommt, dann hat dies einen deutlich positiven Einfluss auf die Übergangsbewältigung.

Viele Kinder möchten gern gemeinsam mit einem befreundeten Kind die erste Klasse besuchen. Dieser Strategie folgen auch viele Eltern, denn in der Fülle der neuen Eindrücke und Anforderungen haben die Kinder somit in der ersten Schulzeit einen vertrauten Bezugspunkt. Doch die Unterschiedlichkeit der Schulanfänger hat deutlich zugenommen, nicht nur durch eine Vielzahl von Kindern mit Migrationshintergrund, sondern auch durch die Alterszusammensetzung der Klassen, durch Schulversuche zur Flexibilisierung und die neuen Regelungen zur Vorverlegung des Schuleintrittsalters. Somit ist die Idee, mithilfe eines Freundes oder einer Freundin den Übergang zu erleichtern, zwar sinnvoll, aber keine Garantie, dass damit alles perfekt funktioniert, denn ein Schulkind zu werden kann von Kind zu Kind unterschiedlich lange dauern.

## Kinder für die Schule stärken – aber wie?

Ein Kind ist erst dann ein Schulkind, wenn es die Schule als selbstverständlichen Teil seines Lebens ansieht und in der Lage ist, die Angebote der Schule für seine kognitive, soziale und emotionale, aber auch für seine körperliche Entwicklung zu nutzen. Ziel ist es, den Übergang zwischen Kindergarten und Grundschule so zu gestalten, dass das Wohlbefinden der Kinder im Mittelpunkt steht und sie innere Sicherheit und emotionale Geborgenheit erfahren. Er sollte aber nicht zwingend bruchlos sein, sondern durchaus als Neubeginn angesehen werden; schließlich sollte jeder Lebensabschnitt einen klaren Anfang haben, welcher auch bewusst durchlebt werden darf. Der Übergangsprozess kann nicht auf das einzelne Kind beschränkt gesehen werden, sondern es muss stets der gesamte soziale Zusammenhang berücksichtigt werden, also Eltern, Kita-Fachkräfte und Grundschullehrkräfte. Sowohl die Familie als auch Kita und Schule haben die Aufgabe, das Kind zu erziehen und zu bilden. Die Frage ist folglich: Wie kann man gemeinsam Schulanfänger stärken?

Kita und Grundschule sollten ihre *Bildungsziele, Grundsätze und Prinzipien aufeinander abstimmen*. Dies ist ein wichtiger Baustein für einen erfolgreichen Übergang. Grundschule und Kita sollten daher versuchen eng zusammenzuarbeiten. Unterschiedliche altersgerechte Spiel- und Lernmethoden, die Kindergarten und Grundschule differenzieren, stehen dem nicht entgegen; die Bildungspläne der Kitas und die Rahmenpläne für Grundschulen haben inhaltlich vieles gemeinsam, wenn man sie näher betrachtet.

Außerdem ist es sehr wichtig, die *Eltern einzubeziehen*. Eltern kennen ihre Kinder meist am besten. Somit sollten sie bei Fragen der Gestaltung des Übergangs berücksichtigt und in ihren erzieherischen Kompetenzen gestärkt und unterstützt werden. Dadurch wird vieles anschaulicher, sie können aktiv mitwirken, ihre eigenen Ideen und Ratschläge mit einbringen. Da Eltern und Familien in Erziehungsfragen zunehmend verunsichert sind und sich überfordert fühlen, könnten Schulen aber auch Elternkompetenzkurse anbieten. Beispielsweise gibt es in einigen Kindertageseinrichtungen geeignete Kurse. Eltern und Familien können bei Bedarf auch an entsprechende Angebote der Familienbildung und -beratung vermittelt werden.

Eltern können besonders durch *persönliche (Rückmelde-)Gespräche* einbezogen werden. Es ist durchaus wichtig, mit Eltern über deren Vorstellungen, Sorgen und Hoffnungen zu sprechen, denn so lässt sich klären, welche Maßnahmen von elterlicher Seite zur Unterstützung des Kindes zweckmäßig sind und welche vielleicht eher unerwünschte Effekte haben könnten. Zudem lernt man sich so gegenseitig besser kennen und einzuschätzen. Die Eltern erfahren, warum der Kindergarten oder die Schule diese oder jene pädagogischen Ansätze als sinnvoll erachtet und warum z. B. andere Maßnahmen als nicht sinnvoll angesehen werden. Eine vertrauensvolle Gesprächsbasis zwischen Pädagogen und Eltern ist dabei der Schlüssel zur Entwicklungsförderung des einzelnen Kindes.

Es gibt aber noch weitere Möglichkeiten, um die Übergangsphase für die Kinder zu erleichtern. Eine davon ist der *Lehrerbesuch in der Kita*. Wenn eine Lehrkraft bereits vor der Einschulung in der Kita erscheint, haben die Kinder die Möglichkeit, sie schon frühzeitig kennenzulernen. Es kann von der Schule berichtet werden, wie es dort abläuft und was anders ist als in der Kita. Somit können einige Ängste der Kinder abgebaut und die Vorfreude auf die Schulzeit kann gesteigert werden.

Eine ähnliche Methode ist das sogenannte *Botschafter-Konzept*: Ein Schüler der Grundschule bringt zusammen mit einer Lehrkraft eine offizielle Einladung zum Besuch der Grundschule in die Kita und spielt dann mit den Kindergartenkindern oder liest ihnen etwas vor. Das stärkt das Vertrauen in die Großen und macht neugierig auf Schule. Im Gegenzug können die Kinder der Kita dann die Einladung wahrnehmen und die Schule besuchen. Dort schauen sie sich die Klassenräume an, lernen den Schulhof kennen und bekommen einen Einblick in die Schulbibliothek, was ebenfalls dazu beiträgt, Ängste und Beklemmungen zu mindern und diese in positive Vorerwartungen umzuwandeln. Es ist darüber hinaus auch möglich, einzelne Schüler, die sich mit einem Thema besonders gut auskennen, in die Kita zu schicken, um den Kindern dort als *Experte* beispielsweise etwas über Flugzeuge oder Dinosaurier beizubringen. Das kann mithilfe von Geschichten, Spielen oder Vorlesen geschehen.

*Schnupperstunden* sind eine weitere Option: Bereits vor der Einschulung findet etwa bereits im März für alle zur Einschulung anstehenden Kinder eine Art Probeunterricht in Spielform statt. Dabei leitet eine Grundschullehrkraft dieses ›Unterrichtsspiel‹ einer kleinen Gruppe von maximal sechs bis acht Kindern. Dies dient der Diagnostik hinsichtlich der Motorik sowie im sprachlichen, kognitiven, motivationalen und sozial-emotionalen Bereich. Weitere Lehrkräfte können gezielte Beobachtungen durchführen, während die Kinder ihren ersten Unterricht erleben, und es ist möglich, Aggressivität, Konzentrationsschwächen, Verhaltensauffälligkeiten oder Wahrnehmungsstörungen frühzeitig zu erkennen. Eine rechtzeitig erstellte Diagnose mit anschließender Auswertung und Elternberatung zur Schulvorbereitung ist von großem Vorteil, da zum einen genügend Zeit bleibt, über passende und ausreichende Fördermaßnahmen nachzudenken, und zum anderen bereits vorhandene Fähigkeiten und Lerninteressen dokumentiert werden können, um nach der Einschulung direkt an diese anzuknüpfen.

Auch *gemeinsame Projekttage* können ihren Teil zu einem gelungenen Übergang beitragen. Grundschul- und Kindergartenkinder durchlaufen an solchen gemeinsamen Projekttagen mit Themen wie etwa *Lernen* und *Bewegung* zusammen Stationen und erfüllen miteinander Aufgaben. Um eine Medaille zu bekommen, ist es notwendig, sich gegenseitig zu helfen und Hand in Hand etwas zu meistern.

## Praktische Anregungen und Hinweise für die Kita

- Fördern und stärken Sie Alltagskompetenzen und soziale Fähigkeiten der Kinder, dazu gehört die Fähigkeit und Bereitschaft,
  - sich selbst an- und auszukleiden,
  - zwischen Linien sauber zu malen,
  - aufmerksam zuzuhören,
  - Arbeiten mit anderen gemeinsam vorzubereiten und durchzuführen,
  - sich für etwas zu interessieren/sich auf etwas einzulassen,
  - bei Herausforderungen und Schwierigkeiten Ausdauer zu zeigen,
  - zu helfen und sich helfen zu lassen,
  - Verantwortung zu übernehmen,
  - sich in andere hineinzudenken und mitzufühlen,
  - gestellte Aufgaben angemessen auszuführen.

- Stärken Sie die Kompetenzen hinsichtlich des Schriftspracherwerbs und der Mathematik, dazu gehört:
  - Freude und Interesse an Geschichten und Büchern finden,
  - feinmotorisches Geschick zum Schreiben haben,
  - frei sprechen,
  - Gesprächsregeln anwenden können,
  - über den eigenen Sprachgebrauch nachdenken können,
  - Lautelemente in gesprochenen Worten erkennen können,
  - Reime erkennen und Laute heraushören,
  - Wörter in Silben gliedern können,
  - mengen- und zahlenbezogenes Wissen besitzen,
  - Gegenstände zählen/nach Merkmalen vergleichen, ordnen und klassifizieren.

- Beobachten und unterstützen Sie die Kinder zu jeder Zeit und wo Sie nur können. Zur Überprüfung der sozial-emotionalen Kompetenz für die Praxis in Kitas wurde beispielsweise das Beobachtungsverfahren *PERIK* (Positive Entwicklung und Resilienz im Kindergartenalltag) entwickelt. Dieses gibt anhand von sechs Beobachtungsfragen konkret und differenziert Aufschluss über die Entwicklung von Kontaktfähigkeit, Selbststeuerung/Rücksichtnahme, Selbstbehauptung, Stressregulierung, Aufgabenorientierung und Explorationsfreude. Fast alle Bundesländer haben Tests eingeführt, die entweder in Schulen oder in

Kindergärten mit vier- oder fünfjährigen Kindern durchgeführt werden und auf welche entsprechende Fördermaßnahmen folgen. Nutzen Sie solche und andere Verfahren, welche Ihnen Ihre Arbeit erleichtern und Sie sicherer machen hinsichtlich der pädagogischen Diagnostik.

- Nehmen Sie für Ihre Arbeit den für Ihr Bundesland geltenden Bildungsplan für Kitas zu Hilfe.
- Ein gelungener Wechsel von der Kindertageseinrichtung in die Grundschule stellt einen längeren Prozess dar. Mithilfe einer Bildungs- und Entwicklungsdokumentation können Sie diesen Prozess unterstützen – im Sinne einer individuell abgestimmten und fortlaufenden Dokumentation für jedes Kind durch die Kindertageseinrichtung. Diese sollte dann den Eltern und ggf. der Grundschule – nur mit Zustimmung der Eltern – bei der Einschulung ausgehändigt werden.

### Praktische Anregungen und Hinweise für die Familie

- Nicht nur das Kind wird ein Schulkind, auch seine Eltern werden *Eltern eines Schulkindes*. Daher sollten Sie versuchen, sich an Ihre eigene Kindheit zu erinnern, sich vorzustellen und zu verstehen, in welchen Situationen Ihr Kind sich allein zurechtfinden könnte, bei welchen Begebenheiten es sogar sinnvoll sein kann, wenn es sich selbst behaupten muss, und wann es einen Zuhörer braucht. Wissenschaftlichen Untersuchungen zufolge haben Eltern einen noch größeren Einfluss auf den Schulerfolg als die Kindertageseinrichtung und die Grundschule (Tietze/Rossbach/Grenner 2005). Interviews haben außerdem ergeben, dass viele Eltern erst relativ spät bemerken, dass eine Vielzahl von Anforderungen sie selbst ganz persönlich betreffen.
- *Überlegen Sie:* Wann braucht das Kind Ruhe, wann Ansporn und Kritik, wann Ermunterung, wann Trost und tatkräftige Unterstützung?
- *Helfen Sie:* Greifen Sie nicht vorschnell ein und bringen Sie Ihre Kinder damit um notwendige Erfahrungen, sondern geben Sie angemessene Hilfestellungen.
- *Üben Sie:* Sachgerechter Umgang mit Schulsachen wie Papier, Schere und Stiften ist wirklich wichtig. Zeigen Sie Ihrem Kind also den richtigen Umgang mit dem Handwerkszeug und üben Sie diesen. Am besten gemeinsam.

- *Beachten Sie:* Lehrkräfte sind keine Dienstleister, Unterrichten und Lehren keine Dienstleistungen. Wenn Sie das als Eltern verstehen und wissen, können Sie Ihrem Kind helfen, indem Sie ihm seinen Platz im Miteinander von klein auf verständlich machen.
- *Reden Sie:* Gespräche jeglicher Art, ob beiläufig oder verabredet, heftig oder sanft, angenehm oder lästig, über alte Erinnerungen oder neue Beobachtungen und Erkenntnisse können helfen, Probleme und vermeintliches Unrecht zu klären sowie Änderungen zu bewirken.
- Grundsätzlich zeigen sich Kinder als Schulkinder größtenteils reifer, ernsthafter, selbstständiger, vernünftiger und belastbarer als in ihrem häuslichen Umfeld. Ein Kind, welches seine eigenen Bedürfnisse auch einmal zurückstellen kann und die der anderen beachtet, hat es in der Schule deutlich leichter. Hat es obendrein gelernt, sich in ganz unterschiedlichen Situationen angemessen zu verhalten und nicht immer alle Vorteile und allen Raum für sich haben zu wollen, wird es sich auch in der neuen Klasse bald gut zurechtfinden.

**Praktische Anregungen und Hinweise für die Schule**

- Bieten Sie kostenlose Nachmittagsangebote zur Vertiefung der Lerninhalte an. An weiterführenden Schulen existieren bereits oft Ganztagsangebote, welche Kindern die Chance geben, quasi umsonst Nachhilfe in Problemfächern zu bekommen oder Sport zu treiben. Daran sollten sich auch Grundschulen orientieren und ihr Nachmittagsangebot – besonders auch für Schulanfänger – ausbauen. Solche Angebote entlasten arbeitende Eltern und fördern Kinder aus sozial schwachen oder nicht deutsch sprechenden Familien. Vor allem das Sozialverhalten verbessert sich dadurch, die Kinder finden schneller Freunde. Das stärkt das Selbstbewusstsein.
- Führen Sie ein Mentorenprogramm durch: Schulkinder aus den älteren Klassen stehen den neu eingeschulten Kindern in der Anfangszeit als Mentoren zur Verfügung, begleiten und unterstützen sie in allen schulischen Belangen. Davon haben beide etwas: Die Älteren tragen Verantwortung und zeigen, dass sie dieser gewachsen sind. Die Jüngeren fühlen sich aufgehoben und sicherer, wissen bei Fragen und Problemen gleich, an wen sie sich wenden können.

- Agieren Sie bewusst und lernen Sie, sich auch einmal zurückzuhalten. Die Lehrkraft ist ein Vorbild. Zuhören, erklären, beim Lernen zusehen, anlächeln, motivieren, Hergestelltes wertschätzen usw. sind daher besonders wichtig.
- Beachten Sie: Was bringen die Kinder an Vorwissen und Fähigkeiten bereits mit, welche Interessen haben sie und wie kann ihr Können und Wissen weiterentwickelt werden?
- Unterstützen Sie die Schüler dabei, sich im neuen sozialen Raum der Schulklasse zurechtzufinden, helfen Sie ihnen, ein Gefühl des Miteinanders aufzubauen, die Kooperation untereinander zu verbessern und so die Klassengemeinschaft zu stärken.
- Versuchen Sie für einige Handlungen im Klassengeschehen Routine zu entwickeln. Je weniger Ihre Schüler über sich wiederholende Abläufe wie Morgenkreis, Tafeldienst, Verhaltensregeln usw. nachdenken müssen, desto mehr Platz ist im Kopf für das eigentliche Lernen.
- Üben Sie jegliche Art von Regeln: ob zur Kommunikation, zum Verhalten bei Ausflügen bzw. Klassenfahrten oder im Unterricht. Erarbeiten und reflektieren Sie diese zusammen.
- Seien Sie konsequent: Setzen Sie Dinge, die vereinbart wurden, oder das, was gesagt bzw. besprochen wurde, auch um. Sie verlieren Ihre Glaubwürdigkeit, wenn Sie es nicht tun.
- Stecken Sie die Kinder mit Ihrer eigenen Lernfreude und Lebensneugier an.
- Begeistern Sie, indem Sie häufig motivieren und zum Lernen anregen. Entdeckendes und forschendes Lernen sind gute Möglichkeiten, Spaß und Können zu verbinden.
- Nehmen Sie Ihren Schülern den Leistungsdruck. Lassen Sie Ihre Schüler in Kinderschrift schreiben, fehlerfreie Erwachsenenschrift entwickelt sich mit der Zeit.
- Fördern Sie bei Ihren Schülern selbstständiges Lernen. Eigenständigkeit gibt sozialemotionale Sicherheit und dient dem Aufbau einer positiven Lernhaltung. Nicht zu unterschätzen ist dabei die Beratung und Rückmeldung durch die Lehrkraft.
- Verknüpfen Sie, soweit es möglich ist, Unterrichtsinhalte mit anderen Fächern. So erhalten die Kinder die Möglichkeit, sich Unterrichtsinhalte in Zusammenhängen einzuprägen.
- Akzeptieren Sie das Bedürfnis der Kinder nach Bewegung.
- Kooperieren Sie, sooft es geht, mit den Eltern und Kollegen aus den umliegenden Kitas.

# V

# Kinder in schwierigen Lebenslagen stärken

# Kinder in Scheidungs- und Trennungssituationen stärken

*Fabienne Nolte*

Allein im Jahr 2010 gaben sich laut Statistischem Bundesamt ca. 382.000 Paare das Ja-Wort. Zugleich wurden jedoch rund 187.000 Ehen wieder geschieden, (Statistisches Bundesamt). 145.146 minderjährige Kinder waren 2010 von der Scheidung der Eltern betroffen. Eltern, die ihren Kindern erklären müssen, dass alle Bemühungen, die Familie zusammenzuhalten, nicht funktioniert haben und dass sich »Mama und Papa trennen werden«, stehen sehr oft vor einem großen Scherbenhaufen, der sie mit Angst behaftet überlegen lässt, wie ihre Kinder darauf reagieren werden. Folgende Gedanken, die in dieser Situation völlig normal sind, können sich einstellen: Sind sie verzweifelt? Bangen sie möglicherweise um die Liebe der Eltern? Oder ziehen sie sich zurück und lassen den Schmerz nicht allzu nah an sich herankommen?

Eltern befinden sich nun in dem Konflikt, ihre eigene Trauer, Wut und Enttäuschung zurückstellen zu müssen, um das Bestmögliche für ihre Kinder und deren Seelenleben zu tun. Dies ist nicht immer einfach und kann mit diversen Problemen einhergehen. Meist zieht der Vater aus der gemeinsamen Wohnung oder dem gemeinsamen Haus aus und lässt Frau und Kinder zurück. Daher spricht man oft von dem Vater als dem abwesenden Elternteil. Nicht selten kommt es früher oder später zu emotionalen Spannungsverhältnissen, da eine Vielzahl von Veränderungen im psychischen, sozialen, finanziellen und beruflichen Bereich bevorsteht. Lebensweise, Gewohnheiten und Rollen von Eltern und Kindern ändern sich; die interpersonale Umwelt verhält sich den Eltern gegenüber anders (Textor 1991). Dabei ist zu beachten, dass die Trennung jeweils unterschiedlich ablaufen kann. Wurde ein Elternteil plötzlich verlassen, wird womöglich der gekränkte Stolz überwiegen. Anders wird es wahrscheinlich sein, wenn sich nach langer Zeit voller Diskussionen und Vorwürfen das Gefühl von Zufriedenheit und neu gewonnener Energie einstellt.

Eltern sind nun in der Position, trotz der Entscheidung, getrennte Wege zu gehen, gemeinsam und möglichst rational zu überdenken, wie es weitergehen soll. Dabei stehen unter anderem Fragen nach dem Sorgerecht, den Besuchszeiten und anderen Aspekten im Raum. Gerade in dieser Phase fällt es Eltern schwer, den eigenen Kummer so zu lenken, dass sie dabei ihre elterliche Verantwortung nicht vergessen. Denn Eltern bleiben Eltern, auch wenn sie als Paar auseinandergehen.

## Die Bedeutung von Trennung und Scheidung für Kinder

Kinder, die von Trennung und Scheidung der Eltern betroffen sind, reagieren sehr unterschiedlich auf die neue Situation. Nicht zuletzt ist dabei das Alter, aber auch das Geschlecht der Kinder ausschlaggebend und kann diverse Handlungsmuster favorisieren. Unterteilt man die Kinder in Altersstufen zwischen der Geburt und dem dritten Lebensjahr, so sind vor allem Säuglinge durch die bestehende körperliche Abhängigkeit sehr stark an die Mutter gebunden. Werden emotionale Schwankungen und Unzufriedenheit der Mutter auf das Kind übertragen, reagiert dieses mit übertriebener Anhänglichkeit an den verbleibenden Elternteil oder lässt sich nur sehr schwer beruhigen.

Bei älteren Kindern kann es zum Bettnässen kommen, außerdem können Ess- und Schlafstörungen entstehen, die möglicherweise durch Bestrafung und den Ärger der Eltern, welche sich nicht anders zu helfen wissen, verstärkt werden (Textor 1991). Durch die enge Bindung der Kinder an die Mutter wird der Vater – als der abwesende Elternteil – kaum wahrgenommen. Ein fundamentaler Grund dafür ist nicht, dass der Vater für ihre spätere Entwicklung keine Rolle spielt, sondern dass sich bei den Kindern noch keine Zeitvorstellung entwickelt hat. Es besteht ein unbewusstes Zeitgefühl, geprägt durch rhythmisch auftretende Körperempfindungen wie Hunger, Durst und Schlaf. Ein Kind nimmt aus diesem Grund zwar periodische Umweltereignisse (wie Tag/Nacht, fortgehen/wiederkehren) wahr, hat aber noch kein voll ausgeprägtes Zeitbewusstsein. Daraus lässt sich schließen, dass besonders kleine Kinder die Trennung der Eltern nicht so bewusst erleben wie ältere Kinder. Sie glauben, dass der abwesende Elternteil bald wieder zurückkommen wird (ebd.).

Kinder im Alter von drei bis sechs Jahren entwickeln nun ein allmähliches Verständnis für Zeit. Wochentage, Jahreszeiten und der Umgang mit zeitlichen Größen (Uhrzeit) werden interessanter und durch Spiele, z. B. im Kindergarten, können sie sich Details merken. Kinder dieses Alters verfallen oft in Schuldgefühle, da sie glauben, an der Trennung der Eltern beteiligt oder gar schuld zu sein.

Dies hängt mit dem sogenannten Egozentrismus zusammen, bei dem sich die Kinder als Mittelpunkt der Erde sehen und daher solche Ereignisse noch nicht distanziert betrachten können. Oft haben Kinder dann Angst, auch noch den anderen Elternteil zu verlieren. Sie sind wütend und liebend zugleich. Wütend darüber, dass der eine Elternteil nicht da ist – und auf der anderen Seite sehr liebend und anhänglich. Eltern sollten ihren Kindern vermitteln, dass es durchaus Situationen gibt, in denen beide Gefühle gleichzeitig existieren, und dass dies auch völlig legitim ist. Für die spätere Entwicklung sind die in Familien vorherrschenden Rollenmuster sehr wichtig. Fehlen wichtige Bezugspersonen, ist es für Kinder sehr schwer. Aus diesem Grund suchen sie viel Nähe und Geborgenheit, die sie sich durchaus auch woanders holen, z. B. bei den Großeltern oder im Kindergarten. Kinder, welche dies nicht zulassen können, da ihnen der Halt der eigenen Eltern fehlt, können aber auch in aggressive Verhaltensmuster verfallen, wodurch ihnen Aufmerksamkeit zuteilwird. In diesem Fall ist die Zusammenarbeit mit pädagogischem Fachpersonal ratsam und hilfreich.

Unterscheidet man nicht nur die altersspezifischen Reaktionsmuster, sondern schaut auch ganz gezielt auf die geschlechtsspezifischen, wird man feststellen, dass Jungen und Mädchen auf unterschiedliche Art und Weise mit Trennung und Scheidung der Eltern umgehen und darauf reagieren. Jungen sind in ihrem Verhalten meist auffälliger. Dies zeigt sich z. B. durch Ungehorsam, aggressive Ausbrüche, Lügen oder grenzüberschreitendes Verhalten. Das hat nicht zuletzt zur Folge, dass Jungen bzw. deren Eltern deutlich häufiger psychologische Beratungsstellen aufsuchen, um sich kompetente Ansprechpartner und Hilfe zu suchen. Doch woran kann dies liegen? In den meisten Fällen wirken Jungen mit ihrem auffälligen Verhalten störend. Ihnen wird also deutlich mehr Beachtung geschenkt. Gerade in einer solch schwierigen Situation sollten Eltern, Familienmitglieder, aber auch Pädagogen dieses aggressive Verhalten hinterfragen. Jungen verlieren ein Stück weit ihre männliche Bezugsperson, aber vor allem auch ihre männliche Identifikationsfigur, wenn der Vater die Familie verlässt. Ist der Familienzusammenhalt durch andere männliche Mitglieder (Großvater, Onkel usw.) gegeben, kann dieser Verlust meist kompensiert werden. Ist dies allerdings nicht der Fall, fehlt ein wichtiger Ansprechpartner und nicht zuletzt wird ein Junge dann schnell teilweise zum *Ersatzpartner* für die Mutter und trägt eine Verantwortung, die er in diesem Alter noch überhaupt nicht tragen kann bzw. sollte (Strobach 2002, S. 20).

Mädchen, die vergleichbare Situationen erleben, zeichnen sich eher durch sehr angepasstes Verhalten aus. Das heißt, sie nehmen sich zurück, um den Erwartungen der Bezugsperson gerecht zu werden. Dieser Rückzug bewirkt oft, dass sie sehr erwachsen und vernünftig wirken, als ob ihnen die Trennung kaum etwas ausmache, was wiederum im Gegensatz zum Verhalten der Jungen als weniger störend empfunden wird. Die weibliche Identifikationsfigur ist für den größten Teil der Mädchen weiterhin vorhanden, sodass sie sich anlehnen und sich wiederfinden können. Zu Problemen kann es dann kommen, wenn das heranwachsende Mädchen (aber auch ein Junge) später einmal eine Partnerschaft eingehen möchte und durch die Trennung der Eltern mit der Angst behaftet ist, erneut das Gleiche durchleben zu müssen (Strobach 2002, S. 20).

## Verschiedene Ansätze zur Unterstützung von Eltern und Kindern

Wenn Eltern sich zu einer Trennung entschließen, sind sie oft überfordert mit dem richtigen Umgang: »Wie sage ich es meinem Kind – oder meinen Kindern?« Eltern, die erste Tipps oder Ratschläge einholen möchten, können dies auch im Internet tun. Es gibt *Webseiten,* die es ermöglichen, durch eine Umkreissuche Hilfe vor Ort zu finden, um an kompetenter Stelle um Rat zu fragen. Dies gilt aber nicht nur für die Erwachsenen, sondern auch für Kinder: Ihnen stehen diverse kontrollierte Seiten zur Verfügung, um mit anderen Kindern zu sprechen, ihnen zu schreiben oder einfach in bestimmten Themenforen nach Antworten zu suchen – und diese im besten Fall auch zu erhalten. Das Angebot umfasst Einzel- bzw. Mailberatung, offene Sprechstunden bis hin zu Gruppenchats und ist in der Regel sowohl kostenlos wie auch anonym.

Da eine Trennung sehr oft mit Streitigkeiten verbunden ist, nehmen konstruktive gemeinsame Gespräche meist sehr stark ab oder enden mit Diskussionen und Streit. Da jedoch gerade in dieser Phase sehr viel Klärungsbedarf bezüglich des Sorgerechts, der Unterhaltszahlungen und anderer Streitfragen besteht und beide Elternteile nur das Beste für ihr Kind wollen, sind sie förmlich gezwungen, auf einen gemeinsamen Nenner zu gelangen. Wird der Austausch darüber zu einem Problem, könnte ein weiterer Ansatz notwendig werden, die sogenannte *Mediation.* Es handelt sich dabei im Grunde um die Leitung einer Reihe von Verhandlungen zwischen zwei Seiten durch einen neutralen, unparteiischen Dritten. Durch die Mediation werden Kommunikation, Kompromissbereitschaft, Fairness, Selbstverantwortung und Selbstachtung gefördert. Es werden Voraussetzungen für eine konstruktive

Zusammenarbeit zwischen den Trennungswilligen geschaffen. Das kann sich auf die Entwicklung vorhandener Kinder nur positiv auswirken (Textor o. J.). Mediatoren sind also Helfer, die in ihrer Vermittlerrolle als dritte Person agieren, um Eltern in bestimmten wichtigen Fragen zur Seite zu stehen. So haben Eltern die Möglichkeit, gemeinsam und konstruktiv an der ein Leben lang bestehenden und verantwortungsvollen Elternschaft lösungsorientiert zu arbeiten.

Kinder, deren Eltern sich getrennt haben, wissen aufgrund der neu entstandenen Situation sehr oft nicht, wohin mit den negativen Gefühlen der Wut, der Trauer und manchmal auch des Hasses. Ein weiteres Modell der Bewältigungshilfe stellt daher die sogenannte *Trennungsgruppe* für Kinder dar. Diese bietet die Möglichkeit zum gemeinsamen Austausch mit anderen Kindern und kann zu einer besseren Bewältigung der neuen Konstellation führen. Kinder, deren Eltern sich getrennt haben, glauben meist, sie seien die Einzigen, die mit diesem Schmerz, der Angst und Unsicherheit umgehen müssten. In einer Trennungsgruppe nehmen sie wahr, dass es vielen anderen Kindern genauso geht und diese auch mit problematischen Situationen konfrontiert sind. Ein Träger solcher Gruppen ist die *Caritas*, die diese Form von Bewältigungshilfe in vielen Städten für Kinder anbietet. Geleitet wird eine solche Gruppe von pädagogischem Fachpersonal (Diplompädagogen, Familientherapeuten, Psychologen) und jede Sitzung steht unter einem anderen Themenschwerpunkt, z. B.:

- Das bin ich!
- Was sind Gefühle?
- Wer gehört zu mir und meiner Familie?
- Lernen mit Abschied umzugehen

Alle Kinder, die Interesse an einer solchen Gruppe haben, teilen das gleiche Schicksal und werden gestützt durch das Vertrauen des Fachpersonals und der anderen Kinder. Jedoch ist auch hier die gemeinsame Arbeit mit den Eltern wichtig, die an dem Bewältigungsprozess aktiv teilnehmen sollten. Nicht zuletzt werden diese Gruppen auch von Beratungsstellen angeboten, die darüber hinaus auch *Einzelgespräche* für die Eltern oder jeweils für den Vater oder die Mutter allein anbieten. Darüber kann man sich in jeder Beratungsstelle informieren und sich Auskunft über die Vorgehensweise in solchen Sitzungen einholen. Oftmals werden die Gespräche zur gegebenen Zeit erweitert und die Kinder mit einbezogen, sodass alle Beteiligten zusammen an der Zukunft arbeiten können.

### Praktische Anregungen und Hinweise für die Kita

- Sie können Kindern in dieser schwierigen Situation zur Seite stehen, indem Sie immer ein offenes Ohr für sie haben und auch auf kleine Veränderungen achten. Stellen Sie sich als Vertrauensperson für Eltern und Kinder zur Verfügung.
- Kinder, die ihr Verhalten aufgrund der neuen Situation verändern, sollten von Ihnen besonders beachtet werden. Für Sie ist es wichtig, über neue Familiensituationen Bescheid zu wissen, um individuell darauf reagieren zu können.
- Es existieren (Bilder-)Bücher für Kinder, die die Thematik der Trennung der Eltern aufgreifen und zur Aufarbeitung beitragen können.
- Führen Sie interne Elternabende zu den Themen *Trennung und Scheidung* durch, wenn Sie merken, dass viele Eltern Ihrer Institution oder einer bestimmten Gruppe betroffen sind. Themen solcher Elternabende können sein: *Kinder in besonderen Lebenslagen (Scheidung) unterstützen; Kinder stärken; Eltern bleiben Eltern* usw.
- Auch Fachpersonal kann sich durch professionelle Hilfe im Umgang mit Scheidungsfamilien beraten und unterstützen lassen.
- Dabei kann das Einholen von diversen Informationen über Trennungs- und Scheidungskinder enorm hilfreich und erleichternd für Sie sein. Es gibt zahlreiche Fachbücher zur Thematik. Fragen Sie in Bibliotheken, Beratungsstellen oder aber bei Kollegen nach.
- Durch Ihr Interesse am Wohlergehen der Kinder helfen Sie nicht nur verunsicherten Eltern, sondern tragen zur gesunden Entwicklung und Stärkung der Kinder bei.

### Praktische Anregungen und Hinweise für die Familie

- Lassen Sie Ihr Kind Fragen stellen, sobald Sie merken, dass eine Unklarheit bezüglich der neuen Situation besteht. Stellt Ihr Kind Fragen, so sollten Sie diese kindgerecht beantworten, denn durch Geheimniskrämereien könnte die Verunsicherung des Kindes verstärkt werden.
- Veränderungen – aber auch, was weiterhin Bestand hat – sollten Sie gemeinsam mit Ihrem Kind besprechen. Dadurch können Missverständnisse gar nicht erst aufkommen bzw. aus dem Weg geräumt werden.
- Sie sollten Ihr Kind mit seinen Ängsten wahr- und ernst nehmen.

- Kinder sind keine Vermittler zwischen verhärteten Fronten, daher sollten Sie Ihrem Kind niemals das Gefühl geben, sich für eine Seite entscheiden zu müssen.
- Geben Sie Ihrer Tochter/Ihrem Sohn nie einen Grund dafür, an Ihrer Liebe zu zweifeln. Im Gegenteil: Zeigen Sie in einer solch schweren Situation besonders viel Zuneigung und versuchen Sie ein Gespür dafür zu entwickeln, wann Ihr Kind was in bestimmten Zyklen der Trennung braucht.
- Sie sollten Ihrem Kind deutlich vermitteln und immer wieder betonen, dass es nicht schuld an der bestehenden Situation ist.
- Sie als Eltern haben weiterhin Verantwortung zu tragen. Strukturieren Sie Ihren Alltag so gut wie möglich und schaffen Sie Ihrem Kind zumindest in diesem Bereich – bei der Aufrechterhaltung gewohnter Abläufe – ein Gefühl der Beständigkeit.
- Sobald Sie sich im Umgang mit Ihrem Kind und der neuen Situation unsicher sind, holen Sie sich professionellen Rat und Hilfe.
- Auch der Einbezug von weiteren Familienmitgliedern kann hilfreich für Sie sein, um dort Halt und Bestärkung zu finden. Der Rückhalt durch vertraute Personen wird Ihnen zusätzliche Kraft geben.
- Kinder haben das Recht, deutlich zum Ausdruck zu bringen, was ihre Ängste, Sorgen und Wünsche sind.
- Kinder haben aber auch das Recht und die Möglichkeit, professionelle Hilfe und professionellen Rat zu erhalten. Helfen Sie Ihren Kindern, solche Unterstützung zu finden.

# Arme Kinder stärken

*Daniela Schmitt*

Kinderarmut ist heutzutage keine Randerscheinung mehr. Im Vergleich zur Gesamtbevölkerung sind Kinder in der Bundesrepublik Deutschland überdurchschnittlich häufig von Armut betroffen: Laut Experten leben etwa 16,4 % der deutschen Minderjährigen unterhalb der Armutsgrenze (Deutsches Institut für Wirtschaftsforschung 2011). Das Armutsrisiko hängt stark davon ab, in welchem familiären Umfeld die Kinder leben. So nimmt das Risiko, unterhalb der Armutsschwelle aufzuwachsen, mit steigender Anzahl der Geschwisterkinder zu. Etwa ein Drittel aller armutsgefährdeten Kinder lebt bei einem alleinerziehenden Elternteil. Darüber hinaus besitzen Kinder mit direktem Migrationshintergrund ein Armutsrisiko von 26 % (BMFSFJ 2010, S. 56).

Zum Begriff *Armut* gibt es ein ganzes Spektrum verschiedenster Definitionen und Konzepte. In erster Linie ist oft die finanzielle bzw. materielle Armut gemeint. Der Europäische Rat hat Armut in der Mitte der 1980er Jahre wie folgt definiert:

> *Verarmte Personen sind Einzelpersonen, Familien und Personengruppen, die über so geringe (materielle, kulturelle und soziale) Mittel verfügen, dass sie von der Lebensweise ausgeschlossen sind, die in dem Mitgliedstaat, in dem sie leben, als Minimum annehmbar ist (zit. nach Strengmann-Kuhn/Hauser 2008, S. 142).*

Dementsprechend lebt in Deutschland ein Hausstand an der Armutsschwelle, wenn ihm weniger als 60 % des durchschnittlich gewichteten Haushaltseinkommens zur Verfügung steht. Eine Alleinerziehende mit einem Kind unter 14 Jahren wäre damit armutsgefährdet, wenn ihr Haushaltsnettoeinkommen unter 1.201 Euro liegt, ein Paar mit zwei Kindern bei einem Einkommen unter 1.940 Euro (BMFSFJ 2010, S. 54 f.).

Armut ist jedoch mehr als nur Einkommensarmut, sie ist vielschichtig. Für

Kinder stellt sie eine komplexe benachteiligende Lebenssituation dar. Sie kann sich auf die Grundversorgung, die geistige und körperliche Entwicklung, das Sozialverhalten und den Gesundheitszustand auswirken. Arme Kinder zeigen gegenüber nicht armen doppelt so häufig Auffälligkeiten in diesen Bereichen. Sie machen Erfahrungen des Ausgegrenztwerdens und erhalten oftmals nicht die Möglichkeit, ihre Potenziale zu entfalten. Zudem fehlt armen Kindern häufig ein intaktes Familienleben, das Zuneigung, Wärme und das Vermitteln von moralischen Werten beinhaltet. Das Aufwachsen der Kinder unter solch negativen Vorzeichen kann die Entwicklung deutlich beeinträchtigen und hat eine eingeschränkte Zukunftsperspektive zur Folge (Zander 2010b, S. 87 ff.).

**Folgen von Kinderarmut**

Die Folgen von Kinderarmut sind äußerst heterogen und können mit einer lebenslangen Benachteiligung einhergehen. Die Chancen des einzelnen Kindes, seine individuellen Anlagen auszubilden, werden enorm eingeschränkt. Grundsätzlich gilt: Je früher und länger die Kinder Armutssituationen ausgesetzt sind, desto tiefgreifender sind die Auswirkungen. Man sollte unterscheiden, ob die Armutssituation nur die finanzielle Lage betrifft oder ob eine sich über mehrere zentrale Lebensbereiche erstreckende Unterversorgung vorliegt. Neben der materiellen und finanziellen Knappheit kann Armut für Kinder einen schlechteren Gesundheitszustand, weniger Bewegung, weniger soziale Kontakte, weniger kulturelle Teilhabe und schlechtere Bildungschancen bedeuten. Bei solch einer multidimensionalen Unterversorgung besteht eine Gefährdung der kindlichen Entwicklung. Allerdings gilt zu beachten, dass nicht bei allen armen Kindern in derselben Art und Weise Benachteiligungen festgestellt werden. Die Folgen müssen weder jedes Kind betreffen noch bei allen gleich aussehen. Einige der Auswirkungen lassen sich dennoch eindeutig belegen.

Studien zeigen, dass die Grundversorgung der in Armut lebenden Kinder schlechter ist als bei den nicht unter Armut leidenden Kindern. Jedes zweite arme Kind weist Mängel bezüglich Kleidung, Wohnung, Spielzeug, Taschengeld, Mobilität und Nahrung auf. Zahlungen der Eltern für Essen oder Aktivitäten in der Kindertagesstätte erfolgen verspätet. In der Praxis ist es keine Seltenheit, dass Kinder die Einrichtungen hungrig, mit unangemessener Kleidung und unzureichend gepflegt besuchen. Die AWO-ISS-Studie (Holz u. a. 2006, S. 65 ff.) offenbart, dass 25,4 % der armen Kinder gegenüber 6,4 % der nicht armen Kinder Einschränkungen bezüglich des Essens hinnehmen müssen. 21,7 % erfahren gegenüber 4,3 % der nicht armen Kinder eine Benachteiligung in Bezug auf Kleidung. 56,6 % haben kein eigenes Zimmer und leben unter beengten Wohnverhältnissen. Ein Hort kann aufgrund des Geldmangels von 56,6 % gegenüber 18,8 % der nicht armen nicht besucht werden. Die fehlenden materiellen Möglichkeiten führen zwangsläufig zu eingeschränkten Erfahrungen im Sport- und Vereinsleben, bei Freizeitaktivitäten und im kulturellen Bereich. Die Entscheidungs- und Gestaltungsspielräume der Kinder sind somit deutlich begrenzt. Diese Spielräume sind jedoch sehr wichtig, da sie den Kindern Orientierung geben. Darüber hinaus werden Kompetenzen entwickelt und die Selbstbestimmung wird trainiert.

Der elterliche Umgang mit der prekären Lebenslage hat eine Vorbildfunktion für die Kinder, weil sich schon in frühen Jahren Bewältigungsformen und Orientierungen ausbilden. Die psychosozialen Folgen des Verhaltens der Eltern wirken auf die Kinder. Das Familienklima, der Erziehungsstil und die Eltern-Kind-Beziehung können unter der Armutssituation leiden. Schon im Kindergarten müssen die Erzieherinnen die Erfahrung machen, dass diese Kinder oft mit Süßigkeiten oder Fernsehen stillgehalten und belohnt werden. Der erhöhte Medienkonsum rückt in den Vordergrund, Gespräche innerhalb der Familie, das Vorlesen oder Spielen rücken in den Hintergrund. Viele dieser Eltern haben wenig Interesse am Kindergarten- oder Schulalltag der Kinder und besuchen kaum die Elternabende. Durch die alltäglichen Belastungen sind die Eltern nur bedingt fähig, ihren Kindern Zuwendung, Geborgenheit, Lob und Halt zu geben und einen geregelten Tagesablauf einzuhalten. Dies kann zu einer emotionalen Vernachlässigung führen.

Auch im direkten sozialen Umfeld spielen Ausgrenzung und Stigmatisierung eine zentrale Rolle. Arme Kinder sind häufiger Einzelgänger und haben selten gute Freunde. Von Gleichaltrigen werden sie oft gehänselt und schikaniert. Wegen der finanziellen Not können viele Kinder ihren Geburtstag nicht groß feiern. Lediglich 30,4 % der armen Kinder gegenüber fast doppelt so vielen nicht armen Kindern können einen Verein besuchen. Schon im Kindergarten merken die Kinder schnell, dass sie nicht mithalten können und weniger beliebt sind. Dies kann bereits in den frühen Kindergartenjahren zu kontaktscheuem oder aggressivem Verhalten führen. Diese Kinder nehmen weniger aktiv am Gruppengeschehen teil, sind nicht so wissbegierig und äußern seltener ihre Wünsche. Sozial-emotionale Kompetenzen werden deshalb nur eingeschränkt ausgebildet. Häufiger Rückzug, Minderwertigkeitsgefühle, Hilflosigkeit, Traurigkeit, Verdrängung, die Neigung zur Resignation und geringes Vertrauen sind die Folge. Die Kinder sind nicht in der Lage, sich selbst durch soziale Ressourcen zu entlasten, und entwickeln ein unsicheres Selbstbild. All diese Faktoren können jedoch Lernprozesse, die Identitätsbildung und das Selbstwertgefühl in außerordentlicher Weise beeinträchtigen (Holz u. a. 2006, S. 65 ff.).

Daneben zeigen sich auch im Bereich der Gesundheit schlechtere Ergebnisse. Vorsorgeuntersuchungen und Impfungen werden von Armen im Vergleich zu nicht Armen seltener wahrgenommen. Eine höhere postnatale Säuglingssterblichkeit ist festzustellen. Die oftmals unregelmäßige und einseitige Ernährung liefert ebenfalls ihren Beitrag. Bekanntlich wird der Grundstein für ein gesundes Leben bereits im Kindes- und Jugendalter gelegt. Gesundheitliche Störungen, die in diesen Entwicklungsphasen auftreten, ziehen sich somit durch das gesamte Leben. Einschulungsuntersuchungen bestätigen Entwicklungsverzögerungen, die in Sprach- und Stimmstörungen, emotionalen und sozialen Defiziten, Wahrnehmungs- und psychomotorischen Störungen, intellektuellen Verzögerungen sowie psychischen Auffälligkeiten zum Ausdruck kommen. Viele Kinder verbringen einen Großteil des Tages vor dem Fernseher. Dies steht in engem Zusammenhang mit dem konstatierten Bewegungsmangel und bringt motorische Entwicklungsverzögerungen sowie hyperaktives Verhalten mit sich. Ein erhöhter Kariesbefall, Gewichtsprobleme, Herzfehler und chronische Krankheiten wie Asthma, Bronchitis oder Diabetes mellitus kommen bei armen Kinder ebenfalls häufiger vor als bei nicht armen Kindern. So fallen diese Kinder in Kindergärten vermehrt als über- oder untergewichtig auf.

Ein weiterer Sektor, in dem die Kinder deutliche Einschränkungen spüren, ist die Bildung. Die Bildungschancen nehmen bei Armut deutlich ab. Schon im Kindergartenalter zeigen sich im Vergleich zu nicht armen Kindern Auffälligkeiten in der kognitiven Entwicklung. Kinder aus armen Familien haben in der Regel weniger Ausdauer und sind in ihrem Sprach- und Ausdrucksvermögen eingeschränkt. Aufgrund des anregungsarmen Elternhauses werden sie weniger gefördert und besitzen kaum Bücher. Im Vorschulalter lassen sich zunehmende Unruhe, Konzentrationsschwierigkeiten und motorische Defizite feststellen. So werden beim Übergang in die Grundschule arme Kinder gegenüber nicht armen eher zurückgestellt. Auf der anderen Seite kommt es aber auch häufig zu Früheinschulungen. Eine Begründung dafür könnte sein, dass der Schulbesuch den Eltern billiger erscheint als der kostenpflichtige Kindergarten. Auch in der Grundschule setzt sich diese Entwicklung meist fort. Es kommt beispielsweise vermehrt zu Klassenwiederholungen. Das Risiko sitzen zu bleiben steigt mit anhaltender Armutsdauer.

Auch die Durchschnittsnoten sind, außer im Fach Sport, grundsätzlich schlechter als bei nicht armen Kindern. Laut der AWO-ISS-Studie haben arme Eltern ein deutlich geringeres Bildungsniveau. Die Kinder erfahren von den Eltern somit wenig Unterstützung und Förderung während ihrer schulischen Laufbahn. Der Übergang auf das Gymnasium gelingt armen Kindern weitaus seltener als nicht armen Kindern.

Die Wahrscheinlichkeit, dass arme Kinder in einen Teufelskreis geraten, der sich von Generation zu Generation fortsetzt, ist groß. Jedoch können Kinder trotz Armut gesund und glücklich aufwachsen oder es schaffen, sich aus einer benachteiligten Situation zu befreien, was Untersuchungen belegen. Aus diesem Grund ist es wichtig, die Faktoren zu kennen, die diese Kinder in einer solch prekären Lebenslage schützen. Beeinflusst wird die frühkindliche Entwicklung von persönlichen, familiären, aber auch außerfamiliären Erfahrungen. Das heißt, der unmittelbare Lebensraum, Förderangebote, Kindergarten und Schule können Auswirkungen auf die Ressourcen der Kinder haben (BMAS 2008, S. 98 ff.; Holz u. a. 2006, S. 78 ff.; Zander 2010b).

## Wie kann man arme Kinder stärken?

Vor dem Hintergrund der großen Anzahl von Kindern, die in prekären Lebenslagen aufwachsen, und der möglichen Entwicklungsstörungen und Defizite, die daraus resultieren können, kommt den möglichen Schutzfaktoren und Hilfestellungen eine zentrale Rolle zu. Die Fähigkeit, schwierige Situationen, psychologische, psychosoziale und biologische Entwicklungsrisiken zu bewältigen, nennt man Resilienz. Resiliente Kinder verfügen über eine seelische Widerstandskraft, die es ihnen ermöglicht, Krisen und Widrigkeiten des Lebens zu überstehen. Arme Kinder sollten nicht vor jeder Belastung und jedem Hindernis geschützt werden, aber ebenso wenig allein gelassen oder überfordert werden. Die innere Festigkeit, die Anpassungsfähigkeit und die seelische Widerstandskraft gilt es zu stärken. Letztere ist zu einem großen Teil nicht angeboren, sondern kann erlernt werden. Den Ansatzpunkt der Resilienzförderung bildet jedoch nicht die Armut selbst, denn gegen Armut können Kinder nicht ›abgehärtet‹ werden. Eine auf Resilienz ausgerichtete Erziehung legt großen Wert auf die Stärken des einzelnen Kindes.

Die folgenden persönlichen Fähigkeiten sollten bei Kindern in Armutslagen aktiviert und gefördert werden: In erster Linie müssten Eltern und pädagogische

Fachkräfte darauf hinarbeiten, dass die Kinder eine positive Einstellung sich selbst gegenüber entwickeln. Sie müssen erkennen, dass es Wege und Auswege gibt. Des Weiteren wäre es nötig, flexibles, kreatives Handeln und die Fähigkeit zur Reflexion zu erlernen. Die Kinder sollten außerdem dazu befähigt werden, ihre eigenen Stärken und Schwächen zu erkennen und realistisch einzuschätzen. Bei all dem sollte es gelingen, den Kindern bewusst zu machen, dass sie ihr Leben selbst gestalten können, aber auch für sich und ihr Handeln die Verantwortung übernehmen müssen. Lernen sie, an sich zu glauben, können sie sich auch schwierigen Herausforderungen stellen und diese meistern.

Wenn stabile Familienverhältnisse fehlen, kann die soziale Unterstützung durch Pädagogen positiv auf die Kinder wirken. Es ist vonnöten, soziale Netzwerke aufzubauen, weil den Kindern dadurch die Möglichkeit geboten wird, über ihre Probleme zu sprechen, sich geborgen zu fühlen und die bestehenden Schwächen zu überwinden. Bezugspersonen und feste emotionale Beziehungen begünstigen also den Aufbau von Resilienz. Deshalb sind auch Institutionen oder Orte erforderlich, die über die ursprünglichen Netzwerke wie Kindergarten, Vorschule, Grundschule und Vereine hinausreichen (Teschner 2008, S. 42; Jaede 2007, S. 9 ff.).

## Praxisbeispiele zur Stärkung von armen Kindern

Genau an dieser Stelle, mit der Förderung eines positiven Familienklimas, guter sozialer Netzwerke und mit der Stärkung von Erziehungskompetenzen, setzt das Programm *Opstapje – Schritt für Schritt* an. Im Unterschied zu anderen Förderprogrammen richtet sich dieses in den Niederlanden entwickelte Spiel- und Lernprogramm bewusst an sozial benachteiligte Familien. Dabei werden geschulte Laien aus dem direkten soziokulturellen Milieu der betroffenen Familien zum Einsatz gebracht. Die Laien fungieren als Hausbesucher und werden von einer sozialpädagogischen Fachkraft betreut. Daneben werden vierzehntägige Gruppentreffen abgehalten. Ergebnisse einer Untersuchung des DJI (Deutsches Jugendinstitut) belegen bei Kindern, die durch solche Hausbesuche betreut wurden, eine zentrale Verbesserung der Verhaltensentwicklung, der motorischen und kognitiven Entwicklung, der Emotionsregulation und der Spielfähigkeit (Sann/Thrum 2005, S. 9 ff.).

Ein weiteres Praxisbeispiel zur Stärkung der in Armut lebenden Kinder ist die *Arche Christliches Kinder- und Jugendwerk e. V.* Sie wurde 1995 von Bernd Siggelkow in Berlin gegründet. Finanziert wird die Arbeit zu 100 % über Spendengelder. Inzwischen gibt es deutschlandweit sechs Standorte der Arche, Tendenz steigend. Das Ziel der Arche ist es, mit viel Aufmerksamkeit, präventiver Kinder- und Jugendarbeit, kostenlosen, vollwertigen, warmen Mahlzeiten sowie individueller Förderung und Nachhilfe gegen bestehende Defizite der Armut anzukämpfen. Der Verein versucht, die Kinder von der Straße zu holen und wieder in das öffentliche Bewusstsein der Menschen zu stellen. Die Kinder benötigen Bestätigung, um ihr Selbstvertrauen zu entwickeln und auszubauen, sowie das Gefühl, gemocht zu werden und wichtig zu sein. Bei der Nachhilfe steht ein ehrenamtliches Team zur Verfügung, das den Kindern ohne Leistungsdruck das Lernen spielerisch beibringen soll. Auch die Gesundheitsförderung wird unter Punkten wie *Zahnpflege*, *gesunde Ernährung* und *Drogenprävention* thematisiert und gemeinsam besprochen. Durch eine Vielzahl von Projekten sollen die Kinder von übermäßigem Fernseh- und Computerkonsum abgehalten werden. Die Förderung von gesundheitsbewusstem Handeln, von Lebenskompetenzen, Selbstverantwortung und Selbstbestimmung steht im Vordergrund. Die individuelle Unterstützung durch *Paten* macht es einigen Kindern möglich, Abstand vom alltäglichen Leben zu gewinnen und in den Urlaub zu fahren. Es finden Camps, Bungalowfreizeiten und Trekking-Adventures in den Ferien statt.

In der Bepanthen-Kinderarmutsstudie *Spielräume sozial benachteiligter Kinder* wurden 200 Kinder der Arche Berlin und der Arche Hamburg im Alter von sechs bis dreizehn Jahren befragt. Die Ergebnisse zeigen, dass die Arche von der Hälfte der Kinder jeden Tag besucht wird. Sie stellt für die Kinder einen wichtigen Ort für bildende Freizeitangebote, Freundschaften, Betreuung und Verlässlichkeit dar. Außerdem bietet sie Raum für Bildungsprozesse und verbessert dadurch die Chancen auf gesellschaftliche Teilhabe. Für manche Kinder ist die Arche ein Rückzugsort, für andere ein Ort, an dem sie zusätzliche Fürsorge und Wertschätzung seitens der pädagogischen Fachkräfte erfahren oder ein sozialer Treffpunkt. Alles in allem macht diese Studie deutlich, dass die einzelnen Kinder die Armut höchst unterschiedlich erleben können. Diese heterogenen, individuellen Erfahrungen der Kinder sollten bei der Festlegung von Maßnahmen gegen die Kinderarmut berücksichtigt werden. So gelingt es, Armut nicht nur aus einem Blickwinkel zu sehen (Bayer Vital GmbH 2009, S. 9 ff.).

**Praktische Anregungen und Hinweise für die Kita**

- Nicht Wegschauen, Aburteilen, Ablehnung und abwertende Kritik bewirken positive Veränderungen. Wahrnehmen, Verstehen und Verständnis führen zu Wertschätzung. Diese wiederum motiviert und spornt an. Nur damit kann es gelingen, Familien aus ihrer vermeintlich ausweglosen Situation und Isolation herauszuhelfen. Eine konkrete Förderung der Kinder muss hierbei mit aktiver Hilfe für die Eltern bzw. Familien einhergehen.
- Beobachten Sie die Kinder und achten Sie auf Alarmzeichen wie Hunger, mangelnde Körperhygiene oder unangepasste Kleidung. Schrecken Sie bei einem Verdacht nicht davor zurück, die Eltern darauf anzusprechen.
- Durch die Stärkung der Elternkompetenz können auch die Kinder Stärke entwickeln. Sprechen Sie Ihre Bedenken gegenüber den betroffenen Familien also offen aus und seien Sie in allen Fragen vermittelnd und beratend tätig. Geben Sie den Eltern in Gesprächen Hoffnung, Mut, Sinn und Optimismus. Ein regelmäßiger Austausch über die Entwicklungsschritte und Probleme des Kindes ist wichtig, um zu erkennen, ob weitere Unterstützungsangebote nötig sind. Beziehen Sie die Eltern und Kinder in Ihre Arbeit mit ein. So wird den Eltern die beiderseitige Verantwortung aufgezeigt und sie erkennen ihre eigene Selbstwirksamkeit.
- Arbeiten Sie aktiv mit anderen Institutionen wie Gesundheitsamt, Beratungsstellen, Jugendamt, Tagesmüttern, sozialpädagogischer Familienhilfe, Therapeuten und Schulen zusammen, um eine umfassende Förderung zu erreichen. Weitere Kooperationen mit Bildungs- und Kultureinrichtungen, wie Musikschulen, Museen oder dem Theater, lassen die Kinder am gesellschaftlichen Leben partizipieren, ermöglichen größeres Wissen sowie neue Interessen und Hobbys.
- In Brennpunktbezirken wirken Eltern-Kind-Zentren unterstützend bei einer sinnvollen Freizeitgestaltung. Auch in Kitas können flexible Öffnungszeiten und andere Unterstützungsleistungen den Familien eine weitere Hilfe sein. Von diesen Hilfestellungen für die Eltern profitieren die Kinder. Doch reicht dies nicht aus. Eine individuelle Förderung in den Erziehungseinrichtungen ist unumgänglich.
- Bieten Sie den Kindern ein anregungsreiches Umfeld und fördern Sie die Entwicklung der Kinder in den unterschiedlichsten Bereichen, wie Sprache, Bewegung, Wahrnehmung und Lebenskompetenz. Als Erzieherinnen sollten Sie erkennen, ob eine zusätzliche Unterstützung durch Logopäden, Ergotherapeuten oder auch Heilpädagogen erforderlich ist.

- Stärken Sie das kindliche Ich, indem Sie den Kindern helfen, spezifische Fähigkeiten, soziale Kompetenz, soziale Beziehungen, effektive Bewältigungsstrategien, Verantwortung, Selbstwirksamkeit und Ziele zu entwickeln. Versuchen Sie besondere Fähigkeiten und Stärken der Kinder zu erkennen.
- Da auch die Gesundheitsförderung gerade für finanziell arme Kinder sehr wichtig ist, wäre es gut, kostenloses gesundes Essen und zusätzliche Kleidung anbieten zu können.
- Vergessen Sie bei all dem aber nicht Ihre eigene Vorbildfunktion. Bedenken Sie, wie Sie auf die Kinder wirken und bringen Sie ihnen eine wertschätzende Haltung entgegen.

### Praktische Anregungen und Hinweise für die Familie

- Auch wenn Sie finanziell gesehen arm sind, können Sie Ihr Kind für das Leben stark machen. Zwar fehlt es Ihnen an Geld, aber Zeit, Liebe und Zuwendung kosten nichts.
- Verbringen Sie Zeit mit Ihrem Kind und unternehmen Sie gemeinsam als Familie etwas. Das kann ein Spaziergang durch den Wald sein, das Vorlesen einer Geschichte und vieles mehr. Durch solche Aktivitäten und die Aufmerksamkeit und Zuneigung, die Sie Ihrem Kind dabei vermitteln, fühlt es sich wertgeschätzt und entwickelt ein positives Bild von sich selbst.
- Ständige Kritik, Desinteresse und Ablehnung wirken sich dagegen negativ auf Ihr Kind aus. Denn es braucht liebe- und verständnisvolle Zuwendung und Wertschätzung. Nur wenn diese menschlichen Grundbedürfnisse erfüllt sind, kann Ihr Kind seelisch stabil werden.
- Schenken Sie Ihrem Kind für seine Leistungen und seine Anstrengungsbereitschaft Lob und Anerkennung. Dadurch erhält es Motivation und das Selbstbewusstsein wird gestärkt. Materielle Belohnungen oder sonstige Vergünstigungen sollten nur mit Bedacht eingesetzt werden. Ansonsten könnte dies z. B. dazu führen, dass die Kinder nur dann bereit sind ihr Zimmer aufzuräumen, wenn sie dafür Süßigkeiten erhalten.
- Sprechen Sie mit dem Kind über Ihre und seine Gefühle. Dadurch entsteht Vertrauen und es lernt, mit seinen Emotionen umzugehen und dass es keine Schwäche ist, Gefühle zu haben und diese zu zeigen.

- Achten Sie auf die Gesundheit Ihrer Tochter oder Ihres Sohnes, indem Sie Arzttermine einhalten, auf gründliches Zähneputzen Wert legen, für ausreichende Bewegung sorgen und sich über eine gesunde Ernährung informieren. Auch mit wenig Geld ist es möglich, gesund zu leben und sich vollwertig zu ernähren.
- Verschaffen Sie Ihrem Kind Zugang zu Bildung und Wissen. Sie vermeiden einen Außenseiterstatus, wenn Ihr Kind mit Freunden spielen darf oder seinen Geburtstag feiern kann. Auch dies muss nicht teuer sein und kann bei gutem Wetter im Freien stattfinden. Einem Verein beizutreten oder eine öffentliche Bibliothek zu besuchen, wären weitere Möglichkeiten, Ausgrenzungen einzuschränken und Bildungsgelegenheiten zu schaffen.
- Behalten Sie immer im Bewusstsein, dass Sie Ihrem Kind als Modell dienen. Das heißt, Sie sollten Ihrem Kind vorleben, wie man Armut positiv bewältigen kann. Finden Sie sich nicht tatenlos mit Ihrer Situation ab. Unternehmen Sie etwas, suchen Sie nach Arbeit, verzagen Sie nicht und betrachten Sie Misserfolge als Herausforderung. Bieten Sie Ihrem Kind einen strukturierten Tagesablauf. Nur starke Eltern machen Kinder stark.
- Arm zu sein, ist keine Schande. Nur wenn Sie offen mit dem Thema Armut umgehen, vermeiden Sie soziale Isolation. Erkundigen Sie sich, welche Hilfen, Betreuungs- und Beratungsangebote zur Verfügung stehen, und nutzen Sie diese.
- Arbeiten Sie mit den Erzieherinnen vertrauensvoll zum Wohle Ihres Kindes zusammen. Gehen Sie bei Problemen oder Erziehungsfragen auf diese zu. Seien Sie offen und schämen Sie sich nicht, die Erzieherinnen anzusprechen, wenn Ihnen z. B. Gummistiefel für einen Ausflug fehlen.

# Kinder beim Umgang mit dem Thema Tod stärken

*Lisa Graser*

Der Tod gehört zum Leben und doch wird er von vielen Menschen verdrängt. Gerade gegenüber Kindern versucht man vermeintlich schwer begreifbare Themen wie *Tod* zu vermeiden, um sie damit nicht zu belasten. Doch diese Einstellung kann die kindliche Entwicklung hemmen und eben dadurch diffuse Ängste erst entstehen lassen. Die sich hier stellende Frage lautet: Tut dieses Verhalten den Kindern wirklich gut? Können wir Kinder vor etwas schützen, indem wir es verheimlichen? Festzustellen ist, dass Kinder durch eine entwicklungsgerechte Heranführung an das Thema Tod deutlich weniger Ängste aufbauen und so besser vor emotionalen Einbrüchen bewahrt werden können. Der beste Zeitpunkt, um mit Kindern über Themen wie Sterben, Tod und Trauer ins Gespräch zu kommen, ist immer dann, wenn die Kinder selbst danach fragen oder das Thema nicht akut und somit brisant ist.

Jeder Mensch kommt mit natürlichen Emotionen auf die Welt. Dazu gehören die Angst, beispielsweise vor einem Fall aus großer Höhe; die Trauer, ausgelöst durch Verluste; der Zorn als Selbstschutz; die Eifersucht, als Motivation und Antrieb für die Entwicklung; schließlich die bedingungslose Liebe, ausgedrückt unter anderem durch Selbstvertrauen und die Liebe zu sich selbst, aber auch durch das Festlegen von Grenzen (Kübler-Ross 2008, S. 85 ff.). Unzählige Erwachsene stützen ihr Leben auf weitere und, laut Kübler-Ross, unnatürliche Ängste, welche sie dann unbewusst an ihre Kinder weitervermitteln. Dazu gehören z. B. Angst vor der Meinung anderer, Angst vor Niederlagen, Angst vor dem Altern und natürlich Angst vor dem Tod.

Junge Kinder haben diese Ängste der Erwachsenen noch nicht in demselben Ausmaß und daher ist es wichtig, sie auf existenzielle Ereignisse des Lebens, wozu auch Tod und Sterben gehören, vorzubereiten. Kinder sind von Natur aus neugierig und haben Interesse an diesen von Erwachsenen mit Angst besetzten, tabuisierten und gemiedenen Themen.

Dennoch ist es wichtig, sich bewusst zu machen, dass es für Kinder nicht einfach ist, den Tod zu begreifen, wenn das Thema tabuisiert wird. Sie müssen ein Verständnis für die Zeit entwickeln, um Erklärungen wie »Oma ist für immer tot« erfassen zu können. Außerdem spielt die Allgemeingültigkeit des Todes eine wichtige Rolle, denn Kinder sind sich oft nicht bewusst, dass ausnahmslos jeder Mensch einmal sterben muss. Auch die körperliche Vergänglichkeit ist für kleine Kinder etwas Unverständliches. Diese Zusammenhänge und Besonderheiten sollten sich Erwachsene vor Augen halten, bevor sie mit Kindern über das Thema Tod sprechen.

## Die Bedeutung des Todes im Erleben von Kindern

Vorschulkinder setzen sich auf ihre ganz eigene Art und Weise mit dem Leben und dem Sterben auseinander. Sie erkennen selten von Beginn an, was für ein Ausmaß an Folgefragen die Beschäftigung mit dem Tod mit sich bringen kann. Viele Erwachsene befürchten, dass sie Kindern falsche Antworten geben oder sie überfordern könnten. Aber Kinder sind in der Lage, die gewonnenen Antworten zu filtern, Unverständliches zu ignorieren und bei Bedarf eine zweite Meinung einzuholen. Angeregt durch bestimmte Ereignisse oder die Beschäftigung mit dem eigenen Leben, stellen sie den Erwachsenen ihrer Umgebung Interessensfragen. Dabei steht der Drang nach Antworten deutlich mehr im Vordergrund als die Angst, selbst sterben zu müssen.

Im Alltag können sie zu jeder Zeit mit dem Tod konfrontiert werden, z. B. durch ein überfahrenes Tier auf der Straße oder ein Vogelbaby, das aus seinem Nest gefallen ist. Zudem wird das Thema *Sterben* auch in den von Kindern immer häufiger genutzten Neuen Medien behandelt. Hier scheint allerdings häufig der reale Bezug zu fehlen, und dadurch wird ihnen ein verfälschtes Bild vermittelt. Auch in vielen Kinderbüchern und in Märchen werden Themen wie Tod und Sterben aufgegriffen. Erwachsene und vor allem Eltern sollten erkennen, dass es wichtig ist, ihre Kinder auch auf ein solches Lebensereignis vorzubereiten und sie zu informieren, um Ängste einfühlsam zu thematisieren (Ennulat 2009, S. 18 f.).

Je nach ihrem Alter verstehen Kinder unter Tod immer wieder etwas anderes und deshalb soll hier aufgezeigt werden, wie sich die Vorstellungen vom Sterben mit zunehmendem Alter verändern und wie sich diese begründen lassen (Finger 2008, S. 133 ff.).

### Von der Geburt bis zum dritten Lebensjahr

In diesem Alter spielt der tatsächliche Tod der Mutter eine entscheidende Rolle und beeinflusst die weitere Entwicklung des Säuglings. Auch beim Tod von Vater, Geschwistern oder anderen nahestehenden Personen der Umgebung spürt das Kind eine Veränderung und negative Einflüsse der Umwelt (ebd.). Bedingt durch das noch nicht vorhandene Zeitgefühl kann auch eine zeitlich begrenzte Trennung von der Mutter einen Säugling in Angst versetzen und Trauer auslösen. Eine Todesnachricht kann in diesem Alter kaum durch sprachliche Erklärungen erfasst werden, jedoch ist die Angst der Säuglinge, verlassen zu werden, existenziell. Bei längeren Trennungen kann dann aus einer Protestphase sogar Gleichgültigkeit entstehen und das Kind gibt die Hoffnung auf ein Wiedersehen auf (ebd.).

### Drei bis sechs Jahre

Kinder dieser Altersgruppe kennen bereits das Wort *Tod*, scheinen jedoch die eigentliche Bedeutung und Konsequenz noch nicht vollständig, d.h. in unserem erwachsenen Sinne, erfassen zu können. Für manche von ihnen bedeutet *tot sein* so etwas wie fortgehen oder schlafen, da sie noch eine Rückkehr des Verstorbenen erwarten. Diese Kinder sind noch nicht in der Lage zu begreifen, dass der Tod endgültig ist, und haben die Ansicht, man könne sich vor dem Tod verstecken. Oft fallen bei Kindern dieser Altersgruppe Sätze wie: »Du sollst tot sein!« Solche Aussagen können Hinweise darauf sein, dass sich Kinder spielerisch mit der Thematik auseinandersetzen. Da die Kinder noch kein vollständiges Konzept vom Tod haben, meinen sie damit eher: »Du sollst jetzt mal vorübergehend verschwinden.«

Ihnen ist bewusst, dass Tote sich nicht mehr bewegen können, sie sind allerdings der Auffassung, dass Verstorbene noch spüren können, also ein reduziertes Leben oder eine andere Form des Lebens führen. Vorschulkinder gehen häufig davon aus, dass der Tod nur die anderen, vor allem alte und böse Menschen treffen kann, sich selbst und ihnen nahestehende Personen schließen sie weitgehend davon aus. Dies beruht auf dem sogenannten magischen Denken, denn Kinder verstehen sich in diesem Alter noch selbst als Mittelpunkt des Lebens und sehen somit den Ursprung aller Geschehnisse in der eigenen Person. Bei einem Todesfall in der Familie oder im nahen Umfeld bezieht ein drei- bis sechsjähriges Kind die Ursache für das Unglück deshalb schnell auf sich selbst und entwickelt Schuldgefühle (ebd.).

## Kinder im Umgang mit Trauer und Verlust

Wie gehen Kinder jedoch mit Situationen der Trauer um? Wie reagieren sie bei der Konfrontation mit dem Tod in ihrer nahen Umgebung? Sicher ist in jedem Fall, dass jedes Kind dabei seinen individuellen Weg der Trauer in seinem eigenen Tempo geht. Aufgabe der Erwachsenen ist es, den gewählten Weg des Kindes anzuerkennen und es bei der Bewältigung zu unterstützen. Nicht selten lassen sich einander ähnliche Versuche zur Bewältigung der Trauer erkennen, welche hier nun nach Phasen geordnet vorgestellt werden sollen (Specht-Tomann/Tropper 2000, S. 37 ff.). Dabei ist es wichtig zu beachten, dass man niemals davon ausgehen kann, dass trauernde Kinder all diese Phasen in genau dieser Reihenfolge durchlaufen werden. Dieses Modell dient lediglich als Orientierung für die Erwachsenen, um sich die verschiedenen Prozesse von Trauer erklären zu können.

### Phase 1: Das Nicht-wahrhaben-Wollen

In dieser Phase verweigern sich die trauernden Kinder allem, was um sie herum geschieht. Damit werden auch zu erwartende, typische Verhaltensmuster, wie weinen, nicht eingehalten. Störungen des Ess- oder Schlafverhaltens können Begleiterscheinungen sein. Regressionen in frühkindliche Entwicklungsstadien (z. B. Einnässen, Einkoten, wieder Schnuller/Fläschchen haben oder bei den Eltern im Bett schlafen wollen) erwecken den Eindruck, dass trauernde Kinder in ihrer eigenen Welt verharren und die Überforderung allein nicht bewältigen können. Dieses Verhalten des Rückzuges dient dem eigenen Schutz des Kindes vor der unwirklich erscheinenden Realität, die es noch nicht fassen kann. Das Kind braucht die begleitende Unterstützung eines Erwachsenen.

### Phase 2: Aufbrechende Emotionen

Hier zeigt sich ein deutlicher Ausbruch von Emotionen, verbunden mit Scham, persönlicher Kränkung und Schuldgefühlen. Diese Gefühle teilen die Kinder in lautstarken Protesten mit, und vereinzelt werden sie dabei auch handgreiflich. Durch den unerträglichen Außendruck, entstanden durch die plötzliche Konfrontation mit dem Tod, erfährt das Kind eine innerliche Überforderung, welche sich durch Aggressionen gegen andere oder sogar sich selbst äußert. Hat das Kind anfangs seine Emotionen (unbewusst) zurückgehalten, um den Schmerz und die eigene

Trauer nicht fühlen zu müssen, so sind die nun hervorbrechenden Emotionen ein deutliches Zeichen dafür, dass sich die Trauer ihren Weg in das Bewusstsein bahnt. Die schmerzliche Verlusterfahrung wird jetzt vor allem gefühlsmäßig er- und durchlebt: Das Kind gesteht sich seine Betroffenheit ein und muss den Verlust deshalb nicht länger (ver-)leugnen. Diese Phase ist gewiss Schwerstarbeit für Körper, Geist und Seele.

**Phase 3: Suchen und Sich-Trennen**

In dieser Phase zeigen die Kinder einen auffälligen Ideenreichtum, um den Toten wieder ›zum Leben zu erwecken‹. Dabei geht es vor allem darum, dass das Kind seine Beziehung zum Verstorbenen klärt, indem es sich mit der Situation aktiv auseinandersetzt. Vor allem junge Kinder suchen nach dem Verstorbenen, oftmals an den Orten, wo er im Leben anzutreffen war. Sie nehmen ›Kontakt‹ zum Verstorbenen auf und erzählen glaubhaft, dass sie beispielsweise jeden Abend mit dem verstorbenen Papa telefonieren oder sich mit ihm treffen. Dahinter steckt die Sehnsucht des Kindes, dem Verstorbenen nahe zu sein. Wenn Kinder erfahren, dass der Tod weder kontrollierbar noch reversibel ist, kann es sein, dass sie in eine Art Resignation verfallen. Dies kann auch mit Gefühlen der Einsamkeit und Schwäche einhergehen, welche sich durch die zunehmende Identifikation mit dem Verstorbenen jedoch zu Dankbarkeit und Annahme wandeln können. Für Kinder kann es zudem von Vorteil sein, Erinnerungsstücke wie Kleidung, Fotos oder andere persönliche Gegenstände des verlorenen Menschen aufzubewahren und bei Bedarf herbeizuholen. Dadurch wird die Erinnerung verstärkt, die Bindung zum Verstorbenen weiter aufrechterhalten und die Bewältigung der Trauer unterstützt.

**Phase 4: Neuer Selbst- und Weltbezug**

Der Beginn dieser Phase geschieht oft unbemerkt, da Kinder die Integration dieser schmerzlichen Erfahrungen in ihr eigenes Selbst nur schwer artikulieren können. Sie begreifen nun allmählich die Bedeutung des Todes und können die Zusammenhänge schrittweise akzeptieren. So verarbeiten die Kinder den Verlust und sind dann in der Lage, wieder neue Kontakte zu Außenstehenden in ihrer nahen Umgebung zu knüpfen. Ein vager Blick in die Zukunft lässt Lebensmut und neue Hoffnungen aufkommen. Gleichzeitig verabschieden sich die Kinder von ihren unrealistischen Wünschen und Vorstellungen, den Toten wieder zum Leben zu erwecken. Aufgrund dieser schmerzlich erfahrenen Grenzen, die das Leben setzt, sind die Kinder reifer und – was ihre Vorstellungen vom Tod anbelangt – erwachsener geworden.

### Kinder beim Umgang mit dem Thema unterstützen

Jede Art von Trauerbegleitung sollte im Vorfeld gut bedacht werden, um dem betroffenen Kind mit einer gewissen Distanz und angemessenem Feingefühl zu begegnen. Grundkenntnisse über die kindlichen Vorstellungen vom Tod und über die Trauerverarbeitung von Kindern sind daher sehr wichtig.

Immer wieder sollte man sich bewusst machen, dass jeder Einzelne auf seine Art Trauer empfindet und diese auch unterschiedlich nach außen getragen wird. Vor allem bei trauernden Kindern sind oft viele unterschiedliche Emotionen innerhalb kurzer Zeit zu beobachten, so schützen sie sich selbst vor einer Überforderung. Begleiter in dieser Situation sollten vor allem Geborgenheit und Ruhe ausstrahlen, um den Jungen und Mädchen den nötigen Halt zu geben. Zu Beginn der Trauerbegleitung sollte festgestellt werden, wem die Trauer gilt. Doch man kann eine Vermischung mit alten, möglicherweise noch nicht verarbeiteten Trauerereignissen nicht vermeiden, da akute Trauer immer auch nicht verarbeitete zurückliegende Verlusterfahrungen reaktiviert. Darauf muss man sich einstellen, wenn man Menschen in solchen Situationen begleiten möchte. Zudem ist wichtig zu erfahren, wer das trauernde Kind ist. Welche Beziehung hatte es zur verstorbenen Person? Stehen noch andere zu bewältigende Erlebnisse aus der Vergangenheit im Raum? Außerdem sollte die Situation des Verlustes genauer betrachtet werden. War das Kind auf den Todesfall vorbereitet? Konnte es sich verabschieden? Welche Folgen hat der Todesfall für das Kind?

Häufig ist es so, dass professionelle Hilfe von geschultem Personal nicht in Anspruch genommen wird. Trauerbegleiter stellen in erster Linie die Familie und die nahen Angehörigen dar. Da diese oft selbst von der Trauer betroffen sind, können sie sich nur schwer auf die Gefühle des Kindes einlassen und ihm den nötigen Halt geben (Specht-Tomann/Tropper 2000, S. 111 ff.).

## Sterben und Tod im Umfeld von Kindern

### Wenn Großeltern sterben

Großeltern spielen im Leben von Kindern eine ganz besondere Rolle, da die Beziehung zu ihnen zum einen wenig konfliktreich und zum anderen bedeutend für die Entwicklung einer Vorstellung vom Leben ist. Enkelkinder erfahren durch ihre Großeltern eine Kontinuität, die die Eltern in manchen Situationen (z. B. Scheidung) nicht bieten können. Zudem ist es unerlässlich, dass Kinder durch den Umgang mit alten Menschen auch den Umgang mit Krankheiten und Sterben erlernen. Nicht selten erscheinen Kinder wenig betroffen, wenn ein solcher Todesfall eintritt. Dies hängt einerseits von der Beziehung ab, die vor dem Tod zum Verstorbenen bestand, und andererseits beruht diese Reaktion darauf, dass das Sterben von alten Menschen zu den Vorstellungen kindlichen Denkens dazugehört. Wichtig ist, dass die Kinderfragen von Eltern oder anderen Personen aus ihrem Umfeld ehrlich beantwortet werden. Der Ausschluss von der gesamten Situation kann Ängste erst entstehen lassen und Unsicherheiten hervorrufen. Auch auf eine Beerdigung kann man Kinder durchaus mitnehmen, vorausgesetzt man lässt ihnen die Wahl und ist bereit, sie dabei aktiv zu begleiten. Auftauchende Fragen, wie »Wo ist Oma eigentlich jetzt?« sollten gemeinsam mit den Kindern beantwortet werden (Ennulat 2009, S. 35 ff.).

### Der Tod von Geschwistern

Der Verlust von Geschwistern ist ein besonders tragisches Erlebnis, nicht nur für die verbliebenen Kinder. Gerade für Eltern ist es schwer, ein Kind zu verlieren, sei es durch einen Unfall oder eine schwere Krankheit. Doch auffällig ist, dass die lebenden Kinder meist die Leidtragenden eines solchen Schicksalsschlages sind. Die Eltern widmen verständlicherweise ihre komplette Zeit, Aufmerksamkeit und Trauer dem kranken oder verstorbenen Kind. Doch wer erklärt den Geschwistern, was gerade geschieht? Wer hört ihnen zu, nimmt ihnen die Angst und hält an gewohnten Ritualen fest? Die trauernden Eltern sind dazu häufig nicht in der Lage und schließen die Geschwister oftmals von notwendigen Erklärungen und gemeinsamer Trauer aus. Auch andere Bezugspersonen wie Nachbarn, Erzieherinnen oder andere Familienmitglieder sind aufgefordert, das trauernde Kind zu unterstützen, Fragen ehrlich zu beantworten und Geborgenheit zu bieten. Schwer wird es außerdem, wenn das lebende Kind von Schuldgefühlen geplagt wird. Diese können auftreten, wenn beispielsweise Eifersucht gegenüber dem kranken Kind aufkam, als die Eltern diesem mehr Zeit und Liebe zu geben schienen. Das Kind vermutet dann, dass seine Eifersucht zum Tod des Geschwisterkindes geführt hat. Damit die Schuldgefühle die Trauer nicht unmöglich machen, kann es für Geschwister hilfreich sein, wenn sie an dem Schicksal des anderen beteiligt werden und ihm beiseitestehen dürfen. So lernen sie Abschied zu nehmen und Krankheit und Tod zu akzeptieren, indem sie etwas für ihr Geschwisterkind tun dürfen (Specht-Tomann/Tropper 2000, S. 119 ff.).

### Der Tod von Mutter und/oder Vater

Da Kinder ihre Eltern bedingungslos lieben, ist der Verlust von Mutter, Vater oder gar beiden Elternteilen für ihre weitere Entwicklung sehr schwerwiegend und bedeutsam. Beim Tod der Eltern werden dem Kind drei Aufgaben gestellt. Die erste besteht darin, die unmittelbare Veränderung durch den Verlust zu begreifen und zu akzeptieren. Als Zweites muss die Trauer um den geliebten Menschen bewältigt und verarbeitet werden, und anschließend ist es wichtig, dass die psychische und physische Entwicklung des Kindes ihre Fortsetzung findet. Wie lange diese Zeit der Verarbeitung andauert, ist ungewiss und bei jedem Menschen unterschiedlich.

Bei der Verarbeitung des Verlustes spielen das Alter und die Vorstellung, die die Kinder vom Tod haben, eine große Rolle. Je älter die Kinder sind, desto realistischer ist diese Vorstellung. Dadurch können sie das Ausmaß der Situation besser überblicken und umso tiefer und intensiver wird sich ihre Trauer auswirken. Ein zweijähriges Kind hingegen überschaut die Situation nicht im selben Maße und wird sich erstaunlich schnell an eine neue Person binden. Geht diese einfühlsam mit dem Kind um, so wird es sich gut weiterentwickeln. Häufig geschieht es dann, dass die verstorbene Mutter oder der verstorbene Vater idealisiert wird und sogar Züge von Heiligkeit zugeschrieben bekommt. Der Nachteil dabei ist, dass negative Gedanken und Gefühle auf den noch Lebenden übertragen werden können. Diese übermäßige Idealisierung und Überhöhung des Verstorbenen verhindert somit eine konstruktive Verarbeitung des Verlustes. In jeder weiteren Entwicklungsstufe wird das Kind den Verlust des Elternteils anders erleben und immer wieder neu verarbeiten müssen. Dabei ist die Unterstützung von außen, vor allem durch den verbliebenen Elternteil, von großer Wichtigkeit. Nur wenn das Kind lernt, mit seiner Trauer umzugehen und sie anzunehmen, bekommt es die Chance, sein Leben neu zu ordnen und sich gesund weiterzuentwickeln. Zu beachten ist dabei, dass die verwitwete Mutter oder der verwitwete Vater eine schwere Doppellast zu tragen hat – zum einen muss das normale Familienleben aufrechterhalten und für den Lebensunterhalt gesorgt werden. Zum anderen muss er/sie aber auch gleichzeitig seine/ihre eigene Trauer und den Schmerz verarbeiten, um dem Kind Ängste zu nehmen und gemeinsam mit ihm wieder stark zu werden (Specht-Tomann/Tropper 2000, S. 117 ff.).

**Der Tod eines vertrauten Tieres**

Bei dem Verlust des geliebten Haustieres zeigen Kinder deutlich ihren Schmerz. Diese Trauer muss den Kindern gestattet werden. Viele Eltern machen den Fehler, das Haustier einfach zu entsorgen und dem Kind ein scheinbar gleiches Exemplar zu präsentieren. Dadurch wird den Kindern der Abschied von ihrem toten Tier nicht erlaubt und so die bestehende Beziehung zwischen Tier und Kind von den Eltern missachtet. Anstatt das Kind zu schützen, erreichen Mutter und Vater lediglich, dass ihr Kind vor der Erfahrung der Trauer noch etwas verschont bleibt. Doch irgendwann muss sich jeder diesem Erlebnis stellen und einsehen, dass es Verluste und Tod im Leben gibt, die man nur durch Trauer verarbeiten kann. Im Gegensatz zur Verheimlichung des Todes könnte man stattdessen ein gemeinsames Abschiedsritual organisieren und so dem Kind die Möglichkeit geben, dem Tier noch ein letztes Mal etwas Gutes zu tun und sich angemessen zu verabschieden. Auch gemeinsame Gespräche und Antworten auf Fragen der Kinder können bei der Verarbeitung des Schmerzes sehr hilfreich sein (Franz 2008, S. 111 ff.).

**Praktische Anregungen und Hinweise für die Kita**

- Kindern Erfahrungen mit Themen wie Sterben, Tod und Trauer ermöglichen:
  - Sie sollten auch im Kindergarten offen mit dem Thema Tod umgehen und Fragen ehrlich beantworten.
  - Versuchen Sie das Thema Tod im Alltagsgeschehen zu thematisieren, da die Kinder auf diese Weise spätere Verluste (und sei es der Verlust eines Haustiers) besser verstehen und verkraften können.
  - Projekte zum Thema Tod sind sinnvoll, vorausgesetzt die Kinder beschäftigen sich momentan damit – besprechen Sie dies ruhig und sachlich mit den Eltern und erklären Sie die Wichtigkeit der Beschäftigung mit dem Tod für die Entwicklung von Kindern.
  - Besuchen Sie z. B. einen Friedhof, eine Neugeborenenstation oder ein Altenheim, um den Kindern das Leben in seiner Fülle zu vermitteln. Eine weitere Möglichkeit ist das Anfertigen von Familienstammbäumen oder die Pflege von Pflanzen (Wachstum und Veränderung beobachten).

- Kinder in ihrer akuten Trauer/Krise begleiten:
  - Machen Sie sich bewusst, dass auch Sie an Ihre Grenzen stoßen können, und stellen Sie sich auf schwierige Situationen ein.
  - Bei Todesfällen im Umfeld eines Kindes müssen auch Sie als Einrichtung reagieren – benachrichtigen Sie die anderen Eltern und richten Sie wenn möglich eine kleine Trauerecke ein.
  - Sprechen Sie ruhig und offen mit den anderen Kindern und geben Sie ihnen die Möglichkeit, etwas für das betroffene Kind zu tun – z. B. etwas zu basteln.
  - Zeigen Sie dem trauernden Kind, dass Sie über seine Situation informiert sind.
  - Versuchen Sie stets Geborgenheit und Sicherheit zu vermitteln und machen Sie deutlich, dass die Regeln im Kindergarten normalerweise für alle Kinder gelten, da alle eine Gemeinschaft bilden. Bei trauernden Kindern muss es aber auch Ausnahmen von der Regel geben.
  - Intensivieren Sie die bestehende Beziehung zum trauernden Kind und signalisieren Sie ihm dadurch: Ich bin für dich da, wenn du mich brauchst.
  - Behalten Sie das trauernde Kind und seine Verhaltensweisen und Reaktionen gut im Blick, um bei Bedarf intervenieren bzw. mit den Eltern Rücksprache halten zu können.

- Teilen Sie den Eltern des trauernden Kindes mit, dass Sie für ihr Kind im Kindergarten gut sorgen werden.
- Kindergeschichten, die Sterben, Krankheit und Tod thematisieren, sollten zum Alltagsrepertoire einer Kindergartengruppe gehören. Anders als in dem Märchenschlusssatz »[...] und wenn sie nicht gestorben sind, dann leben sie noch heute« wird in diesen Geschichten der Tod meist direkt thematisiert. Es gibt z. B. verschiedene Bilderbücher. Hier muss aber bei der Auswahl unterschieden werden zwischen Büchern, die nützlich sind, um mit Kindern über das Thema vorbereitend ins Gespräch zu kommen, und solchen, die sich für die Bewältigung einer akuten Krise eignen. Das Buch *Leb wohl, lieber Dachs* von Susan Varley ist in beiden Situationen einsetzbar.

### Praktische Anregungen und Hinweise für die Familie

- Versuchen Sie im Gespräch kindgerecht und aufrichtig zu sein.
- Mögliche eigene Ängste vor dem Tod sollten Sie hintenanstellen, um Ihrem Kind diese nicht unbewusst zu vermitteln. Seien Sie dennoch offen mit eigenen Gefühlen, um authentisch zu wirken.
- Wenn Sie auf manche Fragen keine Antwort wissen, sollten Sie nicht ausweichen, sondern gemeinsam mit dem Kind nach möglichen Antworten suchen und sich nicht scheuen, Ihre eigene Unwissenheit zu offenbaren.
- Beachten Sie stets, dass das Kind den Zeitpunkt für das Gespräch wählen sollte, und erläutern Sie nur so viel, wie das Kind auch wirklich wissen möchte – zu viele Informationen kann es nicht auf einmal verarbeiten.
- Die Übermittlung einer Todesnachricht sollte allerdings zeitnah geschehen, da das Kind ein Recht darauf hat zu erfahren, was geschehen ist.
- Seien Sie immer zunächst Zuhörer und Tröster.
- Dennoch sollten Sie bewusst Wörter wie *Tod* und *Sterben* benutzen und deutlich machen, dass ein toter Mensch nicht zurückkommen kann. Für junge Kinder ist es wichtig zu erfahren, was *tot sein* überhaupt bedeutet: Ein toter Mensch (oder ein totes Tier) kann nicht mehr fühlen, hören, sprechen, essen.

- Wiederkehrende Fragen verdeutlichen das Interesse der Kinder – versuchen Sie diese immer ruhig und sachlich zu beantworten und beachten Sie dabei die Unterscheidung zwischen Sach- und Gefühlsebene.
- Vertrösten Sie die Kinder nicht mit Sätzen wie: »Dazu bist du noch zu klein!«, das lässt sie mit ihren Vorstellungen allein und schützt lediglich den Erwachsenen vor einer ehrlichen und möglicherweise schwierigen Antwort.
- Machen Sie sich den Ausgangspunkt, der das Kind für dieses Thema interessiert hat, bewusst und versuchen Sie schon bestehendes Wissen und Erfahrungen des Kindes zu erfassen und ins Gespräch zu integrieren.
- Erklärungen und Antworten sind unumgänglich, denn wie soll ein Kind begreifen, dass der Tote erst gestern auf dem Friedhof war und heute im Himmel ist? Beachten Sie bei Gesprächen, dass diese für die jeweilige Alters- und Entwicklungsstufe angemessen sein sollen – Kleinkinder z. B. benötigen viel Zuneigung und die Sicherheit wiederholter Rituale; Kindergartenkinder haben eher einen forscherischen Drang, den Tod zu erfassen, und auch dieser sollte unterstützt, begleitet und zugelassen werden.
- Fördern Sie eine kreative Verarbeitung des Verlustes, z. B. durch das Malen eines Bildes, Aussuchen oder Herstellen von Grabschmuck, Auswahl des Sarges, der Totenkleider oder das Bemalen des Sarges.
- Wird von dem Kind der Wunsch geäußert, an der Beerdigung teilzunehmen, sollte dies von Ihnen unterstützt werden.
- Auch der spätere regelmäßige Besuch des Grabes kann dem Kind helfen und den Bezug zum Verstorbenen aufrechterhalten.
- Schaffen Sie jedoch genügend trauerfreien Raum im Alltag, um auch das Kindsein zu ermöglichen und die weitere Entwicklung nicht zu gefährden – dazu gehört z. B. der regelmäßige Kindergartenbesuch, Zusammenkünfte mit Freunden, Aktivitäten im Verein.
- Lassen Sie Erinnerungen zu und versuchen Sie nicht den Verstorbenen ›auszulöschen‹, indem Sie alle Fotos, Kleidungsstücke oder Gegenstände des Verstorbenen entfernen.

# VI

## Kinder gegen Gefährdungen stärken

# Kinder gegen Gewalt stärken

*Kathinka Beckmann*

Am 27.05.2011 konstatierte Jörg Ziercke, Präsident des Bundeskriminalamtes, auf der gemeinsamen Pressekonferenz der Deutschen Kinderhilfe und des Bundes deutscher Kriminalbeamter, dass in Deutschland an jedem zweiten Tag ein Kind aufgrund einer Gewalthandlung stirbt. Eine alarmierende Feststellung, die nicht nur Eltern und pädagogisches Fachpersonal schockierte. Politiker versprachen beim Kinderschutzgipfel im Dezember 2007, entschlossener und einheitlicher gegen Kindeswohlgefährdungen vorzugehen – die Bundeskanzlerin forderte eine Kultur des Hinsehens. Doch auch das 2012 in Kraft getretene neue Bundeskinderschutzgesetz installiert keine verbindlichen Kinderschutzkriterien im Sinne von einheitlichen Fach- und Diagnosestandards für die mehr als 600 Jugendämter und die Vielzahl der Einrichtungen in freier Trägerschaft.

Für den Jugendhilfesektor und insofern auch für das Arbeitsfeld der Kindertagesstätten bleibt damit der im § 8a SGB VIII formulierte Schutzauftrag handlungsleitend, der ab 2012 durch die Hausbesuchspflicht ergänzt wird. Für den Kita-Bereich lässt sich entsprechend der Gesetzeslage folgendes Prozedere ableiten: In der täglichen Arbeit mit dem Kind ist Aufmerksamkeit hinsichtlich möglicher Anhaltspunkte einer Gefährdung geboten, im Falle von Gefährdungsindikatoren eine Risikoabschätzung vorzunehmen und gegebenenfalls eine erfahrene Kinderschutzfachkraft hinzuzuziehen. Falls sich die Annahme einer drohenden oder schon vorliegenden Kindeswohlgefährdung erhärtet, muss die Einrichtungsleitung das Jugendamt einschalten. Im Folgenden werden Formen der von Erwachsenen ausgehenden Gewalt gegen Kinder skizziert, um danach Möglichkeiten zur Stärkung von Kindern bzw. ihrer Widerstandskraft aufzuzeigen.

## Häufigkeit und Formen von Gewalt gegen Kinder

Im Vergleich zu vielen anderen Ländern geht es Kindern in der Bundesrepublik Deutschland vor allem in materieller Hinsicht gut – nichtsdestotrotz wachsen viele mit Erfahrungen von Misshandlung, Missbrauch und Vernachlässigung auf. Die BKA-Statistik beziffert die Zahl der in Deutschland im Jahr 2010 infolge von Gewalt verstorbenen Kinder in der Altersgruppe bis 14 Jahre auf 183, was einen Anstieg um ca. 20 % im Vergleich zum Vorjahr bedeutet. 129 von diesen Kindern waren jünger als sechs Jahre. Täter sind im ersten Lebensjahr meist die Mütter, später sind es zusehends häufiger Männer, die Kindern Gewalt antun (BKA-Statistik, ausgewertet vom BDK 05/2011).

Die Zahl der aktenkundig gewordenen körperlichen Misshandlungen lag im Jahr 2010 bei 4367, was einen Anstieg im Vergleich zum Vorjahr um 7 % bedeutet. Von diesen 4367 Kindern waren 1842 jünger als sechs – mit anderen Worten: jede Woche erlitten 35 Kinder unter sechs Jahren so schwere körperliche Verletzungen, dass sie in Krankenhäusern o. Ä. registriert wurden (siehe ebd.).

Mit dem Begriff *physische Gewalterfahrung* oder auch *Kindesmisshandlung* sind im Allgemeinen »Gewalthandlungen gegen Kinder gemeint, die entweder körperliche Verletzungen (oder sogar den Tod) zur Folge haben oder/und im Kind existenzbedrohende Angstgefühle hervorrufen« (Faltermeier 1997, S. 552). Das Bundesministerium für Familien, Senioren, Frauen und Jugend definiert Misshandlung als ein aktives und absichtliches Handeln, das seelischen und körperlichen Schaden zufügt, wie beispielsweise Schläge, Stöße, Stiche und Verbrennungen (BMFSFJ 2001, S. 220).

Der 2001 veröffentlichte elfte Kinder- und Jugendbericht geht davon aus, dass in Deutschland die Hälfte bis zwei Drittel aller Eltern ihre Kinder körperlich bestrafen (ebd.). Mit dem Begriff der *psychischen Misshandlung* wird ein Verhalten beschrieben, das in den Kindern das Gefühl erzeugt, sie seien wertlos, fehlerhaft und nicht liebenswert – insbesondere diese Art von Gewalt kann zu schweren Störungen in der Persönlichkeitsentwicklung führen und sich in psychischen Erkrankungen manifestieren.

Unter dem mittlerweile sehr umstrittenen Begriff der *Verwahrlosung* wird vor allem die fehlende oder unzulängliche Zuwendung der Bezugspersonen zum Kind verstanden, die »bei diesem schwere seelische Schäden (emotionale Lücken) [hervorruft], die bedingen, dass der junge Mensch ein Mindestmaß an gesellschaftlichen Spielregeln nicht einzuhalten vermag« (Vent 1997, S. 1002). Darüber hinaus kann ein *Versorgungsdefizit* neben den genannten seelischen Schäden auch körperliche Beeinträchtigungen nach sich ziehen. Die Bandbreite erstreckt sich von mangelnder intellektueller Förderung, die in Pseudodebilität münden kann, bis zum Tod durch Verhungern (Faltermeier 1997, S. 552). Das Bundesfamilienministerium definiert Versorgungsdefizite physischer Art als mangelhafte Ernährung, Pflege und Versorgung, die zu schweren Gedeih- und Entwicklungsstörungen und im schlimmsten Fall zum Tod führen können (BMFSFJ 2001, S. 220). Unter Versorgungsdefiziten psychischer Art werden zu wenig Aufmerksamkeit und Zuwendung sowie fehlendes Verständnis für die kindlichen Bedürfnisse gefasst. Dies kann beim Kind ein mangelndes Selbstwertgefühl, eine schwache Bindungsfähigkeit sowie Stress- und Belastungssymptome verursachen. Ein Versorgungsdefizit liegt auch dann vor, wenn ein Kind nicht ausreichend vor Gefahren geschützt wird und erforderliche medizinische und/oder therapeutische Maßnahmen nicht veranlasst werden (ebd.). Insgesamt sind Kinder dann Versorgungsdefiziten ausgesetzt, wenn sie nicht die Erziehung, Förderung und Ausbildung erhalten, die sie für die Entwicklung von Lebenskompetenzen benötigen. Hieran zeigt sich, dass Gewalt am Kind nicht immer eine eindeutig zu identifizierende Tat sein muss, sondern manchmal gerade in der Verweigerung einer Handlung bestehen kann.

Die Zahl der registrierten Opfer *sexueller Gewalt* belief sich im Jahr 2010 auf 14.696. In der Altersgruppe bis sechs Jahre wurden 1.760 Opfer gezählt (BKA-Statistik, ausgewertet vom BDK 05/2011). Um den Aufgaben und Handlungsfeldern der Kinder- und Jugendhilfe Rechnung zu tragen, sollte eine Definition sexueller Gewalt vor allem operationalisierbar sein. Die Definition nach Bange und Deegener erscheint diesbezüglich am ehesten geeignet:

*Sexueller Missbrauch an Kindern ist jede sexuelle Handlung, die an oder vor einem Kind entweder gegen den Willen des Kindes vorgenommen wird oder der das Kind aufgrund körperlicher, psychischer, kognitiver oder sprachlicher Unterlegenheit nicht wissentlich zustimmen kann. Der Täter nutzt seine Macht- und Autoritätsposition aus, um seine eigenen Bedürfnisse auf Kosten des Kindes zu befriedigen (Bange/Deegener 1996, S. 105).*

## Wie man Kinder in Kindertageseinrichtungen gegen Gewalt stärken kann

Das Grundgesetz weist den Eltern in Artikel 6, Absatz 2, Satz 1 »das natürliche Recht« auf Pflege und Erziehung ihrer Kinder zu, wobei im Satz 2 der Staat zur Aufsicht über die Ausübung dieses Rechts verpflichtet wird. An dieser Stelle kommt es zu einer Verknüpfung von Elternrecht und staatlichem Wächteramt – zwischen diesen beiden Polen ist das Kindeswohl zu verorten (Bienemann u. a. 1995, S. 14).

Das Kindeswohl ist ein zentraler Begriff und Entscheidungsmaßstab im Rahmen des Familienrechts: Zum einen stellt es eine wichtige Rechtsnorm dar, zum anderen ist es ein unbestimmter Rechtsbegriff, der im Einzelfall konkretisiert werden muss. Einigkeit besteht lediglich darüber, dass jede Form von Gewalt das Kindeswohl gefährden kann. Vor diesem Hintergrund kann auch das im Juli 2000 verabschiedete Gesetz zur Ächtung von Gewalt in der Erziehung verstanden werden. In der Neufassung des § 1631 BGB wurde das kindliche Recht auf gewaltfreie Erziehung verankert: »Kinder haben ein Recht auf gewaltfreie Erziehung. Körperliche Bestrafungen, seelische Verletzungen und andere entwürdigende Maßnahmen sind unzulässig.«

Wie kann man nun im Arbeitsfeld Kindertagesstätte Kinder stärken, die Gewalt in ihrem eigenen Elternhaus erleben? Gewalt seitens derjenigen, denen sie qua Geburt anvertraut sind und die sie in den meisten Fällen trotz erlebter Grenzverletzungen lieben?

Ganz klar ist: Bei Vorliegen einer akuten Kindeswohlgefährdung (z. B. ein nicht versorgter offener Bruch) muss sofort gehandelt werden. Langwierige diplomatische Aushandlungsprozesse mit den Sorgeberechtigten sind in einer derartigen Situation nicht angebracht. Die Erzieherinnen in der Kita, in letzter Konsequenz die Leitung, müssen gemäß § 8a SBG VIII ihre Verantwortung wahrnehmen, das Jugendamt informieren und gegebenenfalls den Krankenwagen rufen. Die meisten Fälle sind allerdings nicht eindeutig und es fällt schwer, von einer akuten Kindeswohlgefährdung zu sprechen. Mittlerweile arbeiten viele Einrichtungen mit einem Einschätzungsbogen im *Ampelstil*, um genauer zwischen Gefahren- und Belastungssituationen zu unterscheiden:

| Einschätzung des Kindeswohls | A* | B** | G*** |
|---|---|---|---|
| Körperliche Entwicklungsbedürfnisse: Ernährung, Kleidung, Hygiene, Schlaf, Zärtlichkeit, Versorgung bei Krankheiten/ Verletzungen usw. | | | |
| Emotionale Entwicklungsbedürfnisse: Liebe, Wertschätzung, tragfähige Beziehungsmuster, Orientierung/Sicherheit usw. | | | |
| Soziale Entwicklungsbedürfnisse: Zugehörigkeit zu einer Gemeinschaft, soziale Anbindung an andere Kinder, vertrauensvolle Bezugsperson, Förderung der Autonomieentwicklung usw. | | | |
| Intellektuelle Entwicklungsbedürfnisse: altersgemäße Förderung, angemessenes Spielzeug, Unterstützung von Neugierverhalten/Interessen usw. | | | |
| Identitätsstützende Entwicklungsbedürfnisse: Akzeptanz und Wertschätzung der kindlichen Persönlichkeit, Vorhandensein von Vorbildern usw. | | | |

*ausreichend erfüllt, **Belastung, ***Gefährdung (angelehnt an *Gemeinsam das Kindeswohl schützen*, Hürther Kinderschutzkonzept 2011)

In der täglichen Arbeit kennen viele Mitarbeiter ein erstes ›komisches Gefühl‹. Tritt dieses auf, sollte mit einer aufmerksamen Beobachtung des Kindes begonnen werden.

Anzeichen für Belastungsfaktoren im Bereich der Versorgung können z. B. sein: extremes Bedürfnis nach Aufmerksamkeit, häufige Müdigkeit, faulende Zähne, der Witterung unangemessene Kleidung, häufiges Fehlen ohne Begründung, starkes Unter- oder Übergewicht.

Im Bereich der Misshandlung gibt es Auffälligkeiten wie sich wiederholende Verletzungsmuster oder das Kind ist selbst stark übergriffig gegen Kinder und/oder pädagogische Fachkräfte. Im Kontext des sexuellen Missbrauchs treten Verhaltensweisen auf wie sexualisierte Sprache mit Erwachsenenvokabular, sich vor anderen entblößen/präsentieren, sexualisierte Übergriffe auf andere Kinder. Häufig fallen Kinder, die Gewalt erfahren haben, die eine absolute Grenzverletzung des Körpers und/oder der Seele bedeutet, selbst durch grenzüberschreitendes Verhalten – von Distanzlosigkeit über Gewalt gegen Dritte bis hin zum Kontrollwahn – auf.

Die Signale, mit denen ein Kind versucht, seine Erfahrungen mitzuteilen, sind so verschieden wie die Kinder selbst. Es ist die Gesamtheit von Verhaltensänderungen und Auffälligkeiten, die Hinweise liefert, dass »etwas nicht stimmt«. Fest steht, dass jedes Kind Signale an seine Umwelt aussendet – die einen mittels lärmender Verhaltensweisen, die anderen mittels plötzlicher Sprachlosigkeit und wieder andere mit somatischen Beschwerden. Einige versuchen sogar, anderen Kindern oder den Erzieherinnen von ihren Erfahrungen zu berichten. An dieser Stelle offenbart sich das prinzipielle Problem von Kindern im Kindergartenalter: eine oft noch eingeschränkte Ausdrucksfähigkeit, die bei der Schilderung der Erlebnisse als unzureichend empfunden wird und die allzu oft vom Gegenüber nicht ernst genommen oder als Übertreibung wahrgenommen wird. Viele Kinder fürchten sich außerdem davor, bei einer Mitteilung selbst moralisch verurteilt zu werden. Sie denken, die Handlung durch ihr eigenes Verhalten provoziert zu haben. Andere wollen nicht die Intaktheit der eigenen Familie gefährden, die ihnen wichtiger ist als ihre eigene körperliche und seelische Unversehrtheit. Grundsätzlich ist zu beachten:

*Bei Verdacht auf Kindesmisshandlung jeglicher Art gilt es zunächst, überhaupt daran zu denken. Das bedeutet, dass bei einer Vielzahl unterschiedlichster Symptome und Konstellationen Misshandlung überhaupt als möglicher Verursacher in Erwägung zu ziehen ist (Herrmann 2001).*

In den letzten Jahren hat die Resilienzforschung herausgefunden, dass man durch die Nutzung sogenannter Schutzfaktoren die Auswirkungen einer Kindeswohlgefährdung abmildern oder sogar kompensieren kann. Schützende Faktoren lassen sich generell auf drei Ebenen finden: beim Kind selbst (ausgeglichenes Temperament, Kommunikationsfähigkeit, realistisches Selbstbild, Problemlösefähigkeit ...), bei der Familie (sichere Bindung an mindestens eine Bezugsperson, respektvoller Erziehungsstil ...) und im weiteren sozialen Umfeld (unterstützende erwachsene Person außerhalb der Familie, förderliche Freundschaften ...).

Findet die Gewalt innerhalb der Familie statt, sind Schutzfaktoren auf der zweiten Ebene eher unwahrscheinlich (denkbar wäre aber ein unterstützendes Geschwisterkind) – daher sollte sich die Kita auf die beiden verbleibenden Schutzfaktoren-Ebenen konzentrieren. Auf der individuellen Ebene kann mit der Förderung der Basiskompetenzen direkt beim Kind begonnen werden, auf der Beziehungsebene kann indirekt über die Interaktionsqualität von Erziehungspersonen die Widerstandsfähigkeit im Sinne der Resilienz gefördert werden (Wustmann 2004, S. 125).

Durch eine gezielte Resilienzförderung gewinnen Kinder an Selbstvertrauen. Ihr Selbstwertgefühl wird gesteigert und die Frustrationstoleranz vergrößert sich. Das Kind wird insgesamt aufgeschlossener und kontaktbereiter, was sich u. a. in einer

Zunahme der kognitiven und sprachlichen Fähigkeiten zeigt (Ritzmann/Wachtler 2008, S. 71). Vielleicht schöpft ein Kind durch dieses zielgerichtete Kontaktangebot auch so viel Vertrauen, dass es sich mit all seinen Sorgen und Nöten einer pädagogischen Fachkraft anvertraut.

Die Erzieherinnen sollten ein Bewusstsein dafür entwickeln, dass sie für die Kinder und ihre Fähigkeit zur Resilienz eine – wenn auch oft nicht unmittelbar zu erkennende – bedeutende Rolle spielen. Immerhin sind sie in einer der wichtigsten Phasen im Leben eines Menschen relevante Bezugspersonen. Wünschenswert wären insofern flächendeckende Fortbildungen zur Resilienzthematik. Wichtige Hinweise liefert auch das Buch von Corina Wustmann *Resilienz – Widerstandsfähigkeit von Kindern in Tageseinrichtungen fördern* (2004).

Eine gute Kita ist laut Ludwig Liegle eine Kita, in der *überhaupt* ein Konzept existiert, in der die Mitarbeiterinnen reflektiert handeln und in der sie wertschätzend und kindorientiert arbeiten (Liegle 2008, S. 117 ff.).

Fällt ein Kind im Rahmen der üblichen Entwicklungs- und Bildungsdokumentation oder auch im Zuge der Alltagsbeobachtungen auf, sollten die beteiligten Erzieherinnen sich ein möglichst umfangreiches und klares Bild von der Situation des Kindes machen: *Beobachtungen* (Sprachentwicklung, körperliches Befinden, äußeres Erscheinungsbild, Spielverhalten, Kontaktgestaltung zu Kindern/pädagogischen Fachkräften usw.) *schriftlich fixieren,* konkrete *Befürchtungen in Worte fassen* und sich über den *Grad der Dringlichkeit* Klarheit verschaffen.

Im Gegensatz zum Sachbearbeiter des Jugendamtes steht den Mitarbeitern im frühpädagogischen Bereich das Instrument des Hausbesuches nicht zur Verfügung – dennoch haben die Erzieherinnen einen fast täglichen Einblick in die Eltern-Kind-Interaktion: die Bring- und Abholsituation. Über diese kleinen Sequenzen lassen sich häusliche Bindungs- und Verhaltensstile ableiten und damit potenzielle Belastungsfaktoren identifizieren (Verweigerung des Blickkontakts, anhaltende erhöhte Reizbarkeit gegenüber dem Kind, Ignorieren kindlicher Signale, häufiges Zuspätkommen usw.). Daneben besteht die Möglichkeit zu Entwicklungsgesprächen/Elterngesprächen, in denen auch Informationen über die Eltern als Paar bzw. die Familiensituation (Trennung/Scheidung, berufliche Situation usw.) zugänglich werden.

Die Einschätzung der Frage, ob und inwieweit ein Kind Gewalterfahrungen ausgesetzt ist, ergo eine Kindeswohlgefährdung vorliegen könnte, ist eine sehr komplexe Aufgabe, die eine hohe Unsicherheit birgt (Alle 2010, S. 53). Die Risikoeinschätzung erfordert fundierte Sachkenntnisse und sollte – wie auch im § 8a

SGB VIII verankert – durch mehrere Fachkräfte im Dialog erfolgen. Insofern ist eine gute Pflege der Kontakte z. B. zur ortsansässigen Kinderschutzfachkraft oder Kinderschutzambulanz und natürlich zum Jugendamt unerlässlich.

### Bedeutung und Rolle der Eltern/Sorgeberechtigten

Nach Auskunft des Bundeskriminalamtes finden 85 % der Misshandlungen im häuslichen Umfeld statt. Daher soll hier vor allem die häusliche Gewalt im Mittelpunkt stehen. Was soll man Eltern raten, die ihren Kindern Gewalt antun? Eltern sollten ihren Kindern eigentlich Schutz, Liebe, Anerkennung, Geborgenheit und Sicherheit geben und vermitteln – die Kinder sind ihnen als Schutzbefohlene anvertraut. Erfahren Kinder von denjenigen Gewalt, denen sie am meisten vertrauen, dann wird es ihnen zeit ihres Lebens schwerfallen, Vertrauen in verlässliche Bindungen zu entwickeln: »Die Langzeitfolgen auf die kindliche Seele können verheerend sein« (Cierpka 2005, S. 8). In den meisten Fällen liegt der Tat eine Überforderungs- oder Belastungssituation aufseiten der Eltern zugrunde, die in einer oder mehreren Dimensionen auftritt:

1. Ökonomische Situation: Verlust der Arbeit, lang anhaltende Arbeitslosigkeit, Verschuldung usw.
2. Soziale Situation der Familie: schwieriges Wohnumfeld, unzureichende Infrastruktur, schwieriger Zugang zu helfenden Institutionen usw.
3. Familiäre Situation: Trennung/Scheidung, alleinerziehend, wenig Ressourcen im verwandtschaftlichen Umfeld, gewaltgeprägte Partnerschaft usw.
4. Persönliche Faktoren bei den Eltern: eigene Gewalterfahrungen, psychische Erkrankung, Sucht, sehr junges Alter, unerwünschte Schwangerschaft usw.
5. Faktoren beim Kind: Frühgeburt, geistige oder körperliche Behinderung, Schreibaby usw.

Die meisten Familien verfügen über genügend Ressourcen, um mit derlei Belastungen zurechtzukommen. Im Fokus der Pädagogen sollten die Eltern/Sorgeberechtigten stehen, bei denen die sogenannten gewaltregulierenden Kräfte versagen. Für eine Kita kann das zunächst einmal bedeuten, dass den Eltern Gesprächsangebote gemacht und Kontakte beispielsweise zur lokalen Erziehungsberatungsstelle hergestellt werden. Möglicherweise bietet die Kita (z. B. wenn sie den Status eines

Familienzentrums innehat) selbst einen Elternkurs an und es bestehen Schnittstellen zu weiterführenden Hilfsangeboten.

Den Eltern selbst kann man nur raten, sich bei akuten oder anhaltenden Überforderungssituationen Hilfe zu suchen bzw. sich auf angebotene Hilfsmaßnahmen einzulassen. Ein Buch wie *Die neue Elternschule* von Margot Sunderland (2007) kann hier ebenfalls sehr hilfreich sein.

Auch wenn in diesem Beitrag der Blick auf die häusliche Gewalt gerichtet ist, dürfen nicht ausschließlich die Eltern bzw. die Sorgeberechtigten für die Entstehung eben dieser verantwortlich gemacht werden: Jede Familie muss unter Betrachtung ihrer Einbettung in gesellschaftliche und politische Entwicklungen verstanden werden.

Unsere Zeit ist geprägt durch gesellschaftliche Phänomene wie unsichere Arbeitsverhältnisse, soziale Auflösungserscheinungen durch den Individualisierungs- und Mobilitätsdruck, schwindenden Einfluss der Sozialisationsinstanz Kirche, drohende Veränderungen durch den demografischen Wandel sowie Verunsicherungen im Normen- und Wertekatalog. Hinzu kommt noch der zunehmende Einfluss der sich rasant entwickelnden Medienwelt auf die persönlichen und gesellschaftlichen Befindlichkeiten.

**Praktische Anregungen und Hinweise für die Kita**

- Führen Sie in den Teamsitzungen das Instrument der *Fallbesprechung* ein.
- Besuchen Sie Fortbildungen oder laden Sie Experten (z. B. der ortsansässigen Kinderschutzambulanz) zu Themen wie Resilienz, Erkennen von Gewaltschädigungen, Kinderschutz usw. in die Kita ein.
- Pflegen Sie die Kooperation zu anderen Diensten und Einrichtungen (Erziehungsberatungsstelle, Kinderschutzfachkraft, Jugendamt, Polizei usw.).
- Laden Sie die Eltern des auffälligen Kindes zum Gespräch ein; klären Sie diese über die zur Verfügung stehenden Unterstützungsleistungen auf (sozialpädagogische Familienhilfe, flexible Erziehungshilfe, Erziehungsberatungsstelle usw.).
- Ermutigen Sie Kinder in der Wahrnehmung und Benennung eigener Gefühle; hilfreich können hier Bilderbücher sein, deren Bildsequenzen Kinder zum Erzählen anregen, z. B. *Gefühle sind wie Farben* von Aliki (1987).
- Kommunizieren Sie angemessen mit auffälligen, möglicherweise gefährdeten Kindern. Literaturtipp:»*Sag mir mal* ...« *Gesprächsführung mit Kindern* von Martine F. Delfos (2004).
- Stärken Sie ein auffälliges, möglicherweise belastetes Kind hinsichtlich:
  - seiner Kommunikations- und Konfliktlösungsfähigkeit,
  - seines Gefühls der Selbstwirksamkeit,
  - seiner Fähigkeit, Beziehungen aufzunehmen, zu gestalten und zu halten,
  - der Nutzung vorhandener körperlicher und geistiger Ressourcen.

- Zumindest eine pädagogische Fachkraft sollte:
  - dem auffälligen Kind ein verlässliches Beziehungsangebot machen,
  - es bei der Beziehungsgestaltung unterstützen,
  - Verselbstständigungsprozesse erkennen und fördern,
  - das Kind in seiner Eigen- und Fremdwahrnehmung begleiten,
  - es zu eigenen Leistungen anregen usw.

- Bei einer akuten Gefährdungssituation: Beraten Sie sich im Team und stimmen Sie ein planmäßiges Vorgehen entlang des § 8a SGB VIII ab.

### Praktische Anregungen und Hinweise für die Familie

- Holen Sie sich Hilfe, wenn Sie aufgrund Ihrer beruflichen, erzieherischen, gesundheitlichen Situation überfordert sind: Das Jugendhilfesystem kann und muss Ihnen eine Unterstützungsleistung anbieten; im Krankheitsfalle wenden Sie sich an Ihre Krankenkasse, die Ihnen z. B. eine Haushaltshilfe an die Seite stellt.
- Vermeiden Sie jede Form von Gewalt gegenüber Ihren Kindern: Denken Sie daran, dass man Kinder auch sprachlich, z. B. durch Beschimpfung oder Beleidigung, verletzen kann.
- Vermeiden Sie alles, was das Selbstbewusstsein Ihres Kindes schädigt, z. B. eine Herabwürdigung von Leistungen.
- Verschließen Sie nicht die Augen, wenn Sie von Gewalt im familiären Umfeld erfahren.
- Nehmen Sie sich Zeit, wenn Ihr Kind von Gewalterfahrungen außerhalb der Familie erzählt.
- Achten Sie auf die TV-Sendungen, die Ihr Kind sieht: In manchen gibt es Gewaltdarstellungen, die für Kinder unter sechs Jahren keinesfalls geeignet sind.
- Auch in der Partnerbeziehung sollte es keine Gewalt geben: Seien Sie ein Vorbild für Ihr Kind und lösen Sie Konflikte mit Ihrem Partner gewaltfrei.

# Kinder gegen sexuellen Missbrauch stärken

*Berit Wöhl*

Bei der Klärung der Frage, was sexueller Missbrauch ist, spielen subjektive Fakten eine große Rolle, z. B. die Empfindungen des Opfers, das Umfeld oder die Sicht des Täters. Zunächst bestimmt allerdings das Strafgesetzbuch, was man darunter versteht (Friedrich 2001, S. 11).

In § 176 (1) wird der sexuelle Missbrauch an Kindern folgendermaßen definiert: »Wer sexuelle Handlungen an einer Person unter vierzehn Jahren (Kind) vornimmt oder an sich von dem Kind vornehmen lässt, wird mit Freiheitsstrafe von sechs Monaten bis zu zehn Jahren bestraft« (StGB 2009, S. 97). Auch wer Kinder dazu drängt, Handlungen an einem Dritten durchzuführen, oder dazu beiträgt, dass der Dritte Handlungen an dem Kind vornimmt, muss mit einer Freiheitsstrafe in diesem Zeitumfang rechnen. § 174 (1) StGB, der sich mit dem sexuellen Missbrauch von Schutzbefohlenen befasst, sagt u. a. aus, dass jemand, der sexuelle Handlungen an unter 16-Jährigen ausführt, die ihm »zur Erziehung, zur Ausbildung oder zur Betreuung in der Lebensführung« anvertraut wurden, mit einer Freiheitsstrafe von drei Monaten bis zu fünf Jahren bestraft wird.

Bei den Definitionen von sexuellem Missbrauch wird zwischen engem und weitem Missbrauch unterschieden. Der Begriff *enger Missbrauch* bezeichnet die Handlungen, bei denen direkter körperlicher Kontakt zwischen dem Täter und dem Opfer besteht. Darunter fallen Vergewaltigungen sowie Berührungen im Brust- oder Genitalbereich.

Unter *weitem Missbrauch* versteht man Handlungen, die ohne Körperkontakt erfolgen, wie beispielsweise Exhibitionismus oder das gemeinsame Anschauen von pornografischen Filmen (Deegener 2010, S. 243). Wissenschaftler ergänzen hierzu, dass es eine große Grauzone gebe, in der es schwer einzuschätzen sei, ob ein Missbrauchsfall vorliegt oder nicht. Damit sind vor allem Fälle gemeint, in denen Jugendliche gleichen Alters in gegenseitigem Einverständnis sexuelle Handlungen durchführen. Vergreift sich ein Erwachsener an einem Kind, so liegt immer ein Machtgefälle vor, da das Kind abhängig ist. »Der Missbraucher nutzt seine Macht- und Autoritätsposition sowie die Abhängigkeit des Kindes aus […]« (ebd., S. 244). Er weiß genau, dass das Kind ihm glaubt und vertraut.

Je jünger ein Kind ist, desto weniger kann es ein willentliches Einverständnis geben. Die Opfer werden vom Täter häufig zum Sexualobjekt reduziert und dienen der Befriedigung seiner Bedürfnisse. Weitere Formen von sexuellem Missbrauch umfassen den Einsatz von Zwang oder Gewalt sowie Druck, der auf das Kind ausgeübt wird, damit alles geheim bleibt. In jedem der Fälle kann das Kind negative bis verheerende seelische und körperliche Folgen davontragen. Unter sexuellem Missbrauch kann also

*jede sexuelle Handlung verstanden werden, die an oder vor einem Kind entweder gegen den Willen des Kindes vorgenommen wird oder der das Kind aufgrund seiner körperlichen, seelischen, geistigen oder sprachlichen Unterlegenheit nicht wissentlich zustimmen kann bzw. bei der es deswegen auch nicht in der Lage ist, sich hinreichend wehren und verweigern zu können (Deegener 2010, S. 244).*

Es gibt verschiedene Formen des sexuellen Missbrauchs: sehr intensiven, intensiven, weniger intensiven sowie sexuellen Missbrauch ohne Körperkontakt (ebd., S. 245). Der sehr intensive sexuelle Missbrauch beinhaltet die »versuchte oder vollendete vaginale, anale oder orale Vergewaltigung […]« (ebd.) Außerdem wird ein Fall so bezeichnet, wenn das Opfer den Täter oral befriedigen oder anal penetrieren muss. Intensiver Missbrauch liegt vor, wenn das Opfer vor dem Täter masturbiert oder umgekehrt. Das Zeigen oder Anfassen der Genitalien gehört ebenfalls dazu. Zungenküsse oder das Anfassen der Brust sind dem sogenannten weniger intensiven sexuellen Missbrauch zuzurechnen, genau wie der Versuch des Täters, das Opfer an den Genitalien zu berühren. Bei der letzten Stufe, dem Missbrauch ohne Körperkontakt, handelt es sich um Exhibitionismus und um Fälle, in denen das Opfer sich pornografische Darstellungen anschauen muss (ebd.).

Die Definition von Friedrich besagt ebenfalls, dass unter sexuellem Missbrauch jede Handlung zu verstehen ist, die an einem Kind vollzogen wird und der Erregung des Täters dient. Hierfür spielt es keine Rolle, ob dem Kind pornografisches Material gezeigt wird oder ob unzüchtige Berührungen an dem Kind vorgenommen werden. Das Kind kann sich nicht wehren und kann den Handlungen nicht bewusst zustimmen. Aber selbst wenn das Kind zustimmt, ist die

Handlung strafbar, denn der Täter nutzt seine Macht dem Kind gegenüber aus (Friedrich 2001, S. 12f.).

Laut *Wildwasser e.V.*, einer Organisation, die sich der Opfer sexuellen Missbrauchs annimmt, ist diese Art von Missbrauch durch körperliche und seelische Gewalt gekennzeichnet. Wildwasser zufolge liegt solch ein Fall vor, wenn ein Vater seiner Tochter unter den Rock greift oder wenn eine Lehrerin mit einem Schüler eine Liebesbeziehung eingeht, um mit ihm Geschlechtsverkehr zu haben. Für Betroffene ist es fast immer sehr schwierig, über das Erlebte zu sprechen. Laut Polizeilicher Kriminalstatistik wurden im Jahr 2010 in Deutschland 11.867 Fälle sexuellen Missbrauchs von Kindern registriert. Bei vielen Taten kommt es allerdings nie zu einer Anzeige, die Dunkelziffer ist sehr hoch.

Deshalb ist es zur Einschätzung der Situation wichtig, auch Forschungsergebnisse hinzuzuziehen (Rückert u.a. 2010, S. 15). Aufgrund vieler aussagekräftiger Befragungen muss davon ausgegangen werden, dass etwa 10–15 % der Frauen und etwa 5 % der Männer bis zum Alter von 16 Jahren »mindestens einen unerwünschten oder durch die moralische Übermacht einer deutlich älteren Person oder durch Gewalt erzwungenen sexuellen Körperkontakt« erleben mussten (Deegener 2010, S. 245). In ca. 15 % der Fälle liegt eine Vergewaltigung vor, bei ca. 35 % ein intensiver sexueller Missbrauch, bei weiteren ca. 35 % der Zwang, jemanden zu küssen oder die Genitalien zu berühren, und bei den verbleibenden ca. 15 % ein sexueller Missbrauch ohne Körperkontakt (ebd.).

Es sollte nicht außer Acht gelassen werden, dass das Thema *Missbrauch* jederzeit aktuell ist. Sexuelle Gewalt findet schon seit Jahrtausenden statt, und zwar häufiger, als einige Menschen es sich vorstellen können. Die Dunkelziffer in diesem Bereich ist sehr hoch, da sich viele Opfer nicht trauen, von den Erlebnissen zu berichten oder gar Anzeige zu erstatten. Trotzdem ist der sexuelle Missbrauch ein häufiges Thema in den Medien. Anfang des Jahres 2010 kamen einige besonders erschreckende Fälle ans Licht. Ein Beispiel hierfür ist die Odenwaldschule (ein bis dahin sehr geschätztes Internat mit reformpädagogischem Hintergrund), in der durch einen ehemaligen Schulleiter und einige Lehrer des Kollegiums sexueller Missbrauch erfolgte. Das enge Zusammenleben von Lehrern und Schülern in Lern- und Wohngemeinschaften wurde nicht hinterfragt und auch das gemeinsame Duschen geduldet. Erst als das 100-jährige Jubiläum der Schule anstand, befürchteten ehemalige Schüler, dass Gerold Becker (der ehemalige Schulleiter) bei diesem Anlass gewürdigt werden könnte, und gingen deshalb mit ihren Erlebnissen – nachdem eine Veröffentlichung 1999 in der Frankfurter Rundschau zunächst kein Aufsehen erregt hatte – erneut und diesmal vehement an die Öffentlichkeit (Simon/Willeke 2010, S. 17).

Am Canisius-Kolleg, einer Jesuitenschule in Berlin, kamen ebenfalls Jahre später Missbrauchsfälle ans Tageslicht. Auch hier sprachen ehemalige Schüler darüber, was ihnen angetan worden war. Der Missbrauch wurde von Priestern ausgeübt, was die Gesellschaft besonders stark verunsichert. Die Menschen möchten wissen, woran man einen Täter erkennt und wie sie ihre Kinder vor solchen Übergriffen schützen können, wenn diese selbst in Kreisen der Kirche vorkommen, wo die Gesellschaft sie nicht erwartet hätte (Rückert u. a. 2010, S. 15).

Im Folgenden wird jedoch nicht auf solche Kindeswohlgefährdungen innerhalb von Schulen oder Internaten eingegangen.

### Die Folgen sexuellen Missbrauchs für Kinder

Sexueller Missbrauch kann gleich mehrere Folgen für das Opfer nach sich ziehen: direkte, kurzfristige und Langzeitfolgen. Direkte Folgen von sexuellem Missbrauch im emotionalen Bereich können eine allgemein erhöhte Ängstlichkeit oder ausgeprägte Ängste sein. Starke Stimmungsschwankungen, Impulsivität und Konzentrationsstörungen können sich ebenfalls als Folge zeigen. Es ist möglich, dass sexuell missbrauchte Kinder ein niedriges Selbstwertgefühl aufweisen und in eine traurig-depressive Stimmung verfallen. Beim Sozialverhalten ist häufig zu beobachten, dass sich das Kind zurückzieht und eine innere Unruhe nach außen trägt oder aggressives Verhalten zeigt.

Selbstbefriedigung, die häufig oder sogar in der Öffentlichkeit stattfindet, ist ein weiterer Indikator für einen Missbrauchsfall. Verletzungen oder Entzündungen im Genital-, Anal- oder Oralbereich können vom Arzt diagnostiziert werden. Außerdem kommt es häufig zu Kopf- oder Bauchschmerzen sowie zu Ess- oder Schlafstörungen. Einnässen und Einkoten können weitere Signale sein (Deegener 2010, S. 247).

Wenn ein Kind während des Missbrauchs noch sehr klein war, denken manche Eltern, dass sich das Kind später bestimmt nicht daran erinnern wird, weil es noch viel zu jung war. Oft wird das Leiden auch einfach heruntergespielt, indem gesagt wird, dass andere Menschen schließlich auch Schicksalsschläge erlitten haben und dass das Ganze nicht so schlimm sei. Hier geht es allerdings um ein tief greifendes Ereignis, das die Persönlichkeit, das Denken und das Handeln der Person beeinflusst oder bestimmt. In den meisten Fällen ist der Missbrauch auch kein Einzelerlebnis, sondern erstreckt sich über einen längeren Zeitraum. Dadurch entsteht eine Traumatisierung. Ein Trauma ist immer mit Angst, Hilflosigkeit sowie mit Kontrollverlust verbunden. Während des Erlebnisses ist die Abwehrfähigkeit des Kindes außer Kraft gesetzt (Rachut/Rachut 2004, S. 15 f.). Mögliche – auch langfristige – Folgen für die Persönlichkeit können sein: Angst und Panik, das Gefühl des Beschmutztseins und Scham, Schuldgefühle, Depressionen, selbstzerstörerisches Verhalten sowie Suchtgefährdung.

Durch die sexuellen Gewalterfahrungen haben die Kinder keine Möglichkeit, ihre eigenen Grenzen zu wahren. Die Haut ist die natürliche Grenze des Menschen, also wird die Menschenwürde angegriffen, wenn ein Mensch berührt wird, ohne damit einverstanden zu sein. Diese Grunderfahrung wird mit ins Erwachsenenalter genommen und deshalb schaffen es manche auch später nicht, sich selbst zu schützen und *Nein* zu sagen, wenn sie etwas nicht möchten. Viele bauen stattdessen eine enge, künstliche Grenze auf und lassen niemanden an sich heran. Erst wenn sie ihre Erlebnisse verarbeitet haben, schaffen sie es, ihre selbst gebaute Mauer zu durchbrechen (ebd., S. 55). Auch auf sexueller Ebene führt der Missbrauch in einigen Fällen zu Störungen. Der Täter zwingt dem Kind seine Sexualität auf, bevor es seine eigene entwickeln kann. Deshalb wird das Empfinden beim Geschlechtsverkehr irgendwann ausgeschaltet. Die Opfer hegen später den Wunsch, eine liebevolle sexuelle Beziehung eingehen zu können, allerdings lässt sich dies für sie nicht einfach umsetzen. Der Missbrauch ist ein einschneidender Eingriff in die Identität und Integrität eines Menschen. Für die Opfer ist es wichtig, sich dies klarzumachen und mit dem Partner oder der Partnerin darüber zu sprechen. Denn durch den Missbrauch verursachte Ängste und Anspannungen können im späteren Leben Bauchschmerzen, Durchfall, Schweißausbrüche oder Herzbeschwerden hervorrufen. Es gibt eine ganze Reihe von körperlichen Beschwerden, die psychischen Ursprungs sind.

## Wie kann man Kinder vor sexuellem Missbrauch schützen und sie dagegen stärken?

Als Beispiel für eine präventive Arbeit in diesem Bereich soll ein Projekt von *Wildwasser e. V.* vorgestellt werden. Der Verein ist in einigen Städten Deutschlands vertreten und hat sich u. a. zum Ziel gesetzt, Kinder und Frauen vor sexuellem Missbrauch zu schützen. 2005 startete das Projekt *Sicher in die Welt*. Dieses dient der Prävention und Intervention in Kindertagesstätten, indem dort mit den Kindern über sexuelle Gewalt gesprochen wird. Die Prävention als Basis ist für Wildwasser e.V. eine erzieherische Grundhaltung, mit der die Kinder ernst genommen und ihnen altersgerechte Grenzen vermittelt werden. Es ist wichtig, dass sich die Angebote nicht nur direkt an die Kinder wenden, sondern auch an deren Bezugspersonen (Eltern und pädagogische Fachkräfte). Ziel des Projekts ist es, das Selbstbewusstsein der Kinder zu stärken. Außerdem sollen die Kinder ihre Wahrnehmungen und Gefühle besser kennenlernen, vor allem im Bereich Körper und Sexualität. Um dies besser gewährleisten zu können, gibt es den Präventionskoffer. Dieser enthält eine altersspezifische Materialsammlung, die der präventiven Arbeit in Kindertagesstätten und Schulen dient. Es bietet sich darüber hinaus an, mit den Jungen und Mädchen gemeinsam Hilfsmöglichkeiten zu erarbeiten, z. B. an wen man sich wenden kann, wenn man sich bedroht oder allein gelassen fühlt.

Der Koffer enthält Spiele, Musik-CDs, Videofilme, Comics und Bilderbücher. Er bietet also eine große Auswahl an Medien, um das Thema im Rahmen verschiedener Unterrichtsfächer in der Schule und im Kindergarten zu bearbeiten. Die Mitarbeiter von Wildwasser e.V. stehen während der Ausleihzeit jederzeit für Fragen zur Verfügung. Vor dem Ausleihen ist zunächst eine Beratung erforderlich. Präventives Arbeiten kann eine aufdeckende Wirkung haben, das heißt, die pädagogische Fachkraft muss damit rechnen, dass Fälle sexuellen Missbrauchs ans Licht kommen, wenn die Kinder etwas über die Thematik erfahren.

Präventionsarbeit leistet auch *Pro Familia* mit unterschiedlichen Büchern wie *Mein Körper gehört mir!* (Pro Familia 2009) sowie *Ich dachte, du bist mein Freund* von Marie Wabbes (2005). Diese Bilder- und Kinderbücher können sowohl in der Kita als auch von Eltern vorgelesen und betrachtet werden.

## Was tun bei einem Verdacht?

Die folgenden Ausführungen beziehen sich vor allem auf eine (vermutete) Kindeswohlgefährdung außerhalb der pädagogischen Einrichtung, z. B. im familiären Umfeld des Kindes. Bei einem Verdacht auf Kindeswohlgefährdung werden bei pädagogischen Fachkräften in der Kita häufig Gefühle wie Angst, Wut und Hilflosigkeit ausgelöst. Sie haben das Bedürfnis, ein Kind schnell zu retten. Allerdings ist es wichtig, in einer solchen Situation erst einmal ruhig zu bleiben und das weitere

Vorgehen mit dem Team und mit der Leitung zu besprechen. Jede Handlung kann gravierende Folgen für das Kind und dessen Eltern nach sich ziehen, deshalb ist hier höchste Vorsicht geboten (Maywald 2009, S. 117).

Bei einer vermuteten Gefährdung des Kindeswohls existiert in Deutschland bisher keine Anzeigepflicht gegenüber der Polizei oder der Justiz. Eine Anzeige kann nicht zurückgezogen werden und die Person, die die Anzeige erstattet hat, kann nicht weiter hilfeorientiert tätig sein. Trotzdem besteht die Pflicht, ein Kind vor weiterem Schaden zu schützen. Wenn es jedoch zu einer familiengerichtlichen Entscheidung kommt, so muss diese auch gegen den Willen der Eltern durchgesetzt werden, wenn dies dem Wohl des Kindes dient, z. B. bei der Vernachlässigung eines Kindes, bei missbräuchlichen Praktiken oder anlässlich eines bestimmten Verhaltens eines Dritten (Maywald 2009, S. 119).

Bei Sexualdelikten besteht demnach ebenfalls keine Anzeigepflicht. Jede Person, die sexuellen Missbrauch erlebt hat oder davon weiß, kann aber Anzeige erstatten. Sobald die Polizei oder die Staatsanwaltschaft davon erfährt, muss ein Strafverfahren eingeleitet werden. Zudem handelt es sich um ein Offizialdelikt, d. h., dass auch dann weiter ermittelt werden muss, wenn die Anzeige zu einem späteren Zeitpunkt wieder zurückgezogen wird. Als Beweismittel gelten Zeugenaussagen. Der entscheidende Beweis, um eine Verurteilung möglich zu machen, kommt oft vom Opfer selbst (Fastie 2008, S. 269 f.).

Gemäß § 8a, Abs. 2 SGB VIII werden Kindertageseinrichtungen durch Vereinbarungen mit dem Jugendamt dazu verpflichtet, ihren Schutzauftrag wahrzunehmen. Wenn Fachkräften Anhaltspunkte für die Gefährdung eines von ihnen betreuten Kindes bekannt werden, sollen sie diese zusammen mit mehreren Kollegen abschätzen. Eine auf diese Thematik spezialisierte Fachkraft soll ebenso hinzugezogen werden, und auch bei den Erziehungsberechtigten des Kindes muss auf die Inanspruchnahme von Hilfen hingewirkt werden. Wenn die Gefährdung nicht anders abgewendet werden kann, ist das Jugendamt zu informieren. Grundsätzlich lässt sich zwischen einem vagen und einem erhärteten Verdacht unterscheiden. Zunächst entsteht ein vager Verdacht. Eine Person nimmt Signale auf, die unterschiedlich interpretierbar sind, aber trotzdem Gedanken an sexuelle Misshandlungen aufkommen lassen. Die beobachtende Person ist verunsichert, besonders, wenn die Kinder keine konkreten oder eindeutigen Aussagen machen. Die Tatsache, dass die Äußerung eines Verdachts gegenüber Dritten Folgen haben kann, erhöht die Unsicherheit (Gründer u. a. 2008, S. 21). Eine multiprofessionelle Zusammenarbeit ist nun notwendig. Zunächst ist es wichtig, sich an die Leitung der Institution zu wenden, denn diese trägt auch die Verantwortung für jede Intervention.

Wenn es um die Befragung des betroffenen Kindes geht, sollte diese nur einmal und nicht durch verschiedene Personen aus unterschiedlichen Einrichtungen erfolgen. Bei mehreren Befragungen besteht die Möglichkeit, dass das Kind abweichende Darstellungen von Sachverhalten bietet und dies zu Unglaubwürdigkeit vor Gericht führt. Liegt bereits ein Geständnis des Täters vor, kann auf die Befragung des Kindes verzichtet werden. Des Weiteren kann man eine Befragung im Rahmen des Zivilrechts durchführen. Hierbei befragen Familienrichter allein oder zusammen mit einem Jugendamtsvertreter das Kind (ebd., S. 25 f.).

## Praktische Anregungen und Hinweise für die Kita

- Wichtig ist, dass Sie verschiedene Formen von Kindeswohlgefährdung kennen, z. B. körperliche Misshandlung, Vernachlässigung und seelische Misshandlung, und sich Wissen darüber aneignen.
- Beziehen Sie die Eltern mit ein, wenn das Thema besprochen wird.
- Bereiten Sie in Ihrer Einrichtung ein Projekt vor und bieten Sie dazu einen Elternabend an (Deegener 2005, S. 201).
- Sollten Sie Auffälligkeiten bei einem Kind entdecken, ist es notwendig, dass Sie das Gespräch mit den Eltern suchen.
- Haben Sie einen Verdacht, ist es wichtig, Ruhe zu bewahren und mit Kollegen und der Leitung das weitere Vorgehen zu besprechen sowie eine auf die Thematik spezialisierte Fachkraft hinzuzuziehen.
- Es existiert zwar keine Anzeigepflicht, trotzdem ist es Ihre Pflicht, das Kind vor weiterem Schaden zu schützen. Überlassen Sie es besser dem Jugendamt, das im Rahmen der Prüfung nach § 8a SGB VIII bei Gefahr im Verzug informiert werden muss, Polizei und Staatsanwaltschaft einzuschalten.
- Eine persönliche Auseinandersetzung mit dem Thema ist wichtig, um eine Interventionskompetenz auszubilden und sich ausreichend Wissen anzueignen.
- Ihre Einrichtung sollte in das örtliche Hilfenetz eingebunden sein.
- Da in der Präventionsarbeit Fälle aufgedeckt werden können, sollten Sie Kenntnisse über Täterstrategien besitzen.
- Bei Fragen der Eltern zu sexuellem Missbrauch sollten Sie Auskunft geben können.
- Sie sollten Fortbildungen und einen Präventionskoffer, z. B. von der Organisation Wildwasser e.V., zum Thema sexuelle Gewalt nutzen. Dabei wird auch gezeigt, wie ein Elternabend dazu gestaltet werden kann (siehe www.wildwasser-giessen.de).

**Praktische Anregungen und Hinweise für die Familie**

- Zeigen Sie Ihrem Kind, dass es anderen Menschen in der Regel vertrauen kann. Wenn Ihr Kind kein Grundvertrauen hat, wird es sich bei Problemen niemandem anvertrauen.
- Vermitteln Sie Ihrem Kind die Fähigkeit, sich anderen mitzuteilen, damit es sich selbst schützen kann.
- Zuneigung von beiden Elternteilen ist sehr wichtig für Ihr Kind.
- Sie müssen die Gefühle Ihres Kindes beachten. Spielen Sie es nicht herunter, wenn Ihr Kind weint, damit es bei schlimmen Erlebnissen auch zu Ihnen kommt und das Erfahrene mitteilt.
- Klären Sie Ihr Kind über das Recht jedes Menschen auf, über den eigenen Körper verfügen und bestimmen zu dürfen.
- Führen Sie ein Gespräch über angenehme und unangenehme Berührungen.
- Das Neinsagen sollte mit Fragen trainiert werden, die Kinder leicht mit *Nein* beantworten können. Denn *Nein* sagen zu können, kann in bedrohlichen Situationen wichtig sein.
- Ein Gespräch über schöne und gefährliche Geheimnisse ist wichtig, damit Ihr Kind versteht, dass aus Berührungen kein Geheimnis gemacht werden darf.
- Zeigen Sie den Unterschied zwischen Geschenk und Bestechung auf und erklären Sie Ihrem Kind, dass es Erwachsene gibt, die Hilfsmittel wie Süßigkeiten benutzen, um sich das Vertrauen der Kinder zu erschleichen.
- Das Kind sollte – ab einem gewissen Alter – die eigene Anschrift oder zumindest die Telefonnummer auswendig kennen.
- Eine Gruppe von vertrauenswürdigen Erwachsenen sollte dem Kind bekannt sein, an die es sich (im Notfall) wenden kann.
- Machen Sie Ihrem Kind deutlich, dass es laut schreien und/oder wegrennen muss, wenn es in eine unangenehme Situation gerät.
- Es gibt Spiele, die ebenfalls der Vorbeugung dienen, z. B. solche, welche die Beobachtungsfähigkeit fördern, um sich bei einem Angriff Details merken zu können.
- Nehmen Sie Albträume Ihres Kindes ernst, damit es merkt, dass es selbst ernst genommen wird und dass ihm geglaubt wird (Elliott 1991, S. 35 f.).

# Kinder gegen Sucht stärken

*Sara Steinhardt*

Dem Drogen- und Suchtbericht der Bundesregierung aus dem Jahr 2011 zufolge verursachen Suchtmittel in Deutschland »gesundheitliche, soziale und volkswirtschaftliche Probleme« (Dyckmans 2011, S. 10). Diesem Bericht kann man auch entnehmen, dass ca. 20 Millionen Menschen in Deutschland süchtiges Verhalten zeigen bzw. süchtig nach bestimmten Stoffen sind. Süchtiges Verhalten hat nicht nur negative Folgen für die betroffenen Personen, sondern auch für die Gesamtgesellschaft. Was kann man gegen Sucht unternehmen? Und wie kann man als Eltern die eigenen Kinder vor einem solchen Schicksal bewahren? Kann man Kinder schon im Kindergarten gegen Sucht stärken?

Zunächst ist festzustellen: Sucht ist nicht einfach da – Sucht entsteht. Unzählige Publikationen beschäftigen sich mit dem Thema bereits abhängiger Kinder und Jugendlicher und wie man deren Sucht therapeutisch nachhaltig bearbeiten kann. Doch Sucht und Abhängigkeit sind Prozesse, die sich nicht von heute auf morgen entwickeln, sondern in der Regel die Stadien des Missbrauchs und der Gefährdung durchlaufen. Aus diesem Grund müssen gerade in der frühen Kindheit die Grundlagen für ein erfülltes und selbstständiges Leben ohne Flucht in die Sucht gelegt werden. Doch worauf müssen Eltern und Erzieherinnen hierbei achten? Ab wann und wie kann man Kleinkinder gegen Suchtentwicklungen stärken?

Die Bedeutung der frühen Kindheit für eine erfolgreiche Prävention von Sucht kann hierbei gar nicht stark genug betont werden. In der Familie wird ein Kind auf das Leben vorbereitet, quasi für das Leben startklar gemacht (Haug-Schnabel/Schmid-Steinbrunner 2008, S. 18). Haug-Schnabel und Schmid-Steinbrunner sprechen daher von einer *Schutz-Erziehung* als bestes Mittel gegen die Entwicklung von Angst, Gewalt und Sucht bei Kindern (ebd., S. 20). Grundlage für eine solche Erziehung ist eine enge Bindung zwischen Eltern und Kind, welche dem Kind innere Kraft und ein Gefühl von Sicherheit gibt. Kinder müssen sich der bedingungslosen

Akzeptanz und Hilfe ihrer Eltern sicher sein können und die Erfahrung machen, dass sie ihrer Umwelt nicht hilflos ausgeliefert sind, sondern selbstständig agieren können. Machen Kinder in den frühesten Phasen ihres Lebens die Erfahrung, dass sie ihren eigenen Willen äußern, eigene Ideen verwirklichen und für Probleme eigenständig Lösungen finden können, erleben sie sich als stark und bauen Selbstvertrauen auf. Passiert jedoch das Gegenteil, kann dies fatale Folgen für den Lebensweg des Kindes haben: Wenn Kinder sich in ihrer eigenen Situation als machtlos oder gar ausgeliefert empfinden, wenn sie erfahren, dass sie keinen Einfluss nehmen können, fühlen sie sich schwach. Wer sich schwach fühlt, kann dann auch schwach werden – und zwar so schwach, dass der spürbare Kontrollverlust durch Ersatzbefriedigungen kompensiert werden muss (Haug-Schnabel/Schmid-Steinbrunner 2008, S. 62). Sucht kann sich also auch durch fortgesetzte Ersatzbefriedigungen mit entsprechenden Verstärkungsmechanismen entwickeln. So können die Anlagen für eine schwere Abhängigkeit gelegt werden.

Suchtprävention startet aus diesem Grund im eigentlichen Sinne bereits ab der Geburt oder – bei suchtvorbelasteten Familien – bereits vor der Geburt, z. B. mithilfe des Nationalen Zentrums *Frühe Hilfen* (http://www.fruehehilfen.de/). Vordergründig stehen hier daher Eltern und deren Verhaltensweisen und Erziehungsmethoden im Fokus der Aufmerksamkeit. Doch auch Erzieherinnen können selbst bei schwierigen Ausgangsbedingungen noch günstige Rahmenbedingungen für Suchtprävention herstellen.

Allgemein sollte sich die Frage in Zukunft deshalb nicht mehr um den *Sinn* einer Suchtprävention schon im Kindergarten drehen, sondern wir sollten uns darüber Gedanken machen, *wie* man Kinder im Kindergarten und in der Familie gegen Sucht stärken kann.

### Welche Abhängigkeiten sind denkbar?

Bei Sucht und Abhängigkeit denken die meisten Eltern und pädagogischen Fachkräfte wahrscheinlich sofort an Drogen – sowohl legale wie Nikotin und Alkohol als auch illegale wie Marihuana, Kokain oder Heroin. Natürlich sind Sucht nach bzw. Abhängigkeit von diesen Mitteln schwerwiegend und nicht zu unterschätzen, jedoch gibt es noch eine Reihe weiterer möglicher Abhängigkeiten, welche auf den ersten Blick vielleicht auch gar nicht als solche erscheinen mögen. Daher soll nun ein Überblick über solche Abhängigkeiten gegeben werden.

Zunächst kann Sucht im Allgemeinen als eine zwanghafte Abhängigkeit von Suchtmitteln oder auch Verhaltensweisen bezeichnet werden, bei denen ein »Verzicht […] nicht mehr möglich« ist (BZgA/Starke Kinder, S. 20). Es wird demnach zwischen stofflichen und nicht stofflichen Süchten unterschieden. Einerseits können Menschen also eine Sucht nach einem bestimmten Stoff, wie etwa Nikotin, Alkohol oder Heroin, entwickeln, andererseits können aber auch zwanghafte Verhaltensweisen entstehen, wie etwa Spiel- oder Computersucht. Bei beiden Varianten kann die Sucht sowohl auf einer physischen als auch auf einer psychischen Abhängigkeit gegründet sein.

Im Folgenden sollen kurz die wichtigsten Gefahrenbereiche, in denen Suchterkrankungen häufig vorkommen, vorgestellt werden, um deren Vielfalt zu zeigen – Sucht ist nicht automatisch auf Drogenabhängigkeit beschränkt.

**Stoffliche Süchte**

Hier geht es vor allem um *legale Drogen* wie Nikotin und Alkohol. Durch deren gesellschaftliche Akzeptanz kann es vorkommen, dass Kinder schon in der frühen Kindheit mit ihnen in Berührung kommen. Hier gilt: Eltern sollten als gutes Beispiel vorangehen und keine legalen Drogen konsumieren, zumindest nicht in Anwesenheit ihrer Kinder. Besonders in der Schwangerschaft sollte dieser Verzicht eine Selbstverständlichkeit sein, um die gesunde Entwicklung des Ungeborenen zu unterstützen (*Mach dir nix vor,* Aktion der LZG Rheinland-Pfalz zur Vermeidung von Alkoholkonsum während der Schwangerschaft).

*Illegale Drogen* gibt es in verschiedenen Formen. Als kleine Auswahl seien Cannabis, Kokain, LSD, Heroin und Ecstasy genannt. Im Laufe des Lebens kommen viele Jugendlichen in irgendeiner Form mit diesen Mitteln meist über Gleichaltrige in Kontakt, indem sie diese angeboten bekommen. Zwar werden diese Drogen in der Regel nicht Kindern und schon gar nicht kleinen Kindern angeboten, aber in der frühen Kindheit kann der Grundstein dafür gelegt werden, dass bei einem späteren Kontakt *Nein* gesagt werden kann.

*Medikamentensucht* kann entstehen, wenn ein Medikament über längere Zeit eingenommen wird und das Gefühl aufkommt, den Alltag nicht mehr ohne dieses meistern zu können. Ein gefährlicher Trend ist zum Teil schon bei Schülern zu beobachten, welche sich etwa vor einer Klassenarbeit mit Medikamenten beruhigen oder aufputschen. Medikamentensucht bzw. Medikamentenmissbrauch muss ernst genommen werden.

Das Verlangen bzw. die Sucht nach Naschereien kann bereits im jungen Alter vorhanden sein. *Süßigkeiten* können zwar nicht direkt mit Medikamenten oder Drogen verglichen werden, aber auch sie geben schnelle Befriedigung und sind auch schon für kleine Kinder relativ leicht verfügbar. Wenn Kinder zunehmend nach Süßigkeiten verlangen oder nur durch diese zufriedengestellt werden, ist Vorsicht geboten. Süßigkeiten können nämlich zur Ersatzbefriedigung werden, was den Weg zur Sucht ebnet. Daher sollten auch hier Eltern als positives Beispiel mit gesunder Ernährung vorangehen und Kindern bei Konflikten zuhören und helfen, statt sie mit einer Süßigkeit ›ruhigzustellen‹ oder bei Erfolgen stets mit Süßigkeiten zu ›belohnen‹ und bei Misserfolgen mit Süßigkeiten zu ›trösten‹.

### Nicht stoffliche Süchte

*Medien* (Fernsehen, Computer, Internet, Spiele) sind aus unserem Alltag nicht mehr wegzudenken und eröffnen uns ungeahnte Möglichkeiten. Dies gilt auch für Kinder. Medienkonsum kann aber Vor- wie Nachteile haben. Durch die massenhafte Verbreitung des Fernsehens kommen bereits Babys mit diesem Medium in Kontakt. Dabei darf nicht vergessen werden, dass übermäßiges Fernsehen gerade junge Kinder negativ beeinflussen kann. Die Gewöhnung an das Fernsehen kann in Sucht umschlagen und andere Aktivitäten (spielen, die Natur entdecken, sich mit Freunden treffen) in den Hintergrund drängen. Ein Fernseher im Kinderzimmer kann diese Tendenz noch verstärken.

Gleiches gilt für den Computer. Kommen Kinder bereits früh mit ihm in Kontakt, hat dies nicht nur Vorteile. Durch die unzähligen Möglichkeiten, die Computerspiele und Internet bieten, könnten Kinder theoretisch ihre ganze Freizeit am PC verbringen, wo es immer wieder etwas Neues zu entdecken gibt. Daher muss Medienkonsum gerade in der frühen Kindheit von Eltern nicht nur überwacht und reglementiert, sondern es muss auch besonders betont werden, dass sich das Leben nicht ausschließlich in den Medien abspielt. Weitere Hinweise zur Mediennutzung von Kindern finden sich in der empfehlenswerten Broschüre der BZgA *Gut hinsehen und zuhören*.

Umstritten ist, ob auch suchtartige Verhaltensweisen des *Körpers*, welche sich in der *Ess-Brech-Sucht* oder der *Magersucht* niederschlagen, als Sucht definiert werden können. Für viele Experten sind Essstörungen primär psychosomatische Störungen. Die deutsche Hauptstelle für Suchtfragen e.V. definiert Essstörungen als

»lebensbedrohliche psychosomatische Erkrankungen mit Suchtcharakter« (DHS-Internetportal). Gefährlich sind sie jedoch allemal. Grund für die Entstehung von Essstörungen sind u. a. überzogene Schönheitsideale, welche Kinder oft schon früh durch Medien oder andere Kinder vermittelt bekommen. Vorbeugung geht hier einher mit einem gesunden Selbstwertgefühl und einer Akzeptanz des eigenen Körpers.

## Wo beginnt Sucht?

Eine Frage, die sich vielen Eltern nicht nur in Bezug auf ihre Kinder, sondern auch in Bezug auf sich selbst stellt, ist die nach dem Beginn der Sucht. Bis wann kann man sagen, dass eine Person etwas selbstbestimmt konsumiert, und ab wann spricht man von Sucht?

Generell gilt: Solange sich keine erheblichen psychischen oder physischen Reaktionen einstellen, sobald eine ›kleine Sünde‹ weggelassen wird, und solange es unsererseits Problemlösestrategien gibt, mit deren Hilfe wir die Belohnung durch ein Suchtmittel umgehen können, spricht man normalerweise noch nicht von Sucht. Nur weil man etwas sehr gern mag oder macht, heißt das noch lange nicht, dass man nach dieser Sache süchtig ist. Im Gegenteil: Laut Haug-Schnabel und Schmid-Steinbrunner helfen uns kleine Sünden wie die Extratasse Kaffee bei Müdigkeit oder ein Stück Schokolade bei Heißhunger wesentlich, unseren Alltag zu meistern und Stress zu vermindern oder abzubauen (2008, S. 49). Mithilfe solch kleiner Dinge können wir uns selbst motivieren oder belohnen, doch bei allen Vorteilen dürfen solche schnellen Belohnungen nur in Maßen und ab und zu eingesetzt werden, sowohl bei Erwachsenen als auch bei Kindern.

Ein Stück Schokolade bei Traurigkeit oder das Anschauen eines Trickfilmes gegen Quengeln dürfen gerade bei Kleinkindern auf keinen Fall zur Regel werden, denn so kann sich eine Sucht nach diesen Ersatzbefriedigungen entwickeln. Eltern und pädagogische Fachkräfte müssen bei Problemen daher immer dem Kind geeignete Problemlösungen aufzeigen oder diese gemeinsam mit dem Kind suchen, sodass ein Ausweichen nicht zur Regel wird und ein Kind nicht nach süchtig machenden Mitteln *suchen* muss und dadurch *süchtig* wird. Gelingt dies, steht Kindern ein »Strategiepaket für situatives Wohlbefinden und angemessene Problemlösungen« (Haug-Schnabel/Schmid-Steinbrunner 2000, S. 25) zur Verfügung, bei dem kleine Sünden und Belohnungen die Ausnahme bleiben und bei Problemen nicht die Flucht in die Sucht als Lösung gesehen wird. Es gilt, für Missbrauchstendenzen und Gefährdungen sensibel zu werden und Verhaltensalternativen einsetzen zu können.

### Wie kann man Kinder gegen Sucht stärken?

Wie bereits gezeigt, beruht Sucht meist auf einem komplexen Bedingungsgefüge. Die gute Nachricht hierbei ist, dass es aus diesem Grund auch vielfältige Möglichkeiten gibt, Kinder zu schützen. Um Kinder gegen Sucht stark zu machen, brauchen diese Sicherheit, Anerkennung und Bestätigung, Hilfe, Freiräume, anregende Beschäftigungen, Bewegung, Nähe, soziale Kontakte und vor allem Vorbilder. Als beste Vorsorge und Prävention gegen Sucht ist eine Erziehung anzusehen, die Kinder stark macht. Hier soll nochmals auf das von Haug-Schnabel und Schmid-Steinbrunner vertretene Konzept der Schutz-Erziehung als Mittel gegen die Entwicklung von Angst, Gewalt und Sucht bei Kindern hingewiesen werden. Grundlage für diese Erziehung ist, wie bereits betont, eine gute und enge Bindung zwischen Eltern und Kind, welche dem Kind ein Gefühl von *Sicherheit* gibt. Diese Bindung ist die Basis für die erste Beziehung, die Kinder zu anderen Menschen aufbauen, was deren fundamentale Bedeutung erklärt.

Wächst ein Kind in einer sicheren Bindung auf, wird es später für dieses Kind einfacher sein, Vertrauen zu anderen Menschen und besonders zu sich selbst zu fassen. Kinder kommen auf die Welt ohne zu wissen, dass ihre Eltern sie lieben und für sie da sind. Daher ist es wichtig, dass Eltern von Geburt an ihrem Kind bedingungslose Akzeptanz und Hilfsbereitschaft vermitteln. So stärken sie das Selbstwertgefühl und den Charakter ihres Kindes. Seelisch ausgeglichene sowie selbstbewusste Kinder entwickeln meist sehr stabile Charaktere und werden seltener anfällig für Sucht.

Zum Aspekt der seelischen Sicherheit gehört jedoch noch mehr. Kinder brauchen in allen Lebenslagen *Anerkennung* und *Bestätigung* für ihre Leistungen und vor allem für sich selbst als Person. Positive Entwicklungen und Bemühungen ihres Kindes sollten für Eltern nicht selbstverständlich, sondern stets Anlass für Lob und Anerkennung sein – ganz gleich in welchem Alter sich ihre Kinder befinden. Merken Kinder, dass sie aus eigener Kraft Dinge lernen und erreichen können und werden sie dann in ihrem Weg und ihrer Art bestätigt, kann sich ein positives Selbstwertgefühl und ein Gefühl für die eigene Gestalterkraft entwickeln, welches sie ein Leben lang begleiten wird. Hierbei ist es auch wichtig, seinen Kindern unterstützend zur Seite zu stehen, ihnen aber vor allem Lösungsmöglichkeiten aufzuzeigen (Haug-Schnabel/Schmid-Steinbrunner 2008, S. 20 ff.).

Kinder brauchen die Erkenntnis, dass man sich selbst etwas Gutes tun und aktiv sein kann. Wer später ein selbstbestimmtes Leben führen möchte, muss behutsam lernen, dass er für sich selbst kompetent und eigenständig entscheiden kann, dann aber auch die Konsequenzen tragen muss. Dies soll aber natürlich nicht dazu führen, dass Kinder Konsequenzen ihres Handelns tragen müssen, die sie selbst vorher nicht abschätzen können. Eltern müssen selbstverständlich zuerst immer das Wohl ihres Kindes im Auge haben und seine Entscheidungen z. B. in Bereichen wie Kleidungs- oder Essensauswahl dementsprechend im Blick haben, damit sich das Kind nicht selbst schadet. Allerdings muss es noch spüren, dass es einen eigenen Handlungs- und Entscheidungsspielraum besitzt. Wer sein Kind mit zunehmendem Alter stets bevormundet, ihm keine Entscheidungen überlässt oder ihm alle möglichen Probleme aus dem Weg räumt, tut seinem Kind nichts Gutes. Kinder brauchen *Freiräume*.

Bereits in der frühen Kindheit sollten Kinder lernen, dass sie aktive Wesen sind, die in gewissem Maße für sich entscheiden können. Dabei müssen Eltern aber auch aufzeigen, dass die Entscheidungen, die Kinder selbst treffen, nicht im luftleeren Raum stehen und sowohl positive als auch negative Konsequenzen haben können. Doch keine Angst vor Konsequenzen oder Rückschlägen: Machen Kinder in der frühen Kindheit die Erfahrung, dass sie eigene Ideen verwirklichen und für Probleme selbstständig Lösungen finden können, erleben sie sich als stark und bauen Selbstvertrauen auf.

Damit Kinder stark gegen Sucht werden, müssen sie außerdem lernen, dass man sich durch bestimme Aktivitäten (z. B. Dinge ausprobieren, einen Vorschlag machen, der angenommen wird, einer geliebten Tätigkeit nachgehen, usw.) selbst belohnen kann. Weiß ein Kind, wie es sich aus eigener Kraft und eigenem Antrieb Spaß und/oder Genuss verschaffen kann, muss es nicht anderweitig nach Befriedigung suchen. Erlernen Kinder diese Art der Eigenbelohnung, so können die Risiken, später süchtig zu werden, um ein Vielfaches verringert werden, da Süßigkeiten oder Drogen nicht als Ersatz- oder Ausweichlösung herhalten müssen.

Man kann seinem Kind bei diesem Prozess der Eigenbelohnung helfen, indem man ihm von Beginn an als Belohnung unter anderem *anregende Beschäftigungen*, *Spiele* und *Bewegung* anbietet. So können Kinder nämlich auch lernen, dass sich seelisches Wohlbehagen durch körperliche Aktivität und Eigeninitiative einstellen kann. Unter diesen Aspekt fällt darüber hinaus auch eine *gesunde Ernährung*: Gerade Süßigkeiten werden in der heutigen Zeit gern als ›Tröster‹ oder anstelle emotionaler Zuwendung gegeben – eine Einladung zur Sucht. Das sollten Eltern daher von vornherein vermeiden.

Nicht zu vergessen sind bei all diesen Überlegungen aber immer die direkten Beziehungen zwischen Eltern und Kindern. Gerade in der frühen Kindheit brauchen Kinder *Nähe*. Im Säuglingsalter, aber auch die ganze frühe Kindheit hindurch, suchen Kinder den (körperlichen) Kontakt bzw. die Nähe zu ihren Eltern, welche diese ihren Kindern nie verwehren sollten. Neben dem körperlichen Kontakt durch Liebkosen und Schmusen gehört hierher aber auch das schon angesprochene Geben von Sicherheit und Bindung zur Herstellung von Nähe zwischen Eltern und Kind. Eine erfolgreiche Erziehung und Stärkung eines Kindes unter diesen Aspekten sollte zu einem ausgeprägten *Kohärenzgefühl* führen. Schiffer beschreibt das Kohärenzgefühl als »Grundstimmung oder Grundsicherheit, innerlich Halt zu haben, zusammengehalten zu werden, nicht zu zerbrechen und gleichzeitig auch äußeren Halt und äußere Unterstützung zu finden« (Schiffer 2010, S. 153 f.). Mit einem Kohärenzgefühl können Kinder also auch eventuellen Schwierigkeiten in ihrem Leben begegnen, da sie eine umfassendere Weltsicht entwickeln können und nicht in ihrer Grundsicherheit erschüttert werden. Der Ursprung dieses Kohärenzgefühls kann in nahezu allen sozialen Beziehungserfahrungen gesehen werden. Nicht nur die Eltern, sondern auch andere *soziale Kontakte* sind somit für die positive Entwicklung und Stärkung von Kindern von Bedeutung.

Kinder gegen Sucht stark machen heißt aber gleichzeitig auch Erwachsene stark zu machen (Horn 2008, S. 8 f.). Schlecht funktionierende Beziehungen zwischen den Eltern können für die Entwicklung des Kindes äußerst schädlich sein, da in solchen Situationen den Bedürfnissen des Kindes nicht immer entsprochen werden kann. Ebenso verhält es sich mit Überforderung, die etwa durch Alleinerziehung eines Kindes entstehen kann. Depressionen, Gewalt und eigener Drogenkonsum der Eltern stellen in dieser Logik die schlechtesten anzunehmenden Ausgangsbedingungen dar: Sie gefährden Kinder und erhöhen deren Suchtrisiko um ein Vielfaches. Wenn wir also davon sprechen, Kinder gegen Sucht stark zu machen, müssen wir zuvor bedenken, dass wir dafür auch starke Eltern als *Vorbilder* brauchen. Dabei sind aber auch ganz besonders pädagogische Fachkräfte gefragt, weshalb die Handlungsmöglichkeiten beider Gruppen im Folgenden noch einmal näher beleuchtet werden.

**Praktische Anregungen und Hinweise für die Kita**

- *Sorgen Sie für anregende Beschäftigungen:* Kinder wollen sich selbst erfahren, sich Herausforderungen stellen. Dafür können und müssen Sie die Voraussetzungen schaffen. Ihre Einrichtung sollte daher für alle Kinder anregende und ausreichende Beschäftigungsmöglichkeiten bieten. Kinder sollten die Möglichkeit haben, ihren Interessen und ihrem Spieltrieb je nach Laune nachzugehen. Außerdem sollten Sie ihnen die Möglichkeit bieten, zwischen freien und betreuten Aktivitäten zu wählen, oder diese abwechselnd in den Tagesplan integrieren.
- *Fördern Sie Bewegung:* Bewegung und Sport helfen uns und unseren Kindern nicht nur, fit und gesund zu bleiben, sondern haben überdies noch andere positive Effekte auf Körper und Geist. Fördern Sie den natürlichen Bewegungsdrang in der frühen Kindheit und bieten Sie neben ausreichenden Bewegungsphasen mit der ganzen Gruppe auch Gelegenheiten an, dem individuellen Bewegungsdrang nachzugeben. Dies kann durch bauliche Maßnahmen im Innen- und Außenbereich (Rutsche, Klettergerüst usw.) und durch angeleitete Spiele oder Wettbewerbe (Rennen, Fangen usw.) geschehen.
- *Geben Sie Kindern Freiräume:* Lassen Sie die Kinder selbstständig agieren. Sie kommen auch ohne Betreuer auf innovative Ideen und sinnvolle Aktivitäten, die dann bei eigenständiger Umsetzung noch mehr Spaß machen. Wichtig ist, auch hier die Kinder Entscheidungen treffen zu lassen. Dazu kann gehören, Kindern z. B. ein gewisses Maß an Mitbestimmung zukommen zu lassen, indem sie etwa aussuchen dürfen, was an einem bestimmten Tag gekocht oder welches Lied gelernt wird.
- *Helfen Sie Kindern, soziale Kontakte zu knüpfen:* Die Welt eines Kindes besteht zunächst nur aus den Eltern und eventuell einem engen Familienkreis. Nach und nach kommen mehr Personen hinzu. Kinder brauchen in der frühen Kindheit sukzessive mehr Kontakt zu anderen Menschen, besonders zu anderen Kindern. Dabei lernen sie auch, wie es ist, sich jemandem anzuschließen oder jemanden anzuleiten und Mitglied einer Gruppe zu werden. Dies ist besonders wichtig, denn gehört man zu einer Gruppe, kommen Minderwertigkeits- oder Ohnmachtsgefühle, welche zur Sucht führen können, meist erst gar nicht auf. Fördern Sie also den Kontakt unter den Kindern; neue Kinder sollten der Gruppe als etwas Spannendes vorgestellt werden; Kinder, die stets mit den gleichen Partnern spielen, können ermutigt werden, auch einmal andere Spielpartner zu suchen.

- *Vermitteln Sie Kindern, dass sie mehr können, als sie glauben:* Manche Kinder wissen noch nicht so recht, was sie eigentlich können und was nicht, und schätzen sich meist schlechter ein, als sie sind. Andere verhalten sich ähnlich, weil ihre Eltern oder enge Bezugspersonen ihnen nichts zutrauen. Damit sich diese Tendenz nicht verfestigt, sollten Sie Kindern die Möglichkeit geben, selbstständig zu handeln und zu sehen, was sie bereits alles können. Dazu gehören tagtägliche Aufmunterung und regelmäßiges Lob, was Sie jedoch allen Kindern zukommen lassen sollten.
- *Beobachten Sie Eltern und Kinder:* Haben Sie den Verdacht, dass ein Elternteil suchtgefährdet sein könnte, sollten Sie zunächst versuchen, die Verdachtsmomente mit Beobachtungen zu belegen (LZG/Zobel 2006, S. 32 ff.) und mit anderen Kollegen klären, ob ähnliche Annahmen bestehen. Bevor Sie Eltern auf das Thema Sucht ansprechen und das Problem, etwa in einem Elterngespräch, thematisieren, sollten Sie Vertrauen zum Kind aufbauen und überprüfen, ob Ihre Vermutungen zutreffen. Die Aussagen des Kindes reichen aber nicht aus, um die gegebenen Informationen zu verifizieren. Fragen Sie erst die Eltern, bevor Sie voreilige Schlüsse ziehen. Treten Sie jedoch zu keiner Zeit als Ankläger, sondern als Helfer auf (LZG/Zobel 2006, S. 40). Mit den Eltern muss ein Gespräch geführt werden, um Zweifel an dem Verdacht auszuräumen oder unklare Punkte zu klären. Bei Misserfolg des Elterngespräches sollte das weitere Vorgehen über die zuständigen Institutionen (z. B. das Jugendamt) laufen.
- Merken Sie bereits bei Kindern Anzeichen, die auf ein suchtgefährdetes Verhalten schließen lassen, sollten Sie ebenfalls professionelle Hilfe organisieren und den Sachverhalt mit den Eltern besprechen. Sprechen Sie auch mit Ihren Vorgesetzten, in vielen Bundesländern gibt es spezielle Schulungen für pädagogische Fachkräfte zum Thema Sucht (siehe hierzu das Programm *Kind s/Sucht Familie* – Multiplikatorenschulungen in Rheinland-Pfalz).

### Praktische Anregungen und Hinweise für die Familie

- *Nehmen Sie sich Zeit für Ihr Kind:* Der wichtigste Grundsatz ist, sich für sein Kind so viel Zeit wie möglich zu nehmen und ihm die nötige Nähe zu geben. Lassen Sie sich auf die einzigartige Persönlichkeit Ihres Kindes ein und helfen Sie ihm, diese frei zu entfalten. Des Weiteren hilft ein inniges Verhältnis zwischen Eltern und Kind, Warnsignale und Veränderungen beim Kind früh wahrzunehmen und gegebenenfalls besorgniserregenden Entwicklungen gegenzusteuern.
- *Sprechen Sie mit Ihrem Kind:* Sich Zeit für sein Kind zu nehmen, bedeutet auch, so viel und so oft wie möglich mit ihm zu sprechen, und das in jedem Lebensalter. Schon Säuglinge freuen sich, eine vertraute Stimme zu hören. Später ist es wichtig, Kinder nach ihren Erlebnissen, z. B. in der Kita oder mit anderen Kindern, zu fragen. Kinder müssen sich mitteilen und erfahren können, dass sich auch jemand für das, was sie zu sagen haben, interessiert. Haben Sie eine regelmäßige Gesprächskultur aufgebaut, können Sie außerdem leichter erkennen, ob Ihr Kind Probleme im Alltag hat und eventuell die Gefahr droht, in die Sucht zu fliehen.
- *Lesen Sie Ihrem Kind vor:* Während der gesamten frühen Kindheit kommt dem Vorlesen von kindgerechten Geschichten und Märchen eine wichtige Rolle zu. Es fördert die Fantasie eines Kindes und schafft beim Akt des Vorlesens gleichzeitig ein inniges Verhältnis und Vertrauensgefühl. Als Ritual, etwa vor dem Schlafengehen, kann es für zusätzliche Verlässlichkeit und Stabilität im Tagesablauf sorgen. Es gibt mittlerweile auch Bilderbücher, die das Thema Sucht thematisieren. Fragen Sie in der Buchhandlung nach Büchern, die solche schwierigen Themen bearbeiten.
- *Nehmen Sie Ihr Kind in den Arm:* Körperlicher Kontakt ist besonders im Säuglingsalter, aber auch während der gesamten frühen Kindheit, von enormer Bedeutung für Ihr Kind. Körperliche Nähe zeigt Ihrem Kind, dass Sie es bedingungslos lieben und für das Kind da sind. Dazu gehört auch, Ihr Kind richtig zu trösten. Weint ein Kind und/oder will es in Ihre Arme, sollten Sie ihm diesen Körperkontakt nicht verwehren. Haben Kinder Angst oder sehen keine Lösung für ein Problem, kann der Körperkontakt und Bestätigung durch eine geliebte Person ihnen Halt geben, was Ihr Kind weniger anfällig für eine Flucht vor den Problemen, etwa in die Sucht, macht.
- *Spielen Sie mit Ihrem Kind:* Kinder lernen beim Spielen für das Leben. Deshalb sollten Sie als Eltern Ihre Kinder ermutigen, so viel wie möglich zu spielen, Spieltendenzen unterstützen und selbst in das Spiel einsteigen (Haug-Schnabel/Schmid-Steinbrunner 2000, S. 144). Jedoch müssen Sie auch darauf achten, dass

Ihr Kind mit zunehmendem Alter selbstständig spielen kann und eigene Ideen entwickelt, denn nur so erfährt es sich selbst als aktiv, gestaltend und selbstwirksam. Beim Spielen lernen Kinder außerdem, dass das Verlieren dazugehört. Man kann nicht immer gewinnen, weder im Spiel noch im Leben. Eine solche Erfahrung ist wichtig, um später in Ernstsituationen Rückschläge und Niederlagen zu verkraften, ohne in Suchtwelten zu fliehen.

- *Fördern Sie die Welt- und Selbsterfahrung Ihres Kindes:* Kinder müssen begreifen, dass sie selbstständige Wesen sind, die mit der Welt um sich herum interagieren. Deshalb müssen Sie Ihrem Kind die Möglichkeit geben, eigenständig seine Welt zu erfahren. Dazu gehört auch, sein Kind zunehmend eigene Entscheidungen treffen und für deren mögliche Konsequenzen einstehen zu lassen. Zu viel Bevormundung und Behütung macht Ihr Kind unselbstständig und erhöht seine Anfälligkeit für süchtiges Verhalten.
- *Loben Sie Ihr Kind:* Kinder leisten jeden Tag Großes. Positive Entwicklungen, etwas neu Gelerntes und Erfolge ihres Kindes sollten für Eltern immer Anlass für Anerkennung sein. Doch nicht nur das – auch schon die Bemühungen Ihres Kindes sind ein Lob wert. Unterstützung und Wertschätzung durch die Eltern prägen ein Kind nachhaltig positiv.
- *Seien Sie ein Vorbild für Ihr Kind:* Neben den erwähnten Faktoren brauchen Kinder vor allem gute Vorbilder, um nicht der Sucht zu verfallen – und das sind im Regelfall die Eltern. Eltern prägen ihre Kinder bewusst wie unbewusst und sind erste Rollenmuster für das spätere Leben. Deshalb ist es wichtig, dass Sie Ihr eigenes Verhalten überdenken. Greifen Sie selbst zu Süßigkeiten oder zur Zigarette bei Problemen, dürfen Sie sich nicht wundern, wenn Ihre Kinder es Ihnen später eventuell gleichtun. Kinder gegen Sucht stark machen heißt nicht, Sie als Eltern auf Entziehungskur zu schicken, doch sollten Sie sich Gedanken über eigenes suchtförderndes oder süchtiges Verhalten machen und versuchen, dem gegenzusteuern. So helfen Sie sich und Ihrem Kind.
- *Seien Sie sich bewusst:* Sucht ist keine Endstation. Man kann Sucht therapeutisch nachhaltig bearbeiten und behandeln. Besser ist es, sie aber zu verhindern – und damit sollten Sie in der frühen Kindheit beginnen!

# VII

## Anhang

# Literaturverzeichnis

Alemzadeh, M./Rosenfelder, D. (2009): Grundzüge einer elementaren Didaktik im Bildungsbereich Naturwissenschaften – Perspektiven. In: Schäfer, G. E. u. a. (2009): Natur als Werkstatt. Über Anfänge von Biologie, Physik und Chemie im Naturerleben von Kindern. Weimar und Berlin, S. 11–20

Alexy, U. u. a. (2007): Convenience Food in der Ernährung von Kindern. In: Ernährung 1, S. 396–401

Aliki (1987): Gefühle sind wie Farben. Weinheim und Basel

Alle, F. (2010): Kindeswohlgefährdung. Das Praxishandbuch. Freiburg im Breisgau

Andres, B./Laewen, H.-J. ($^4$2007): Beobachtung und Dokumentation in Kindertageseinrichtungen. In: Bertelsmann Stiftung (Hrsg.): Guck mal! Bildungsprozesse des Kindes beobachten und dokumentieren. Gütersloh, S. 33–48

Andresen, S./Hurrelmann, K. (2010): Kindheit. Weinheim und Basel

Andresen, U. (2010): Üben für die Schule. Das Glück in der Schule hat eine Vorgeschichte: Wie Eltern ihre Kinder dabei unterstützen, ohne Angst zu lernen. Tipps der Lehrerin Ute Andresen. URL: http://www.zeit.de/gesellschaft/familie/2010-06/erziehung-schulbeginn (Abruf: 02.02.2012)

Aufenanger, S./Six, U. (Hrsg.) (2001): Handbuch Medien: Medienerziehung – früh beginnen. Themen, Forschungsergebnisse und Anregungen für die Medienbildung von Kindern, Bundeszentrale für politische Bildung. Bonn

Baden-Württemberg Stiftung (2010): Männer für erzieherische Berufe gewinnen, Perspektiven definieren und umsetzen. Impulse und Anregungen für eine größere Vielfalt in Tageseinrichtungen für Kinder. Stuttgart

Balluseck, H. v. (Hrsg.) (2008): Professionalisierung der Frühpädagogik. Perspektiven, Entwicklungen, Herausforderungen. Leverkusen

Bange, D./Deegener, G. (1996): Sexueller Missbrauch an Kindern. Ausmaß, Hintergründe, Folgen. Weinheim

Barthelmes, J./Sander, E. (1990): Familie und Medien. Forschungsergebnisse und kommentierte Auswahlbibliographie, eine Literaturanalyse zum Medienumgang von Familien. Weinheim und München

Barthelmes, J./Feil, C./Furtner-Kallmünzer, M. (1991): Medienerfahrungen von Kindern im Kindergarten. Spiele, Gespräche, soziale Beziehungen. Weinheim und München

Bauer, M./Klamer, K./Veit, M.: »So gelingt der Start in die Kita!« Bindungsorientierte Eingewöhnung. URL: www.kindergartenpaedagogik.de/1985.pdf (Abruf: 02.02.2012)

Bayer Vital GmbH (2009): Spielräume sozial benachteiligter Kinder. Bepanthen-Kinderarmutsstudie 2009. Leverkusen

BDK – Bund deutscher Kriminalbeamter (2011): Auswertung der Kriminalstatistik des Bundeskriminalamtes, 05/2011

Becker-Stoll, F./Textor, M. R. (Hrsg.) (2007): Die Erzieherin-Kind-Beziehung. Zentrum von Bildung und Erziehung. Berlin/Düsseldorf/Mannheim

Behnken, I./Zinnecker, J. (Hrsg.) (2001): Kinder. Kindheit. Lebensgeschichte. Ein Handbuch. Seelze-Velber

Beller, K./Beller, S. ($^5$2005): Kuno Bellers Entwicklungstabelle. Berlin

Bensel, J./Haug-Schnabel, G. ($^7$2009): Kinder beobachten und ihre Entwicklung dokumentieren, Kindergarten heute spezial. Freiburg im Breisgau

Berk, L. E. ($^3$2005): Entwicklungspsychologie. München, Boston u. a.

Bertelsmann Stiftung (Hrsg.) ($^4$2007): Guck mal! Bildungsprozesse des Kindes beobachten und dokumentieren. Gütersloh

Bertelsmann Stiftung (Hrsg.) (2008): Chancen ermöglichen – Bildung stärken. Zur Lebenssituation sozial benachteiligter Kinder in Deutschland. Gütersloh

Bettelheim, B. ($^{26}$2004): Kinder brauchen Märchen. München

Beudels, W./Haderlein, R./Herzog, S. (2012): Handbuch Beobachtungsverfahren in Kindertageseinrichtungen. Dortmund

Bienek, B./Stoklossa, D. (2007): Gewaltpräventive Jungenarbeit in Kindertageseinrichtungen, Deutsches Jugendinstitut. München

Bienemann, G. u. a. (Hrsg.) (1995): Handbuch des Kinder- und Jugendschutzes. Grundlagen, Kontexte, Arbeitsfelder. Münster

Bildungspläne der Bundesländer, URL: http://www.bildungsserver.de/zeigen.html?seite=2027 (Abruf: 02.02.2012)

Blank-Mathieu, M. (1996): Jungen im Kindergarten. Frankfurt am Main

Blank-Mathieu, M. ($^2$2002): Kleiner Unterschied, große Folgen? Geschlechtsbewusste Erziehung in der Kita. München

Blank-Mathieu, M. (2008): Jungen im Kindergarten. In: Matzner, M./Tischner, W. (Hrsg.): Handbuch Jungen-Pädagogik. Weinheim und Basel, S. 78–90

BMAS – Bundesministerium für Arbeit und Soziales (2008): Lebenslagen in Deutschland. Der 3. Armuts- und Reichtumsbericht der Bundesregierung. Bonn

BMFSFJ – Bundesministerium für Familie, Senioren, Frauen und Jugend (2001): Elfter Kinder- und Jugendbericht. Bericht über die Lebenssituation junger Menschen und die Leistungen der Kinder- und Jugendhilfe in Deutschland. Bonn

BMFSFJ – Bundesministerium für Familie, Senioren, Frauen und Jugend (2010): Familienreport 2010. Leistungen – Wirkungen – Trends. URL: www.bmfksfj.de/RedaktionBMFSFJ/Broschuerenstelle/Pdf-Anlagen/familienreport-2010,property=pdf,bereich=bmfsfj,sprache=de,rwb=true.pdf (Abruf: 02.02.2012)

Bock-Famulla, K./Lange, J. (2011): Länderreport Frühkindliche Bildungssysteme 2011. Gütersloh

Bös, K./Pratschko, M. (2009): Das große Kinder-Bewegungsbuch. Frankfurt am Main und New York

Böttcher, A./Krieger, S./Kolvenbach, F.-J. (2010): Kinder mit Migrationshintergrund in Kindertagesbetreuung. In: Statistisches Bundesamt (Hrsg.): Wirtschaft und Statistik 2/2010. Wiesbaden, S. 158–164

Braun, D. (1998): Handbuch Kunst und Gestalten. Theorie und Praxis für die Arbeit mit Kindergruppen. Freiburg im Breisgau

Braun, D. (2007): Handbuch der Kreativitätsförderung. Kunst und Gestalten in der Arbeit mit Kindern. Freiburg im Breisgau

Braun, D. (2009): Sprache und kreatives Gestalten. In: Ministerium für Generationen, Familie, Frauen und Integration des Landes Nordrhein-Westfalen (Hrsg.): Kinder bilden Sprache – Sprache bildet Kinder. Münster, S. 105–126

Braun, D./Dieckerhoff, K. (Hrsg.) (2009): Natur pur. Naturpädagogik im Kindergarten. Berlin
Breuer, S. (2008): Tiere als Co-Therapeuten. Wie Tiere Menschen helfen können. Grundlagenkonzept für tiergestützte Therapie und Pädagogik durch Haus- und Nutztiere auf dem Bauernhof. Saarbrücken
Brockhaus-Enzyklopädie ([19]1991): Natur. Mannheim
Brumlik, M. (Hrsg.) (2007): Vom Missbrauch der Disziplin. Antworten der Wissenschaft auf Bernhard Bueb. Weinheim/Basel
BZgA – Bundeszentrale für gesundheitliche Aufklärung (2009): Gut hinsehen und zuhören! Tipps für Eltern zum Thema »Mediennutzung in der Familie«. Köln
BZgA – Bundeszentrale für gesundheitliche Aufklärung (o. J.): Starke Kinder – Elternmagazin zum Thema »Frühe Suchtvorbeugung«. URL: http://www.bzga.de/infomaterialien/kinder-stark-machen/starke-kinder/ (Abruf: 02.02.2012)
BZgA – Bundeszentrale für gesundheitliche Aufklärung /Deutsches Jugendinstitut (DJI) (o. J.): Nationales Zentrum Frühe Hilfen (NZFH), Bundesministerium für Familien, Senioren, Frauen und Jugend. URL: http://www.fruehehilfen.de/ (Abruf: 02.02.2012)
Campe, J. H. (Hrsg.) (1785): Allgemeine Revision des gesamten Schul- und Erziehungswesens. Band 1. Hamburg
Carr, M. (2001): Assessment in Early Childhood Settings. Learning Stories. London
Cave, K./Riddell, C. (1994): Irgendwie anders. Hamburg
Charlton, M./Neumann, K. (1990): Medienrezeption und Identitätsbildung. Kulturpsychologische und kultursoziologische Befunde zum Gebrauch von Massenmedien im Vorschulalter. Tübingen
Cierpka, M. (Hrsg.) (2005): Möglichkeiten der Gewaltprävention. Göttingen
Clausen, K./Rumpold, N./Kersting, M./Wahrburg, U. (2006): Optimierte Mischkost in Ganztagsgrundschulen – Ernährungsphysiologische und sensorische Prüfung. Hauswirtschaft und Wissenschaft 3, S. 135–140
Cramer, B. (2008): Bist du jetzt ein Engel? Mit Kindern über Leben und Tod reden. Tübingen
Deegener, G. ([3]2005): Kindesmissbrauch – erkennen, helfen, vorbeugen. Weinheim und Basel
Deegener, G. (2010): Kindesmissbrauch und woran ich ihn erkenne. In: Andresen, S./Brumlik, M./Koch, C. (Hrsg.): Das Elternbuch. Wie unsere Kinder geborgen aufwachsen und stark werden. Weinheim und Basel, S. 243–253
Delfos, M. F. (2004): »Sag mir mal ...« Gesprächsführung mit Kindern (4–12 Jahre). Weinheim und Basel
Deutsche Gesellschaft für das hochbegabte Kind e. V., URL: http://www.dghk.de/ (Abruf: 02.02.2012)
Deutsche Hauptstelle für Suchtfragen e. V. (o. J.): Daten/Fakten. URL: http://www.dhs.de/datenfakten.html (Abruf: 02.02.2012)
Deutsches Institut für Wirtschaftsforschung (2011): Statistikdebatte: Kinder- und Jugendarmut ist nach wie vor das drängendste Problem. Pressemitteilung vom 12.05.2011. URL: http://www.diw.de/de/diw_01.c.372595.de/themen_nachrichten/statistikdebatte_kinder_und_jugendarmut_ist_nach_wie_vor_das_draengendste_problem.html (Abruf: 02.02.2012)
Deutsches Jugendinstitut (Hrsg.) (1995): Medienerziehung im Kindergarten – Teil 2. Praktische Handreichungen. Opladen
Deutsche Kinder- und Jugendstiftung: MädchenStärken, URL: http://www.dkjs.de/programme/verantwortung-wagen/maedchenstaerken.html (Abruf: 02.02.2012)
Diehm, I. (2008): Pädagogik der frühen Kindheit in der Einwanderungsgesellschaft. In: Thole, W./Rossbach, H.-G./Fölling-Albers, M./Tippelt, R. (Hrsg.): Bildung und Kindheit. Pädagogik der Frühen Kindheit in Wissenschaft und Lehre. Opladen, S. 203–221

Dimpker, H./von zur Gathen, M./Maywald, J. (⁶2011): Wegweiser für den Umgang nach Trennung und Scheidung, Wie Eltern den Umgang am Wohl des Kindes orientieren können. Herausgegeben von: Deutsche Liga für das Kind in Familie und Gesellschaft e. V./Deutscher Kinderschutzbund Bundesverband e. V./Verband alleinerziehender Mütter und Väter, Bundesverband e. V. Berlin

Dobrick, M. (2011): Demokratie in Kinderschuhen. Partizipation & KiTas. Göttingen

Duncker, L./Lieber, G./Neuß, N./Uhlig, B. (Hrsg.) (2010): Bildung in der Kindheit. Das Handbuch zum Lernen in Kindergarten und Grundschule. Seelze

Duncker, L. (2010): Kindliches Lernen und ästhetische Erfahrung. In: Duncker, L./Lieber, G./Neuß, N./Uhlig, B. (Hrsg.): Bildung in der Kindheit. Das Handbuch zum Lernen in Kindergarten und Grundschule. Seelze, S. 12–17

Dyckmans, M./Drogenbeauftragte der Bundesregierung (2011): Drogen- und Suchtbericht der Bundesregierung Mai 2011. Berlin. URL: http://drogenbeauftragte.de/fileadmin/dateien-dba/Service/Publikationen/Drogen_und_Suchtbericht_2011_110517_Drogenbeauftragte.pdf (Abruf: 02.02.2012)

Ebert, S. (2008): Die Bildungsbereiche im Kindergarten. Orientierungswissen für Erzieherinnen. Freiburg im Breisgau/Basel/Wien

Eder, S./Orywal, C./Roboom, S. (2008): »Pixel, Zoom und Mikrofon«, Medienbildung in der Kita. Ein medienpraktisches Handbuch für Erzieher/-innen. Berlin

Einsiedler, W. (1991): Spiel der Kinder. Zur Pädagogik und Psychologie des Kinderspiels. Bad Heilbrunn

Elliott, M. (1991): So schütze ich mein Kind vor sexuellem Missbrauch, Gewalt und Drogen. Stuttgart

Ellrott, T. (2009): Die Entwicklung des Essverhaltens im Kindes- und Jugendalter. In: Kersting, M. (Hrsg.): Kinderernährung aktuell. Sulzbach, S. 66–77

Engin, H. (2010): Die Bedeutung der Erstsprache für die schulische Integration von Migrantenkindern und die Rolle der Migrantenvereine in der Vermittlung von Muttersprachen. URL: http://www.forum-der-kulturen.de/bilder/dokumentationen/Prof. Dr. Havva Engin 18.06.10.pdf (Abruf: 02.02.2012)

Ennulat, G. (⁷2009): Kinder trauern anders. Wie wir sie einfühlsam und richtig begleiten. Freiburg im Breisgau

Faltermeier, J. (⁴1997): Stichwort »Kindesmisshandlung«. In: Deutscher Verein für öffentliche und private Fürsorge (Hrsg.): Fachlexikon der Sozialen Arbeit. Stuttgart/Berlin/Köln

Fastie, F. (³2008): Das strafrechtliche Ermittlungsverfahren bei sexuellem Missbrauch. In: Enders, U. (Hrsg.): Zart war ich, bitter war's. Handbuch gegen sexuellen Missbrauch. Köln, S. 269–276

Feierabend, S./Klingler, W. (2009): Was Kinder sehen. Eine Analyse der Fernsehnutzung Drei- bis 13-Jähriger 2008. In: Media Perspektiven (3), S. 113–128

Feierabend, S./Mohr, I. (2004): Mediennutzung von Klein- und Vorschulkindern. Ergebnisse der ARD/ZDF-Studie »Kinder und Medien 2003«. In: Media Perspektiven (9), S. 453–461

Finger, G. (2008): Wie Kinder trauern. So können Eltern die Selbstheilungskräfte ihrer Kinder fördern. Stuttgart

FIT KID – Die Gesund-Essen-Aktion für Kitas, URL: http://www.fitkid-aktion.de (Abruf: 02.02.2012)

Flitner, A. (2002): Spielen – Lernen: Praxis und Deutung des Kinderspiels. Weinheim und Basel

Flynn, M. A. T. u. a. (2006): Reducing obesity and related chronic disease risk in children and youth: a synthesis of evidence with ›best practice‹ recommendations. Obesity Reviews, 2006; 7 Suppl. 1, S. 7–66

Fornefeld, B. (⁴2009): Grundwissen Geistigbehindertenpädagogik. München und Basel

Forschungsinstitut für Kinderernährung Dortmund e. V., URL: http://www.fke-do.de (Abruf: 02.02.2012)

Franz, M. (³2008): Tabuthema Trauerarbeit. Kinder begleiten bei Abschied, Verlust und Tod. München

Fried, L. (2003): Pädagogische Programme und subjektive Orientierungen. In: Fried, L./Dippelhofer-Stiem, B./Honig, M.-S./Liegle, L. (Hrsg.): Einführung in die Pädagogik der frühen Kindheit. Weinheim/Basel/Berlin, S. 54–85

Friedrich, G./de Galgóczy, V. (2010): Mit Kindern Stimme und Gesang entdecken. Musikalisch-ästhetische Bildung bei Kindern. Ein Mitsing-, Mitspiel- und Improvisationsbuch. Weinheim und Basel

Friedrich, M. H. ($^2$2001): Tatort Kinderseele. Sexueller Missbrauch und die Folgen. Wien

Fthenakis, W. E. (Hrsg.) (2009): Natur-Wissen schaffen. Band 5: Frühe Medienbildung. Troisdorf

Gabriel, T. (2005): Resilienz – Kritik und Perspektiven. In: Zeitschrift für Pädagogik, 51/2005/Heft 2, S. 207–217

Gauly, B. (2008): Wie Beobachtung die gesamte KiTa weiterbringt. Ressourcenfreundlich Entwicklung dokumentieren. In: Kindergarten heute, Heft 11–12/2008, S. 18–23

Gebhard, U. (2008): Die Bedeutung von Naturerfahrungen in der Kindheit aus Sicht der Psychologie. In: Bundesamt für Naturschutz (Hrsg.): Schemel, H. J./Wilke, T. (Bearb.): Kinder und Natur in der Stadt. Spielraum Natur: Ein Handbuch für Kommunalpolitiker, Planer sowie Eltern und Agenda 21-Initiativen. Bonn, S. 27–43

Gebhard, U. (2010): Begegnung mit der Natur. In: Duncker, L./Lieber, G./Neuß, N./Uhlig, B. (Hrsg.): Bildung in der Kindheit. Das Handbuch zum Lernen in Kindergarten und Grundschule. Seelze, S. 67–71

Gogolin, I. (2003): Gleiche Bildungschancen für Kinder mit Migrationshintergrund – möglich auch in Deutschland? In: Beauftragte der Bundesregierung für Migration, Flüchtlinge und Integration (Hrsg.): Förderung von Migranten und Migrantinnen im Elementar- und Primarbereich. Fachtagung am 7. März 2003 in Berlin. Bonn

Grabrucker, M. (1994): »Typisch Mädchen ...« Prägung in den ersten drei Lebensjahren. Frankfurt am Main

Graf, W./Schön, E. (2001): Das Kinderbuch als biographischer Begleiter. Leseautobiographien. In: Behnken, I./Zinnecker, J. (Hrsg.): Kinder. Kindheit. Lebensgeschichte. Ein Handbuch. Seelze-Velber, S. 620–635

Greiffenhagen, S./Buck-Werner, O. N. ($^3$2009): Tiere als Therapie. Neue Wege in Erziehung und Heilung. Nerdlen

Griebel, W./Niesel, R. (1999): Die Bewältigung von Übergängen zwischen Familie und Bildungseinrichtungen als Co-Konstruktion aller Beteiligten. URL: http://www.kindergartenpaedagogik.de/1220.html (Abruf: 02.02.2012)

Griebel, W./Niesel, R. (2002): Abschied vom Kindergarten – Start in die Schule. Grundlagen und Praxishilfen für Erzieherinnen, Lehrkräfte und Eltern. München

Griebel, W./Niesel, R. (2004): Transitionen. Fähigkeit von Kindern in Tageseinrichtungen fördern, Veränderungen erfolgreich zu bewältigen. Weinheim und Basel

Griebel, W./Niesel, R. (2011): Übergänge verstehen und begleiten. Transitionen in der Bildungslaufbahn von Kindern. Berlin

Groeben, N./Hurrelmann, B. (Hrsg.) (2004): Lesesozialisation in der Mediengesellschaft. Ein Forschungsüberblick. Weinheim und München

Grossmann, K./Grossmann, K. E. ($^3$2008): Bindungen. Das Gefüge psychischer Sicherheit. Stuttgart

Gründer, M. u. a. ($^4$2008): Wie man mit Kindern darüber reden kann. Ein Leitfaden zur Aufdeckung sexueller Misshandlung. Weinheim und München

Grunert, C./Krüger, H.-H. (2006): Kindheit und Kindheitsforschung in Deutschland. Forschungszugänge und Lebenslagen. Opladen

Grüten, K. (2005): Sexueller Missbrauch im Kindesalter. Eine Einzelfallstudie (unveröffentlichte Diplomarbeit)

Hagemann-White, C. (2010): Sozialisationstheoretische Perspektiven auf die Mädchenpädagogik. In: Matzner, M./Wyrobnik, I. (Hrsg.): Handbuch Mädchen-Pädagogik. Weinheim und Basel, S. 45–61

Hammes-Di Bernardo, E./Speck-Hamdan, A. (Hrsg.) (2006): Vom Kindergarten in die Grundschule: den Übergang gemeinsam gestalten. Köln

Hansen, R. (2003): Die Kinderstube der Demokratie – Partizipation in Kindertagesstätten. In: Ministerium für Justiz, Frauen, Jugend und Familie des Landes Schleswig-Holstein (Hrsg.): Die Kinderstube der Demokratie. Partizipation in Kindertagesstätten. Kiel. URL: http://www.kindergartenpaedagogik.de/1087.html (Abruf: 02.02.2012)

Haug-Schnabel, G./Schmid-Steinbrunner, B. (2000): Suchtprävention im Kindergarten. So helfen Sie Kindern, stark zu werden. Freiburg im Breisgau/Basel/Wien

Haug-Schnabel, G./Schmid-Steinbrunner, B. ($^6$2008): Wie man Kinder von Anfang an stark macht. So können Sie Ihr Kind erfolgreich schützen – vor der Flucht in Angst, Gewalt und Sucht. Ratingen

Hebenstreit-Müller, S./Kühnel, B. (Hrsg.) (2004): Kinderbeobachtung in Kitas. Erfahrungen und Methoden im ersten Early Excellence Centre in Berlin. Berlin

Hédervári-Heller, É. (2008): Eingewöhnung des Kindes in die Krippe. In: Maywald, J./Schön, B. (Hrsg.): Krippen: Wie frühe Betreuung gelingt – Fundierter Rat zu einem umstrittenen Thema. Weinheim und Basel, S. 97–103

Heidelbach, N. (2008): Was machen die Mädchen? Weinheim und Basel

Heinbokel, A. (1988): Hochbegabte. Erkennen, Probleme, Lösungswege. Baden-Baden

Herrmann, B. (2001): Der Stellenwert medizinischer Diagnostik bei körperlicher Kindesmisshandlung im multiprofessionellen Kontext – mehr als die Diagnose einer Fraktur. In: Kindesmisshandlung und -vernachlässigung, Jg. 4 (2001), S. 123–145

Hirler, S. (2005): Rhythmik – Spielen und Lernen im Kindergarten. Bildung durch ganzheitliche Musikerziehung. Weinheim und Basel

Hocke, N. (2007): Zur Geschichte elementarer Betreuung, Erziehung und Bildung in Deutschland. In: Brokmann-Nooren, C./Gereke, I./Kiper, H./Renneberg, W. (Hrsg.): Bildung und Lernen der Drei- bis Achtjährigen. Bad Heilbrunn, S. 29–49

Holling, H. u. a. (2009): Begabte Kinder finden und fördern. Ein Ratgeber für Eltern, Erzieherinnen und Erzieher, Lehrerinnen und Lehrer, Bundesministerium für Bildung und Forschung. Bielefeld

Holz, G. u. a. (2006): »Zukunftschancen für Kinder!? – Wirkung von Armut bis zum Ende der Grundschulzeit«. Endbericht der 3. AWO-ISS-Studie im Auftrag der Arbeiterwohlfahrt, Bundesverband e. V. Frankfurt am Main

Hopf, A. (2009): Bildungsbrücken bauen zwischen Kindergarten und Grundschule. Anschlussfähige Bildungsprozesse anregen und evaluieren. Berlin

Horn, W.-R. (2008): Suchtgefahren aus Sicht des Kinder- und Jugendarztes, in: Klein, M. (Hrsg.): Kinder und Suchtgefahren. Risiken – Prävention – Hilfen. Stuttgart und New York, S. 5–12

Hungerland, B. (2008): Was ist Kindheit? Fragen und Antworten der Soziologie. In: Luber, E./Hungerland, B. (Hrsg.): Angewandte Kindheitswissenschaften. Eine Einführung für Studium und Praxis. Weinheim und München, S. 71–89

Hürther Kinderschutzkonzept (2011), URL: http://www.huerth.de/familiesoziales/downloads/51-2_beratung_kinderschutzkonzept.pdf (Abruf: 02.02.2012)

Hüther, G./Krens, I. (2008): Das Geheimnis der ersten neun Monate. Unsere frühesten Prägungen. Weinheim und Basel

Irskens, B. (2006): Gut starten – die Gestaltung der Eingewöhnungsphase in Kindertageseinrichtungen. In: Diskowski, D. u. a. (Hrsg.): Übergänge gestalten. Wie Bildungsprozesse anschlussfähig werden. Weimar und Berlin, S. 114–125

Jaede, W. (2007): Kinder für die Krise stärken. Selbstvertrauen und Resilienz fördern. Freiburg im Breisgau
Jost, M. (³2005): Hochbegabte erkennen und begleiten. Ein Ratgeber für Schule und Elternhaus. Wiesbaden
Juen, B./Werth, M. (2008): »Dann geh' ich zu Mama ins Bett!« Arbeitsbuch zum Thema Tod und Suizid. Innsbruck und Wien
Kain, W. (2006): Die positive Kraft der Bilderbücher. Bilderbücher in Kindertageseinrichtungen pädagogisch einsetzen. Weinheim und Basel
Kerber-Ganse, W. (2009): Die Menschenrechte des Kindes. Die UN-Kinderrechtskonvention und die Pädagogik von Janusz Korczak. Versuch einer Perspektivenverschränkung. Opladen und Farmington Hills
Kindergarten heute, Steckbriefe: URL: http://www.kindergarten-heute.de/aktuelles/steckbriefe/steckbriefe.html (Abruf: 02.02.2012)
Kirchner, C. (2008): Kinder & Kunst. Was Erwachsene wissen sollten. Seelze-Velber
Kittel, C. (2008): Kinderrechte. Ein Praxisbuch für Kindertageseinrichtungen. München
Klöck, I./Schorer, C. (2010): Übungssammlung Frühförderung. Kinder von 0–6 heilpädagogisch fördern. München und Basel
Konrad, F.-M./Schultheis, K. (2008): Kindheit. Eine pädagogische Einführung. Stuttgart
Konsortium Bildungsberichterstattung (Hrsg.) (2006): Bildung in Deutschland. Ein indikatorengestützter Bericht mit einer Analyse zu Bildung und Migration. Im Auftrag der ständigen Konferenz der Kultusminister der Länder in der BRD und des Bundesministeriums für Bildung und Forschung. Bielefeld
Korczak, J. (1997): Sämtliche Werke, Band 5. Gütersloh
Korczak, J. (1999): Sämtliche Werke, Band 4. Gütersloh
Krempien, C./Thiesen, P. (Hrsg.) (⁴2004): 50 bildnerische Techniken. Ein Arbeitsbuch für Kindergarten, Hort und Grundschule. Berlin und Düsseldorf
Kreusch-Jacob, D. (1999): Musik macht klug. Wie Kinder die Welt der Musik entdecken. München
Krohn, U. (2000): Die Entwicklung der Mensch-Tier-Beziehung bei Kindern. Einfluss der Schulbuchliteratur und Unterrichtsgestaltung am Beispiel einer Schule im ländlichen Raum in den Klassenstufen 1 bis 4, Dissertation, Freie Universität Berlin. Berlin
Krumm, H.-J. (2009): Die Bedeutung der Mehrsprachigkeit in den Identitätskonzepten von Migrantinnen und Migranten. In: Gogolin, I./ Neumann, U. (Hrsg.): Streitfall Zweisprachigkeit – The Bilingualism Controversy. Wiesbaden
Kübler-Ross, E. (2008): Kinder und Tod. München
Kunert-Zier, M. (2005): Erziehung der Geschlechter. Entwicklungen, Konzepte und Genderkompetenz in sozialpädagogischen Feldern. Wiesbaden
Lachner, R. (1979): Kinder brauchen Tiere. Melsungen/Berlin/Basel/Wien
Laewen, H.-J./Andres, B./Hédervári-Heller, É. (2006): Ohne Eltern geht es nicht – Die Eingewöhnung von Kindern in Krippen und Tagespflegestellen. Mannheim und Düsseldorf
Laewen, H.-J./Andres, B./Hédervári-Heller, É. (⁵2009): Die ersten Tage – ein Modell zur Eingewöhnung in Krippe und Tagespflege. Düsseldorf
LZG Landeszentrale für Gesundheitsförderung in Rheinland-Pfalz e. V. / Zobel, M. (2006): Kinder aus suchtbelasteten Familien, Schriftenreihe Nr. 118. Mainz
LZG Landeszentrale für Gesundheitsförderung in Rheinland-Pfalz e. V. (2009): Mach dir nix vor, Materialien zur Gesundheitsförderung. Mainz
Langer, S. K. (1992): Philosophie auf neuem Wege. Das Symbol im Denken, im Ritus und in der Kunst. Frankfurt am Main
Larrondo, V./Desmarteau, C. (2001): Als Mama noch ein braves Mädchen war. Zürich

Lederle von Eckardstein, O. u. a. ([16]2009): Eltern bleiben Eltern. Hilfen für Kinder bei Trennung und Scheidung. Herausgegeben von der Deutschen Arbeitsgemeinschaft für Jugend- und Eheberatung e. V. München
Lemler, K./Gemmel, S. (2005): Kathrin spricht mit den Augen. Neureichenau
Leu, H. R. (2006): Beobachtung in der Praxis. In: Fried, L./Roux, S. (Hrsg.): Pädagogik der frühen Kindheit. Handbuch und Nachschlagewerk. Weinheim und Basel, S. 232–243
Leu, H. R. u. a. (2007): Bildungs- und Lerngeschichten. Bildungsprozesse in früher Kindheit beobachten, dokumentieren und unterstützen. Weimar und Berlin
Lexikon für Psychologie und Pädagogik: Hochbegabung. URL: http://lexikon.stangl.eu/174/hochbegabung/ (Abruf: 02.02.2012)
Leyendecker, C. (2005): Motorische Behinderungen: Grundlagen, Zusammenhänge und Förderungsmöglichkeiten. Stuttgart
Leyendecker, C. (Hrsg.) (2008): Gemeinsam handeln statt behandeln. Aufgaben und Perspektiven der Komplexleistung Frühförderung. München und Basel
Leyendecker, C. (2010): Veränderter Alltag, riskante Umbrüche, hemmende Risiken und förderliche Chancen. In: Leyendecker, C. (Hrsg.): Gefährdete Kindheit. Risiken früh erkennen – Ressourcen früh fördern. Stuttgart, S. 15–29
Liebel, M. (Hrsg.) (2007): Wozu Kinderrechte. Grundlagen und Perspektiven. Weinheim und München
Liegle, L. (2006): Bildung und Erziehung in früher Kindheit. Stuttgart
Liegle, L. ([2]2008): Der Bildungsauftrag des Kindergartens. In: Otto, H.-U./Rauschenbach, T. (Hrsg.): Die andere Seite der Bildung. Zum Verhältnis von formellen und informellen Lernprozessen. Wiesbaden, S. 117–122
Lipp-Peetz, C. (Hrsg.) (2007): Praxis Beobachtung. Auf dem Weg zu individuellen Bildungs- und Erziehungsplänen. Berlin/Düsseldorf/Mannheim
Lobe, M. (1972): Das kleine ich bin ich. Wien und München
Lohrenscheit, C. (2006): Einführung – Kinderrechte sind Menschenrechte. In: Deutsches Institut für Menschenrechte (Hrsg.): Die Menschenrechte von Kindern und Jugendlichen stärken. Dokumentation eines Fachgesprächs über die Umsetzung der Kinderrechtskonvention in Deutschland. Berlin
Matzner, M./Wyrobnik, I. (Hrsg.) (2010): Handbuch Mädchen-Pädagogik. Weinheim und Basel
Maywald, J. (2009): Kinderschutz in der Kita. Ein praktischer Leitfaden für Erzieherinnen. Freiburg im Breisgau/Basel/Wien
Mensink, G. B. M. u. a. (2009): Bestandsaufnahme: Nährstoffversorgung und Lebensmittelverzehr von Kindern und Jugendlichen in Deutschland. In: Kersting, M. (Hrsg.): Kinderernährung aktuell. Sulzbach, S. 40–64
Michaelis, R./Haas, G. (1994): Meilensteine der frühkindlichen Entwicklung – Entscheidungshilfe für die Praxis. In: Schlack, H.G. u. a. (Hrsg.): Praktische Entwicklungsneurologie. München, S. 93–102
Minte-König, B./Döring, H.-G. ([3]1996): Komm mit in den Kindergarten. Stuttgart/Wien/Bern
Mitscherlich, A. (1965/2008): Die Unwirtlichkeit unserer Städte. Frankfurt am Main
Münch, J./ Wyrobnik, I. ([2]2011): Pädagogik des Glücks. Wann, wo und wie wir das Glück lernen. Baltmannsweiler
Neubauer, G./Winter, R. (2001): So geht Jungenarbeit. Geschlechtsbezogene Entwicklung von Jugendhilfe. Stiftung SPI (Sozialpädagogisches Institut Berlin). Berlin
Neuhäuser, G./Steinhausen, H.-C. ([3]2003): Grundlagen. Epidemiologie und Risikofaktoren. In: Neuhäuser, G./Steinhausen, H.-C. (Hrsg.): Geistige Behinderung. Grundlagen, klinische Syndrome, Behandlung und Rehabilitation. Stuttgart, S. 9–23

Neuß, N. u. a. (1997): Erlebnisland Fernsehen – Medienerlebnisse im Kindergarten aufgreifen, gestalten, reflektieren. München
Neuß, N. (1999): Symbolische Verarbeitung von Fernseherlebnissen in Kinderzeichnungen. Eine empirische Studie mit Vorschulkindern. München
Neuß, N. (2003): Baukasten »Kinder und Werbung«. Bausteine für den Kindergarten. München
Neuß, N./Lorber, K. (2011): Krippen früher und heute. In: Neuß, N. (Hrsg.): Grundwissen Krippenpädagogik. Ein Lehr- und Arbeitsbuch. Berlin, S. 10–24
Nielsen, L. (1993): Das Ich und der Raum: Aktives Lernen im »Kleinen Raum«. Würzburg
Oerter, R./Montada, L.($^3$1995): Entwicklungspsychologie. Weinheim
Opp, G./Fingerle, M. ($^3$2008): Erziehung zwischen Risiko und Protektion. In: Opp, G./Fingerle, M. (Hrsg.): Was Kinder stärkt. Erziehung zwischen Risiko und Resilienz. München, S. 7–18
Opp, G./Fingerle, M. (Hrsg.) ($^3$2008): Was Kinder stärkt. Erziehung zwischen Risiko und Resilienz. München
Österreicher, H./Prokop, E. (2006): Kinder wollen draußen sein. Natur entdecken, erleben und erforschen. Seelze-Velber
Otterstedt, C. (2001): Tiere als therapeutische Begleiter. Gesundheit und Lebensfreude durch Tiere – eine praktische Anleitung. Stuttgart
Perras, B. (o. J.): Resilienz praktisch. URL: http://www.kindergartenpaedagogik.de/1123.html (Abruf: 02.02.2012)
Peterander, F. (2006): Der Wert der Frühförderung. In: Frühförderung interdisziplinär, 25/4, S. 159–168
Pieterse, M. u. a. (2001): Kleine Schritte. Frühförderprogramm für Kinder mit einer Entwicklungsverzögerung. Buch 1: Einführung in das Programm Kleine Schritte, Deutsches Down-Syndrom Infocenter. Hammerhöhe
Plattform Ernährung und Bewegung e. V., URL: http://www.ernaehrung-und-bewegung.de (Abruf: 02.02.2012)
Pohl, G. (2006): Kindheit – aufs Spiel gesetzt. Warum Spielen nötig ist, damit Kinder ihre körperlichen, seelischen und geistigen Fähigkeiten entfalten können und was sie dazu brauchen. Berlin
Pressler, M. (2001): »Eine Orchidee blüht im Continen-Tal« Rede in der J. W. Goethe-Universität, Frankfurt, am 29. Juni 2001, Freundeskreis des Instituts für Jugendbuchforschung, Jahresgabe 2001. Frankfurt am Main
Pro Familia ($^5$2009): Mein Körper gehört mir! Schutz vor Missbrauch für Kinder ab 5. Darmstadt
Rachut, E./ Rachut, S. (2004): Folgen sexueller Gewalt. Verstehen lernen – helfen lernen. Königstein/Taunus
Regner, M./Schubert-Suffrian, F./Saggau, M. (2009): So geht's – Partizipation in der Kita. Freiburg im Breisgau
Reuys, E./Viehoff, H. ($^5$2010): Wir kleistern, kneten, klecksen. Ideen und Spiele für die 1- bis 3-Jährigen. München
Ritzmann, J./Wachtler, K. (2008): Die Hilfen zur Erziehung – Anforderungen, Trends und Perspektiven. Marburg
Rohrmann, T. (2008): Zwei Welten? Geschlechtertrennung in der Kindheit. Forschung und Praxis im Dialog. Opladen/Farmington Hills
Rohrmann, T./Thoma, P. (1998): Jungen in Kindertagesstätten. Ein Handbuch zur geschlechtsbezogenen Pädagogik. Freiburg im Breisgau
Rönnau-Böse, M./Fröhlich-Gildhoff, K. (2010): Resilienzförderung im Kita-Alltag. Was Kinder stark und widerstandsfähig macht. Freiburg im Breisgau
Roth, X. (2010): Handbuch Bildungs- und Erziehungspartnerschaft. Zusammenarbeit mit Eltern in der Kita. Freiburg im Breisgau

Rückert, S. u. a. (2010): Die teuflische Gefahr. In: DIE ZEIT, 11.02.2010, S. 15–18
Rumpf, H. (2001): Persönliche Wissens- und Erlebnisgeschichte von Natur in autobiographischen Textstücken. In: Behnken, I./Zinnecker, J. (Hrsg.): Kinder. Kindheit. Lebensgeschichte. Ein Handbuch. Seelze-Velber, S. 307–322
Sann, A./Thrum, K. (2005): Opstapje – Schritt für Schritt. Ein präventives Spiel- und Lernprogramm für Kleinkinder aus sozial benachteiligten Familien und ihre Eltern. Praxisleitfaden, Deutsches Jugendinstitut. München
Sarimski, K. (2003): Kognitive Prozesse bei Menschen mit geistiger Behinderung. In: Irblich, D./Stahl, B. (Hrsg.): Menschen mit geistiger Behinderung. Psychologische Grundlagen, Konzepte und Tätigkeitsfelder. Göttingen/Bern/Toronto/Seattle, S. 148–204
Schäfer, G. E. u. a. (2009): Natur als Werkstatt. Über Anfänge von Biologie, Physik und Chemie im Naturerleben von Kindern. Weimar und Berlin
Scheffler, A./Donaldson, J. (1999): Der Grüffelo. Weinheim und Basel
Schick, A. (2006): Gewaltprävention in Kindergarten und Grundschule mit Faustlos. In: Bohn, I. (Hrsg.): Dokumentation der Fachtagung »Resilienz – Was Kinder aus armen Familien stark macht«. Frankfurt am Main, S. 15–26
Schiffer, E. ($^{10}$2010): Warum Huckleberry Finn nicht süchtig wurde. Anstiftung gegen Sucht und Selbstzerstörung bei Kindern und Jugendlichen. Weinheim und Basel
Schlack, H. G. (1998): Grundkonzepte der Behandlung. Eine Orientierung in der Vielfalt der Methoden. In: Schlack, H. G. (Hrsg.): Welche Behandlung nützt behinderten Kindern? Mainz, S. 18–27
Schmidt, K./Schmidt-Oberländer, G. (Hrsg.) (2010): Musikkultur in der Kindheit. Fachtexte zu einer interdisziplinären Tagung von Pädagogen der frühen Kindheit, Elementarpädagogen und Musiklehrern und zur Evaluation des Bundesmodellprojektes »Musikkindergarten«, Weimar Mai 2010. Marburg
Schnack, D. /Neutzling, R. (1991): Kleine Helden in Not. Jungen auf der Suche nach Männlichkeit. Reinbek bei Hamburg
Schorch, G. ($^{3}$2007): Studienbuch Grundschulpädagogik. Die Grundschule als Bildungsinstitution und pädagogisches Handlungsfeld. Bad Heilbrunn
Schurian-Bremecker, C. (2008): Kindliche Einschlafrituale im Kontext sozialer und kultureller Heterogenität. Kassel
Schweitzer, C. (2010): Was machen die Bildungspläne mit der Partizipation? Wie eine Querschnittaufgabe verankert ist. In: TPS (Theorie und Praxis der Sozialpädagogik) 2010, Heft 8: Kinder mischen sich ein, S. 40–42
Simon, J./Willeke, S. (2010): Das Schweigen der Männer. In: DIE ZEIT, 25.03.2010, S. 17–18.
Specht-Tomann, M./Tropper, D. (2000): Wir nehmen jetzt Abschied. Kinder und Jugendliche begegnen Sterben und Tod. Düsseldorf
Speck, O. ($^{9}$1999): Menschen mit geistiger Behinderung und ihre Erziehung. Ein heilpädagogisches Lehrbuch. München und Basel
Speck, O. (2007): Geistige Behinderung. In: Theunissen, G./Kulig, W./Schirbort, K. (Hrsg.): Handlexikon Geistige Behinderung. Schlüsselbegriffe aus der Heil- und Sonderpädagogik, Sozialen Arbeit, Medizin, Psychologie, Soziologie und Sozialpolitik. Stuttgart, S. 136–137
Spitzer, M. ($^{9}$2009): Musik im Kopf. Hören, Musizieren, Verstehen und Erleben im neuronalen Netzwerk. Stuttgart
Stadler Elmer, S. (2000): Spiel und Nachahmung – Über die Entwicklung der elementaren musikalischen Aktivitäten. Aarau

Statistisches Bundesamt (2010): Eheschließungen, Scheidungen, Erst-Ehen und Wiederverheiratung, URL: http://www.destatis.de/jetspeed/portal/cms/Sites/destatis/Internet/DE/Content/Statistiken/Bevoelkerung/EheschliessungenScheidungen/Tabellen/Content50/ErstEhenWiederverheiratung.psml (Abruf: 02.02.2012),
Statistisches Bundesamt (2010): Ehescheidungen und betroffene minderjährige Kinder, URL: http://www.destatis.de/jetspeed/portal/cms/Sites/destatis/Internet/DE/Content/Statistiken/Bevoelkerung/EheschliessungenScheidungen/Tabellen/Content75/EhescheidungenKinder.psml (Abruf: 02.02.2012)
Statistisches Bundesamt (2011): Mehr Kinder mit Migrationshintergrund in Kindertagesbetreuung. URL: http://www.destatis.de/jetspeed/portal/cms/Sites/destatis/Internet/DE/Presse/pm/2011/03/PD11__121__225.psml (Abruf: 02.02.2012)
Statistisches Bundesamt Deutschland: Kinder- und Jugendhilfe. Kinder in Tageseinrichtungen. Anzahl, Besuchsquote, Alter, Gebiete vom 1. März 2011. URL: www.destatis.de/jetspeed/portal/cms/Sites/destatis/Internet/DE/Content/Statistiken/Sozialleistungen/KinderJugendhilfe/Tabellen/Content75/BesuchsquoteKinderTageseinrichtungen,templateId=renderPrint.psml (Abruf: 02.02.2012)
StGB Strafgesetzbuch (⁴⁷2009). Herausgegeben von Weigend, T. München
Stiftung Lesen: Vorlesestudie, URL: http://www.stiftunglesen.de/vorlesestudie (Abruf: 02.02.2012)
Stöppler, R./Wachsmuth, S. (2010): Förderschwerpunkt Geistige Entwicklung. Eine Einführung in didaktische Handlungsfelder. Paderborn
Straßmeier, W. (⁶2007): Frühförderung konkret. 260 lebenspraktische Übungen für entwicklungsverzögerte und behinderte Kinder. München und Basel
Strengmann-Kuhn, W./Hauser, R. (2008): International vergleichende Armutsforschung. In: Huster, E.-U./Boeckh, J./Mogge-Grotjahn, H. (Hrsg.): Handbuch Armut und soziale Ausgrenzung. Wiesbaden, S. 133–150
Strobach, S. (2002): Scheidungskindern helfen, Übungen und Materialien. Weinheim und Basel
Strüber, D. (2010): Geschlechtstypisches Verhalten aus Sicht der Hirnforschung. In: Matzner, M./Wyrobnik, I. (Hrsg.): Handbuch Mädchen-Pädagogik. Weinheim und Basel, S. 62–78
Sunderland, M. (2007): Die neue Elternschule. Kinder richtig verstehen – ein praktischer Erziehungsratgeber. München
Sünker, H. (1993): Kinderpolitik und Kinderrechte. Politische Strategien im Kontext der UN-Kinderrechtskonvention für die Rechte des Kindes. In: Neubauer, G./Sünker, H. (Hrsg.): Kindheitspolitik International. Opladen, S. 44–58
Tausch-Flammer, D. /Bickel, L. (1994): Wenn Kinder nach dem Sterben fragen. Ein Begleitbuch für Kinder, Eltern und Erzieher. Freiburg im Breisgau/Basel/Wien
Teschner, M. (2008): Resilienz – Stärkere Kinder mit besseren Chancen. In: Bertelsmann Stiftung (Hrsg.): Chancen ermöglichen – Bildung stärken. Zur Lebenssituation sozial benachteiligter Kinder in Deutschland. Gütersloh, S. 42–47
Textor, M. R. (1991): Scheidungszyklus und Scheidungsberatung. Ein Handbuch. Göttingen
Textor, M. R. (2008): Erziehungs- und Bildungspläne. In: Handbuch Kindergartenpädagogik. URL: http://www.kindergartenpaedagogik.de/1951.html (Abruf: 02.02.2012)
Textor, M. R. (o. J.): Familienmediation bei Trennung und Scheidung, http://www.sgbviii.de/S23.html (Abruf: 02.02.2012)
Tietze, W./Rossbach, H.-G./Grenner, K. (2005): Kinder von 4 bis 8 Jahren. Zur Qualität der Erziehung und Bildung in Kindergarten, Grundschule und Familie. Weinheim und Basel
Trautner, H. M. (2010): Entwicklungspsychologische Aspekte der Erziehung und Bildung von Mädchen. In: Matzner, M./Wyrobnik, I. (Hrsg.): Handbuch Mädchen-Pädagogik. Weinheim und Basel, S. 28–44

Urban, K. K. (2004): Hochbegabungen. Aufgaben und Chancen für Erziehung, Schule und Gesellschaft. Münster

Varley, S. ($^{26}$2009): Leb wohl, lieber Dachs. Wien

Vent, H. ($^{4}$1997): Stichwort »Verwahrlosung«. In: Deutscher Verein für öffentliche und private Fürsorge (Hrsg.): Fachlexikon der Sozialen Arbeit. Stuttgart/Berlin/Köln

Viernickel, S./Völkel, P. (2009): Beobachten und dokumentieren im pädagogischen Alltag. Freiburg im Breisgau/Basel/Wien

Viernickel, S. u. a. (2011): Profis für Krippen. Curriculare Bausteine für die Aus- und Weiterbildung frühpädagogischer Fachkräfte, Materialien zur Frühpädagogik Band 8. Freiburg im Breisgau

Wabbes, M. ($^{7}$2005): Ich dachte, du bist mein Freund. Kinder vor sexuellem Missbrauch schützen. Gießen und Basel

Walter, M. (2011): Eltern sein heute. Ein Mutmachbuch für eine abenteuerliche Lebensform. München

Walter, M. (2005): Jungen sind anders, Mädchen auch. Den Blick schärfen für eine geschlechtergerechte Erziehung. München

Walter, M./Schulreferat der Landeshauptstadt München (Hrsg.) (2000): Qualität für Kinder. Lebenswelten von Mädchen und Buben in Kindertagesstätten. Pädagogisches Rahmenkonzept der geschlechterdifferenzierenden Pädagogik zur Weiterentwicklung der Kindergarten-, Hort- und Tagesheimpädagogik. Erfahrungen – Theorie – Praxis – Ausblicke. München

Weber-Heggemann, R. (2010): Waldkindergarten – Was kann die Bewegungserziehung im Kindergarten vom Waldkindergarten lernen? In: Hunger, I./Zimmer, R. (Hrsg.): Bildungschancen durch Bewegung – von früher Kindheit an! Schorndorf, S. 154–158

Welter-Enderlin, R./Hildenbrand, B. (2006): Resilienz – Gedeihen trotz widriger Umstände. Heidelberg

Werner, E. E. ($^{3}$2008): Entwicklung zwischen Risiko und Resilienz. In: Opp, G./Fingerle, M. (Hrsg.): Was Kinder stärkt. Erziehung zwischen Risiko und Resilienz. München, S. 20–31

Wieler, P. (1995): Vorlesegespräche mit Kindern im Vorschulalter. Beobachtungen zur Bilderbuch-Rezeption mit Vierjährigen in der Familie. In: Rosebrock, C. (Hrsg.): Lesen im Medienzeitalter. Biographische und historische Aspekte literarischer Sozialisation. Weinheim und München, S. 45–64

Wildwasser Gießen e. V., URL: http://www.wildwasser-giessen.de (Abruf: 02.02.2012)

Wilmes-Mielenhausen, B. (2007): Kleinkinder in ihrer Kreativität fördern. Ideen für Krippe, Kita und Tagesmütter. Freiburg im Breisgau/Basel/Wien

Wüllenweber, E./Plaute, W./Neubauer, G. (2003): Von der Einzelbefragung zum Diskurs. Wie (hospitalisierte) Menschen mit geistiger Behinderung in ihrem Verhalten und Erleben »objektiver« beurteilt werden können. In: Theunissen, G. (Hrsg.): Krisen und Verhaltensauffälligkeiten bei geistiger Behinderung und Autismus. Stuttgart, S. 17–36

Wustmann, C. (2004): Resilienz. Widerstandsfähigkeit von Kindern in Tageseinrichtungen fördern. Weinheim und Basel

Wyrobnik, I. (2005): Leseglück und Lebenslauf – phänomenologische und biographische Erkundungen. In: Ecarius, J./Friebertshäuser, B. (Hrsg.): Literalität, Bildung und Biographie. Perspektiven erziehungswissenschaftlicher Biographieforschung. Opladen, S. 128–147

Wyrobnik, I. (2009): »Bobo« – oder Janusz Korczak und die frühe Kindheit, in: Kunicki, W./Rzeszotnik, J./Tomiczek, E. (Hrsg.): Breslau und die Welt. Festschrift für Prof. Dr. Irena Swiatlowska-Predota. Wroclaw/Dresden, S. 493–500

Wyrobnik, I. (2009): Das Lesen und das Schreiben – eine Art Glück. Erkundungen in einer Grundschulklasse und in einer autobiographischen Kindheitserinnerung. In: Arnold, R./Schüssler, I./Müller, H.-J. (Hrsg.): Grenzgänge(r) der Pädagogik. Baltmannsweiler, S. 187–196

Wyrobnik, I. (2010): Mädchen im Kindergarten. Pädagogischer Alltag, Konzepte, Fördermöglichkeiten. In: Matzner, M./Wyrobnik, I. (Hrsg.): Handbuch Mädchen-Pädagogik. Weinheim und Basel, S. 110–128

Wyrobnik, I. (2010): Elementarpädagogische Theorien. In: Neuß, N. (Hrsg.): Grundwissen Elementarpädagogik. Ein Lehr- und Arbeitsbuch. Berlin, S. 117–128

Wyrobnik, I. (2010): Kindern vorlesen – Ratschläge für Eltern. In: Andresen, S./Brumlik, M./Koch, C. (Hrsg.): Das Elternbuch. Wie unsere Kinder geborgen aufwachsen und stark werden. Weinheim und Basel, S. 143–153

Wyrobnik, I. ($^2$2011): Exkurs – Leseglück in der Kindheit. In: Münch, J./Wyrobnik, I.: Pädagogik des Glücks – Wann, wo und wie wir das Glück lernen. Baltmannsweiler, S. 51–58

Wyrobnik, I. ($^2$2011): Glück in der frühen Kindheit. In: Münch, J./Wyrobnik, I.: Pädagogik des Glücks. Wann, wo und wie wir das Glück lernen. Baltmannsweiler, S. 39–49

Wyrobnik, I.: Auf dem Weg zu einer Pädagogik des Glücks. Glück kann man ermöglichen, aber nicht lehren. In: TPS (Theorie und Praxis der Sozialpädagogik), Ausgabe 4/2012, S. 9–13

Wyrobnik, I.: Glück. In Friesenhahn, G. J./Braun, D./ Ningel, R. (Hrsg.): Handlungsräume Sozialer Arbeit. Ein Lern- und Lesebuch. Verlag Barbara Budrich, Opladen & Toronto 2014, S. 383–391

Wyrobnik, I.: Macht »gut« auch »glücklich«? Zum Verhältnis zwischen Glück und Qualität in der Kita. In: KiTa aktuell *spezial,* Qualität neu denken, 01/2015, S. 16–18

Wyrobnik, I.: »Ich wusste gar nicht, dass Pflanzen auch hören können.« Zur Bedeutung des Staunens. In: TPS (Theorie und Praxis der Sozialpädagogik) Leben, Lernen und Arbeiten in der Kita, Heft 3/2015, Thema: Forschende Haltung von Erzieher/innen, S. 5–7

Zander, M. ($^3$2010a): Armes Kind – starkes Kind? Die Chance der Resilienz. Wiesbaden

Zander, M. (Hrsg.) ($^2$2010b): Kinderarmut. Einführendes Handbuch für Forschung und soziale Praxis. Wiesbaden

Zander, M. (Hrsg.) (2011): Handbuch Resilienzförderung. Wiesbaden

Zimmer, R. (2004a): Handbuch der Bewegungserziehung. Grundlagen für Ausbildung und pädagogische Praxis. Freiburg im Breisgau

Zimmer, R. (2004b): Toben macht schlau! Bewegung statt Verkopfung. Freiburg im Breisgau/Basel/Wien

Zimmer, R. (2006): Alles über den Bewegungskindergarten. Freiburg im Breisgau

Zimmer, R. (2009): Handbuch Sprachförderung durch Bewegung. Freiburg im Breisgau/Basel/Wien

Zollinger, B. ($^4$1999): Die Entdeckung der Sprache. Bern

# Autorenverzeichnis

**Arz, Nina-Natascha** (geb. 1987): B. A. *Bildung und Förderung in der Kindheit,* Kindheitspädagogin, Studentin des Masterstudiengangs *Inklusive Pädagogik und Elementarbildung* an der Justus-Liebig-Universität Gießen. Arbeitsschwerpunkte: Pädagogik der frühen Kindheit, Sprachheilpädagogik, Übergänge im Kindesalter.

**Backes, Gunda** (geb. 1972): Dr. rer. nat., Diplom-Oecotrophologin, freie Fachjournalistin für Ernährung, Büro für Ernährungskommunikation. Arbeitsschwerpunkte: Kinderernährung, Prävention durch richtige Ernährung.

**Beckmann, Kathinka** (geb. 1974): Prof. Dr. phil., Dipl.-Soz.Päd., B. A. *Sozialwissenschaften,* stellvertretende Studiengangsleitung *Pädagogik der frühen Kindheit* am Fachbereich Sozialwesen der Hochschule Koblenz. Arbeitsschwerpunkte: Jugendhilfe im Kontext (haushalts-)politischer Entwicklungen, strukturelle Erfordernisse des Kinderschutzes, Frühe Kindheit als Feld der Sozialen Arbeit.

**Blank-Mathieu, Margarete** (geb. 1945): Dr. rer. soc., Erzieherin, Diplom-Sozialpädagogin, freiberufliche Dozentin und Fortbildnerin. Arbeitsschwerpunkte: Erzieherinnenausbildung, unterschiedliche Themen des Bereichs Kindertageseinrichtungen, Krippenpädagogik, Gendergerechtigkeit.

**Bruss, Carolin** (geb. 1987): B. A. *Bildung und Förderung in der Kindheit,* Kindheitspädagogin, stellvertretende Leitung einer Kindertagesstätte. Arbeitsschwerpunkte: Kleinstkindpädagogik, Emmi Pikler, Bildungsbereiche Musik, Sprache, Bewegung, Bildungs- und Lerngeschichten.

**Endler, Maik** (geb. 1984): 1. Staatsexamen, Grundschullehramt, derzeit Lehrkraft im Vorbereitungsdienst an einer Ganztagsschule in Hessen. Arbeitsschwerpunkte: Übergang Kindergarten – Grundschule, Konzepte einer Ganztagsschule, Sporterziehung, quantitative empirische sozialwissenschaftliche Forschung.

**Fuchs-Dorn, Anke** (geb. 1980): Dipl.-Päd., Promotion zu besonderen Fördermaßnahmen für schulabschlussgefährdete Schüler/innen (SchuB-Klassen in Hessen), ehemalige Promotionsstipendiatin beim Evangelischen Studienwerk Villigst e.V., derzeit Lehrkraft im Vorbereitungsdienst an einer Förderschule. Arbeitsschwerpunkte: Schulforschung, schulische Sozialisationsforschung, Verknüpfungen zur Sozial- und Förderpädagogik, qualitative Forschung.

**Gerlach, Sabine** (geb. 1980): B. A. *Bildung und Förderung in der Kindheit*, Kindheitspädagogin, Studentin des Masterstudiengangs *Inklusive Pädagogik und Elementarbildung* an der Justus-Liebig-Universität Gießen. Arbeitsschwerpunkte: Frühe Kindheit, Pädagogik bei Beeinträchtigung der emotionalen und sozialen Entwicklung.

**Giest, Juliane** (geb. 1987): B. A. *Bildung und Förderung in der Kindheit*, Kindheitspädagogin, Studentin des Masterstudiengangs *Inklusive Pädagogik und Elementarbildung* an der Justus-Liebig-Universität Gießen. Arbeitsschwerpunkte: Mehrsprachigkeit in der frühen Kindheit, Förderung von Kindern mit Deutsch als Zweitsprache, Chancen und Grenzen inklusiver Pädagogik.

**Graser, Lisa** (geb. 1987): B. A. *Bildung und Förderung in der Kindheit*, Kindheitspädagogin, leitet derzeit eine U3-Gruppe in einer Kasseler Kindertagesstätte. Arbeitsschwerpunkte: musikalische Früherziehung, Bewegungserziehung.

**Hennig, Myrna Lovis** (geb. 1987): B. A. *Bildung und Förderung in der Kindheit*, Kindheitspädagogin, Gründung und Leitung einer Krippe in Hannover. Arbeitsschwerpunkte: Kleinstkindpädagogik, Qualitätsmanagement und Organisation.

**Kaiser-Hylla, Catherine** (geb. 1980): Dr. rer. nat., Diplom-Psychologin, wissenschaftliche Mitarbeiterin bei Innocence in Danger e. V.: wissenschaftliche Begleitung des Projekts *Kunst und Resilienz bei traumatisierten Kindern,* Lehrbeauftragte am Fachbereich Sozialwesen der Hochschule Koblenz. Arbeitsschwerpunkte: Entwicklungspsychologie der Lebensspanne, Erforschung der Resilienzentwicklung im Kindesalter.

**Klüber, Judith Teresa** (geb. 1988): B. A. *Bildung und Förderung in der Kindheit,* Kindheitspädagogin, Studentin des Masterstudiengangs *Frühkindliche Bildung und Erziehung – Schwerpunkt Management* an der Pädagogischen Hochschule Ludwigsburg. Arbeitsschwerpunkte: Bildung und Erziehung in der frühen Kindheit, Bildungsmanagement, Kinder- und Familienzentren.

**Krause, Stephanie** (geb. 1986): B. A. *Bildung und Förderung in der Kindheit,* Kindheitspädagogin, Studentin des Masterstudiengangs *European Master of Children's rights and Childhood studies* an der Freien Universität in Berlin. Arbeitsschwerpunkte: Resilienzarbeit in der frühen Kindheit und im Bereich der internationalen Entwicklungshilfe, Kinderrechte und Wege ihrer Implementierung, Stärkung der Partizipation von Kindern im nationalen und internationalen Raum.

**Lanfermann, Lisa** (1987): B. A. *Bildung und Förderung in der Kindheit,* Kindheitspädagogin, arbeitet derzeit als Pädagogin in der Frühförderung. Arbeitsschwerpunkte: Entwicklungsverzögerungen bei Vorschulkindern, Beratung und Unterstützung von Familien durch Videoanalyse.

**Neuß, Norbert** (geb. 1966): Prof. Dr., Professor für *Pädagogik der Kindheit/ Elementarbildung* an der Justus-Liebig-Universität Gießen. Arbeitsschwerpunkte: Medienpädagogik, Professionalisierung im Elementarbereich, Kindheitsforschung.

**Nolte, Fabienne** (geb. 1986): B. A. *Bildung und Förderung in der Kindheit,* Kindheitspädagogin, derzeit pädagogische Leitung einer Kinderkrippe. Arbeitsschwerpunkte: Elternarbeit, Förderung benachteiligter Kinder, soziales Lernen und Sprache.

**Schmidt, Linda** (1986): B. A. *Bildung und Förderung in der Kindheit*, B. A. *Außerschulische Bildung*, Kindheitspädagogin und Pädagogin des Jugend- und Erwachsenenalters, Studentin des Masterstudiengangs *Psychosoziale Therapie und Beratung* an der Hochschule Magdeburg-Stendal und Kinder- und Jugendlichenpsychotherapeutin in Ausbildung. Arbeitsschwerpunkte: Beobachtung frühkindlicher Bildungsprozesse, Bindung und Bindungsstörungen, Übergang in die Mutterschaft.

**Schmitt, Daniela** (geb. 1984): examinierte Gesundheits- und Krankenpflegerin, B. A. *Bildung und Förderung in der Kindheit*, Kindheitspädagogin. Arbeitsschwerpunkte: Arbeit in sozialen Brennpunkten, tiergestützte Pädagogik in Kindergarten und Grundschule.

**Schreier, Jonathan-Moritz** (geb. 1986): B. A. *Bildung und Förderung in der Kindheit*, Kindheitspädagoge, Student des Masterstudiengangs *Sonder- und Integrationspädagogik* an der Universität Erfurt. Arbeitsschwerpunkte: Förderung von Kindern und Jugendlichen mit sonderpädagogischem Förderbedarf, Bildung und Förderung von Kindern durch Bewegung.

**Steinhardt, Sara** (geb. 1986): Studentin der Fächer Politik/Wirtschaft, Englisch, Spanisch, Französisch für das Lehramt an Gymnasien. Arbeitsschwerpunkte: politische Bildung, Sucht- und Gewaltprävention, Diversität, Migration, Mehrsprachigkeit und fremdsprachliche Bildung in der frühen Kindheit.

**Wachsmuth, Susanne** (k. A.): PD Dr. phil. Dipl.-Päd., Studium der Sprachbehinderten-, Gehörlosen- und Geistigbehindertenpädagogik an der Universität zu Köln, wissenschaftliche Mitarbeiterin im Institut für Heil- und Sonderpädagogik, Abteilung Geistigbehindertenpädagogik, der Justus-Liebig-Universität Gießen. Arbeitsschwerpunkt: Unterstützte Kommunikation.

**Wagner, Antje** (geb. 1977): Diplom-Sozialarbeiterin, M. A., wissenschaftliche Mitarbeiterin im Fachbereich Sozialwesen der Hochschule Koblenz, Referentin am Institut für Forschung und Weiterbildung (IFW). Arbeitsschwerpunkte: frühe Kindheit, Lebenslagen von Kindern, Identitätsentwicklung und anonyme Herkunft.

**Walter, Melitta** (geb. 1949): Kinderkrankenschwester, Erzieherin, Sexualpädagogin, in den 1980er Jahren Bundesvorsitzende der Pro Familia, langjährige Fachbeauftragte für *Geschlechtergerechte Pädagogik und Gewaltprävention* Schulreferat/München, derzeit freiberuflich tätig als Autorin, Referentin, monatlicher »Erziehungs-Call-in« beim Bayerischen Rundfunk. Arbeitsschwerpunkte: Geschlechterpädagogik, Lebenswelten von Müttern und Vätern, Sexualerziehung.

**Wöhl, Berit** (geb. 1987): B. A. *Bildung und Förderung in der Kindheit,* Kindheitspädagogin, derzeit Studentin des Masterstudiengangs *Inklusive Pädagogik und Elementarbildung* an der Justus-Liebig-Universität Gießen. Arbeitsschwerpunkte: frühe Kindheit, Beeinträchtigungen im sozialen und emotionalen Bereich.

**Wyrobnik, Irit** (geb. 1971): Prof. Dr. phil., M. A. Erziehungswissenschaftlerin, Professorin am Fachbereich Sozialwesen der Hochschule Koblenz, Lehrgebiet: Frühkindliche Bildung und ihre Didaktik. Arbeitsschwerpunkte: Bildung, Betreuung und Erziehung in der frühen Kindheit, Elementardidaktik, Professionalisierung der Frühpädagogik.